唐君毅全集 卷二十九

年譜

著述年表

先人著述

臺灣學生書局印行

目錄

唐君毅全集

卷二十九之一

年譜

臺灣學生書局印行

年譜

唐君毅先生年譜

唐端正編撰

民國前三年（公元一九〇九年）　一歲

先生諱君毅，學名毅伯，生於清光緒三十四年（戊申）十二月二十六日（公元一九〇九年一月十七日。）若依舊曆算法，先生自出生至戊申年終爲一歲，只有五天。若依新曆算法，先生自出生至一九〇九年終爲一歲，較接近一歲之實足年齡。且有關先生之史料，亦多以實足年齡計算，故本年譜所述先生之年歲，均依新曆。

先生生於四川宜賓縣柏溪之老家，距金沙江只有數十丈，出門便可遙望江水，對江是綿亘的山，有「東去江聲流汩汩，南來山色莽蒼蒼」之勝。

先生祖籍廣東五華。六世祖以歲荒移川，由糖工起家。後於金沙江畔購地產業農，遂爲四川宜賓縣人。先生之祖父樹寅公，始就塾讀書，未冠而歿。

太老師廸風公，名烺，初字鐵風，晚易爲廸風，別字淵嘿，乃遺腹子，生於清光緒十二年丙戌夏五月十七日，無兄弟姐妹。其母盧氏，苦節一生，因樹寅公於正月十五去世，故每年元宵，必鬱鬱不歡。廸風公每憶及之，常自悲泣。年十八應童子試，爲鄉中末科秀才，性剛直，不爲不義屈，不爲權勢移，長身美髯，望之有如俠士。民國元年，年二十六，聘爲國民公報主筆。時民國初建，黨人文士多趨炎附勢，廸風公憤而有「武士頭顱文士筆，競紛紛化作侯門狗」之句。終生不仕，惟思以正道易天下。初與儒學不相契，曾出題命學生歷舉孔子之失。及民國九年，其母逝世，萬念俱灰，乃反其本而求於先聖賢之書，遂歸於儒。民國十四年，往南京支那內學院問學於歐陽竟無先生，請曰：「弟子不願學佛，願學儒。」歐陽大師不以爲忤。十六年返成都，所講者仍爲儒學。吳芳吉先生推爲蜀中學問之正。彭雲生先生謂其學直截透闢近象山，艱苦實踐近二曲。從事蜀中教育，先後十五年，曾任川北江油省立第二中學、成都省立第一中學、成都省立第一師範、重慶聯中、省立第二女師、南充中學、華西大學、成都大學、四川大學等教席。後更與彭雲生、吳芳吉、蒙文通、劉鑑泉諸先生創辦敬業學院，廸風公被推爲院長。民國二十年辛未夏五月十日，染時疫，卒於鄉，享年四十五歲。夏斧私輓之曰：「無錢買米，有錢買書。」著有諸子論釋、志學謏聞、廣新方言、治學日記、語錄、詩集、文集等，惟皆毀於內亂，傳世者惟有孟子大義一書。其書要在辨義利，道性善，息邪說，正人倫政教。有子女五人，先生居長，二女至中，三女德叔，早逝，四女恂季，五子慈幼，六女寧孺。

太師母陳太夫人，諱大任，字卓仙，在清光緒十三年丁亥二月十二日生於四川宜賓賓壩鄉，歿於甲辰正月十四日蘇州旅寓，享壽七十七歲。曾就讀於其父陳勉之公任教之成都第一女子師範前身之淑行女校。婚後除曾任教於簡陽簡易女子師範及重慶省立第二女子師範數年外，皆盡勞瘁於養育子女五人，甘苦食淡，處之泰然。有句云：「今年更比去年窮，零米升升過一冬。」又云：「自碧麥麵和麩食，清煮鮮蔬入碗香。」著有思復堂遺詩，除哀悼親人，懷念兄弟及兒孫媳婿之作外，亦寫郎事而有之閒情佳趣，及山川風物之思，家國世道之感。以純摯之情，寄於眞樸之筆。平生課子甚嚴，歐陽竟無先生比之孟母，推爲蜀中奇女子。

先生半歲時，廸風公及陳太夫人乘木船去成都，某次停船，陳太夫人失足墮水，先生在抱，幸皆得救、無恙。其時，由於太師母在淑行女校讀書，例須寄宿，非星期六，不得返家，故每日先生均由家中老僕抱至校中門房就乳兩次。

民國前二年（公元一九一〇年）**兩歲**

先生幼年讀書，皆由母教，兩歲卽教以識字。

民國前一年（公元一九一一年）**三歲**

陳太夫人在「爲長子毅五旬生日作」一詩中，憶述先生三歲時事，有「三歲免懷，忘其美醜，喜弄文墨，凡百好求，趨庭問字，意義必究，憨態孜孜，恐落人後」之語。

民國元年（公元一九一二年）　**四歲**

是年春，陳太夫人在簡陽女子簡易師範擔任教務主任，並教課三十小時以上，無暇照顧孩子，先生乃隨廸風公留成都，住錦江街。時先生之祖母盧氏雖在世，因不慣久住成都，常往來於宜賓、成都間，故平時家中，僅得廸風公與先生二人，先生每於下午獨坐寬敞而寂靜之堂屋之門檻上，等候廸風公教學歸來，在孤獨寂寞之中，常喜沈思冥想。先生自小敏感，每到黃昏，或天色陰暗，即皺眉扁咀，狀若欲哭。念及天不知有多大，即爲之震駭。稚小之心靈，恒對宇宙有一蒼茫之感。

民國二年（公元一九一三年）　**五歲**

暑假將至，先生隨廸風公往簡陽接陳太夫人。一日，先生被大羣學生包圍，考問運算加減乘除之算術題，先生應答如流，引得眾人嘻哈大笑。先生之外祖父常對親戚指先生而言曰：「此孫比他孫爲聰明。」陳太夫人則常告誡先生曰：「鍋蓋揭早了，飯就燒不熟了。」以此，先生雖常受親戚及父執稱讚，仍無驕傲之色。

民國三年（公元一九一四年）　**六歲**

迪風公始以老子一書教先生。

民國四年（公元一九一五年）　**七歲**

迪風公爲先生講一小說，謂地球一日將毀，日光漸淡，唯餘一人與一犬相伴，先生卽念之不忘。嘗見天雨後，地面因太陽蒸曬而爆裂，卽憂慮地球將壞，世界將毀。時章太炎新編白話文教育經，內容有文字學與諸子學，由於迪風公最佩服章太炎，故於是時卽囑先生讀此書。

民國五年（公元一九一六年）　**八歲**

迪風公主國民公報筆政，先生隨家住成都報社。一日，家人皆改服新衣，如和尙袍，而袖略小。蓋迪風公欲復明代衣冠，乃舉家爲倡。

民國六年（公元一九一七年）　**九歲**

迪風公於先生十歲前，不教先生讀儒家典籍，只教以老子、唐詩、司空圖詩品，又命背誦說文解字，先生甚苦之。

民國七年（公元一九一八年）　**十歲**

民國八年（公元一九一九年）　**十一歲**

先生於是年春入成都省立第一師範附小高小，寄宿校中，每星期一第一堂爲修身，由省立第一師範校長祝屺懷先生親自執教，國文則由蕭中侖先生執教。蕭先生白髮飄然，超凡脫俗，望之如神仙中人，人稱之爲蕭神仙。精醫術，先生曾請其爲陳太夫人治副傷寒。時蕭先生以莊子逍遙遊與養生主爲教材，先生甚感興趣。在懷鄉記中，先生自謂「後來學哲學，亦許正源於此。」

先生在讀小學時，家在成都，成都南門外有崇祀諸葛武侯之武侯祠，西門外有崇祀杜甫之杜甫草堂，東門外有紀念唐代女詩人薛濤之薛濤井及送別之望江樓，北門外有佛寺昭覺寺，城外西南有道觀二仙菴、青羊宮。城中有縣立文廟、省立文廟、及關岳廟。迪風公每帶先生至此等古跡遊覽，爲先生講述此等人物故事，並講解寺廟中之對聯及碑碣意義。此等教育，對先生之一生，影響極大。先生對中國文化之尊崇，實植根於此。先生在讀大學五六年中，誤受西方稗販而來之思潮所影響，但不久卽能回頭，加以評判。其後三四十年，花在讀西方典籍之時間精力，雖在一半以上，然在先生心中之比重，則只佔十分之三，故常自慶幸不失爲一個中國人。並自言此皆家庭環境與社會文化環境之功。故其後在中國南北各地，足跡所至，必到名勝古跡、廟宇祠堂參看，自言在徘徊瞻顧之中，遙念古人，環顧當世，卽能啟發無盡之思想智慧。

民國九年（公元一九二〇年）　十二歲

祖母盧氏逝世。

時先生讀神怪小說後，夢寐充滿神怪，並欲自作一小說，另造許多神怪，與之相比。又迪風公嘗謂先生有哲學思想，當時先生固不知哲學爲何物也。

民國十年（公元一九二一年）　十三歲

迪風公與彭雲生、蒙文通、楊叔明諸先生同應重慶聯合中學之聘。時重慶聯中校長爲熊浚（字禹治），而蒙、楊諸氏皆出清末經師廖平所辦之成都國學院，可謂人才薈萃。先生於是年秋考入聯中，而聯中亦成爲先生學哲學之發源地。聯中在重慶兩路口駱家花園，爲川東書院舊址，禮堂上尚有大成至聖孔子先師神位。其時兩路口純是一片鄉村景象，學校之後，有山名鵝項頸，可左瞰長江，右瞰嘉陵江，直上郎浮圖關，夕陽古道，秋風禾黍，易使人發思古之幽情。聯中第一年之國文，由迪風公講授，以孔、孟、老、莊之文爲教材，以誘發學生對諸子書之興趣。先生在同班中年齡最小，而各科成績皆優異。時劉泗英先生爲講時事，先生常起立問難，講者每爲之語塞。迪風公聞之，加以訓斥，劉先生則嘉其年少有思致，不以爲忤。

先生在十二歲半前，均在成都，自考入重慶聯中後，乃隨家住兩路口江濱大溪溝四年。一日，有軍隊欲強佔其家，先生與之爭論，爲士兵刼持，陳太夫人忽至，直牽先生而去，諸兵士皆愕然。

民國十一年（公元一九二二年）十四歲

先生在聯中之第二年，由蒙文通先生授國文，並以宋明儒學爲教材。迪風公購孫夏峰理學宗傳一書，供先生自學。一日，讀陸象山於十餘歲時，悟宇宙卽吾心之理，驀然生一悱惻之感，不能自已。又迪風公嘗爲誦孟子去齊一段，先生亦深爲感動，至於涕泣。天雨水漲，寓所階石爲水所沒，先生嘗思此石不見時尙存在否？當時之結論，認爲不被見卽同於不存在。

梁任公先生「人生之目的何在」一文，略謂世人皆忙，並列舉所忙者有百餘種之多，畢竟所爲何來？卻無答案。先生讀之，忽悟人生目的在求快樂，認爲殺身成仁，實亦爲求心中快樂。當時先生又認爲一切耳目之欲皆惡，身體最爲可鄙，故一切身體之欲望均應取消，人生目的，卽在絕欲，因絕欲始能忘我，忘我始能利他而有道德，故以佛家之絕欲爲極致。先生又將絕欲之理論與人生求快樂之觀念融貫，以爲人滿足欲望時所達之心境，卽莫有欲望，因此推論人如能無欲，其心境卽永遠快樂。當時自以爲乃空前一大發明。

先生在十三、四歲時，因受新文化運動之文章所影響，以跪拜爲奇恥大辱，以後回鄉上墳祭祀，亦不跪拜，直至迪風公逝世，始悟跪拜乃出於情之不容已。

民國十二年（公元一九二三年） 十五歲

先生始爲日記，立志向學，有希聖希賢之志。於是年生日，和淚成詩數首。有云：「孔子十五志於學，吾今忽忽年相若；孔子十七道中庸，吾又何能自菲薄？……孔子雖生知，我今良知又何缺？聖賢可學在人爲，何論天賦優還劣？」又云：「泰山何崔巍，長江何浩蕩，鬱鬱中華民，文化多光芒，非我其誰來，一揭此寶藏。」

時正値新文化運動之浪潮入川，重慶首當其衝，共產黨人蕭楚女、渾代英、張聞天等，均曾在聯中演講，聲言要剷除五千年傳統文化遺毒，而先生則與聯中幾位少年朋友卻要融貫中外古今，不肯盲目跟隨潮流，並曾與吳竹似、陳先元、高介欽、游鴻如、宋繼武、映佛法師等共八人，於聯中旁駱家花園之亭子上結爲異姓兄弟。

吳竹似原名吳卓士，爲一世家子弟，中學一年級時，已可用英語對話，在聯中讀不滿一年，卽轉學上海。約二十歲，在南京創辦新民報，未過二十四歲，卽因肺病而死。

陳先元比先生長三、四歲，老成持重，擅文言文。曾爲先生講秋水軒尺牘，並喜爲先生修改文章。在中學三年級時，轉學川東師範，並加入由共產黨人蕭楚女、張聞天等發起之平民學社，有改革社會之理想。先生往北平升學時，曾將全套之北京晨報副刊、上海時事新報副刊「學灯」、民國日報副刊「覺悟」、以及「新青年」、「嚮導」、「創造周報」等期刊，贈與陳先元。後彼於臨終前，忽託朋友代筆，寫信給先生。謂已病危，將不久人世，對人世間一切均無可留戀，惟與先生之友情，「難捨難捨」。事後先生反省與陳先元之友情，既非基於事業，亦非基於學問、興趣、與道義，而僅爲一精神生命之相契合，先生於此，乃悟人世間有純友情之存在。

高介欽爲彭雲生先生之內姪，能詩善畫，性好飲酒，純爲一藝術家性格，在聯中同學一年，便往北平國立美術專門學校攻讀。後先生往北平升學，高介欽親往前門車站相接，並同住兼善公寓。高君本有未婚妻名秋心，以秋心成愁，隱意不好，乃醉心於北平女師大之女生歐陽霞。時歐陽小姐在新舞臺主演少奶奶的扇子，名震一時，高君依於青年人之浪漫情懷，常說「生亦愛，死亦愛」，後因所求不遂，曾書「你走你陽關路，我走我獨木橋」之對聯，懸於壁，孤芳自賞，又曾對先生痛罵歐陽小姐達一句鐘之久。然而，數月後，歐陽小姐竟與高介欽結婚，並洗盡鉛華，克守婦道，勤儉持家，先生在成都與之相見時，言談率直親切，有如長嫂，先生因悟不僅文章可由絢爛歸於平淡，即人品亦然。惟高介欽於婚後數年即因肺病亡故，其夫人亦旋即謝世，造化弄人，良堪浩歎。

游鴻如原名鴻儒，入重慶聯中時，只有十三、四歲，入學試國文第一。床上恒堆滿二十二子等書籍。彼曾與先生相約，每周讀宋元學案一學案，並以聖人相期。但卻注重道家精氣神之修煉工夫，無事便靜坐，主張退化論，視胡適、陳獨秀諸人如無物。後因不忍見人民啼飢號寒，乃決心從事實際社會政治事業，先加入青年黨外圍之起舞社，又將同級同學之優秀者二十四人組成克社，初，其他同學以先生性情孤癖，反對其加入，游君力排眾議，故先生亦爲克社社員之一。民國十四年，先生與游君同赴北平，投考北京大學，游君亦考得國文第一，但因其餘科目成績欠佳，未被取錄，乃攻讀法政大學。

游君赴北平後，思想續漸左傾，先將其名鴻儒改爲鴻如，後更與宋繼武同時加入共產主義青年團，先生始終未加入，故彼等常以不革命即反革命責罵先生。先生曾去信詰問政治主張不同，是否卽無友誼，彼等回信謂：「戰場上是不能互相握手的」。及後武漢清黨，宋君被捕槍斃，游君逃往南京，遷居先生家。彼談及共黨內部之鬪爭，自己戀愛之挫折，與回憶中學時之思想，矛盾苦惱，不能自拔，幾乎自殺。先生乃與之遍遊秣陵山水，多方解慰，賴先生之友誼，卒使之再生。約於民國二十二年，先生在重慶與之重遊兒時舊地，在茶館談天，游君忽然站於櫈上，對先生高聲說，「我當過青年黨，當過共產黨，當過國民黨；曾過儒家式生活，曾過道家式生活，亦曾讀佛典，曾讀洋書，我現在要爲中國人建立一人生哲學，你可以幫我忙。」當時先生覺其狂態雖稍嫌滑稽，而其志可嘉。此後三、四年，先生忽接游君一信，自謂爲求證道，已入三禪天境界，因一念矜持，走火入魔，已勢不能久，將帶孽以去，茫茫前路，不知何所底止。惟望先生在他死後，爲唸金剛經半月。字跡工整，一如平常，信末有游夫人附言，謂鴻如已於某月某日辭世。年不過二十八。

映佛法師在中學第三年級始轉入重慶聯中，後與先生同赴北平。先生於民十六年由北平到南京時，曾將十五歲至十八歲之日記存放彼處，竟被全部偸看，並去信南京盛讚先生。後更赴南京支那內學院從歐陽竟無先生遊，故再得與先生同在一起。映佛法師平日寡言笑，先生曾以其恬靜悲憫之情懷，與歐陽先生泰山喬嶽之氣象相提並論。初不吃長齋，亦不勸人信佛，且關心朋友之婚姻問題。其老師父素主張佛法與世間法應結合，故培養映佛法師讀畢大學。法師爲報師恩，表示決不還俗。其師歿後，始隨侍歐陽先生。及歐陽先生病逝江津，支那內學院停辦，映佛法師乃不知所終。

以上諸人，皆先生於「懷鄉記」及「記重慶聯中幾個少年朋友」兩文中所述，少年知交，對先生一生，亦有深切之影響。

是年迪風公與陳太夫人均在重慶省立第二女子師範任教，有介紹該校女學生劉志覺女士於迪風公，願與先生婚配。先生初不願意，後經父母再三勸導，乃同意訂婚。繼與劉通信數年，感情尚好。惟先生決志終身從事學問，劉則喜政治，信仰國家主義，二人思想不同，時有矛盾。

先生嘗見人介紹唯識論，謂物相皆識所變現，卽以爲然。讀孟子及荀子，遂思性善性惡之問題。以爲人性實兼有善惡，並謂孟、荀皆實信性有善惡；唯孟子於人性之惡者，名之爲欲，荀子於人性之善者，名之爲心耳。因著文五千餘字，自證其說。迪風公主性善，不以先生之說爲然，先生斷斷爭辯，亦不折服，計前後堅信其說達五年之久。當時又見雜誌上論心理學之文，言人有種種本能，而各家說法不同。因思人之本能或基本心理，畢竟有若干？結論約之有六，而以爲皆生於人求同之自覺。如仁愛之心，始於我之同情於人；好名之心，始於望人之同情於我；卽人對事物之好奇，亦在求見新奇者與昔之所知者之相同，而加以類比，目的亦是求同。當時自謂乃一大發明。又讀梁漱溟先生之「東西文化及其哲學」，覺其以人類文化終歸於佛家之向後要求而去欲，其說甚是。蓋先生此時抱一極端反時代之人生觀，不求個人之欲望幸福與自由權利，而要超絕塵俗，並以此爲孔子之思想。然對梁先生又有倡儒反佛之論，頗以爲怪。對梁先生言儒尚直覺，善惡是非當憑直覺，尤不以爲然。認爲若一切憑直覺，卽無理由可說。先生當時爲學，恒要追溯理由。對中國先賢之書，雖童而習之，然恒覺其理由不足以服我，故自少年時至三十以前，其思想方式，大皆走西方哲學之路。

民國十三年（公元一九二四年）　十六歲

先生之八叔祖自家鄉去函迪風公，欲請先生過繼於先生之大伯母，先生竭力反對，認爲大伯母已有女兒，男女平等，何必再要自己過繼。後八叔祖屢次來信，以大義見責，謂不應太拂寡嫂之心，先生恐父母爲難，遂應允。是年冬，全家回宜賓，先生勉強向大伯母行過繼之禮，此爲先生自半歲離老家後，首次返鄉。

發表「荀子的性論」於重慶聯中校刊，並作臨江仙詞云：「霧下歸螢秋夜靜，籬花竹影斑斑，素輝斜照綺窗前，未知明月夜，爲何到人間？故雁不來花又謝，芳心塵土誰憐？石欄憑倚曉風寒，遙思千里外，珠淚自潸潸。」

民國十四年（公元一九二五年） 十七歲

是年先生在重慶聯中畢業。畢業後，與克社六人先後赴北平升學。抵平後，均受左傾黨派思想影響，對中學導師之政治思想發生懷疑。其中以游鴻如之轉變爲主導。時游鴻如在法政大學，先生則先入中俄大學，欲藉此了解中蘇關係，與閱讀馬克思、列寧著作。後始考入北京大學哲學系。老師有熊十力、湯用彤、張東蓀、金岳霖諸先生。時當國民政府北伐前夕，青年多力求思想前進，而前進之最高標準，無形中均以馬克思思想爲依歸。當時先生之友好，多已參加共產黨，講唯物論與唯物史觀。先生雖贊成社會、政治、經濟之平等理想，但不贊成唯物史觀以生產力、生產關係之變動，說明道德之變動。認爲人求平等之心，乃本於良心，此良心不能以唯物史觀或唯物論加以說明。先生以此與友好討論，結果被譏爲腐朽之唯心論者。當時除被友好抨擊其思想太右外，其未婚妻劉志覺女士又嫌其思想太左，日夕爲政治黨派而煩惱。加上當時先生患上胃病與腦病，身心頗受痛苦。

大率先生去北平後所思之哲學問題，首爲心靈生命與物質之問題。當時認爲物質之身體，對心靈生命爲一束縛，物質乃一生命心靈以外之存在。而生命心靈既入於物質之身體，即恒求超拔。此物質之身體與生命心靈之二元論，先生初以爲顚撲不破。蓋心能自覺，其所覺之物不必能自覺，二者卽應有本質上之差別。對心能自覺一義，先生於十五歲時已見及，終身未嘗改，故對唯物論亦終身未嘗契。然當時雖不信唯物論，亦深信事物之存在，必有其所以存在之因由，人之意志行爲，亦一一皆有原因決定，並無自由可言，故亦不信佛家唯識之論，而以心外之物爲實有。

先生所以對唯物論終身不契，亦多本於其對人生有許多無限悲憫情懷之體認。先生在平，一夕在大學廣場中觀看播映中山先生生前之紀錄片，時夜涼如水，繁星滿天，先生忽念如中山先生之志士仁人，在此廣宇悠宙中，其渺小僅如滄海之一粟，然此等志士仁人，必鞠躬盡瘁，甚至灑熱血，擲頭顱，以成仁取義，抑又何故？先生當時，仰視蒼穹，回念人間，惻怛之情，不能自已。

並自覺此情，若懸於霄壤，無邊無際，充塞宇宙。類此之情，先生在二十歲前，尚多有之。如十九歲在南京讀中大時，巧遇月蝕，許多孩子敲擊土瓶鐵罐，意欲驅趕食月之天狗，先生忽覺如有無數童稚之悲惻情懷，充塞於天地之間，並對此產生無限感動。又廸風公嘗送先生至船上，父子同宿一宵。翌晨，船上馬達開動，機聲催發，就在廸風公登岸之一刹那，先生忽然觸發離情，念及古往今來，無數父子之離別，亦同有此情，因而生一大感動。此外，先生在香港時，聽一法師以梵音誦讀超渡十界眾生之經文，歷二小時之久，先生之淚未嘗乾。於陳太夫人逝世時，先生居廟十日，亦常對廟中法界眾生神位禮拜。此等彌天蓋地之悲情，皆忽爾而發，如從天降，與所學之世間知識，全不相干，先生以此知自己生命中，實原有一眞誠惻怛之仁體，而佛家之同體大悲心，亦先生所固有。此仁體悲心，雖偶然昭露，然先生自十餘歲以來，其哲學思辨雖歷種種曲折，大皆向說明此一仁體悲心而趨，此非只爲滿足個人之理智興趣，而在於自助助他，以求共昭此仁體悲心以救世也。

當時北京大學雖然自由批評、自由講學之風甚盛，但一般理性之批評，往往只向外用，完全失去中國文化反求諸己之精神。各教授在自己教室中，多以輕薄話、俏皮話相謾罵，循至以說刻毒話出名之魯迅，亦成爲文壇領袖，先生對此，至爲反感。

先生在平，曾聽過許多名人講演。在北大讀預科時，胡適之先生雖在北大講中國哲學史，但先生只往旁聽一次，所以不是胡先生學生。一次，胡先生講「我們對西方文化的態度」，謂東方文化知足而保守，西方文化不知足而進取。先生聽後，以爲全然不對。蓋先生認爲人愈知足愈好。當時一般青年亦不喜歡胡先生，罵他是小資產階級自由主義者。大抵推重西方文化中之向上進取精神與民主自由思想者，均缺乏一道德宗教之力量，先生當時總覺其言有所不足。

先生亦嘗聽梁啟超先生講中國文化史。梁先生爲人誠懇，惟當時一般青年因他研究軍閥史，卽稱之爲「軍閥的變相走狗」，他寫王陽明之致良知，青年都目爲過時，並罵他所講帶欺騙性。

此外先生對魯迅辦語絲，章士釗辦甲寅雜誌，及吳稚暉先生之言論等，均所契甚少。唯嘗聽梁漱溟先生講治哲學之八階段，則大契於心。其言治學之第一階段要有問題，第二階段要有主見，第三階段要以自己之主見與別人之主見相比評，以修改自己之主見或批評別人之主見。先生其時自忖已到其所說之第四、五階段，惟對其內容已不復記憶。一次，梁先生以「人心與人生」爲題，作連續性之公開學術講演，先生初亦購券入座聽講，後因左派對梁先生攻擊，先生頗受影響，遂中途缺席。

是年迪風公領全家同赴南京問學於支那內學院歐陽竟無先生。先生曾作滿江紅詞以見志。詞云：「……嘉陵江上渡船稀，野塘蒲裡蛙聲急，急煞人，水熱火尤深，誰拯溺。大道晦，橫流決，身未死，心先滅，挽狂瀾既倒，吾安逃責。破浪乘風當有時，壯志休爲閒愁泣。自今後，重振好精神，須勤力。」又有詩云：「殘照映疏林，暮鴉啼亂枝，徘徊芳草徑，我心悲已淒。憶我幼年時，事事縈我思，猶憶二三歲，敏慧世所奇，親朋交口讚，所成未可期，日月隨節易，童年背我馳，感事戕我心，處世觸藩籬，心傷不能復，藩籬焉可越，愴焉望前途，撫膺徒躑躅，臨淵羨鯤龍，登高漸鴻鵠，有志隨流水，此心如槁木，得失烏足計，死生猶夢覺，旦暮數十年，何爲自束縛，不如飲美酒，寄情滿罇淥。」由此可見先生當時心境之一斑。

民國十五年（公元一九二六年）十八歲

發表「論列子楊朱篇」於旅京重慶聯中同學年刊。

又作詩云：「江南二三月，春色勾人履，飛花舞陌頭，亂撲遊人侶，吾心反淒然，郊原獨徙倚，臨池鑑清癯，神情何頹靡，舊恨逐煙生，新愁隨波起，我生何不辰，飄泊同浮羽，狂飈振林木，吾身何所止？我欲登高山，懸崖高難躋，我欲臨深池，泉水深無底，我欲御波行，狂濤安可駛，我欲坐如癡，荒原誰與椅，我欲臥如尸，大地皆冰矣，乾坤莽浩浩，容身不吾許，中心愴以摧，俯仰淚如雨，吾聞古人言，艱難唯一死，吾身既如此，留戀空復爾，躑躅陟山側，荒塚累累列，蔓草任縱橫，螢火隨明滅，愚智同枯骨，堯桀誰能別？顯赫與沈淪，冥冥不相識，千秋萬歲後，碑碣渾無迹，沒世名不稱，何足縈胸臆。」

民國十六年（公元一九二七年）　十九歲

先生在北平游學一年半後，於是年春赴南京歸省。時父母及弟妹住居安里七號，斗室陋巷，其地去支那內學院數里許，迪風公徒步往來，風雨不輟。先生與家人相敍不及一月，迪風公以生事日艱，遂携妻兒還鄉，先生則留南京轉讀東南大學哲學系，副修文學系。東南大學之前身爲南京高等師範，後改名爲中央大學，素以嚴謹、扎實、勇於探索著稱，與北大、清華鼎足而三，爲全國最有名之最高學府之一，人才輩出，當時老師有熊十力、湯錫予、方東美、李證剛、宗白華、何兆清諸先生。與程石泉先生同學，形影不離。時南京左右兩派均拉攏青年，先生因此對政治深感厭煩，遂專心走學術之路。

先生自十七歲游學在外，習染世風，崇尚西哲之學，每以中土先哲之言，析義未密，辨理不嚴，而視若迂濶，無益於今之世。故每當歸省，與其父迪風公論學，恆持義相反，辭氣之間，更無人子狀，而迪風公則加以寬假。嘗歎曰：「汝今不契吾言，自吾歿後，汝當知之爾。」先生事後追述其事，深自愧咎，然當時亦不知其言之痛切也。

民國十七年（公元一九二八年）　二十歲

是年春，先生之未婚妻劉志覺女士約先生往上海相會，先生於火車上遺失日記，心中不樂，劉又以參加其團體相強，先生不允，憤而分手。加以當時先生之腦、肺、腸、胃、腎，無一不病，而又自負不凡，不免憤世嫉俗，青年心境，煩惱重重，屢欲自戕。曾作「夢二十歲死」之詩云：「我本峨嵋採藥仙，赤塵不到白雲邊，為緣意馬無人管，遊戲人間二十年。」又云：「死中滋味耐君嘗，舊恨新愁兩渺茫，此去不知何處好，彩雲為被嶺為床。」一日，忽覺無以自解，逕函父母，稟告劉事，並及病況，有不欲久居人世之語。又附有十九歲生日照片一張，題詩有云：「遍體傷痕忍自看」。陳太夫人接信後，連夜失眠，迪風公向友人借得路費，陳太夫人即攜二齡幼女由成都赴南京探視。時交通極為不便，自成都至重慶須乘轎子，重慶以下又得幾度換船，加以社會風氣不良，偷搶之事，所在多有。陳太夫人至重慶，即遇火災，行李衣物，全被燒毀。數十日間，歷盡千辛萬苦，始抵南京。先生深自懊悔。暑假，身體康復，乃送母回成都，又去南充探望迪風公，並代為批改學生文章，寒假前返回成都。

時彭雲生先生與迪風公等在成都創辦敬業學院，請陳太夫人負責女生之訓導。彭先生受學於成都國學院，篤信中華文教。敬業學院開辦後，成為當時氣炎最盛之左傾學生集矢攻擊之目標。迪風公雖不隸任何政治組織，然喜講人倫大義，為左傾者所不容。吳芳吉先生與友人書，謂其時之左傾者，意欲置迪風公於死地。

民國十六年先生一生最佩服者有二人：其一為梁漱溟先生，其一為歐陽竟無先生。對熊十力先生亦十分佩服，認其爲人很眞，很了不起，在學問上，熊先生不僅爲一佛學專家，且爲一有獨創性之哲學家。惟先生之思想，在與熊先生接觸前，即已確定，在熊先生處，僅得到印證而已。至於梁與歐陽二先生，則對先生之啟發特多。先生對二先生之佩服，亦不限於學問，而更重在人格之感召。梁先生對學問眞誠，歐陽先生則情感眞切，皆能使人直接感動。梁先生喜從直覺講中國文化，先生初不以爲然，認爲直覺純任主觀，最不可靠，只有理性才可靠。後來年歲越長，始越重視直覺之地位。至於歐陽先生講唯識論，先生亦不能接受。蓋若萬法唯識，境由心生，則別人以及自己父母之身體，亦由我心變現，如是，別人之心靈，亦無存在之餘地。且若一切均不能離開我當下之心，則童年之我亦可能不存在，而只有現在之我才存在。甚至當我不被反省時，現在之我亦不存在。先生在南京一鐵路旁，思維至此，頓覺世界即將毀滅，一切皆歸於虛無。然若一切皆歸於虛無，則唯識論亦不能建立。先生當時持此見解問歐陽先生之學生王恩洋先生。王先生認爲先生所想全非佛學，蓋唯識論承認我心之外，尚有他心，並無唯我論之說。但先生對唯識論承認自始即有多心同時存在之說，仍有疑問。因若我之境，全由我心識所變現，則我如何能肯定他心之存在。照理必須先肯定我認識之對象存在，別人身體存在，才能肯定別人心靈之存在。故先生在大學時期，仍不喜歡唯心論，而喜歡實在論。當時方東美先生亦反對唯心論，只有湯錫予先生講唯心論，學生都攻擊他。然而，方先生論哲學，又喜言生命。先生當時嘗自學微積分，讀愛因斯坦、蒲朗克、海森堡之一般性科學著作，對一般生物學與心理學之書，亦瀏覽不少，認爲由科學通哲學，乃爲哲學之正途。對文學藝術性之生命哲學，認爲只可欣賞，不應視爲哲學之正宗。故於呈方先生之報告中，嘗逕評其說，方先生不以爲忤。時熊先生在中大講課三月，授新唯識論，亦言宇宙有大生命，先生不能把握其義，嘗於課室中質問之，熊先生大笑不答，先生後亦不復問。

先生當時有一問題，是自然界中，無生物、生物、與人之存在層次問題。羅素新實在論之中立一元論，以心物皆由事素構造而成，不能據以分心物之層次，先生認爲不能接受。對其唯自記憶與行爲論心，尤不以爲然。然於摩根、亞力山大、懷特海之以自然宇宙爲一創造進化之歷程之說，則以爲與生物學中之生物進化論相合。先生對彼等皆以人類居自然創造進化之最高層位，足以維護人道之尊嚴，認爲其說可取。然諸家皆以自然之創造進化爲未有底止，現有之宇宙，雖以有心之人爲最高，然未來之宇宙，亦可進化出一更高之存在。亞力山大由此言自然之神性，懷特海由此言自然創造之進化，摩根由此言自然之目的性原理。先生當時嘗思：若果如此，則今日有心之人類，對自然進化出之更高之存在而言，當如今之一般動物。今之一般動物不能知有心之人之事，人亦不能知彼未來之更高之存在之事。如是，則此有心之人之一切生活、知識與哲學，亦皆只屬於此有心之人之主觀。彼更高之存在，應另有其生活、知識與哲學。於此，先生遂感一問題：

卽此一創造進化之哲學，是否亦只屬於此有心之人之主觀，而不能客觀應用於此更高之存在者？然吾人謂有更高之存在，旣依於此哲學，若此哲學不能客觀應用，則不能說必有此更高存在；若其能客觀應用，則此更高之存在，亦不能必然高於吾人今日卽知其存在之心靈。因爲此更高之存在，亦只是此心靈所知之存在故。由此上之思路，卽引先生走上西方唯心論之路。此卽就人之爲一自然存在而言，自然界雖可能出一更高於人之存在者，然自此人之心能思可能有之一切存在而言，此心乃在其所思所知之一切存在之上一層位，亦在自然創造之爲一時間歷程之上或之外，而能思此全程之爲如何如何者。唯其如此，人乃有生物學之進化論，與上述之言自然之創造進化之哲學。此心之思此全程之思想，自亦爲一歷程，然此心之思想，亦能更自思此思想之歷程，則對此一超越於歷程之上之能思之心靈主體，必須加以肯定；否則對一切歷程之思維、知識、與哲學，皆不可能。此一歷程可說有進化、有變，然思此進化與變之心靈主體，應無所謂進化與變。因若其亦由進化而變滅，則此進化之論亦將變滅，而進化之論亦不能成立。然若此心靈無所謂進化，則謂此心靈乃自然進化至某階段方突然創出之說，及謂自然中初只有物質之說，亦不能成立。而應當說：卽在自然界中只有物質之時，此心靈之自身早已存在，只是潛伏而未顯而已。所謂自然進化由只有物質而至有生物、有動物、有人之心靈，亦當說爲此自始已存在之心靈由潛伏而顯現之歷程。此心靈今旣顯爲一能思想一切可能存在之存在者，爲位居一切可能存在之上一層位之超越主體，則其今後之事，只是更充量顯現其自身之所涵，而不能說此心靈之存在自身可再進化爲超心靈而非心靈之存在。此心靈固能超越其自身而更有所顯現，然此自已超越之事，亦不能使其失去自身，而只能內在於其自身。此一思路，先生實先由進化論之哲學轉進，續漸形成。然後再看康德、菲希特、黑格耳、柏拉得萊、鮑桑奎之書。由康德之言自然界之存在，只屬於吾人可能經驗之世界。而能運用範疇，以理解可能經驗世界中之自然存在之超越統覺，卽定然地位居於自然世界之上。人之理性，更可用此諸範疇於無經驗對象處，以虛構一超越的對象而求理解之。先生由此更見此理性心靈之超越于經驗世界中之自然存在之上之外。此外，由菲希特之言存在之一概念之原始意義，不能離思想中之是者是、非者非之置定而說，與由黑格耳之言存在之範疇，在第一義上爲純粹思想之說，使先生更由自然存在之問題，躍至精神存在之問題。由此，先生乃不復以唯由自然科學進入哲學者，方爲治哲學之正途矣。

此時先生雖有一超越普遍之悲情，護念人類、眾生與世界，然由于此悲情未嘗離開一己孤獨之心，故恒以爲其能與天地萬物爲一體，並世之人，皆無足以知之。因而不免自視爲超凡脫俗，而生大我慢。嘗夜夢獨自一人行經地下，岩石層層，隨身而破；上登於天，天門戶戶，隨步而開。醒時嘗以詩記之，曰：「穿迴地壁層層破，叩擊天門步步開。」其後自省，認爲皆由自負不凡之傲慢心，有以致之。

民國十八年（公元一九二九年）　二十一歲

先生在南京時，喜與友人去鷄鳴寺吃茶，談天說地；或獨自漫步玄武湖，低吟古人詩句。

暑假後，回成都休學一年。時蒙文通先生任四川大學中國文學院教務長，同時聘先生與游鴻如在川大任教兩小時，先生授西洋哲學史，游鴻如授中國文化史。當時二人均僅上過兩年大學，卻要教大學三年級學生，且學生中有年近三十者。然先生講課，仍毫無愧色。事後先生追記其事，謂當時蒙先生糊塗聘請，彼等亦糊塗應命，可謂膽大妄為，不自量力矣。

先生在成都第一次教書時，校長親自送聘，並向先生三揖為禮，以示鄭重付託之意。先生當時大為驚異。初，成都大成學校校長徐子休先生，躬行儒學，士林所宗，雖年逾七十，送聘時，猶對年青教師親自跪拜。對此等良風美俗，先生深受感動。

先生返川時，適未婚妻劉志覺女士出川，後來會面，雙方已無好感，關係因而破裂。

是年先生發表「孟子言性新論」於中央大學半月刊。

民國十九年（公元一九三〇年）　二十二歲

先生在川大只執教半年，暑假回宜賓探望過繼之大伯母後，卽返南京復學。

是年先生發表「嘉陵江上的哀歌」、「柏格孫與倭鏗哲學之比較」及「研究中國哲學應注意之一點——說中國哲學名詞之歧義」於中央大學半月刊，另發表「對行爲派心理學之論理學批判」於某報哲學副刊。

民國二十年（公元一九三一年）　二十三歲

夏五月，迪風公及先生過繼之大伯母相繼去世。時先生在南京讀書，因奔大伯母之喪，回到宜賓，始知其父迪風公亦已去世，噩耗驟聞，嚎啕大哭，先生由寢室奔往迪風公靈堂，只走了三分之一路，便全身癱瘓，寸步難行，哀慟之情，無以復加。迪風公之喪事，因久久告貸不成，直至陰曆七月十六日始出殯。而在大伯母方面，由於生前欠下之醫藥費用，及身後購買衣衾棺木，亦負債纍纍，結果只有出售田產，償還債務。當時鄉人有欲佔奪先生過房承繼之產業，並欲用作燒鴉片場所者，先生不甘受欺，據理力爭，於是成訟。凡此等等，擾攘三月有餘。及返南京，中央大學已上課兩月矣。

迪風公去世時，先生大學尚未畢業，然弟妹皆幼，先生對肩負一家人之生活教育責任，更無旁貸。當時賴借貸爲生者經年，幸迪風公之朋友與學生對彼等均備極關懷，故終能渡過極艱困之時期，而先生一身之病，自此竟逐漸消失。對於勉強先生過繼大伯母及與劉女士訂婚事，陳太夫人頗自引咎，惟先生終無怨言。

自民國十六年至二十年間，宣揚馬列主義之書籍，在上海出版至多，先生大體已全部閱讀，但因此等思想純從階級背景、社會關係說明人生文化之價值，不承認人格本身有獨立之地位，故先生頗感厭惡。

民國二十一年（公元一九三二年）二十四歲

先生畢業於南京中央大學哲學系。先生係舊制中學畢業，其大學階段，須讀二年大學預科，四年本科。惟當時實行學分制，修滿學分，即可畢業。故先生除休學一年外，僅以五年時間，完成大學教育。

八月八日，先生回成都家中，與陳太夫人及其弟妹團聚，常爲妹弟講老子及莊子，並帶往蕭中侖先生處，請講莊子與楚辭。時成都人浮於事，覓職不易，幸有數名在中學任教之同學，各讓出授課鐘點若干，乃得在敬業、蜀華、天府、成公等中學教授論理學、人生哲學、及國文等課程，略抒艱困。惟薪俸微薄，不足供妹弟之教育費用，經年賴借貸爲生。時成都交通落後，交通工具只有人力車，先生不會騎單車，而兼課之學校又地點分散，城東城西，南郊城北都有，有時趁不上人力車，只得跑路，時常跑得渾身是汗。

先生在中學任教時，思如泉湧，惟不能暢所欲言，每每訥訥不得出其口，自言有如滿壺湯丸倒不出之苦。先生此種情形，以後在公共場合講話，仍往往有之。

一夕，月光慘淡，有盲父女彈唱行乞，先生之六妹立人圍中，先生忽至，出銅錢囑六妹於演唱後以謝歌者。須臾，先生復來，又出數毫錢，並謂盲父女爲眞正之音樂家，言下不勝傷感。惟先生有時亦頗詼諧。一次，欲逗陳太夫人開心，在其背上放置一佛像，囑妹弟猜謎語，妹弟中有二人均衝口而出說：「阿彌陀佛」，引得哄堂大笑，蓋先生等在家均稱陳太夫人爲「阿㜷」，「㜷」與「彌」同音，故云。

是年國內紀念歌德逝世百周年，先生在國風月刊聖誕號發表「孔子與歌德」一文，爲將此等紀念文字印成專集，以資紀念，先生始與周輔成先生直接通信。周先生與陳先元稔熟，曾在陳先元處得閱先生所贈之各報全套副刊，心儀先生爲人已久，故自此之後，卽成好友。此外，先生又在建國月刊發表「中國哲學與中國文學之關係」，在西南評論發表「西南的夷人與諸葛孔明」，在建國月刊發表「英、法、德哲學之比較觀」。

民國二十二年（公元一九三三年）　**二十五歲**

冬，友人許思園先生赴美留學，薦先生於中央大學代其職，先生遂回南京中央大學任助教，與許思園、楊蔭渭先生同住教習房。時月薪八十，先生以其四分之三匯返家，僅以四分之一留作自用。南京係當時首都，生活費高，先生又常招待來客，如其堂叔子與表弟卽曾在先生處居住半年以上，故經濟時多拮据。民國二十六年，其二妹爲先生清理書物，遍尋其皮袍不見，詢之亦不答，後在小包中得當票一張，足見先生之克己。

在離家赴南京中央大學就任時，曾作詩云：「蜿蜒長江水，送我返蓉城，言歸方二載，重登萬里程，披衣待曉曦，漸漸天微明，妹忙雇車子，弟忙作湯羹，母爲治行裝，箱笥理頻頻，長跪別父靈，兒今又遠行，父靈應有驗，佑母長安寧，蹀躞登車去，車聲何轔轔，但聞叮嚀語，哽咽不成聲，低頭避人面，有淚還自吞，郊原樵牧少，田圃待春耕，錦江在何處，回首亂煙橫，父去人間世，悠悠歷兩春，猶殯柏溪畔，蕭蕭無墓門，每當風雨夜，念及淚滿襟，貧者士之常，知命夙所欽，唯茲大事在，何以解予心。」

是年先生除主編「文化通訊」外，發表「眞僞問題」於建國月刊，「評許思園著人性與人之使命」於圖書評論，「有關科學的相對論之哲學問題」於成都某刊。

民國二十三年（公元一九三四年）　二十六歲

時日寇侵華，北方烽火連天，周輔成先生由北京移居南京，住中央大學附近，先生乃得與之於各自室內或涼亭茶肆，各暢所懷。兩人皆以爲中國人要將自己文化特點向世人宣示，對文化各部分加以分別闡明之工作，固不可缺，但對整體文化精神之闡明，尤爲重要。而此一工作，非待有魄力者勇於承擔不可。先生當時，卽有當仁不讓之志，故不惜艱難其途徑，發憤遍讀西方典籍，期從中西哲學文藝之比較中，精心力索中國文化之精神價值。先生爲要對羅素及分析哲學予以公平評價，乃鑽研數理邏輯，爲對實用主義作公平評價，乃鑽研威廉詹姆士與約翰杜威之著作。惟總覺得歐洲古典哲學與中國傳統哲學較近，且比英、美哲學爲健全。

是年先生寫有柏溪隨筆二十四則，其中有云：「人的生活應該如明月，雖是多方面的，然而並不擾亂內心的統一與安靜，好比明月雖然留影在千萬江湖中，她的本身，仍高高的懸在天空。」又一則云：「一個偉大的人格，任何小事都可撼動他的全生命，一個偉大的人格，任何巨大的刺激，他都可使牠平靜。」又一則云：「我願意這樣度去我之餘年：白髮飄然，依然莫有妻和子，何處是深山，我更入深山深處。茅屋數間，蒲團一個，夜夜灯殘天欲曉，遙聞虎嘯猿啼，緩步出柴門，看天淡銀河垂地，默念星移斗換，萬古如斯，人世悲歡，循環若夢，遙對夜霧迷茫外之人間，灑下數行清淚，這樣就可度去我的餘年了。」陳太夫人讀後，憂心忡忡，謂先生有出家之想。

此外，先生在提拔書局出版「中國歷代家書選」，在哲學評論第五卷第四期發表「三論宗與柏拉得萊」，此文吳瑟與張東蓀先生讀原稿後，咸稱奇才，特別推薦予哲學評論付印。在文化通訊發表者，除「柏溪隨筆」外，復有「中國民族自救運動之最後覺悟」、「治中國哲學應改變之幾種態度」、「詩人與詞人」、及「中國今後所需介紹之西洋思想」等。

民國二十四年（公元一九三五年）　二十七歲

時先生年少氣盛，自謂於宇宙人生之根本眞理，已洞見無遺，足以開拓萬古之心胸，推倒一世之豪傑，不免狂妄自大。後忽覺此宇宙人生之眞理，應爲普遍而永恒，亦應爲人人所能見。且人之思想，無不能超出其所知者與所思者之上，無不可以有超越於所知所思之一切思想家之上之自覺，則人亦莫不可以有如此之狂妄自大。由此，先生遂反省到：一切自己發現之眞理，應早已爲人所發現。乃轉而求我之所知所思與古今哲人相契合，然後確見得自謂新發現者，多早已爲人所發現，如所謂「莫道君行早，更有早行人」是也。自此以後，先生無論自己讀書或與人談論，均多求見人之所是，與以前處處求見人之所非者，大異其趣。眞理既爲普遍而永恒，爲人人所能見，則先覺後覺，必同歸一覺。一切有情生命之所以未能覺悟此眞理而成聖成佛，皆由有消極之障碍所致。而一切障碍，終必可破，故一切有情生命，畢竟成聖成佛。先生此一覺悟，在南京玄武湖得之，爲先生畢生學問之轉捩點。先生回憶當時情景有云：「吾一人行湖畔，見城牆上陽光滿佈，如一切有情生命，皆一一成聖成佛於一無盡光輝之中，當時感一大歡喜。」

是年先生發表之文章，有在論學第二期之「中國藝術之特質」，在中央大學文藝叢刊之「中國文化根本精神之一嘗試解釋」，在學術世界之「論不朽」、在新中華之「二十世紀西洋哲學之特質」等。

民國二十五年（公元一九三六年） 二十八歲

先生在二十八歲前，對黑格耳之後之洛慈、柏拉得萊、鮑桑奎、與羅哀斯等客觀唯心論與絕對唯心論之重要書籍，皆無不讀。惟其時之生命情調，總覺自己之心靈，位於此世界之邊緣，無必須接受此自然、社會、歷史之世界之理由。故嘗求仙學道。於靜坐中，亦略有與西方神秘主義類似之證悟。以爲自己之心靈，若自世界撤退，卽可自見其內具一無限之靈明，以入於永恒，超於生死。故自始卽覺自己與此世界之關係爲可黏可脫者；自己之靈明，在世界之邊緣，亦可卽可離。在說明人必須降入此世界之理由一點上，先生於西方哲學家中，最欣賞非希特與黑格耳之由純粹自我或純思中之理性出發，以演繹出此世界之存在之形而上學。當時先生對羅素與懷特海之數學原理，開始卽設定若干原始觀念、基本命題與推演原則，而全不說其所以必須如此設定之故，甚爲反感。又對卡納普謂邏輯語法只涉及符號，不關意義，更無從理解。然對洛慈、柏拉得萊與鮑桑奎之邏輯書，連於知識的發展以論邏輯，則覺皆能理解。先生當時認爲現代邏輯直下提出若干基本觀念、基本命題與推演原則，便從事推演，乃屬非理性者。故認爲進行邏輯推論之先，首應預設一理體，作爲理性之基礎。此爲先生在二十七、八歲時所形成之思想規模，此後亦不能踰越。

是年發表之文章，有在中山文化教育館季刊冬季號之「莊子的變化形而上學與黑格耳的變化形而上學之比較」。在西南評論之「赴西南評論社歡迎夷族代表宴會後之感想」，在文哲月刊之「論中西哲學中本體觀念之一種變遷」，在中心評論之「中國宗教思想之特質」、「雜論哲學」、「國人對文化應改變之態度」及「論中國藝術之特色」，在新中華之「二十世紀西洋哲學之特質」，在哲學評論之「老莊易庸形而上學之論證結構」。

民國二十六年（公元一九三七年）　二十九歲

七七蘆溝橋事變發生後，先生於八月與二妹至中乘船由寧返川，夜裡多次從夢中驚起，面向欄杆，大呼「二妹！二妹！」同艙人指示二妹在上鋪後，始再睡下。須臾，又起來看二妹在否，蓋深恐其墮入江中，兄妹情深，形諸夢寐。

先生返川後，在成都華西大學，及成都、成公、天府、蜀華等中學任教，每周上課共三十二小時。在教課之餘，與友人一起創辦重光月刊，出錢出力，鼓吹抗戰，蓋當國家民族危亡之秋，書生報國，此亦不失爲一途耳。其時先生之父執周守廉先生介紹川大教授王叔駒先生之女於先生，先生之四妹恂季，曾與王小姐同學，表示反對，先生順其意，事遂寢。又先生之朋友蔡冀公先生亦曾介紹其姨妹張小姐於先生，陳太夫人以其家甚富有，親戚多官宦，與自家不類，先生承母意，亦婉言謝絕。

是年先生發表之文章，在學灯之「中國哲學中自然宇宙觀之特質」及在論學之「朱子道體論導言」。

民國二十七年（公元一九三八年）　三十歲

是年先生仍在華西大學、華西高中、及省立成都中學三校任教。在成都中學擔任高中文科班之中國先秦學術史及邏輯兩科，班中學生三十餘人。

當時先生在成都教中學，與中央大學同學好友謝紹安常相往還，其弟斯駿，亦與先生稔熟，是年紹安先生介紹其妹謝廷光女士於先生，彼此遂開始通信。先生在與謝女士之第一封信中，自言十年來獨自一人在外飄蕩，常有一種悲凉之感，並養成一種孤介性格。但自知悲凉情緒並不健全，孤介性格亦不如和平溫潤好，故近數年已漸加改正，對人鄙棄之念少，悲憫之意多。尤其自去年返川後，由於家庭之慰藉，生活漸覺和愉。又謂：哲學天才之本質，在能常自反省，對事物永遠保有原始人與小孩子之好奇心與新鮮感。又自命已屆而立之年，哲學思想之規模已立，人生觀亦大體已定，若天假以年，自信必可有特殊之成就，與古人媲美。其跌宕自喜，有如此者。

是年在重光雜誌連續發表「中國教育應有之改造」、「宣傳民衆者應有之認識」及「中西論哲學問題之不同」、「抗戰之意義」及「中國哲學中天人關係論之演變」諸文。

民國二十八年（公元一九三九年）　三十一歲

是年日寇飛機擾亂後方，成都警報頻仍，生活極不安定。暑假時，陳太夫人與二女至中、六女寧孺遷返宜賓，先生則轉往重慶教育部作特約編輯。

先生在教育部之工作，主要爲代陳立夫部長改寫一哲學書，以陳部長之名義出版，月薪爲三百元。此工作完全由上級支配，索然無味，且部中多官僚，與先生作風不合，又恐自己陷入政治漩渦，失去精神自由，故先生本極不願意赴任，惟諸妹弟之生活、教育費用，在在需錢，而迪風公去世八年，由於家中經濟窘迫，始終未能正式安葬，其二妹至中爲幫補家計，教書多年，無法遂成其升學深造之志願，凡此皆使先生耿耿於懷，引以爲憾。加上當時學校疏散，先生少收二百元薪水，經濟益形窘困。當時先生在華西大學任教，並兼教多間中學，收入折扣後，僅得一百二、三十元之數，且所教中學已因疏散遷移，大學能否加課亦不可知，而下學期有弟妹二人在大學寄宿，一人在中學寄宿，至少需一百五十元始能維持。且若多兼課，時間犧牲極大，妨碍學術研究。爲此，先生感到難於抉擇，精神極度痛苦，終於仍接受教育部特約編輯之工作。

在六月與謝廷光女士信中，略謂自己曾住北大，但不屬北大系，曾住中大，亦不屬中大系，不賴任何幫口或任何黨派勢力而立腳。並謂世界上有一種人，他需要錢財，爲要有餘暇從事文化創造，並盡他的家庭責任；他需要名譽，因爲他如永在社會沈淪，便不能把他眞善美之理想普遍化，由社會之同情，而更鼓勵他之努力；他需要愛情，因爲他冥心獨往，昂頭天外，超出塵表所生的寂寞，要人來補足慰藉；他要實現理想，但需要現實的扶持，而他又不屑於與一般人一樣的去追求現實。他自己造成他自己的矛盾衝突，他自己造成他自己的苦痛，他的性格決定他悲劇的命運。先生謂自己正屬於這一類人。但由自己性格帶來之一切痛苦，自己卻甘願承擔，並相信偉大的靈魂，需用苦痛來滋養。他自己將來想當一教育家，或文化運動家，因而現在想更有一些社會地位。但將來如遇上與自己理想衝突之際遇時，將隨時準備犧牲自己之一切社會地位，爲天地留正氣，以見理想之崇高。

時周輔成先生在成都，生活窘迫，曾想到南洋隱居，先生去信云：「兄竟也是道不行，擬乘桴浮於海歟！」一對患難知己，雖非楚囚對泣，亦是相濡以沫。後來周輔成先生忽接一出版社稿約，以高稿酬約寫一本哲學大綱，周先生時在窮困之際，正是求之不得，當卽應承，並匆匆交稿。後方知此稿約乃先生在同樣艱困之情況下讓出，心中感愧萬端。

是年十月，先生宿壁山青木關教育部，其地原爲溫泉寺，時先生以一小神殿作寢室，臥於神龕之側。一夕，松風無韻，靜夜寂寥，素月流輝，槐影滿窗，先生倚枕不寐，顧影蕭然，平日對人生所感觸者，忽一一交迭於心，無可告語，乃寫成「古廟中一夜之所思」，此文後收入「人生之體驗」一書作導言附錄，易名爲「我所感之人生問題」。此文抒發對人生之疑情，充滿悲涼情調。先生問靜闃之虛空自何而來？身心之聯繫緣何而有？生從何處來？死往何處去？在過去與現在之無量世中，皆不會有同一之我，故我之一生，乃唯一無二，絕對孤寂之一生。凡所親、所愛、所敬、所識之人，以不知之因緣，來聚於斯土，亦將以不知之因緣，望八方馳散，復歸於空無。而一切生命，將毫無例外地依生、壯、老、死而重復，先生由此思人生之無常，時間之殘忍，更覺此宇宙充滿冷酷與荒涼，乃悲不自勝，且悲其所悲，而悲益深。然復念自己所以有此悲，蓋悲人生之芒也，悲宇宙之荒涼冷酷也，悲之乃所以愛之，盼望人間相知而無間，同情而不隔，永愛而長存，乃有此悲也。因悟悲緣於愛，愛超乎悲，此悲無盡，此愛亦無盡，爲增其愛，亦愛其悲，如是乃得暫寧其悲云云。此外又發表「中西哲學問題的分野」於新西北月刊，「中西哲學中關於道德基礎論之一種變遷」於新西北月刊。

民國二十九年（公元一九四〇年）　三十二歲

是年某日，先生與李長之先生相偕往訪牟宗三先生。先生在重慶教育部任特約編輯時，牟先生在曾家岩編再生雜誌，二人神交已久，惟相見則自本年始。此後卽常相往還。先生不喜唯物論，但不反對辯證法，相見之初，卽表示唯物辯證法講不通，精神生活之辯證法可以講。牟先生於民國二十年曾與張東蓀先生等從邏輯觀點寫辯證唯物論批判，又知先生精黑格耳哲學，乃請其略述大義。先生縱談至英國新黑格耳派布拉得萊之消融的辯證，牟先生覺其玄思深遠，鬱勃而出，因而頓悟辯證之意義，與其可能之理據；並知先生確有其深度與廣度，非浮泛小慧者可比。對先生道德自我中之超越勁力與惻怛襟懷，更爲欣賞。並謂：「與唐先生相聚談，得以開發吾之慧解于多方，良師益友，惠我實多，我終身不敢忘。」時牟先生已成「邏輯典範」一書，開始寫「認識心之批判」，彼論邏輯之根源在理性，此所以能成理解、成知識。其書之分析與建構之才，先生自謂不能及。並認爲其書已證成：現代邏輯亦不能超出理解理性而別有根，且與西方由康德、黑格耳至鮑桑奎之說，遙相應合。先生與牟先生閒談，其所觸發，自謂尚多於與熊十力先生者。又二人皆喜歡懷特海，彼此莫逆於心，遂成好友。

先生在南京時，常赴支那內學院聽歐陽竟無先生講論，時熊十力先生新唯識論出，歐陽先生嘗取其書，對先生一一舉斥其誤。後在重慶時，先生數往江津見歐陽先生，建議與熊先生相晤面論，以求歸于一是。然二人皆以爲此非可以口舌爭，故先生之願望終竟成空。先生當時以諸先生之爲人，皆以其全幅生命，唯道是求，然其所學，終不能相喩，常爲之嗟嘆徬徨，不能自解。然對此等事，賴先生之超越感情，乃有種種超越之會悟。其中之一，先生認爲：世間除無意義之文字、自相矛盾之語言、及說經驗事實而顯違經驗事實之語句外，一切說不同義理之語言，無不可在一觀點下成立。若分其言之種類層位而當機說之，無不可使人得益，而亦無不可說爲最勝。由此先生乃有會於中國佛家之判教，並以此還觀古今中外哲人之相異相反之論，乃知其皆天之密意，以接相異相反之機，以成哲學教化之流行者也。

一次，先生往江津拜候歐陽竟無先生，歐陽先生囑其搬到內學院跟他學佛，不必再在大學教書，並以其首座弟子呂秋逸先生之同等待遇，供給一切。並謂：「你父也是我學生，可以當曾皙，你可以當曾子。」當下先生回答說：「我不只要跟先生學佛，還要學更多學問。」歐陽先生頓時大怒，駡先生辜負他一番厚意。盛怒中，忽然語帶悲惻說：「我七十年來，黃泉道上，獨往獨來，無非想多有幾個同路人。」先生聽罷，不禁深心感動，俯身下拜，歐陽先生亦下拜回禮。惟此僅屬佛家平等之禮，並非表示先生已向他皈依。因此，當時歐陽先生並不諒解先生，謂今後亦不望相見。臨別歐陽先生送至門外，時月光滿地，先生回顧歐陽先生之背影，心想此後亦再難相見。及抵江邊，煙月迷濛，在上船前，送行者倚欄問先生：「今天是歐陽先生全幅眞性情呈露，你將如何交代。」先生當時遠眺江水，默然無語。一年後，先生在重慶參加四妹婚禮，乘便再拜訪歐陽先生，歐陽先生執先生之手於案上，寫東坡詞「婚嫁事希年冉冉」數字相贈，慰先生以後當可更安心於學問。先生由是深切體悟到眞有宗教精神者之胸懷，實有一不可測之寬平深廣，每一念至，即惻然欲哭，並謂如自己之身可分，願分其身爲歐陽先生之弟子云。

此外，在抗戰期間，熊十力先生住四川五通橋黃海化學研究所，先生亦不時往訪。一次，熊先生對先生說：「我老了，我的學問尚無人繼承，學生中惟你與宗三可以寄望，今後你不要再到大學教書，就跟我住在一起，鑽研學問。」先生亦回答說：「我不但要跟先生，而且要學更多學問。」熊先生聽後十分生氣，以沈重之語調說：「你們年輕人就是好名好利，完全不能體會老年人心情。」先生知道傷了熊先生的心，乃默然退下。先生一向認爲熊先生聰明睿智，表裏洞達，而自己則執見甚深，膠滯固蔽。由熊先生之言，先生雖亦有所開通，然在哲學義理上所契於熊先生者，自謂已先自見得。且又以其言太高，學者難入，哲學應循序漸進，方可成學成教。熊先生嘗與韓裕文先生函，謂先生與牟先生，皆自有一套，非能承其學者，而寄望於韓裕文先生。先生於其臨終巨著「生命存在與心靈境界」一書後序中云：「熊先生一生孤懷，亦唯永念之而已。」

自先生與謝廷光女士通信以來，二人之愛情，於是年曾因一些誤會而產生波折。原來謝女士對先生之第一個印象，即覺得先生爲人太嚴肅，開口就談人生意義，說人生要吃苦，要盡責等。當時謝女士剛上大學，仍很喜歡玩，未有一定抱負，對一些有性格、思想比較有深度的人，根本不能了解，因此與先生相處，心頭就感到緊張。這大概是產生波折的原因。

由四月至十一月內，現保留在「致廷光書」一書中之情書，尚有十四封，在此等書信中，先生不但吐露其蘊藏心底之情懷，且由此可見先生愛情生活之眞摯。由於先生有極強烈之道德意識，常對自己行爲作道德的反省，因而亦常覺得自己有許多過錯與罪惡。先生自謂有一點長處，卽願意認錯，願意努力改悔，願意承受由過錯而來的苦痛，並以此等苦痛爲靈魂的糧食。然而，先生並沒有被罪孽感壓倒。他說：「人總是有過惡的，人之可貴在向善，無過惡也無善。一切生物中，只有人眞知向善，但是也只有人才有過惡，過惡與善同時存在，善之所以成其爲善，卽在能反乎過惡。」這是先生所以始終爲一作道德實踐之聖徒，而非一認爲人類無法自拔，只有祈求仰賴神之救恩才能得救之宗教信徒之原因所在。

此時先生已有一哲學系統，可由數理哲學通到宗教哲學，其解決哲學史上之問題，自謂有鬼斧神工、石破天驚之效。先生當時認爲人類之苦難，由於崇尚暴力，不重理性，故要發揚哲學之價值，以開發人類之理性。而哲學中，只有重人格、精神、及愛的哲學，才最能使人類之理想提高。先生認爲現代中國，尙無其他學哲學者，比自己對人格、精神及愛的價值有更深之體驗，而且自信能貫通中西印三方面先哲之學說，以一新體系之面貌，闡揚重人格、精神、及愛的哲學，並欲藉此清除現實世界之殘忍、冷酷、欺騙、與醜惡，以解除人類之苦難，故恒自覺責任重大。

謝廷光女士當時讀教育及心理學，先生認爲現代之心理學太幼稚，行爲派及完形派都只在知覺現象及交替反射現象上用工夫，忽略高級精神現象之研究。認爲要對人類心理多有了解，不必限於讀現代所謂科學心理學的書，文學、哲學的書亦可以讀。他喜歡詹姆士、斯賓格勒、盧梭、貝斯塔洛齊、蒙臺梭利、愛倫凱，並開列以下書單，勸謝女士閱讀。在外國方面：柏拉圖之理想國及五大對話集、亞里士多德之倫理學、卡萊爾之英雄與英雄崇拜、叔本華之悲觀集，泰戈爾之森林哲學、新月集、及飛鳥集，梅特林之青鳥　、亞米契斯之愛的教育　、卡洛爾之愛麗斯夢遊仙境、托爾斯泰之復活，莎士比亞之哈孟雷特、羅米歐與朱麗葉、及暴風雨，歌德之浮士德、彌爾頓之失樂園，新約中之約翰福音，舊約中之詩篇、雅歌、箴言、及創世紀，維摩詰經等。在中國方面：四書、老子、莊子、列子、禮記、近思錄、呻吟語，史記中之項羽本紀、孔子世家、留侯世家、伯夷列傳、孟嘗君列傳、信陵君列傳、平原君列傳、春申君列傳、刺客列傳、游俠列傳、蘇秦列傳、張儀列傳、屈原列傳，詩經中之國風，楚辭中之離騷、九歌，古詩十九首、蘇武李陵唱答詩，陶淵明、王維、孟浩然、韋應物、柳子厚、蘇東坡的詩，蘇東坡、辛棄疾的詞，水滸傳、紅樓夢、封神榜、西遊記、鏡花緣、西廂記、琵琶記、桃花扇、牡丹亭、長生殿，朱光潛之文藝心理學、談美、給青年十二封信，豐子愷之音樂家畫家傳、梁漱溟之朝話等。先生以爲此等書籍，皆可使人識見更廣大、胸襟更超脫、智慧更增加、人格更完滿，而先生受此等書籍之影響亦最大，讀之無異讀先生之心云。

先生在學問上雖極有自信與把握，但在實際生活上，常對自己無辦法。曾懷疑自己是一因犯罪而被貶謫到人間之仙人，爲一上不在天、下不在田之幽靈般之存在，常覺世界一切如在霧中，飄忽無定，故頗自憐惜，深恐自己之智慧會隨身體而早夭，如一朵花未開盡而凋零。此種縹緲荒涼之情緒，雖有助於產生許多超妙之哲學思想，然並不適於實際世界。先生深知此乃不健全之人生，健全之人生應上際於天，下蟠於地，兩頭生根，故曾思集合一些同志，除共同研究學問及寫作外，並創辦雜誌、報紙、學校、書店，以促進人類理想社會之實現。

先生下筆甚健，寫作時可以不眠不食，運思時，觀念風起雲湧，如有神助，援引先哲之言，往往只憑記憶，不及查考，故一日之間，曾寫二萬字。時先生「人生之體驗」一書稿成，此書第一部「生活之肯定」，及第二部「心靈之發展」均曾在學燈上陸續發表。此外又在中蘇文化發表「如何了解中國哲學上天人合一之基本觀念」，在中央大學文史哲季刊發表「心、理、道頌」。四月，致函謝廷光女士，謂曾用全部精力，爲教育部寫一全屬抽象理論之哲學書，字數有十六萬。時先生所作之文章、札記，已發表、未發表者，已有二、三百萬字。並立志在十五年內寫成三部大著作：其一關於宇宙、其一關於人生、其一關於宗教。時先生欲先整理已寫成二十六萬字之「人生之路」，並擬寫一中國哲學史及一論中國文化前途之書。曾謂其學問除上帝及歷史可以估定其價值外，並世之人，無一人能了解。

是年十月，中央大學哲學系主任宗白華先生邀先生返重慶沙坪壩中央大學哲學系任講師，月薪二百八十元，雖比教育部爲低，但因先生本來不喜在機關任職，而從事教育工作可與青年接近，故去彼取此。計先生在教育部任職，前後僅一年多。時先生之老師李證剛、方東美、宗白華、何兆清諸先生皆爲中大同事，此外尚有陳康、熊偉、胡世華諸先生，教授陣容之整齊，可與西南聯大哲學系媲美。時先生住柏溪中央大學分校，不時去沙坪壩校本部上課，教授中國哲學史及哲學概論，一次一去半月，歸來時，宿舍內到處塵埃蛛網，有如隔世之感。

是年先生發表之文章，有在學燈之「略論作中國哲學史應持之態度及其分期」、「生活之肯定」、「心靈之發展」，中央大學文史哲學季刊之「心、理、道頌」，及中蘇文化之「如何了解中國哲學上天人合一之根本觀念」。

民國三十年（公元一九四一年）　**三十三歲**

六月，教育部學術審議會正式審定先生爲副教授。自民國二十八年起算，明年三年期滿，依例先生即可升正教授。

時周輔成先生在重慶國立編譯館任編審工作，常與先生相敍，彼此生活雖十分艱苦，仍能以其全部精神顧念整個民族災難，時熊十力先生常在信中感懷國事，由士風衰敗，文風浮薄，慨嘆中華子孫，將有萬世爲奴之痛，而先生則喜作樂觀想。先生與周輔成先生都想用理論證明中華民族與其文化，曾幾經考驗，愈遇困難，愈能發揚光大，故都堅信日本之武士道精神，終必在中國文化精神中覆滅。爲此，先生乃與幾位朋友，共同發起創辦理想與文化期刊，發刊辭由先生執筆，印刷費由江津縣一位愛國商人捐助。時梁漱溟、熊十力、張君勱諸先生及內學院之學者，均來稿支持，可惜出了五期，因出資商人破產而停刊。

時日寇正猖狂轟炸重慶，先生曾對學生說：「日本人自己原沒有多少文化，過去文化全由中國輸入，明治維新後，學了一點西洋的技術文明，便耀武揚威，將來必然自食其果。」

先生與謝廷光女士之愛情生活，亦天眞，亦嚴肅，有時兩周不得謝女士函，便去信告以兩周不沖涼，並謂以後若再接不到來信，以後也再不沖涼。然當先生執謝女士之手時，又會忽然提防自己陷溺於愛情之中，不能自拔。先生對謝女士之感情，有時過於理想化，頗引起一些誤會，陳太夫人焦慮其婚姻有變化。加以先生曾過房於其大伯母，久不結婚，那邊親族壓力極大，幾要爲此打官司，因此常有向陳太夫人提親，欲爲先生介紹女友者。當時先生與謝女士之關係尙未公開，故頗難應付。是年六月十三日，先生乃央請謝女士到重慶相敍，一道回家，以釋眾疑。謝女士應約而來，燃起了先生熾熱的戀情，但亦因此增添許多離愁別恨。在十一月十六日致謝女士書云：「有時眞懷疑天爲什麼要生我，使我成這樣一個人，我一方面可以在理智上解決一切宇宙人生問題而無遺憾，另一方面在情緒上竟一點問題都不能解決。光妹，實際上我是一弱者，我常想安慰他人一切的痛苦，我不受一點安慰都可以，然而，又偏常常希望有人能了解我一切，而與我以安慰。我總是在矛盾中生活，這眞是最不好的事，我尤不願我的矛盾生活感染到別人，我有時眞想就讓我自己把自己毀滅吧，不要使人受我不健全生活形態的影響。然而，一切責任的觀念又不能允許我毀滅自己，而且我的哲學又是相信靈魂不死，如果死了一切都完了固然是好，要不然，我還是要在三界流轉，又怎樣得了呢？……我近來深感到我生命力的衰弱，似在黃昏道上的旅客，不知宿店在何處，我的苦痛全是精神的，有時常幻想我寧肯自地獄裏的刀山上踏過，不肯受這許多精神上的苦痛。」

先生自言其苦痛有三：第一種苦痛在把過去、未來與現在分不清楚，想像與事實分不清楚。第二種苦痛是愛兩種極端相反的人格：其一經過各種矛盾而綜合成完整體之人格，其一是純潔樸素、玉潔冰清之人格。先生自言近乎前一種人，卻企慕著後一種人，並祈望謝女士屬後一種人，可使先生淨化。失望後，又不知謝女士能否成前一種人，故曾想與謝女士縱身入北冰洋，在冰天雪地中，將他們身心化爲瑩潔。先生之第三種苦痛是神性與人性的衝突。在先生之神性一面，對人類有無盡的悲憫，可以原諒人的一切。但神是普愛眾生的，不能與任何人有特殊關係，如要盡量發展其神性，只能愛普泛之人類，當宇宙的情人。如果要與任何人發生一種特殊關係，那人性中的弱點，便與先生離不開。凡此皆爲先生苦痛之根源。

十一月十九日又與謝女士信云：「我近來眞是太痛苦了，無論什麼我都想哭，我時時對著悠悠蒼天、茫茫大地都禁不住落淚。……我不願人信爲眞的東西變爲虛幻，我願意一切的一切藏在心之深處，使人不要再在美善的東西上發現醜惡。我對於眞善美雖已幻滅，這一切幻滅的苦痛，我個人擔當了吧，我再不忍心使人們多感一次幻滅的悲哀了。……光妹，我現在才知道我自己是最不幸的人，十多年來爲了家庭，爲了學問，我忘掉了一切人間幸福，我要求眞善美，最後他們仍然幻滅；然而，我還留下一念不願他人再感幻滅的心，以至我的一切苦痛都不敢向任何人說，一齊藏在內心，只怕痛苦之蛇，會食盡我的心血，我會成爲廢人，再不能作什麼了。」

十一月二十日的信又說：「光妹，我現在已走到人生路上最危險的時期，我對於知識失去了信心，對於社會的名位失去了信心。我天天看報，看世界的戰雲不知何時可以散開，我又對於人類前途失去了信心。佛與上帝是如此之遙遠，我不能直接感受他們的力量，我對他們也失去信心。……我好多年最珍貴的是我的著作，但是我近來雖天天翻來看，竟引不起我一點興趣，我覺得好像一點價值都莫有。光妹，我現在感到這一切的一切，都是空虛空虛，只有人間的愛，才是唯一的眞實。」

然而，正當先生走在人生最危險之歧途，對一切失去信心，而陷於極度痛苦與空虛之際，忽然做了個偉大的夢，使先生回復昔人之寧靜與奮發，這可說是先生情感生活的轉捩點。夢中的老人對先生說：「孩子，我知道你一月多以來是太苦痛了，你對於眞善美曾一度失去信心，但是眞善美是永遠存在的，你看這自然便永遠是眞實無妄，充滿著美。……你因爲對於眞善美之失望而苦痛，這同時卽證明你還在要求眞善美，眞善美還在你的內心，眞善美是不會離開你的。……孩子，你有慧根，你有性靈，你有對於人類之責任感，你有許多事要做，你再不要讓苦痛來銷毀你的生命力了，你應該愛惜自己，多爲人類作一點事。孩子，我知道你愛你的光妹，正因爲你愈愛她，覺得她好，所以對於她過去之一點瑕疵，更覺是一憾事。因爲一個東西愈好，你必愈望它完滿無缺，我很了解你的心理。但是你只要了解我剛才同你說之一切話，你便不當再怨她了。你要知道，她之愛你，也許比你愛她還深；因爲她常想她曾對不住你，你恐怕她意志薄弱，未來對你怎樣不可知，但是你對於你從前接近的女子，都能忘去不留痕，怎知她不能呢？你只以爲你能有堅貞之美德，以爲他人便不能有，這是你的自私處。孩子，你還是相信她吧。」然後老人引領先生到一座用碧綠琉璃築成之宮殿，與謝女士相見，兩人均得著超化，獲致重生，並同誦著古人「明河共影，表裏俱澄澈，悠然心會，妙處難與君說」的詩。十二月十四日，先生在告訴謝女士此一偉大的夢的信中說：「我們的人格可以下降，亦可以上升，我們可以入地獄，也可以上天堂，人應當以理想來規範自己，人可以自己改造自己，這是人性之無比尊嚴。人本性的好不足貴，只有自己重新建造的完滿人格才足貴，人必需自己造他自己的命運。我這一月多來的苦痛，是覺我什麼都莫有，而到一絕對的空虛。但是，從絕對的空虛中，我感到我可以將一切都重新造起來；那無量大的空間，什麼都莫有，然而正因其一無所有，所以能無所不有。」先生經歷一月多痛苦的煎熬，終於如火鳳凰從火中重生，並以無比的勇猛，要在無中創造一切，這在先生一生之行程中，是很值得注意的。

是年「中國哲學史」與「愛情之福音」稿成。

先生初於其母校中央大學開設中國哲學問題一課，發有若干講義，原欲就中國哲學諸問題，分別加以論述，意在以哲學義理發展之線索為本，而以歷史資料為之佐證。然繼感一家思想之各方面，頗難分別孤立而論，遂棄置其事。數年後，改教中國哲學史，覺斷代分家講述，果順而易行，嘗應當時教育部之約，寫一通俗之「中國哲學史」，約十五六萬言。顧其中宋明儒學一部，初只佔三、四萬言，覺其份量太輕，逾二年加以擴充，不意達三十餘萬言，其中之王船山一篇，更獨佔十餘萬言。後由於學問興趣轉變與進步，覺今是而昨非者，不可勝數，對舊稿之率爾操觚，不能當意，故除已發表之小部分外，餘皆視同廢紙。

至於先生寫作「愛情之福音」一書之動機，大概由於他妹妹之婚姻與自己之婚姻所引發，並認爲戀愛與婚姻之問題，應賦予更高之意義。青年人喜談戀愛而認識不深，故欲以此書爲之開導，並願與謝廷光女士共同實踐之。該書認爲男女之愛，均爲同一來源，因宇宙間根本上只有一種愛，只有一精神實在、生命本體，一切的愛都是那精神實在、生命本體在人心中投射的影子，都是在使人接觸那精神實在、生命本體。故愛情在人生活動中，可以通往形而上的眞實，使人道德進步，精神上昇。先生又認爲愛情與婚姻可以使人幸福，但只能使以責任觀念主宰愛情婚姻者幸福。此等責任，乃對自已的責任、對社會人類的責任、對宇宙靈魂的責任。幸福是不可以有意追求的，因爲幸福是透過一種行爲之踐履而得。男女之愛的目的，是要脫離原始的生物本能。愈長久的夫婦，必然愈成爲純粹道義的關係，忘掉彼此之男女關係，而成爲純粹的朋友。這種朋友乃經歷身體之結合而超化出之精神的結合。時人對此等問題均不屑談論，先生爲取信於世人，於民國三十四年在正中書局出版此書時，乃假託爲克倫羅斯基原著，而自居譯者。民國三十六年，先生在成都與迪風公之學生羅運賢先生相遇，時羅著述甚多，頗有名氣，曾面告不信先生出版「愛情之福音」，後聞知是譯本，方肯相信。

此外，先生是年在時代精神發表「物質與生命」一文。

此時學術界有一種廣泛傳說，謂陳立夫先生的「唯生論」是先生代筆的，先生的學生劉雨濤爲了澄清事實眞相，曾以此問先生。先生不假思索地說，「是陳立夫先生自己寫的，我只是幫他潤色而已。」周輔成先生亦謂當時替教育部改寫書事，共有幾個人負責，只由先生總其成而已。

民國三十一年（公元一九四二年）三十四歲

春節期間，先生與周輔成先生同往北碚勉仁書院熊十力先生處拜年，熊先生大談自己從小在鄉里受欺，後來參加辛亥革命以及自己苦學的經過，並道及古人命運之可悲。從早至夜，講得細致動人，聲淚俱下。先生被熊先生對生活與學問之眞誠所感動，目不轉睛地注視著熊先生，神情嚴肅，滿面是淚。當時先生與周先生不僅爲熊先生個人身世引起共鳴，亦爲自己民族以至全人類難免受命運所擺佈而一灑同情之淚。先生之願力，大抵皆從此等悲懷中化出。

時先生仍偶能恢復童年心境，並謂童年心境之特徵有三：一爲忽然忘記過去之一切，純粹沉沒於現在，二爲能將全部生命向一點事物貫注，對極簡單之事物發生濃厚興趣，三爲莫有未來的憂慮。

是年在理想與文化發表「發刊詞」與「道德之實踐」。

民國三十二年（公元一九四三年）三十五歲

先生與謝廷光女士結婚。先生對自己之婚姻，非常慎重，除考慮配偶之品學外，又考慮其與陳太夫人相處之問題，又怕自己早婚會影響弟妹深造，故常謂自己是家中六分之一，婚事也要徵求大家意見。是年謝女士畢業於城固西北師範學院教育心理學系，在四川洛磧師範擔任教育學及教育心理學等課程。

是年印度甘地幾次被捕入獄及絕食，重慶報章時有報導，先生均極爲關注。蓋先生關懷東方智慧，以甘地爲印度哲學之化身，甘地精神救了印度文化，也救了東方智慧。先生曾讀甘地自傳，認爲甘地是眞正了解佛家「我不入地獄，誰入地獄」精神的人，他的不合作運動，決不是托爾斯泰所謂無抵抗主義，而是一個民族在抬起頭來時，反抗壓迫的正義行動。中國也是一個被列強欺凌，深受苦難的民族，故先生同情甘地，讚美甘地，深切希望甘地之鬪爭能取得勝利。一日，報紙誤傳甘地已死，在江津縣城街道上，周輔成先生以此消息相告，先生登時失聲大叫，頓足數次，臉色蒼白，淚如雨下，口中喃喃不絕地說：「他死了！他死了嗎？」其心情之沉痛，直可代表中華民族對甘地之同情與哀悼。

時先生之五弟慈幼在重慶歌樂山工作，先生則在沙坪壩教書，兄弟二人彼此互相探望。時公教人員待遇低微，爲節省車費，彼此來往，只得走路。每當其弟離開沙坪壩上山時，先生經常躭心他會摔到山溝去，再也不能相見，故必待其弟來信後方始放心。

先生之第一本專著「中西哲學思想之比較研究論集」在正中書局出版。前此出版之「中國歷代家書選」，屬選輯性質，不得稱爲專著。惟先生於民國六十五年爲「人生之體驗」一書寫重版自序時云：「在我出版此書之前，曾出版中西哲學比較研究論集，表面看來，該書文字比此書多一倍，充滿人名書名，似乎內容豐富，實則多似是而非之論，故我願視此書爲我出版之第一本書。」可見該書在以後先生之心目中，已全無地位，讀者雖可在其中得知先生思想遞嬗之迹，但決不可由此了解先生之中心思想。此外先生又發表「世界之肯定」、「精神之表現」、「自我生長之途程」於理想與文化，「心在自然之地位」於時代精神，「略論中國哲學與中國文學之關係」於思想與時代。

民國三十三年（公元一九四四年）　三十六歲

是年爲對日抗戰之勝利前夕，日子過得最艱苦，先生當時在沙坪壩，常頭髮蓬鬆，滿臉汗珠，氣嘘嘘地從糧店揹米回家。並於暑假前患回歸熱。許多學生經常到柏樹村宿舍看望先生。

先生於是年升爲正教授，並被中大哲學系推爲系主任。先生素以自己無能力辦事，故再三推辭。惟哲學系諸先生多爲先生大學時之老師，不忍過分拂逆，乃勉強接任。接任後，推舉許思園與牟宗三兩先生入中大哲學系，初時阻力極大，先生恐不易通過，以至數夜失眠，終以月薪四百元聘請許、牟兩先生。時先生自己月薪只三百二十元，宗白華先生以新舊聘約差距較大，始提請增加先生薪酬至三百八十元。

自牟宗三先生到中大任教後，知己暢敘，樂共晨夕，爲先生平生一大快事。惟許思園先生任中大教授不久，即向先生表示不滿方東美先生，背地詆毀，猶爲未足，更發表文章，加以攻擊。方先生亦不慊於許，時對先生有所流露，先生在二人之間，疏通勸解，隱惡揚善，費盡唇舌，二人終積不相能。

時友人李長之先生與柯柏薰女士新婚，夫妻性情不同，時有齟齬，二人分別向先生傾訴，先生屢爲調停勸解，不時直指雙方錯誤，二人卒致和好如初。又友人某，性聰穎，先生知其染上吸鴉片惡習，曾多方設法，加以規勸，時而疾言厲色，責其爲嗜欲奴隸，時而代爲文發表，以示省悟，促其悔改，卒以積重難返，無法戒除，先生恒爲此惋惜不已。

先生教學，常與學生作個別談話，勉以爲學當徹始徹終，勿憑一時興趣，半途而廢，要能甘於寂寞，有人不知而不慍之精神。學生來家請教，常與之談至深夜，亦無倦容，故學生待先生如兄長般親切。

先生教人，向來路子寬，有方法，語言富暗示性，以啟發人之自覺，從來不使人有畏首畏尾，無所適從之感。常謂大國手教不出大國手，要二國手才教得出大國手。某次，與學生談及國內南北大學培養青年後輩方法之不同。略謂：「北方大學教授寬厚愛人，對後輩青年稍有成就，輒多方予以鼓勵，盡力培養。南方大學教授則往往對學生要求過嚴，師生感情也不如北方之融洽。甚且個別教授門戶之見深，知識私有之觀念強，故若干年來，北方大學人才濟濟，而南方殊寥寥也。」

先生前著「人生之路」，共分三編：第一編易名為「人生之體驗」，第二編易名為「道德自我之建立」，第三編易名為「心物與人生」。是年「人生之體驗」在中華書局出版，「道德自我之建立」在商務印書館出版。

「人生之體驗」一書，直陳人生理趣，頗帶文學性，多譬喻象徵之辭，旨在啟導人向內在自我求人生智慧，於中西先哲之說，雖多所採擇，然絕去徵引，融裁為一，稱心而談。先生在寫此書時，根本無與任何不同學說相對抗之意識，只為自己在生活上常有煩憂，乃將自己由純粹思辨中所了解之道理，或悟會到之意境，寫成文字，目的在使自己再看時，能從過失煩惱中解救出來，使精神向上而已。先生在本書之導言中曾說：「我對愈早之人生哲學之著作愈喜歡。我喜歡中國之六經，希伯萊之新舊約，印度之吠陀，希臘哲學家之零碎箴言。我喜歡那些著作，不是他們已全道盡人生的眞理，我喜歡留下那些語言文字的人的心境、精神、氣象與胸襟。那些人生於混沌鑿破未久的時代，洪荒太古之氣息還保留於他們之精神中。他們在天蒼蒼野茫茫之世界，忽然靈光閃動，放出智慧之火花，留下千古名言。……這些語言文字，曲折參差，似不遵照邏輯秩序，然雷隨電起，隆隆之聲，震動全宇，使人夢中驚醒，對天際而肅然，神爲之凝，思爲之深，這是我最喜歡上列之原始典籍之理由。」又謂西洋之人生哲學、倫理學均表現向上祈求，向前嚮往，向外追求捕捉之態度，西洋哲人，仰視霄漢，讚彼天光，企而望之，俯而承之，其欲超離凡俗，以達靈境者，恒須先闢除榛莽，用層層上升之思路，以開拓其心靈，提升其境界。而印度哲人，則能使人意消，滌蕩情見，忘懷世務，心與天遊，此與讀西哲書覺理網重重，攀緣無盡，情志激蕩，回顧彷徨，乃截然不同之二種境界。至於中國先哲之書，如孔子之言，皆不離日用尋常，即事言理，應答無方，下學上達，言近旨遠，隨讀者高低，而各得其所得。論語一書，更可見孔子溫良恭儉之至性，仁民愛物之胸懷，與及孔門師弟間雍容肅穆之太和氣象。道家之老、莊，能使人游心太初，寄情妙道。其自現實超拔之心，同於西洋理想主義者，而無彼企慕祈望之情。其足以滌蕩情見之效，與佛家同，而無彼永超生死苦海之悲願。然循老、莊之道，高者可以喪我忘形，返於大通，游於天地之一氣；低者亦可致虛守靜，少私寡欲，渣滓日去，清光日來。故讀者對「人生之體驗」一書，苟能虛心涵泳，即可循此横通東西大哲之心。

至於「道德自我之建立」一書出版後，當時學術委員會對之評價甚高，決定給予第一等獎，並擬將第二等獎給予「漢魏兩晉南北朝佛教史」作者湯用彤先生。但因湯先生爲其老師，故先生稍加考慮，表示如此安排，不能接受，只有將第一等獎與第二等獎之名次對調，才便於接受。結果學術委員會尊重先生意見，將二書之得獎名次互調。

「道德自我之建立」一書，文筆樸實而單純，內容多本於察識，鞭辟近裏，與「人生之體驗」一書比較，則觀照之意味少而策勵之意味重。全書分爲三部：第一部道德之實踐，提出道德生活之本質爲自覺的自己支配自己，以超越現實自我，繼而本此觀念，說明道德之自由、人生之目的、及道德心理與道德行爲之共性，而歸於論生活道德化之所以可能。第二部世界之肯定，追溯道德自我在宇宙中之地位，先從懷疑現實世界之眞實與現實世界之不仁出發，進而指出人皆不忍見此世界之不仁與虛幻，而反證形而上的眞實自我之存在、道德心靈之存在、與心之本體之存在，並以心之本體之眞實至善爲道德自我之根源；再進而說明心之本體，即現實世界之本體，故由道德自我出發所欲實現之道德價值理想，必能實現於現實世界，由此而肯定現實世界之眞實性。第三部精神之表現，認爲自心之本體爲一充內形外之眞實言，即名爲精神實在。故即以精神實在一名，代替心之本體一名，以說明現實世界之物質、身體皆爲精神之表現。進而指出現實生活中，飲食男女、求名求利等活動，皆爲同一精神實在表現之體段，使人知一切人之生活，均可含神聖之意義。故精神實在之最高表現，在使社會成眞美善之社會，使形而上之心靈，遍在於人之各種活動中。由此遂提出性善之義，認爲惡乃由一念陷溺所致，故一念超拔，使無限之精神不復爲有限之現實對象所拘繫，卽通於善。故此書之中心，唯是說明當下一念之自反自覺，卽超凡入聖之路。先生認爲道德價値隸屬於形而上的自我，而道德心理、道德行爲之天性，在要求超越現實自我之限制。其所謂道德自我，實卽傳統上所謂本心本性。故所謂道德價値表現於超越現實自我之限制，實卽傳統上所謂反身而誠，盡心知性而已。該書重此當下一念之思想，乃自孔、孟、禪宗、王陽明以下所同然，爲中國哲學之骨髓所在。是則先生之書，雖爲中國哲學開生面，實則只以全新之思想語言，對傳統觀念作全新之註解而已。

以上兩書，皆爲先生於三十歲前後，以一人獨語方式，自道其所見之文。對古今中外哲人之書，雖無所論列，但其行文純眞樸實，有面對宇宙人生之眞理之原始性。故先生於其臨終巨著「生命存在與心靈境界」後序中，有「吾今之此書，亦不能出於此二書所規定者之外」之語。此外，是年先生尚有在文史雜誌發表「中國文化中之藝術精神」、「寫在哲學專號之前」、及「辨心之求眞理」三文，又在哲學評論發表「意味之世界導言」一文。

民國三十四年（公元一九四五年）　**三十七歲**

是年秋，抗戰勝利，日本投降。中大哲學系人事糾紛，日益嚴重，先生以彼此均屬師長或友好，盡力調解，希望彼此均能和平相處，結果彼此均認爲先生褊袒對方，使先生左右爲難。

先生在重慶中大任教時，常拜訪其中學老師蒙文通、彭雲生、楊叔明諸先生，嘗稱彭先生學問很好，詩文和書法造詣很深。有帥淨民先生者，迪風公曾聘往敬業學院任教，一生坎坷，並不知名，大部分時間均在中學及師範學校任教。但對西藏密宗很有研究。一次，先生向帥先生請教密法之密，及非此不能斷所知障而證無學道義，帥先生引海公「何處摔倒，何處爬起」之語作譬喻，先生頓時省悟，非常滿意帥先生之答覆。帥先生有時說好多作品都是多餘，先生則以爲情志所之，盡有成就，不可廢也。帥先生嘗稱道先生是個絕頂聰明人，一說就懂，前途未可限量。此外有一位蕭公遠先生，人稱蕭神仙，其學從陳摶、邵雍一派易學發展而來，他教人首先口授易經，並非開始便涉神怪，故不屬巫術，只是道家一個流派。時成都許多聲名顯赫之人物都向他歸依道教。先生曾對其學生劉雨濤講述蕭神仙之故事，略謂成都警備司令嚴嘯虎往見蕭神仙，蕭神仙謂其背後有兩個女鬼，並指出兩女鬼之樣貌衣飾，嚴嘯虎當堂嚇得面如土色，原來兩女鬼正是被嚴嘯虎槍殺的兩個姨太太。先生相信人死後靈魂不滅。梁漱溟先生在「懷念哲人唐君毅先生」一文中，曾抄錄先生早年論及人死後之文字云：「人死只是其身體之銷毀，然而身體這東西，自始卽一銷毀中之存在，而於此銷毀中表現心理活動，所以人之身體，自生至死，只是心的本體的活動之一段過程表現。所以人之有死後的生活，或第二代的身體，來繼續其心體活動之表現，是不成問題的。」由此可見先生對生死鬼神諸問題，具有濃厚之探索興趣。

是年先生在正中書局出版「愛情之福音」，在學燈發表「介紹科學思想概論」、「易傳之哲學淺釋」及「人生之體驗序」。在中國文化發表「中國原始民族哲學心靈狀態之形成」。在文化先鋒發表「孟子性善論新釋」，在新中華發表「中國原始民族哲學思想之特徵」。

民國三十五年（公元一九四六年）　三十八歲

夏，友人李源澄先生主持灌縣靈岩書院，先生往講學十餘天。秋，中央大學由重慶遷返南京，先生被華西大學社會系借聘半年，實則只有三個月，至十一月間，先生始返南京授課。教授一年級哲學概論及二年級中國哲學史。其五弟亦在南京工作，其餘家眷，均在成都。

是年先生在理想與文化第八期發表「宋明理學之精神論略」，今易名爲「宋明理學家自覺異於佛家之道」，編入中國哲學原論原道篇三附錄中。本文發表後，支那內學院張德鈞及王恩洋二先生曾著文評斥，以爲反對佛學。實則先生此文，只是述而不作。先生認爲佛學以求解脫、得涅槃爲目的。其所以欲求解脫，初源於視世界爲無常。無常故苦，尤以生死爲然。故人之信佛，亦多出於解脫生死之動機。然儒家素無「無常故苦」之世界觀。無常卽變易，變易之義，卽含生生之義。生生之事，自儒家觀之，乃所樂而非所苦之事。故儒家初不自生死苦之解脫問題出發，唯自如何成德之問題出發。宋明儒學，卽欲講明聖人「萬物皆備於我」，「與天地合德」之一種通內外，貫物我之心境，及此聖人心境所根據之心性，與盡心知性之工夫。又佛家使人卽有觀空、證空，乃因人對生生不已之大化流行，析爲一件一件之事而起執着所致。若人自始卽不將宇宙之大化流行作分別觀，且肯定變易之中，有一生生不已之眞幾潛運於其間，則佛家談空說有，皆失其所對。這是橫渠所以詆釋氏「誣天地爲幻妄」，二程所以評佛氏「生死成壞，自有此理，何者爲幻？」朱子所以謂「釋氏一切皆虛，吾儒則一切皆實」之理由所在。由是，宋明儒乃進一步謂佛氏知心而不知性，知心而不知天命。又儒家既以成德問題爲首出，卽以求善之問題爲首出，得善而樂此生、安此生，卽證生必以善爲其內容，生以實現善爲事。故生爲眞實，宇宙生生不已之幾爲眞實，同時卽當本生之內容之以善爲眞實之義，謂此生生不已之幾，亦是善之相續顯現之幾。此之謂「繼之者善」。生生不已，善必求繼。故宇宙以生生不已而爲眞實，卽以善必求繼而爲眞實。宇宙之所以必須恒久，卽根於善之必須相繼，此之謂以聖道證人性，以人性證天道。此卽天道、人性、與聖道之互證。此外又在文化先鋒發表「易經經文所啟示之哲學思想」、在中國文化發表「略辨老莊言道之不同」，在靈岩學報發表「佛學時代之來臨」。在學燈發表「漢代哲學思想之特徵」。

民國三十六年（公元一九四七年） 三十九歲

是年春夏之交，先生在南京四牌樓中大校本部東南院二樓之大敎室內，講唯心與唯物之問題。略謂精神與物質既是不同質的東西，依唯物論觀點，謂物質產生精神，精神是第二性，物質是第一性；則何嘗不可以倒過來說，謂精神產生物質，物質是第二性，精神是第一性。時牟宗三先生亦在座。

當時中大學生如周綬章、武元亮、梁玉文、劉孝瑜、高謐、陳光權、席掄英、苗力田、唐國鎭、晏成書、劉紹倫、關展文、陳雪林、湯有仁、高天陞、張境淸、劉雨濤等，均對先生極爲尊敬與佩服，其中唐鎭國與劉雨濤都是四川人，與先生有同鄉之誼，故與先生最爲親近。

七月，先生自南京返川省親。是年中大哲學系人事糾紛達至激烈階段，系內要解除牟宗三與許思園兩位先生之教授職務，先生爲抱不平，屢屢仗義執言，惟弄至舌敝脣焦，亦無法勸解。爲對朋友作道義上支持，結果與牟、許二先生於秋季應無錫榮德生先生在太湖之濱新創辦之江南大學教授之聘，但江南大學不允許先生同時兼任中央大學教席，並要先生出任教務長之職。先生本不願意擔負教育行政工作，惟以朋友相強，終於無法推辭。而中大方面，又不肯放先生，爲此先生感到十分爲難。幾經周折，中大始允許先生請假一年，在中大所開課程，明年補上。秋，太師母、師母等家眷均移居無錫，先生得侍奉太師母經年。太師母曾與其幼女信云：「汝兄太不忍拂人之意，致優柔寡斷，此次於中大、江大兩校之去留問題上，汝兄精神上受損不少。」時文學院院長爲錢穆先生，研究所所長爲許思園先生。由於當時中大哲學系之人事糾紛，已無可收拾，系主任劉國鈞先生因此辭職，就任蘭州圖書館館長。中大哲學系系主任一職，懸虛達半年之久。

是年先生發表之文章，有在歷史與文化之「中國古代民族之凝合意識」，在東方與西方之「中西文化之不同論略」及「論墨學與西方宗教精神」，在學原之「王船山之性與天道論通釋」，在歷史與文化之「朱子之理先氣後義疏釋」。在文化先鋒之「中國科學與宗教不發達之古代歷史之原因」及在新生月刊之「當前時局之回顧與前瞻」。

「朱子理先氣後義疏釋」一文，今改名爲「由朱子之理先氣後，論當然之理與存在之理」，編入中國哲學原論導論篇三附錄中。此文先生在是年暑假脫稿於重慶化龍橋，意在說明宋明儒學之理，應爲當然之理兼存在之理，以反對當時馮友蘭、金岳霖二氏之說。文中略謂朱子言理先氣後，一不爲客觀存在之時間上之先後，二不爲主觀心理認識客觀所對之自然之次序之先後，三不爲知識論上之先後，四不爲邏輯上之先後。而須於吾人內在之當然之理，與實現此理之氣之關係之體驗中，方能知朱子理先氣後之意義。蓋宋明理學家之根本問題，唯是一如何作聖之問題。作聖之道，在乎以理導行，故其所求之理，初重在應如何之當然之理，而不重在宇宙是如何之存在之理。吾人於覺一當然之理時，卽有不容吾人不遵此理而行，不得不使此理實現於我之感，此卽所謂道德義務感。此時吾人必先有當然之理之命令之自覺，而繼之以當然之理不容我不遵之而行之自覺。而人遵之而行以實現之，爲氣之動。故吾人於此乃先有理之命令之自覺，而後有氣從之動之自覺，故卽以此爲理先氣後、理主氣從之言之最初直接有所指處。次由當然之理之直接體驗，以明其超主觀之意義，而顯其爲形而上的先於氣之意義。再則由當然之理之超主觀的意義，以明其爲存在者所以存在之理，一切存在之特殊之理所根據之理。先生論此理之爲存在之理，乃由外表之類比，以知其可有；本道德理性爲先驗之推論，以建立其必有；以仁者唯以物爲事，明仁之理卽生之理；以純粹理性之推論，明一切生之事，皆根於生之理；一切特殊之理，皆根於一生之理。四途會合，內外孚應，而後歸於卽萬物之生生，以體驗仁之理卽存在之理，由是而仁之理，卽爲當然之理，亦卽爲存在者所以存在之理乃明。

民國三十七年（公元一九四八年）　**四十歲**

春，江南陰雨連綿，一日上午，先生在江南大學臨時校舍之禮堂，主持學術講座，先生坐在講壇上。忽然禮堂後面隆然巨響，傳來一片倒塌之聲，學生在驚恐中均奔向講壇，爭相由左側小門逃生，一時秩序大亂。講壇上其他教授均已從左側小門逃出後堂，惟先生一人，走向講壇前沿，高呼鎭定，並指揮學生疏散。後知倒塌者只是禮堂附近之圍牆，與禮堂本身無關，始恢復講演。先生臨難不懼，處變不驚，於此可見。

夏，先生親往鵝湖書院，籌備復校。先生在抗日期間，認爲書院教育，不失爲一良好之辦學方式。故自抗戰勝利，復員伊始，卽企圖恢復宋代朱陸曾在那裏講學的鵝湖書院。鵝湖書院在江西省鉛山縣北十五華里處之鄉間，時由程兆熊先生在該處開辦信江農業專科學校，後擴充爲農學院，並爲國防部代辦兩班青年軍屯墾職業訓練，學生共千餘人。先生往訪，爲學生講孔子、耶穌、釋迦牟尼、和蘇格拉底，並寫「文化意識與道德理性」一書。先生當時與程先生相約，先由農專附設鵝湖書院，然後逐漸改爲由鵝湖書院附設農專。此事不僅得程先生贊成，卽錢穆、牟宗三、李源澄、周輔成諸先生亦贊成。先生得此鼓勵，乃積極安揷熟朋友至信江農業專科學校工作。是年秋，先生一方面返中央大學授課，在江南大學兼課，而另一方面卻分其心力於恢復鵝湖書院的工作。

六月中，先生辭江南大學教務長職。並在日記中自言深感處人辦事，必須處處沉著，見侮不辱，並且須要出語斬截，方能有力。自問爲人過於仁柔，苦口婆心，用之於教育則宜，用之於辦事，則使人不得要領，無所適從。

七月二日，與錢穆、牟宗三、林宰平、韓裕文諸先生遊太湖。

十一月初，與徐復觀先生談時局，先生認爲其時之中央政府必遲早崩潰，中共標榜民主意識、民族意識取得勝利後，遲早亦必與國際派分裂。未來政府，惟有一方面行社會主義，一方面保存國家民族意識，方能存在。故曾欲發動一文化思想運動，一面標舉民族國家大義，一面主張平均財富，不惜兩面受敵，並準備自我犧牲。

冬，共軍南下，逼近長江，中央大學宣告停課。先生在無錫曾問一學生對共產黨有何看法，對方答謂一向被踏在腳底下的人，對共產黨當神一樣信仰，其成功乃憑藉其欲解除被壓迫人民痛苦的道義上的力量。先生當時點點頭。

十二月初，時局極度緊張，先生遷居中大宿舍大鐘亭二十四號。十一日，與陳太夫人乘民俗輪抵上海。

是年先生在文化先鋒八卷八期發表「中西文化之一象徵」。略謂西方文化之重心在宗教與科學，其道德基礎在宗教。中國文化之重心在道德與藝術，其宗教皆道德化，科學皆藝術化。宗教精神仰視天光，企慕靈境，以希上達天心，奉持天命。而道德精神則重在踐其所應為，盡其性以盡人性、盡物性。性之源本是天命，亦上通於天心。而宗教精神者，由下而上達，道德精神者，由上而下達。超形以事天，是宗教精神；踐形以盡性，是道德精神。西洋哲人自明之道，恒由形上學之思辨以知天，由宗教上之信仰、祈禱、與懺悔以事天。而儒家哲學求自明之道，重盡心知性卽知天，存心養性卽事天。盡心知性、存心養性，要在當下之反身而誠。自誠者，自信而非信天，求諸己而非祈諸天。西方人可為任何理想而犧牲生命，中國人愛惜生命，必求有以繼之，不許爲仁義以下之理想而輕生。故志士仁人之從容就義，乃所以不負聖賢之遺訓，續文化之慧命，留民族之正氣，樹百世之風聲，是念念仍在天下後世。故殉理想者，著眼在超世間；必求其繼者，著眼在現世間。又西方尚天才，而中國尚中庸。天才之精神求無限之表現，聖賢之心量求無限之攝受與涵容。精神求無限之表現，乃奮迅於有限之現實生活中，復脫破其藩籬，而自然之現實生活被破壞，則瑰意奇行出，西方式天才瘋狂自茲而生。然精神求無限之攝受與涵容，則現實生活還他有限，而胸懷洒落，上下與天地同流，左右與世俗共處，其器度汪汪乎若萬頃之波，澄之不清，擾之不濁，推恩以仁民愛物，如泉源之不息，而不覺精神之有限。

此外，已發表之論文，復有在學原之「泛論陽明學之分流」、在理想歷史文化之「論中國原始宗教信仰與儒家天道觀之關係，兼釋中國哲學之起源」。其時，先生正草擬文化意識與道德理性一書之宗教之部、哲學概論大綱、及中國哲學史大綱。

民國三十八年（公元一九四九年）　四十一歲

元月二十一日，蔣中正總統引退，時局益形緊張，先生當時來往於南京無錫間，而南京已危在旦夕，乃促兩妹及師母奉太師母還鄉。臨別告太師母陳太夫人曰：「兒未嘗爲官吏，亦不隸任何政黨，唯兒上承父志，必以發揚中華文教爲歸，今世亂方亟，以後行無定所，今有妹等侍養，望勿以兒爲念。」云云。當時陳太夫人答曰：「汝必欲與中華文教共存亡，則亦任汝之所之矣。」適因廣州華僑大學校長王淑陶先生約先生與錢賓四先生赴穗講學，乃於四月四日同赴上海，七日轉乘金剛輪赴粵。十一日抵廣州，王淑陶先生派人來迎。時熊十力、謝扶雅、陳榮捷諸先生亦避亂在穗，先生因謝扶雅先生之介，始與陳榮捷先生認識。由於時局不安，先生思種種國家問題，皆無能爲力，心緒不寧。六月七日夜，復與錢賓四先生乘船抵港，同任教於沙田大圍銅鑼灣之華僑工商學院。太師母亦旋命師母來港，與先生共患難。時謝幼偉先生與張丕介先生亦在港，先生與之時有往還。八月廿四日，先生返穗，宿李稚甫先生家，欲與李先生創辦一孔學院，事未成，九月十日再度來港。

十月十日，與錢賓四、張丕介、崔書琴、謝幼偉、程兆熊、劉尚一諸先生創辦亞洲文商夜學院，以錢先生爲院長。夜學院初只租賃九龍佐敦碼頭附近偉晴街之華南中學內三間教室上課。另在附近砲臺街租一四百尺左右之樓宇爲宿舍，內除雜陳八、九張碌架床作學生宿位外，另間有僅容一行軍床、一桌、一椅之房間作錢先生之寢室與辦公室。此卽爲亞洲文商學院之大本營，此外毫無設備可言。後程兆熊先生由臺灣招來十多位學生，砲臺街無法安置，正當情勢窘迫之際，幸得上海商人王岳峯先生挺身而出，給予經濟上支持，乃在香港北角英皇道海角公寓內租用若干房間，權作宿舍及教室之用，在日間上課，使草創時期之夜學院，居然亦有了分校。時正校與分校學生合共不過五十人左右，由錢先生教中國通史，唐先生教哲學概論，張丕介先生教經濟學，崔書琴先生教政治學，劉尚一先生教國文，和一位夏先生教英文。謝幼偉先生則去了南洋。程兆熊先生則去了臺灣。時先生與錢先生均往來於沙田、九龍、香港之間。每當先生與錢先生均在九龍有課時，先生卽在砲臺街宿舍內與學生同睡碌架床上，於夢寐之中，常作「天呀！天呀！」之呼喊。先生前在鵝湖時，程先生住隔鄰，亦常在夢中被先生「天呀！天呀！」之呼聲所驚醒，先生當時之心境，概可想見。

是年先生發表之文章，計有在學原之「王船山之文化論」，「王船山之人道論通釋」、「道德意識通釋」，廣州大光報之「至聖先師孔子二千五百年紀念」，民主評論之「從科學的世界到人文世界」、「人文世界之內容」、「唯物論文化效用平論」，及勉仁文學院院刋之「論家庭之道德理性基礎」。

民國三十九年（公元一九五〇年）　四十二歲

亞洲文商夜學院由於得到王岳峯先生經濟上之支持，乃於是年二月二十八日，改組爲新亞書院。王先生慨然以發展海外文化教育事業爲己任，認爲新亞書院應爲一所現代性之國際大學，內設文、理、法、商、醫各學院，故其規模決不小於香港大學。惟大處著眼，小處著手，故初步發展，先在九龍深水埗桂林街六十一、六十三、六十五號租用了三、四樓，作爲校舍，除四樓用作教室外，三樓則用作辦公室、學生宿舍及教員宿舍。使支離破碎的局面，總算有了一枝之棲。

新亞書院辦學之旨趣，在其招生簡章中有概括之說明。內云：「上溯宋明書院講學精神，旁採西歐大學導師制度，以人文主義之教育宗旨，溝通世界東西文化，爲人類和平，社會幸福謀前途。本此旨趣，一切教育方針，務使學者切實瞭知爲學、做人同屬一事。在私的方面，應知一切學問知識，全以如何對國家社會人類前途有切實之貢獻爲目標。惟有人文主義的教育，可以藥近來教育風氣專門爲謀個人職業而求智識，以及博士式、學究式的爲智識而求智識之狹義的目標之流弊。」

新亞書院初期原設文史系、哲學教育系、經濟學系、商學系、農學系及新聞社會系，惟農學系因附設農場未能設立，新聞社會系因校舍不敷分配，於第一年開設後，卽停辦。時錢穆先生爲新亞書院院長兼文史系主任，先生爲教務長兼哲學教育系主任，張丕介先生爲總務長兼經濟學系主任，三人均在三樓分住一房間，彼此朝夕相處，相依爲命，此外商學系主任爲楊汝梅先生。

新亞書院成立之初，共聘請專任教授八人，各支月薪五百元，連同房租與雜費，學校全年預算將近十萬元。這是一筆龐大的數字，惟因得到王岳峯先生在經濟上之支持，人人相信新亞將有一番光明的前途。當時校內師生固然非常興奮，校外人士，亦爲之欣羡不已。但開學兩月後，由於王岳峯先生的企業受到致命打擊，新亞書院立卽陷入極度危險的深淵。當時先生與錢、張二先生同爲學校負責人，均焦急萬分，教授薪金可以拖欠，課程卻必須繼續，房租必需按月支付，工讀生的生活費亦不可減，更不能停，於是只好連同若干文化教育界朋友，用武訓行乞興學方式，四出勸人募捐，港九兩地朋友，莫不熱心協助，惟相識者多爲兩袖清風，逃亡來港之知識分子，他們多半自顧不暇，捐助一兩次，便無能爲力。於是先生等惟有不停向報紙雜誌投稿，領取微薄的稿費，雖是零星收入，亦聊勝於無。

在桂林街時期，新亞書院的學生大多數是由中國大陸流亡來港的青年，他們嚮往中國文化傳統，有強烈的國家觀念和民族觀念，他們把學校當作一個大家庭。在生活極端困頓之下，人人努力學習，對師長衷心崇敬，在課程之外，鍛煉自己，承擔文化的使命。當時學校不僱工人，實行工讀制度。由於學校無醫藥設備，對一些貧病交迫，舉目無親的學生，學校亦要爲他們接洽私人醫生，爲他們免費治療，而所謂新亞精神，亦因此逐漸形成。

自去年廣州易手以來，由中國大陸流亡來港之學者日眾，彼等有以香港爲中途站，稍留卽去者，有暫時觀望，等待機會者，然大皆學有專長，熱愛中國文化。新亞自遷入桂林街後，卽成爲流亡學者交會之所。學人來訪雖多，但限於學校之規模與經費，無法一一聘任。於是乃創辦文化講座，於每星期日晚邀請學者來校作公開之專題講演，聽眾來自四面八方，講後熱烈討論，充分表現學術自由與思想自由之精神，講者雖無報酬，然共敍一堂，討論學術，亦可略慰寂寞之流亡生活。此一文化講座，由是年冬開始，共舉辦一百三十九次，持續達三年之久。而三年來皆由先生主持其事。此等講演內容，後由孫鼎宸先生收集不完整之筆記，請原講者修正補充後，編印成「新亞書院文化講座錄」，爲新亞教育之重要文獻之一。據講座錄所載，講演者除專門學者外，包括儒、佛、耶、回諸教人士，除先生本人外，計有錢穆、羅香林、饒宗頤、林仰山、牟潤孫、簡又文、吳克、張葓漚、黃天石、楊宗翰、劉百閔、徐慶譽、謝扶雅、印順法師、融熙法師、彭福牧師、張性人、梁寒操、吳俊升、王書林、何福同、章輯五、曾克耑、佘雪曼、羅夢册、佘協中、張丕介、沈燕謀、伍鎭雄、張雲、程兆熊、張公讓諸先生，由此亦可見先生與當時學人交往之一斑。

先生在到香港前，從未爲文批評中國共產黨，抵港後，鑑於國內情況日非，中共對人對學術之抨擊，肆無忌憚，念及當時中國能對思想文化窺見本源者不多，認爲護衞文化之尊嚴，實責無旁貸。如是乃挺身而出，開始爲文批評中共。並認爲如能因此改變中共之最高原理與對蘇聯之一面倒，卽使自我犧牲，亦不在乎。

是年先生在民主評論發表「孔子與人格世界」一文，其後由人文出版社印成獨立小册子發行。其中論及豪傑之精神曰：「豪傑之行徑，常見其出於不安不忍之心。在晦盲否塞之時代，天地閉而賢人隱，獨突破屯艱而興起，是豪傑精神。積暴淫威之下，刀鋸鼎鑊之前，不屈不撓，是豪傑之精神。學絕道喪，大地陸沈，抱守先待後之志，懸孤心於天壤，是豪傑之精神。學術文化之風氣已弊，而積重難返，乃獨排當時之所宗尚，以滌蕩一世之心胸，是豪傑精神。豪傑之士，以其眞知灼見，百折不回之心，使千萬人爲之辟易，爲天地正氣之所寄，故其人雖已歿，千載有餘情，奮乎百世之上，百世之下，聞者莫不興起。斯眞堪尊尙已。」以上一段文字，在先生去世後，陳文山先生在其悼文中引述，以爲乃先生全副眞性情眞肝膽之自然流露，其足以表達先生生平之氣象與行狀，實勝過他人千萬首輓詞云。

先生此時認爲人類罪惡之根源，既不在生物本能，亦不在於人心，因所謂心，只是一明覺，能感覺，能知覺，能辨別，能記憶，能想像推理之心，無所謂罪惡。故罪惡只在於人心不能以其求眞、求善、求美、求神之明覺，規範主宰人之生物本能，使人性不能全幅呈露而有蔽，才陷於罪惡。但人因誘於聲色貨利之欲而自蔽自限，不能使眞善美等價値理想全幅實現，尙非最大之罪惡，若假眞善美爲欺世盜名之工具，以濟其私欲，才是人之眞罪惡所在。然而，已知眞善美之價値之人，何以仍會昧其良知，歪曲善惡，淆亂是非？若人只有生物本能，不能造成此種罪惡，因其他動物，並無此種罪惡。先生指出人類此一罪惡根源，乃在人心底層之權力意志。生物本能中飮食男女之欲，雖亦爲權力意志之表現，但此等欲望總是有限的，故其本身不必是罪惡。但人有了意識或心，自覺地追求無限之權力，甚至僞裝眞美善，以求名位之保持與權力之擴張，這才成爲萬惡之本。凡此均見發表於香港時報之「人類罪惡之根源」一文。

是年先生除在民主評論發表「孔子與人格世界」及在香港時報發表「人類罪惡之根源」兩文外，另在民主評論發表「略論眞理之客觀性與普遍性」、「宗教精神與人類文化」、「中國近代學術文化精神之反省」、「胡思杜批判胡適感言」、在理想與文化發表「述本刊之精神兼論人類文化之前途」、「人類宗教意識之本性及其諸型態」、及在教育通訊發表之「斥拉丁化中國文字運動」。

民國四十年（公元一九五一年）　四十三歲

先生自抵港後，發表之文字日多，常反省文字之道，以命令、諷刺、打倒爲事者易作，以平心析理述事者爲難，以表現自己之向上精神，引人轉邪歸正尤難，而能感發人，使人興起向上者最難。先生自省其過去所作文字，有各種不同風格。如「人生之體驗」、「人生之智慧」爲抒懷式，「道德自我之建立」爲反省式，「心物與人生」爲辯論式，「文化意識與道德理性」、「朱子理氣論」爲析理式，「孔子與人格世界」爲說教式，「中西哲學比較研究集」、「王船山學述」爲述學式。先生又於作文時，領悟人之精神若能貫注於當前之事中，卽所謂敬，此卽與絕功利之心相通。又念人皆不免有種種心習、客套、意氣，若非徹底刮垢磨光，痛加針砭，則一切嘉名美辭，終與罪惡夾雜同流，可見人類前途之艱難。吾人若不發宏願，世界終將沈淪。因而自念其所爲文字及若干師友之文字，亦多缺至誠惻怛之意，終不免隨時下習氣，出語虛浮，無法透至他人性情深處。因念宗教精神之精誠，宋明理學家之鞭辟近裡爲不可及。內心深感愧悔。

先生又思中國近時之學術界人物，出於北大者，大皆放肆而非濶大，出於南京東大者，大皆拘緊而不厚重。如梁漱溟、熊十力、歐陽竟無、吳碧柳諸先生，皆出自社會，乃可言風度、氣象、性情。今一般學術界人物之文字，能謹嚴者已不多見，能有神采性情願力者尤少。

先生此時認爲身體爲精神之表現，身體之奧秘，卽精神之奧秘，身體生活與精神生活有密切關係，並認爲過去只知形上形下合而爲一之理，但全未用功，今後當對自己之精神生活有一支配力方好。

是年先生之六妹寧孺在港與胥靈臣先生結婚。婚後不及半月，卽返大陸迎太師母陳太夫人及先生之女公子安仁小姐來港，當時以桂林街住址偪窄，陳太夫人乃依其六女同住，先生每隔二三日卽往問起居，並細視其母是否長胖，然後出遊。時胥靈臣先生任職民生輪船公司，夫婦勢須返穗，而寧孺女士已懷孕多月，陳太夫人乃以須返穗照料其六女生產爲辭，必要與之一同離港。先生與師母及安仁小姐，乃送太師母至羅湖橋頭，先生站立在火車路旁，目送太師母之背影在夕陽斜照中消失，先生爲之潸然下淚。陳太夫人素多病，每病輒自虞不起，曾對先生曰：閱報知港地有只費三百元完喪葬者，他日彼若有不測，則三百元已足，蓋知先生其時之困境，不忍相累也。

是年爲新亞書院開辦之翌年，經濟極度拮据，教員及學生之流動性均極大，彼等爲嚮慕或嚮應新亞之教育理想而來，又由於種種不得已之現實原因而去，但當他們散到世界各地時，都爲新亞作義務宣傳，使一間學生人數不足五十人的小小學校，有如千軍萬馬，聲勢浩大，新亞之名，由是不脛而走。

是年先生在民主評論發表「西洋文化精神之發展」、「聖經是狂幻的傳奇」、「人究竟是不是人」、「中國藝術精神下之自然觀」、「中國藝術精神」、「中國文學精神」、在張君勱先生七十壽辰紀念册上發表「經濟意識與道德理性」，在華僑日報發表「論人類免於毀滅的道路與聯合國之文化使命」，在新思潮發表「諾斯諾圃論東西文化之會通」，在自由人發表「從紀念孔子誕辰論中國自由精神」。在人生發表「人生之智慧」、「說生命世界心靈精神世界之存在與客觀性」、「人格之類型」、「泛論中國文學中之悲劇意識」、「中國傳統之人生態度」、及人文學刊之「家庭、國家、天下之觀念再建立序論」。

民國四十一年（公元一九五二年）　四十四歲

此時，先生全副精神，均盡瘁於辦理新亞書院，六月在新亞校刊創刊號中，撰寫「我所了解之新亞精神」，略謂新亞書院之講學精神，一方要照顧中國國情，一方要照顧世界學術文化的潮流，嘗試建立一教育文化理想而加以實踐。又謂古老的亞洲，古老的中國，必須新生，只有當最古老的亞洲，古老的中國獲得新生，中國得救，亞洲得救，而後世界人類才眞能得救。中國亞洲之新生，尚不止是充量的接受歐美之近代文明之謂，我們並不相信亞洲與中國之文化精神已經死亡。亞洲是世界之一切偉大宗教之策源地，他們都未死亡，甘地之精神中有印度之慈悲，孫中山的精神中有中國的仁道，基督教至今仍爲西方精神之最後托命所，回教仍是凝合回教世界之一大力量，而中國文化精神之潛存於中國人心者之發揚光大，斷然能復興中國。所以新亞的精神，新亞的教育文化理想，不外一方希望以日新又日新之精神，去化腐臭爲神奇，予一切有價値者皆發現其千古常新之性質，一方再求與世界其他一切新知新學相配合，以望有所貢獻於眞正的新中國，新亞洲，新世界。

是年新亞書院因經費來源斷絕，無法支付校舍房租及少數教師之鐘點費，雖在港四出籌措，不依然杯水車薪，無濟於事，錢賓四先生爲此遠赴臺灣，捐募經費，卻在臺北淡江英專演講時，不幸房頂塌落，被打得頭破血流，幾乎喪命。是時，正値香港政府頒佈商業登記條例，所有港九私立學校，均須到工商署辦理登記，自認爲營利企業。此一消息，在新亞同人中，引起極大激動，因依中國傳統教育觀念，學校並非營利團體，而是神聖的教育事業，同人等引以自豪者，正在於此，豈能自認爲營利企業，辦商業登記。爲此，錢先生從臺灣來信，斬釘截鐵說決不向工商署辦商業登記，寧爲玉碎，不作瓦全，必要時寧願關門大吉，也不可造成中國文化之污點。爲此，張丕介先生與當時學校之法律顧問趙冰大律師詳商對策，準備到高等法院申請將新亞書院登記爲一非謀利團體。但要完成此一法律手續，必須聘請律師起草學校的組織大綱與條例，送呈法院，等待調查批准，爲了挽救學校命運，趙先生於久病之餘，挺身而起，獨力承擔此一煩難之工作。先生爲此亦曾在華僑日報發表「私立學校登記與社會人士心理」一文，痛論其事。一年後，香港政府終於批准新亞書院豁免商業登記，香港政府對於這間流亡學校，總算是另眼相看。是年夏，新亞書院假六國飯店，舉行第一屆畢業典禮，畢業生只有三人，錢先生因在臺養傷，不克參加，典禮中，大家對學校前途之憂慮，情見乎辭。

十月廿六日，先生反省其過去，未有寫攻擊人、諷刺人、逢迎人、取悅人之文字，並常求於文句中不可有傷及他人及驕傲誇耀之語氣，但卻常要自己說出異乎流俗之語，因而未能儘量使人喻解，自謂此乃仁智不足之故，後宜改之。又反省自己若干年來之思想，漸使廣博之思想秩序化，以後在生活上，亦當求其秩序化才是。

是年先生因香港大學中文系主任林仰山先生之邀，往香港大學兼任，教授中國哲學。

由於先生無時無刻不在全神貫注地沈思，故一切日常生活，均由師母照顧，若非師母把牙膏擠在牙擦上，他不會刷牙，不給他口袋裏裝好手巾、錢、煙、火柴，他自己決不記得。吃飯只吃兩碗，添過便不再添，並常常問人「我添過飯沒有？」甚至剛吃過飯不久，也會問：「我有沒有吃過飯啊？」有時出外開會或探訪朋友，回家後，師母就發現在先生身上有別人的東西，如手帕、文具、甚至手錶，而他自己的東西就不在了。一次，先生探訪一位朋友，傭人應門，問先生貴姓？先生回答「我姓熊。」原來是這朋友姓熊。又先生坐下看書寫作，往往幾個鐘頭不動，天黑亦不曉得開燈。上課時，會將抹黑板之毛巾當手帕。洗澡時，師母為他準備好替換的衣服襪子，他還會把脫下來的髒衣服再穿上，把乾淨的丢到水中。一次，與師母漫步市區，邊行邊談，發覺久久不聞先生答話，回頭不見先生踪影，於是折回原路找尋，見先生呆站在一店舖門前，原來正在沈思道德的問題。類此之趣事，不勝枚舉。大抵與牛頓煮錶，愛廸生忘記自己姓名同類。

是年發表之文章，除「我所了解之新亞精神」和「私立學校登記與社會人士心理」兩文外，尚有發表在民主評論之「人類的創世紀」、「論西方之人格世界」、「論中國之人格世界」、「如何了解儒家精神在思想界之地位」、「試說收復大陸後之立法精神」、「論接受西方文化思想之態度」（上、下）、「宗教精神之偉大」、「自由、人文與孔子精神」、「紀念意大利名哲克羅齊逝世」、「人文與民主之基本認識」，在人生發表之「中國傳統社會文化之精神」、「自然與人文」、「五四談青年教育」、「說人生在世之意義」、「西維宅論現代文明生活的弊端」、

「中國智識分子如何而有氣概」、「美之欣賞與人格美之創造」、「聯合國的文化使命」、「與青年談中國文化」，在自由人發表的「中國民主思想之建立」，在中國學生周報發表的「說青年之人生」，在摩象發表的「康德哲學精神」、「菲希特之理想主義哲學」，在臺灣師大人文學刊發表的「生命世界與心靈精神世界」、在新思潮發表的「海德格之存在哲學」，此外復有新亞書院文化講座講詞「論知識中之眞理之意義與標準」，通俗哲學小叢書「中國之亂與中國文化精神之潛力」等。

民國四十二年（公元一九五三年）　**四十五歲**

二月七日，陳伯莊先生至桂林街寓所，與先生下圍棋至夜。

是年新亞書院得美國在香港設立之亞洲協會負責人艾偉先生（James Ivy）之同情，成立新亞研究所，由亞洲協會撥助專任研究人員之研究費，以其中半數，轉交新亞書院，以應付學校最低限度的經費開支。結果在是年秋，新亞書院在九龍太子道租賃一層樓宇，成立研究所，開始購置圖書。新亞自此打開國際援助之門，步入新階段。

繼亞洲協會之後，美國耶魯大學之中國雅禮協會亦決定與新亞合作。該會在湖南開辦雅禮中學及湘雅醫學院，歷有年所，成績卓著。大陸易手後，此項合作事業中斷，乃擬就臺灣、菲律賓、新加坡和香港四地中國人辦理之教育或醫藥事業中，選擇一援助目標，盧鼎（HARRY RUDIN）教授即銜此一項使命，來港調查，與新亞接觸，恰於此時香港高等法院批准新亞書院爲非謀利團體，豁免商業登記，盧鼎教授又應約參加新亞第二屆畢業典禮，目覩新亞師生，歡聚一堂，熱情洋溢，以不折不撓之精神，艱苦教、學深爲感動，於是援助新亞之計乃定。而先生之生活，亦得以逐步改善。

先生當時由於經濟拮据，每月微薄之薪水，仍須供養在大陸之母親及妹弟，故凡欲消遣，常往不必花錢太多之地方。當時九龍牛頭角仍未開發，巴士總站附近有一家小雜貨店，先生常携女公子安仁小姐與師母至店，先以花生米送一杯三蒸米酒，然後沿小路上山，瀏覽風光。在香港筲箕灣電車站不遠，有一個小海灣，岩石曲折，水草叢生，放眼遠眺，海天遼濶，先生亦常至此消閒，凝視茫茫大海，流露出一種難以解釋的悲憫。此外先生亦喜歡帶家人遊太平山。山頂有一餐廳，當師母與安仁小姐均未來港時，先生常一人到山頂餐廳寫文章，有時整天在那裏抽煙吃茶，也不記得吃東西。先生最喜歡之「孔子與人格世界」一文，就是在那裏寫成的。因此，此後先生亦常帶師母與安仁小姐到太平山。每次圍著兩個山峯散步，安仁小姐滿山去採花，先生與師母有時邊走邊唱，先生常唱兒時之童軍歌，唱到「哥哥華盛頓，弟弟拿破崙」時，那副眉飛色舞，勇往向前的神態，一片童眞。有時與師母共唱：「雨打江南樹，一夜花開無數，綠葉漸成蔭，下有遊人歸路，與君相逢處，莫道春將暮，把酒祝東風，切莫恁匆匆歸去。」眞可謂其樂融融。先生此時又喜歡到香港中環石板街一帶之舊書店買書，石板街是一條陡斜的古老大街，先生喘著氣，流著汗，往一家一家書店跑。店內的書，由地下堆至天花板，先生總在那裏全神貫注地翻閱。

是年先生在正中書局出版「中國文化之精神價值」一書，是書之作，動念於十年前，初意乃爲先生本人補過。蓋於一九四三年，先生曾在正中書局出版「中西哲學思想之比較研究論集」，輯錄先生當時論述中國哲學、文學、藝術、宗教、道德之文而成。然當此書印刷之際，正値先生之思想有一進境之時，故該書出版後，卽深致不滿，曾函正中書局囑勿再版。但此後該書仍續有再版，遂發心另寫一書，以贖前愆。蓋論文化問題之文，若中心觀念不清或錯誤，則全盤皆錯。十年前先生雖泛濫於中西哲學之著作，然於中西思想之大本大源，未能清楚，所言全爲戲論。繼後對人之精神活動恒自向上超越，及道德生活純爲自覺的依理而行諸義，有較眞切之會悟，遂知人有旣內在又超越之道德自我，或心之本體，乃有「人生之體驗」與「道德自我之建立」二書之作。此後，先生對此心此理，更不復疑。於中西理想主義以至超越實在論者之勝義，日益識其會通，乃知：道，一而已矣，而不諱言宗教。並於科學精神、國家法律、民主自由之概念，漸一一得其正解。至於論中國文化問題之著作，在國人方面，如熊十力、牟宗三先生之論中國哲學，錢賓四、蒙文通先生之論中國歷史，梁漱溟、劉咸炘先生之論中國社會與倫理，方東美、宗白華先生之論中國人之生命情調與美感，程兆熊、李源澄、鄧子琴先生之論中國農業與文化及典制禮俗，以爲皆可助民族精神之自覺，較清末民初及新文化運動時之議論，夐乎尚已。在西哲方面，黑格耳之歷史哲學，凱薩林之哲學家旅行日記，及斯賓格勒、羅素、杜威、諾斯諾圃、湯恩比等人對中國文化之論列，亦多旁觀者清，頗有深入透闢之論。惟先生仍以爲憾者，在以中國哲學之智慧，以論中國文化之精神價值，而能統之有宗，會之有元之著作，尙付闕如，故發憤先成「文化之道德理性基礎」一書，以明文化之原理，再進而論中西文化之精神價值。本書卽爲論中西文化之精神價值一書之下部。本書以西方文化思想中之異於中國者爲背景，以凸出中國文化之面目，力求以較清楚之哲學概念，對中國文化之特殊精神加以表達。對中國之人生意趣，文藝境界，人格精神，宗教智慧，一一加以剖解，而終歸於見天心、自然、人性、人倫、人文、人格之一貫。先生認爲中國文化之神髓，唯在充量的依內在於人之仁心，以超越的涵蓋自然與人生，並普遍化此仁心，以觀自然與人生之一切，兼實現之於自然與人生而成人文。而仁心卽天心也，此義在本書隨處加以烘託。本書首四章縱論中國文化之歷史發展，第五章至第八章論中國先哲之自然觀、心性觀，及人生道德理想，第九章至第十四章，則先論中國之社會文化與人在自然之生活情趣，次論中國文化中之藝術文學精神，再次論中國文化中之人格世界，終之論中國人之宗教精神與形上信仰。最後三章則專論中西文化之融攝問題，以解除百年來中西文化之糾結，而昭示中國未來之文化遠景。先生於此，以太極、人極、皇極，三極一貫之意，以明圓而神之中國文化精神，可全部攝取方以智之西方文化精神，以展開中國未來之人文世間。並認爲對西方文化之攝取，不只爲一截長補短之事，而爲完成中國文化理念當有之發展。故中西文化之融合，依先生之哲學理念觀之，乃天造地設者。中國近百年來中體西用及全盤西化者之爭，先生自謂在其書中已給予一哲學理念上之眞實會通。

除以上之著作外，先生是年發表於民主評論之文章尚有：「西方文化之根本問題」、「印度與中國宗教道德智慧之方向」、「中西社會人文與民主精神」、「學術思想之自由與民主政治」、「新年向世界人士敬陳二義」、「亞洲國際社會主義者大會感言」，在自由學人之「科學意識與道德理性」、「文學藝術與道德理性」，在人生之「人類自救之路再版序言」、「人心如何會求眞美善」、「懷鄉記」、「宋著人生的藝術序」、「精神與文化」、「學問與哲學」、「與青年談學問之階段」、「人文世界之概念」、「學問與學問方法之限度」、「精神空間之開拓」、「說讀書之難與易」、「中西文化之反本與開新——人文精神之重建序」、「說日常的社會文化生活」。

民國四十三年（公元一九五四年）　四十六歲

三月十五日，先生於日記中自謂過去寫作，可分五時期。二十六歲至二十九歲，喜論中西哲學問題之比較，後輯成「中西哲學之比較研究論集」，三十歲至三十三歲，喜論道德人生，成「人生之體驗」及「道德自我之建立」，三十四歲後，應教育部之約，寫中國哲學史綱十七萬言，三十六歲復補寫宋明理學二十萬言，又寫朱子理氣論七萬言。此後只零星在理想與文化，歷史與文化，及學原等刊物發表若干篇。三十八歲至四十一歲寫文化之道德理性基礎，此後又針對時代立言，側重論中西文化及人類文化前途等問題。大皆每四年一變云。

是年新亞書院與雅禮協會合作開始，在九龍城嘉林邊道擴設分校，第一任雅禮協會代表郎家恒先生亦來校履新，四月一日，先生與新亞同人及郎家恒先生同往尋覓新校址。先生仍任教務長及哲學教育系系主任。

十二月，先生始跟蔡鶴鵬老師學太極拳。又寫「我們的精神病痛」及「墨孟莊荀言心申義」，惟兩文均至一九五六年始加以發表。

是年先生發表之專著，有在亞洲出版社出版之「心物與人生」。本書共分兩部，第一部「物質、生命、心與眞理」，原爲先生在民國三十年前擬名「人生之路」一書之第三部分。前兩部名「人生之體驗」及「道德自我之建立」，早已出版，此部亦本由中華書局印行，惟先生當時認爲講哲學，從自然界之物質、生命，講到心靈、知識、人生文化，固亦是一路，卻是最彎曲的路，不如由道德文化反溯其形上學根據，再講宇宙論，更能直透本源，故曾將此部停止出版。至於本書之第二部「人生與人文」，則多爲曾在人生雜誌發表而加以改正者。今將兩部合併爲一書，名爲「心物與人生」。第一部以自然爲中心，從物質、生命論到人心，與人心之求眞理，以提高人心在宇宙中之地位。第二部則以人自己爲中心，而從人心論到人生與人文。前者屬枯燥之論辯，後者則較有情味，前者是對話體，後者是論述體與抒情兼說理的韻文體。第二部之論文四篇，合以說明人類文化皆原於心靈精神之求實現眞美善等價值。然而，卽使在第一部以嚴謹的邏輯辯論方式寫成之文字中，先生依然能將其哲理詩化，透露宇宙的生機，與生命的靈氣，令人心思透達。如云：「你可曾想到，在千丈岩石之隙中一株小樹，無涯的沙漠中一片草原，這中間，都包含著宇宙的生命意志，展現著天地之生機。在冰天雪地中，幾條海狗之相偎相倚，蟻穴之旁，二個螞蟻之輕輕一觸，這中間都有生命互相感通的情誼。你又可曾想到，任何一株的花樹，都在潛伏著希望，其花花結果，果果都落在地上，生芽長樹，遍野成林。」

先生是年在民主評論發表之「我對於哲學與宗教之抉擇」一文，副題爲「人文精神之重建後序兼答客問」，此文對了解先生哲學思想之背景與對宗教之態度，極爲重要。大意謂：先生在二十歲以前，對哲學問題的可能答案之初步抉擇爲：絕欲的快樂主義的人生觀、二元論機械論的世界觀、實在論的知識觀。二十一歲讀了詹姆士在徹底經驗論集中一篇論文，認爲人只有意識之流，此流只是一波浪式經驗，後一經驗涵接前一經驗而生時，前一經驗即爲客體對象，後一經驗即爲主體自我，因而根本無所謂單一的意識或自覺或自我，此與先生原來以自覺與對象爲二之二元論的想法，全然不同。由此先生之思想生一大激蕩，而覺有多了解研究他人之哲學的必要，同時覺有革新以前思想之必要。此時先生尙在大學中，自己用了兩個原則來說明宇宙一切存在及各種人類之習慣與心理活動，此二原則即同一律與感相間之關係。此二原則之運用，只限在經驗中，故任何超越的本體或實在，皆絕對不能存在。後看了英美新實在論者如摩耳、培黎、孟特苟、斯泡丁等的書，使先生相信可能被經驗而未經驗之潛在的共相一定是有的，因而不能停在經驗主義、現象主義。

新實在論者最喜歡攻擊唯心論者，特別是勃拉得來，於是先生看勃氏「現象與實在」一書，由此引入讀康德、黑格耳等唯心論宗師的書。讀了黑格耳的「精神現象學」，才知在新實在論一往平鋪的哲學境界外，另有層層向上升高的哲學境界。此後先生所泛覽的書更多，幾乎任何哲學宗派的書，只要能得著，都要看一看。三十左右，便走到喜歡西方唯心論之路。由此再看中國先秦儒家、宋明理學、佛學，才知又有超過西方唯心論者之所在。直至民國三十七年後，先生才對宗教之價值有所肯定，同時認識儒家中之宗教精神。先生在追述其對中西哲學宗教思想之抉擇經過時，自喻爲自己從自己之成見中殺出血路來的歷史；又認爲思想抉擇的第一步，便是要超越自己自然形成之習見、或流俗之習見去思想，或處處求順自己之眞知所及去思想。

思想抉擇的第二步，是抉擇自己要求什麼一種眞知。大體上說，直接求實用實踐的眞知是一條大路，求純學術上的眞知，也是一條大路。在後者中，歷史、科學、哲學都是一條路。求歷史上之眞知，是求了解事之流變，求科學之眞知，是求了解原理原則。但一切求科學、歷史上之眞知之心境中，皆包含一客觀事物或客觀對象，與求了解之心之對待。在根本上，其求知活動方向，是向外伸展的。哲學的路，在其開始點是與科學、歷史立於對反地位，其求知活動之方向，首要把我們向外凝聚環繞於特定對象之求知活動抽回來，或擴散開，以彌縫各種知識與知識間之裂痕，內外主客相對之裂痕，而返至其求知活動之本，自覺其心靈之全。

走哲學的路，亦有兩條路須要抉擇：一條路是從實用實踐生活上，及我自己在人類社會歷史中所處之地位，隨處體認反省以到哲學，這大體可說是東方哲學之路。另一條路，是從科學知識以引進到哲學之路，此可說是一般西方哲學之路。

走西方哲學之路也有兩條：一是直接傍隨科學知識的路，一是反溯科學知識所由成的路。所謂傍隨科學知識的路，是指卽就某一科學或多種科學之原理，將其概括化，以成一宇宙觀，進而決定人生觀的路。所謂反溯科學知識之所由成的路，有不同層次的哲學。第一層次的哲學，是就已成的科學知識系統，考察其方法、其理論之關聯是否有邏輯上之必然，與此知識系統依何基本假定、原則與概念，進而分析此基本假定、基本原則、基本概念之意義，將其清晰起來，此卽所謂科學之批判的哲學。這一種哲學在西方發展到現在，便是邏輯實證論之解析技術。把邏輯經驗論當作一對科學知識之解析技術來看，與當作一般哲學來看，意義是不同的。前者不與任何哲學爲敵，亦不能與任何哲學爲敵。後者則對知識論、形而上學有所主張：一方說知識論上之實在論、觀念論之爭無意義，形而上學不可能，價值判斷只是表情語句；一方在知識論上，是以感覺經驗爲證實語句眞僞之最後標準之經驗論者，及否認邏輯原則之先驗理性基礎的約定論者；在形而上學上爲現象主義者、或不可知論者；在價值論上爲主觀價值論者、相對論者。在哲學上這只是休謨到馬哈的老路。任何眞正的經驗主義的哲學，比起純粹的科學批判的哲學工作，更能反溯科學知識之所由成，因純粹的科學批判之哲學工作，可以不問科學知識系統之所以得爲人所建立之理由，及人所根據之基料在那裏之問題，而經驗主義則定然的肯定：人能建立一切科學知識系統之最原始一點，在人的感覺經驗。這一哲學活動，在把上窮碧落、下達黃泉的科學的求知活動，加以反省，回頭看到此求知活動之始點，乃人之當前最具體最現實之感覺經驗，這是一種逆科學之道而行的哲學之道。

但是，一切感覺經驗主義，或一切在感覺經驗以外只肯定一分析的理智能力之思想，肯定的仍然太少，而破壞的太多。我們如從深一面用心思，便可知只將感覺經驗，與由經驗而成之習慣、交替反應、及其他任意約定之原則以說明科學知識之所由成立，是決不可能的。以經驗上尚無例外，語句之重複，說明因果原則與邏輯上的必然，亦是不可能的。承認邏輯上之必然，而否認有內在的或先驗之理性，亦是不可能的。而依感覺經驗主義以否定超經驗之形上事物，以形上學命題爲無意義，亦只能是根據對意義一名之意義的任意約定，或對命題種類之任意約定，此約定本身，亦是無客觀意義的。

從經驗感覺以否定先驗理性及形上事物或形上學命題，如不可能，則可開出超感覺經驗主義之哲學之道路。在西方傳統哲學中，重要者有三條：一條路是主要依理性中之原則，將其客觀化，爲構成形上實在之原則的理性主義者的路。此卽笛卡兒、斯賓諾薩、來布尼茲哲學的路。另一條路是依理性以觀照識取經驗世界一切普遍的共相、理念，推求一般現實存在所以存在的外在原因，或所依之潛在者。此卽由希臘之柏拉圖、亞里士多德，經中古之多瑪斯，以至一切超越實在論者及今之新實在論者的路。再一條是就知識世界、經驗世界、反省其如何形成之內在與外在條件，而分辨何者不能不原自經驗而由外入者，何者不能不原自先驗的理性而由內出者。此卽康德之批導哲學之路。第一、第二條路，都只承認人之思辨的或觀照的純知的理性，既可通到科學知識，又可通到形上學。而第三條路，則由科學知識之所由成，一方賴於外在的超絕的對象，一方賴於內在的超越的範疇理念。此範疇理念卽統攝於我們之超越的理性自我，由此而見知識世界之兩頭，皆繫託於一超知識、超經驗之形上事物。遂可轉進到純知的理性以外之實踐的理性之肯定。而由此實踐理性，以另開形上學之門。從此而西方有超科學之道德的形上學，與建基於道德之宗教哲學。而康德的道德之形上學，經菲希特、黑格耳而成客觀精神的形上學，此派哲學再激發出後來之重道德宗教之存在主義、人格的唯心論、以至一切重價值之實在的哲學。

哲學之本性，是要逆科學向外求眞知之活動，而向內求眞知；故在此三條形上學之路中，當以最後一條路，最能由科學知識所由成之本原之識取，以上通於超科學之道德宗教境界，從這條路下去，亦是最能使科學與道德宗教及形上學之範圍不相夾雜。其所以能不相夾雜，一方由其領域不同，一方由其中所包含之眞理屬於高下不同之層次。一切科學知識所及之世界外，仍然有另外的世界，此卽關連於人之實踐理性或情意之審美活動、實際行爲活動、宗教信仰活動所發現之世界。而這一切活動，包括純粹求知活動，與其所發現之世界，均共統攝於人之超越自我。此自我超越的涵蓋持載此各種活動與其成果，而承認肯定其價值。個人能在原則上或特殊情形下，判斷此各種活動與其成果之價值之高下，決定選擇那一種，亦卽此自我之價值意識或良知。良知判斷我之科學的純知活動之價值，判斷我之實際行爲之價值，判斷我之藝術活動、宗教活動之價值，卽是看此等等之是否合乎自己之內在的嚮往或標準，是否合乎良知之理。凡合者謂之是，不合者謂之非。良知是是而非非，亦卽善善而惡惡。是爲人一切道德智慧、道德實踐之原，人生之內在的至高無上的主宰。心理學家社會學家可以研究良知，但他所研究的良知，已客觀化爲一對象，然而良知永不能完全客觀化爲一對象。故依科學研究所得之原理，無一眞可窮盡的說明此自我之良知之性相，亦無一人之純知活動所對之現象界事物，能成爲此良知所由存在或內具價值之來源。因這一切只爲其所肯定之純知活動所統率之對象而已。而一切由科學而成之哲學，與只將純知理性客觀化，及依純知理性去識取外在的共相形式之哲學，亦皆不能眞參透到宇宙人生之本源。欲參透宇宙之形而上的本源，或絕對的天理之所在，亦只有由良知與其所肯定之全幅人生之有價值之活動以透入。

至於先生對宗教之抉擇，認爲宗教精神之特色，在肯定超現實世界亦卽超人文世界中之形上物事，如不朽、來生、復活、天堂、極樂世界、彼岸、上帝、阿拉、梵天、仙、佛等。先生認爲我們所當用心者，乃在說明超人文之宗教精神，何以對人文爲必需？何以人之良知必須承認肯定其價值？如何論證或說明宗教中之超現實世界、超人文世界之形上物事之眞實不虛？並如何判斷抉擇此等包括不同形上物事的信仰之各種宗教之高下偏全？有關抉擇各種宗教之高下偏全之問題，先生認爲不能獨斷地取任一宗教之教義爲標準，仍當以人之良知，與良知所統率之純知的理性與經驗爲標準。先生對宗教之抉擇，卽依良知爲標準所作之抉擇。此有以下數端：

（甲）一切高級宗教之超越信仰，皆出自人之求至善至眞完滿無限永恒之生命之要求，求祓除一切罪惡與苦痛之要求，賞善罰惡以實現永恆的正義的要求，因而是人所當有的。此等要求本身，卽肯定滿足此等要求的對象之客觀存在，此客觀存在，乃是形而上的客觀存在，人不能根據純知活動及其所認識之自然世界、現實世界之情狀來否定它。因爲充滿罪孽苦痛之自然世界與現實世界，正是人望由道德實踐加以改造，加以否定的，所以永不能作爲判斷宗教家心中形上世界之不眞實之標準。

（乙）一切高級宗教中所講之上帝、阿拉、梵天，在究竟義上，都不能與人之良知爲二，而相隔離。基督教與佛教同不免重在超化吾人之當下之心，而不重直接承擔此當下之心之善根。至於中國之儒教，則以人只要反身而誠，則卽在一切染心罪惡心中，皆可見得此至善之本性，此良知之存在，一線微光，與大明終始。人知此理，而後知超世間與世間不二，而肯定一切人生人文之價値，並信東海、西海、南海、北海有聖人出，亦此心同，此理同。如是乃能捨名相之異，與工夫方法之異，而通達一切宗教之所同。

（丙）基督教視人升天堂後之生活爲上帝之奧秘，佛教對聖者之境地，則求依次說出。故講由修行所證之超世間果德，基督教不如佛教。但基督教爲要上帝之國來到世間，其重視世間之社會福利事業，爲佛教所不如。

（丁）基督教謂萬物皆爲人而造，只有人能蒙恩得救，此皆表示一提高人之地位之精神。但佛教以一切有情皆能成佛，則表現一更廣大之慈悲心腸。基督教有永恒的地獄，表示罪惡必受罰之正義原則。基督教不承認輪廻，則人此生不行善，一死只有入煉獄，等待末日審判之來臨，因而使人更要在此生行善。但基督教謂人在末日審判後，入地獄者卽永受無盡之苦，永不能自己懺悔獲得上帝之救恩，不免否定了人之良知永能自動顯發以懺悔其罪孽之理，且使其上帝之仁愛，不如入地獄救衆生之佛之慈悲矣。

（戊）人之超凡入聖之路道，可不只一條。所謂上帝之啟示，如實言之，與良知之眞覺悟，或發菩提大悲心，在眞實之體證中，可無本質上之差別。基督教徒，如謂唯信耶穌者可升天堂，一切人皆須在耶穌前屈膝，這便不能算眞能致廣大。這種排他的救渡說，實爲基督教中之戰爭種子。

（己）如將人心與上帝心相對而說，上帝心超越於人心處，在其純善、無惡、無苦。人心超越於上帝心之處，在其能感受苦痛與罪惡，而又能超越苦痛與罪惡。基督教必直接以具神、人二性之耶穌爲救主，而不以聖父之上帝爲救主，亦卽見基督教義之核心重人，其崇拜耶穌，卽不止崇拜其神格，而亦崇拜其人格。然基督教崇拜人格之精神，未能至乎其極。其神人之關係中，對人之良知之尊重，仍嫌不足。基督教徒偏說人之能覺悟，由神之賜恩，卻不重視說接受神之賜恩亦待於人的覺悟，其意蓋在於去人之傲慢，養人之謙卑。然人之謙卑爲一德性，而人之高明，亦爲一德性。只卑人而尊天，則必不免使人失其高明。由此先生乃知中國儒者崇效天，卑法地，旣教人於禮上謙卑，又教人於智上高明，乃爲宗教道德之極致。由此先生又知完滿之宗教，不僅當事神如有人格，亦必須包括事人如有神格，由是而成就一天人並祀之新宗教精神。此卽可由中國固有禮教中祀天地、先祖、聖賢之宗教精神推擴而成。此新宗教精神，卽可協調和融各宗教，而使之各得其所，而永絕各宗教徒間之互相輕藐之意，由此而可絕一切宗教戰爭之種子。

（庚）欲成就此新宗教精神，除有待儒教致廣大精神之復興外，亦繫於各宗教徒之自己依宗教的良知，去其偏執之觀念。宗教的良知，望一切人得救，卽不忍謂實有永恒的地獄之存在。宗教的良知，知上帝之愛無所不及，卽不忍謂上帝之啟示，只及於自己之教主，必須相信上帝願啟示其自己於各民族各時代之有宗教意識之人中。

（辛）耶穌本人並未明白否定上帝之啟示可及於異教，宗教史家多謂耶穌未嘗自言是上帝之獨生子，中古基督教中，亦有主張一切人皆可得救，反對永恒之地獄，謂人之有限罪，不當受無限之罰者。此種思想，皆在中古被判爲異端，如循人之宗教之良知，而充量發揮耶穌之精神，正當升此異端爲正信，由此卽可去基督教中之戰爭之種子。

（壬）世界各宗教，在今日應求互相承認其他宗教之信仰教條之價值，而一方自己修正其信仰教條中與人類良知相違之處，或將此等處存而不論，而專發揮其與人之良知相合之處。今日世界上宗教之大敵乃唯物論，其餘各派哲學思想，大體對宗教信仰之建立有直接間接之幫助，宗教徒皆應加以研究，不能故步自封於其已往之教義思想中，乃能破邪說而申正信於天下。

先生是年除發表「心物與人生」一書及「我對哲學與宗教之抉擇」一文外，尚有發表於民主評論之「人類精神之行程」、「羅近溪之理學」、「說中國今後之翻譯工作」、「錢賓四先生還曆紀念」、「對新政府之希望」及在東方文化之「張橫渠之心性論及其形而上學之根據」，在新亞校刋之「略說學問之生死關」、「談閱讀與聽講」，在學海書樓講錄之「王龍溪學述」，在人生雜誌之「人文主義之名義」、「感覺界與超感覺界」、「覆牟宗三先生書」，在民主潮之「答勞思光先生書」，在幽默之「海上遐思記」及在新亞文化講座錄之「西方人文主義之發展」。

民國四十四年（公元一九五五年）　**四十七歲**

新亞書院創立之初，卽有設立文史研究所之理想，招收專科以上優秀畢業生，予以深造之機會，使成爲各大學文史科繼起之師資，進而爲中國文化承先啟後，以擔負中國文化之歷史任務。故研究所自一九五三年在太子道成立以來，規模初具，至是年秋季，乃公開招收研究生，同時出版「新亞學報」創刋號。研究所導師除先生外，有錢賓四先生及牟潤孫先生，所長由錢賓四先生兼任，教務長爲張葆恒先生。是年擬定之「研究所計畫綱要」有云：「目前之中國問題，已緊密成爲世界問題之一環，但若昧失了中國歷史文化之固有特性，而僅就世界形勢來求中國問題之解答，則不僅會阻礙中國之前進，而且將更添世界之糾紛。近幾十年中國現狀之混亂，其主要原因，卽爲太過重視了外面，而忽忘了自己。我們認爲要挽救中國，其基本的力量，並不在外面物質的援助，與世界共同的呼號；更要的，在中國民族本身自有的歷史文化的基本意識與基本觀念之復甦。而且我們認爲中國固有歷史文化的基本意識與基本觀念之復甦，不僅對此後新中國之建立爲必要，而且對世界大同與人類和平，有必然可有之貢獻。我們本此意念流亡到海外，認爲不僅須從事教育，把這一理想這一信念來培植中國後起的青年，更須從事於純粹性的學術研究，使此一理想此一信念，獲得深厚堅實的證明和發揮。在此理想下之研究工作，與一般從事於分工的、專門性的、互不相關的、只從事於某一特定題目，專就其有關的書籍與其他材料，而只注意於此一特定題目爲對象的論文與著作之完成的研究工作，應有所不同，我們當從活的現實問題出發，時常經從集體的討論，來向歷史文化淵源之深遠處，作基本的探索。」

香港政府於是年贈予新亞書院地皮一幅，作爲建校之用。地址在九龍土瓜灣農圃道與天光道交界。其後先生爲新亞中學作校歌有云：「天光不息，農圃長春」，亦實景也。

本年初，正當新亞書院逐漸發展之際，先生在新亞校刊上曾發表「希望、警覺與心願」一文，認爲事物之發展進步，一依於其內在之力量，一依於外在之條件。新亞書院的創立，完全由於其懷抱著一莫大之希望與信心，深信其教育理想之實現，必有所貢獻於中國之復興與人類之前途。個別的人，雖然都有他的缺點或自私自利的地方，但從整個社會人心看，總在那裏嚮往光明，追求光明，尋求可堪寄託其公的理想，公的希望的地方。故無論在任何艱難困苦黑暗混亂的時代，只要那裏有一線光明，社會人心卽傾向那裏，並予以揄揚與幫助。新亞書院之所以能有今天，卽由於社會人心對教育文化之理想，多多少少寄託於我們的學校，因而對我們學校樂觀其成，樂助其成。故我們切勿把過去一點成績，貪天之功以爲己力。而且更應警惕符合社會人心之理想與希望之不易。蓋社會人心一方面固望有好的東西出現，並願意加以扶持幫助，但另一方面又常會寄託過多之希望與理想於其所寄託者之上，故對其所寄託之個人或社會事業之責望，亦日增無已，甚至毀謗隨之，或將其希望理想，另求所寄。由此亦可見社會人心，亦有缺乏諒解與無情苛求之一面。新亞書院過去五年餘之逐漸進步，並不保證其未來之繼續進步。新亞書院有種種長處，亦有種種缺點，許多地方，不免名浮於實。先生常覺自己所說的話、所作的文章、所作的事，合理想與希望者少，不合者多。每天工作，自覺是補過、踐約、還債的意思多，自覺是另有希圖的意思少。對於未來的事，亦很少抱過大希望，很不願與人以過多的希望。因爲未來都是無必然保證的。以此推之，我們亦當常常不忘新亞書院有一日會不存在，一日社會人心會覺我們所標榜之教育宗旨只是些空頭支票，永無兌現之日。但作如是想，亦不妨礙我們當前之努力。人對其未來抱希望是情之所不能免，亦是理之所不能必，故人之努力，不能只繫於此希望之存在，而應激發開闢我們的心願，以增加我們內在的力量的泉源，才能以無窮的生生不已之力量與智慧，從事實現我們的理想。先生相信，大家從怕辜負或不忍辜負他人對我之希望之一念出發，眞能本自己的心願而努力，則天地之心，生民之命，萬世之太平，皆可由我們而立。此等話雖似前後矛盾，實則旨在道出一切事業興亡絕續之關鍵所在。

是年，「人文精神之重建」一書之上下兩册，在新亞研究所印行。本書又名「中西人文精神之返本與開新」，其主要目的，乃疏導百年來中國人所感受之中西文化之矛盾衝突，而在觀念上加以融解。此融解，乃依於一種認識：卽中國人文精神之返本，足爲開新之根據，且可有所貢獻於西方世界。先生又認爲西方人文精神亦當有一返本以開新之運動，或人文精神之重建之運動，故此書定名爲「人文精神之重建」或「中西人文精神之返本與開新」。本書所集二十五篇文，大皆分別發表於民主評論或人生雜誌，除一篇外，皆爲來港後五年中所著。其中心問題，卽百年來西方文化對中國文化之衝擊問題。西方文化思想最後一次對中國文化之衝擊，卽來自俄國之馬列主義之征服中國大陸。由追問馬列主義如何會征服中國大陸，卽可引致對中西社會文化歷史之各種省察，與及世界未來之社會文化理想之方向問題。在中國人之立場上說：卽主要是中國未來社會文化之方向的問題。先生討論此問題，依於三中心信念，卽：人當是人，中國人當是中國人，現代世界中的中國人，亦當是現代世界中的中國人。這三句話在邏輯上是重複語，但先生總覺得有說不盡的莊嚴神聖與廣大深遠的涵義。此書大皆屬通論體，非專門的學術研究論文。第一部包含四文：第一文「宗教精神與現代人類」，重在指出吾人須以宗教精神擔負時代之苦難，以求中西古今人文理想之會通。第二文「科學世界與人文世界」，說明單純之科學觀點，不能確立人文世界之價值。第三文「理想的人文世界」，此爲先生自述其對理想的人文世界之主觀嚮往。第四文「論眞理之客觀性與普遍性」，指出馬克斯以一切學術上之眞理，皆爲特定階級之意識形態之誤；並表示吾人不能以個人之意見爲眞理，而應求公是公非。第二部亦包括四文：第一文「中西文化精神之比較」，此文於七年前曾發表於南京「東方與西方」一刋，認爲西方文化乃以宗教科學爲本，而中國文化則融宗教於道德，以藝術取代科學之地位。第二、三、四文：「中國清代以來學術文化精神之省察」、「西洋古典文化精神之省察」、「西洋近代文化精神之省察」，乃分別論近代中西文化之流弊，以求在根源上謀補救，以創建開拓未來時代之學術文化思想。而先生追尋中西學術文化思想精神之降落，歸結於中國自清代以來學者精神之降落，與西方近代人文主義、理想主義精神之降落。由此而指出要救當今之弊，須再生宋明儒之精神，發揚西方近代理想主義，與中西之人文主義精神。第五文「人類之創世紀」，即呼籲人類在極權主義之威脅下，當承擔人類之理想主義、人文主義之精神，抱一創世紀之理想。第三部包括四文：第一文論「儒家之社會文化思想在人類思想中之地位」，略論儒、道、墨、法之思想，與西方四類型之社會文化思想之相似處，並說明儒家思想之反法家，卽反現代極權主義的意義。同時說明儒家以家族系統、敎化系統、政治系統並立，而非以政治統制一切，以袪近人以儒家思想只爲統治者之工具之曲說。第二文「孔子與人格世界」，此文非直接說孔子之人格如何偉大，乃透過人格世界中其他人格之精神之讚美，再進而論到孔子之人格。而孔子人格精神之偉大，卽在能持載人格世界、人文世界。崇敬孔子，正所以使我們能崇敬一切人格，故尊孔正所以涵蓋百家而持載百家。第三文「中國先哲之人生思想之寬平面」，著重述中國儒家思想依仁心以觀自然宇宙之生化，乃只見內在的和諧，而不見矛盾鬪爭。第四文「中國今日之亂之文化背景」，在說明中國百年來之未能建立富強國家，使科學發達，政治民主，皆由中國傳統文化精神之好的一面，未與西方文化之好的一面相融合，而互相牽制抵銷其力量所生之悲劇。由此便見將中國今日之亂，全歸罪於中國文化之不當。同時亦說明今日撥亂反治之道，乃在自覺中國文化之精神，而認識此潛力，再求如何建立現代國家，發展科學，推行民主。並把支持馬列主義在中國勝利之力量，轉化爲積極的開拓中國文化之前途的力量。故中國當前之文化思想問題，乃在如何自作主宰的把西方傳來之科學知識、國家觀念、自由民主觀念等，融攝於中國之人文思想中，以銷除融解由中西文化之衝擊而生之思想上、精神上之矛盾衝突。第四部、第五部諸文，同是意在疏通中西社會文化之一些觀念上、理想上之隔閡，而顯其可互相證明、互相補足之處。第四部第一文「論接受西方文化思想之態度」，指出吾人應在西方近代思想中，兼重英美型之思想與德國型之思想；在整個西方思想中，當兼重近代精神與古典精神。於西方思想外，吾人復不當忘自己之文化思想。以下五文，則分別就自由、民主、和平、悠久四種理想，加以論列。凡此皆會通中西古今來講。此中論自由乃連接於人文觀念立論，而不侷促於西哲一家一派之言，論民主政治亦扣緊社會人文來講，而不空頭論民主政治。此中注重說明中國過去之缺乏民主政治制度，而非無民主精神。其原因在中國文化不似西方文化之爲多元而多衝突，緣是而缺西方式之並立相抗之社會組織。而中國今後民主制度之建立，繫於中國過去重整全之人文修養之精神，與儒家之重全面社會人文之精神，能否開出分途發展之人文世界，與人文領域中有力之社會團體組織。第五部包括七文，在「西方文化中之悠久與和平問題」一文、及「西方哲學精神與和平悠久」上下兩文中，認爲西方文化思想，尚不足爲天下太平、人文悠久立基礎，而在以下兩文中，認爲致太平、成悠久之智慧，當反求於印度與中國。

是年先生除發表上述「希望警覺與心願」一文，及「人文精神之重建」一書外，復有發表於人生雜誌之「論人生中之毀譽現象」、「愛情之眞諦」、「致謝扶雅先生論宗教書」、「人文精神之重建前言」、「中國歷史之哲學的省察」、「心靈之開發與心靈之凝聚」，民主評論之「科學與中國文化」、「我與宗教徒」，民主潮之「與勞思光先生論宗教書」，新亞學報之「論中國哲之政治意識發展之理則」、及「略論與今後建國精神不相應之觀念氣習」。中的文教事業」、「耶穌聖誕正名」，祖國周刊之「中國人文精神之發展」、「百年來中國民族中國學生周報之「悲觀主義與樂觀主義」、「敬告綠野神州之海外青年」，自由人之「華僑社會學史中理之六義」，新亞校刊之「敬告新同學」，大學生活之「六十年來中國青年精神之發展」，

民國四十五年（公元一九五六年）　四十八歲

一月十日，先生接某君信，謂韓裕文先生已在美國逝世。韓先生十六年來一直在孤獨中生活，在友人中，彼對先生最爲信賴，彼在與先生最後一函中，尚謂彼不至死，因尚未報答他人對彼之恩惠云，故先生聞其噩耗，至爲悲痛。

四月一日，先生思每日應事稍多，恒覺神思散亂，自謂蓋由應事時，或以矜持心，或以計較心，或以尅核心，或以得失心應之之故。人之意念行爲，若不自覺加以檢點，卽有陷於過失之可能。人生實長在有過中，欲立於無過之地，亦爲私欲，要在隨時自覺加以反省耳。

夏，先生始在新亞書院與少數學生成立人學會，定期聚集講人的學問，先生名之曰「人學」。「人學」非人類學或心理學，亦與使用抽象概念之普通知識不同。這種學問的語言不是指示式的，也不是宣傳式的，而是啟發式的。必須將此語言收歸到自己才能了解，它不同於哲學，

只能說它是心性之學，亦卽古人所謂成聖成賢之學。

八月三日，先生首次赴臺訪問，牟宗三與徐復觀先生來迎，其餘迎接者甚眾，下榻圓山飯店。在臺期間，先生曾訪問教育部、內政部、中央研究院、臺灣大學、師範大學、東海大學、臺中農學院、成功大學、高雄空軍軍官學校、空軍機械學校、海軍機械學校、海軍軍官學校、臺南砲兵學校、故宮博物院、孔子廟、赤嵌樓、延平郡王祠、安平古堡、吳鳳廟、臺灣糖廠、高雄煉油廠、鋁業工廠、碱廠、鹽廠、高雄廣播電臺、日月潭等。曾會見之人物有蔣介石總統、陳誠副總統、方東美、劉泗英、張其昀、牟宗三、徐復觀、陳康、陳啟天、蔣復聰、梁寒操、黃建中、沈剛伯、程兆熊、朱世龍、蔣經國、夏濟安、李濟、雷震、唐惜分、張佛泉、謝幼偉、孔德成、周鴻經、韓寶鑑、吳士選、殷海光、糜文開、夏濤聲、朱玖瑩、吳德耀、郭廷以、劉季洪、吳兆棠、黃金鰲、劉眞、鄧文儀、方遠堯、柯樹屏、李琢仁、楊彰、黃振華、居浩然、陳建中諸先生及印順法師等。

殷海光先生喜言邏輯經驗論，對中國文化持批評的態度，與先生講學態度不同。但據張尙德君追記是年先生探訪殷先生病時，身穿白府綢長衫，手握白羽扇，神韻自在，風格高雅，在大約兩小時談話中，大部分由先生發言，表露出對殷先生備極關懷，殷先生如沐春風，總是哈哈大笑。送走先生後，殷先生對張君說：「唐先生是一位眞正的儒者，他有作爲一位學者所表現的忠誠，作爲一位儒者所應有的風格，這是我們每個人，特別是研究哲學的人應該學的。」

臺南文廟，古風猶存，先生曾在兩日內獨往瞻仰兩次。當先生走過兩廡中董仲舒、周濂溪、程明道、程伊川、朱子、陸象山等人之神位時，覺得他們之思想與爲人，好像化作一句話，或一種精神氣象，一一更迭呈現於心。在不滿二十分鐘內，二千年儒家中之賢哲，如像一一與先生覿面相見。此種精神上之感受與體驗，既非世俗所謂宗教崇拜，亦非藝術欣賞、文學靈感、哲學思辨、道德實踐、甚至亦不是心理學之所謂幻想，而是一種與歷史上人物神交默契的生活。這一種生活，使先生頓覺心靈之天門眞正開啟，許多平時不懂的道理，好像自己會直接呈現昭顯。故先生於臺南文廟，印象殊深。

先生在未到香港前，並不喜歡倫理的意思，在寫「道德自我之建立」一書時，即以自我之超越爲道德之根據，抵香港後，始知倫理的意義非常深遠。離開倫理，個人固然亦可有高卓一面的道德成就，但只有在倫理關係中，才有互相內在的意義，才有最高的道德。近年先生常念及自己的師友、家庭，乃知與先生有倫理關係之人爲最難忘。因此對倫理的莊嚴深厚之意，有深切之感觸。又前此先生對一切節日，皆只視如放假，並不思其意義，亦極少隨俗拜年，中秋除夕，亦照常做事。及抵港寫「中國文化之精神價值」第九章時，乃忽然發現中國節日之意義。此後，凡遇節氣，卽祭祀祖先，過年時，除同事往還外，無論如何忙，七十歲以上二三老先生處，一定去拜年。只恨客居香港，不能回家掃墓。然每逢清明節，見香港人羣至郊外掃墓，不免爲之感動。

九月，新亞書院在農圃道之第一期校舍落成，桂林街、太子道及嘉林邊道之校址，全部退租，遷入新址。是年先生發表之文章，有在新亞學報之「孟墨莊荀言心申義」，在亞細亞雜誌之「失存われた中國知識人の典型」（譯）、「近代中國の政治意識の發展」，在 Philosophy East & West 之「Chang Tsais Theory of Mind and Its Metaphysical Basis」，在 West and East Monthly 之「On the Attitude of China and the West in Seeking Nutual Understanding」，在民主評論之「我們的精神病痛」、「中國人的心情向世界宣訴的開始」、「論精神上的大赦」、「敬悼亡友韓裕文先生」、「精神上的合內外之道」、「略說中國佛教教理之發展」、「宗教信仰與現代中國文化」，在人生雜誌的「說人生路上的艱難」、「我所喜愛的人生哲學」、「我所感之人生問題」、「吳在炎先生畫展之感想」、「說仁」、「中西文化之一象徵」、「中西文學家藝術家之人格型」、「立志之道與人生之沈淪與超升之關鍵」，在原泉之「述江右王門學」、「王塘南與王一菴」、「晚明王學修正運動之起源」、「顧憲成與高攀龍」、「略述劉蕺山誠意之學」，在自由人之「僑民教育的新問題」、「讀張君勱致丕理教授書有感」，在新亞校刊之「再說希望警覺與心願」，在香港人報之「人與人之共同處之發現與建立」，在黑格耳哲學論文集之「黑格耳之精神哲學」，在復禮興仁會之講詞「中國人文世界之禮讓精神」，在祖國周刊之「西方人文主義之歷史的發展」、「西方人文主義之現階段及其問題」。

民國四十六年（公元一九五七年）　四十九歲

由於新亞書院多無家可歸之流亡學生，先生每於農曆除夕，邀請彼等在家中吃團年飯。今年除夕之邀請對象爲哲學社會系與在教務處工作之學生。

是歲由二月十日起至八月二十九日止，先生應美國國務院邀請，首次出國作考察訪問，遍遊日本、美國及歐洲各地。

在日本，先生曾拜訪及遊覽中國大使館、日本外務省、亞細亞大學、日光、東照宮、明治時代孔廟、神宮、奈良東大寺、奈良博物館、京都大學、日本皇宮、四天王寺等。抵東京時，胡蘭成、池田、清水、小林、和崎諸先生來接，後過訪安崗正篤先生。

二月廿三日，先生轉赴檀香山，二月廿六夜飛往舊金山，展開連串之訪問活動。計先生曾訪問之美國大學有：Hawaii U., St. Johns College, Pennsylvania U., Princeton U., Yale U., Harvard U., Columbia U., New School U., Cornell U., Michigan U., Chicago U., Iowa U., Berea U., Maryland U., California U., South California U., Stanford U., Washington Accidental College, Pamone College, Pederdine College, Asian

Studies Institude 曾參觀之博物館有：San-francisco, Hawaii, Chicago, New York, Washington, Philadelphia。又曾訪問國民日報、少年中國日報、金山時報、中華總館。曾拜會之學者有：張君勱、施友忠、陳榮捷、陳壽祺、蕭公權、李芳桂、梅貽寶、胡適之、洪煨蓮、柳無忌、莊澤宣、袁同禮、William E. Hocking, Bland Blanshard, Charles Moore, Henle, Burtt, Ross (Berea) Garnett, Hook, Susuki, Michur, Lessing, Buelde, Goodrich, Hummel, Shadulz, Holyman, Creel, Kracke, Raichaner, Lanterette 諸先生。此次先生訪美，共五個月，除爲新亞書院向亞洲協會接洽捐書、交涉韓裕文遺書贈新亞、向美國國會圖書館及芝加哥圖書館交涉與新亞交換書籍、及與雅禮協會人士接觸外，另赴哲學會兩次、遠東學會一次、對中國留學生講話三次、在哲學班談話三次、雅禮協會講話一次，另寫中國文化與世界之宣言四萬餘字，閱西哲書約五、六册。

先生此次在美，老哲學家 William E. Hocking 遠道來訪，見面就說知道有一東方哲人來美，特來相見，希望能解決他心中一直困擾的問題。他說他熱愛中國文化，中共統治大陸後，他曾與中共領袖去信，討論唯心唯物的問題，周恩來有信回他，言中共已決定採取唯物論，不再討論唯心的事。老人對此一直耿耿於懷，不忍文化古國走上這條路，擬再與中共領袖去信，特來問先生意見如何。老人說話時熱淚盈眶，令人感動。先生無法解答其問題，只說去信可以，但結果如何則難說。

在紐約長島訪問中央大學同班老同學程石泉先生，聯床夜話，具言在港辦學之樂趣，並促請返國，爲民族文化貢獻所能。次晨見程先生兒女八人，欣然一一擁抱，熱淚盈眶，先生知程先生家庭責任重大，不克相偕返，不禁悵然若失。

在參加雅禮協會董事會開會時，會中有人誤會新亞排斥基督教，有主張對新亞書院不再給予任何援助者，先生略申明新亞書院不能成爲教會學校，但對各宗教兼容並包之意。

先生在華盛頓與胡適之先生敍談兩小時後，翌日再修書補充未盡之意，略謂講自由民主，不當反對中國文化，亦不當忽略國家民族，並望其勸「自由中國」雜誌之朋友，勿只說反面話。先生對檀香山頗感乏味，蓋認爲該處徒有物質文明與自然風景，而無歷史文化。

七月二十三日，先生由紐約乘飛機赴歐，遍遊倫敦、比利時之 Brusserl、巴黎、日內瓦、德國之 Munchen、意大利之 Milan、羅馬、Pompei、梵蒂岡、雅典、土耳其等地。在倫敦曾訪問大英博物館、圖書館、倫敦大學、東方研究學院。在比利時曾憑弔滑鐵盧古戰場，在 Pompei 則參觀遺址及博物館，在梵蒂岡則參觀博物館及鬬獸場。

八月二十七日，先生由土耳其乘機返港，據先生日記云，此行共二百日，歷地二十五處，上下飛機三十次云。

民國四十六年（公元一九五七年）　四十九歲

是年先生在日本亞細亞雜誌發表三篇講演稿：「東洋の將よしを」、「人間の進歩を自

覺」、「東洋の智慧」，在原泉發表「略述明道與橫渠之學之不同」、「略述伊川之學」，在新亞學報發表「先秦思想中之天命觀」，在新亞校刊發表「告本居畢業同學書」，在人生發表「東方文化的優點」、「道德生活之基礎」、「人生之歌」、「談旅美觀感」、「論孔學精神」、「東洋的智慧」、「人類的進步和自覺」，在再生雜誌發表「張橫渠學述要」。此外尚有發表於華僑日報教育專論之「中美文化教育之比較」。

民國四十七年（公元一九五八年）五十歲

是年元旦，先生與張君勱、牟宗三、徐復觀先生聯名發表一文化宣言，題爲「中國文化與世界」，副題「我們對中國學術研究及中國文化與世界文化前途之共同認識」。事緣去年春先生在美與張君勱先生談及西方人士對中國學術之研究方式，及對中國政治前途之根本認識，多有未能切當之處，實足生心害政。遂由張先生兼函在臺灣之牟宗三、徐復觀二先生，徵求同意，並書陳意見，由先生在美起稿，再經牟徐二先生修正，往復函商，遂成此文。在此宣言中，宣說諸先生對中國文化之過去與現在之基本認識，對前途之展望，今日中國及世界人士研究中國學術文化及中國問題應取的方向，及諸先生對世界文化之期望。本文初意，本欲先以英文發表，但中文定稿後，因循數月，未及迻譯，乃先以中文交民主評論及再生二雜誌於本年元旦號發表。至於英文譯本，先有瑞士蘇黎世大學教授 Kramer 先生之節譯，在香港道風山出版之英文中國宗教雜誌發表。全譯本在臺灣出版之英文中國文化雜誌發表，後更附載於張君勱先生在美國出版之英文中國新儒家思想史第二卷中。

宣言宣稱中國文化問題，有其世界的重要性。而世界人士研究中國學術文化之動機，其一爲立足於傳教的立場，其二爲對中國文物之好奇，其三爲對中國政治與國際局勢之現實關係之注意，由此而產生不少誤解。許多人認爲中國文化已死亡，宣言則要求研究中國學術文化者須肯定承認中國文化之活的生命之存在。不獨中國過去之歷史文化本身，有無數代的人以其生命心血，一頁一頁寫成，即使今日還有眞實存在於此歷史文化大流中的有血有肉的人，正在努力使此客觀的精神生命，繼續發展下去，因而對之產生同情與敬意。同情與敬意是引導我們之智慧的光輝，去照察了解其他生命心靈之內部之一引線。研究中國歷史文化的人，如無此同情與敬意，則中國之歷史文化在他們之前，必然只等於一堆無生命精神之文物，如同死的化石，然而由此推斷中國文化已死，卻係大錯。

中國歷史文化中道統之說，乃原於中國文化之一本性。西方文化，則來源眾多，科學哲學原於希臘，法律原於羅馬，宗教原於希伯來。而中國之哲學、科學、宗教、政治、法律、倫理、道德，並無不同之文化來源。如果我們不了解中國文化之一本性，不知中國哲人及哲學在中國文化中所處之地位，不同於西方哲人及哲學，便難免以中國歷代相傳之道統爲思想統制之類，或只從中國哲學著作外表之簡單粗疏，以定其爲無研究之價值，實則蔽於西方歷史文化之多元，未能了解中國歷史文化之一本所致。

一般人認爲中國文化所重之倫理道德，只是些外表行爲規範的條文，只求現實上人與人關係之調整，以維持社會政治之秩序，缺乏內心之精神生活與宗教性之超越感情。由於中國文化之一本性，古代雖無一獨立之宗教文化傳統，並不表示中國民族缺乏宗教性之超越感情，只證明中國民族之宗教性之超越感情與倫理道德之精神合一而不可分。且在中國人生道德思想中，重視天人合德、天人合一、天人不二、天人同體之觀念，此明涵有宗教性之超越感情。此外中國之成德之學，目的在道德人格之完成，此人格之完成，繫於人之處處只見義理之當然，行心之所安，而置生死於度外。此當然之義理與所安之道，一方內在於此心，一方亦超越於個人之生命，此實與宗教性之信仰無異。

宣言又謂：中國學術思想之核心爲心性之學。惟因清代三百年之學術，只重文物之考證訓詁，厭談心性，清末因西化東漸，中國人只羨慕西方之船堅砲利，五四運動時則只講科學民主，反對宋明儒，共產主義講存在決定意識，亦不喜談心性。由於基督教有原始罪惡之觀念，中國傳統之心性之學則以性善論爲主流，故宋明儒之心性之學，亦爲西方傳教士所不喜。佛學家雖素重心性之學，但對中國儒家之心性之學亦多不了解，遂使中國傳統之心性之學被忽視數百年之久。

中國之心性之學，亦不可與西方之心理學、傳統哲學中之理性的靈魂論、認識論、與形而上學混爲一談。而從與超自然相對之自然主義之觀點看中國之心性之學，更屬完全錯誤。蓋西方近代所謂科學的心理學，乃把人之自然行爲當作一經驗科學之研究對象，不含任何對人之心理行爲作價值之估量。而西方傳統哲學中之理性的靈魂論，乃將人心視作一實體，而論其單一、不朽、自存諸形式的性質。西方之認識論，乃研究純粹的理智的認識心如何認識外界對象，以成就理智的知識。西方一般之形而上學，乃以求了解客觀宇宙之究極實在與一般的構造組織爲目標。而中國由孔孟至宋明儒之心性之學，則是人之道德實踐之基礎，而不是先固定的安置一心理行爲，或靈魂實體作對象，在外加以研究思索，亦不是爲說明知識如何可能。此心性之學中自包含一形上學，然此形上學，乃近乎康德所謂的形上學，　是道德實踐的基礎，　亦由道德實踐而證實的形上學。此中我們必須依覺悟而生實踐，依實踐而更增覺悟，知行二者，相依而進。實踐差一步，覺悟與眞實之了解卽差一步，實踐向外面擴大一步，內在之覺悟亦擴大一步，人之道德實踐之意志所關涉者無限，此自己之心性亦無限。對此心性之無限量，不可懸空擬議，只可從道德實踐時，無限量之事物展現於前，爲吾人所關切，以印證吾人與天地萬物實爲一體。由此印證，卽見此心此性同時卽通於天。宋明儒由此而有性理卽天理，本心卽天心，人之良知之靈明，卽天地萬物之靈明，人之良知良能，即乾知坤能的思想，亦即所謂天人合一的思想。凡此，與西方先假定一究竟實在存在於客觀宇宙，而據一般之經驗理性去推證之形上學，迥然不同。今人如能了解此心性之學為中國文化之神髓，則決不容許任何人視中國文化為只重外在的、現實的人與人關係之調整，而無內在之精神生活、及宗教性、形上性的超越感情之說。此心性之學，實通於人之生活之內與外，及人與天之樞紐所在，亦即通貫社會之倫理禮法、內心修養、宗教精神、及形而上學而一之者。

宣言又說：中國民族之歷史文化所以長久之理由，與其說因重視現實生活之維持，不作超現實生活之追求，不如說中國之思想自來即要求人以一超現實的心情來調護其現實的心情、現實的生活。與其說中國文化偏重保守，蹈習故常，不須多耗氣力，不如說中國之思想，自來即求人不只把力氣向外耗費，更要求人把氣力向內收斂，以培養生命氣力的生生之原。與其說中國民族因重多子多孫，而民族不易滅絕，不如說中國思想重視生命的價值，與重視生命之傳承不絕。總而言之，我們與其說中國民族文化歷史之所以能長久，是一些外在原因的自然結果，不如說這是中國學術思想中，原有種自覺之人生觀念，以使此民族文化之生命能綿延於長久而不墜。

宣言又認為：欲補中國文化理想之不足，不能只想把其他文化理想加添進去，而當先了解中國文化理想本身應向什麼方向伸展。先生認為中國文化依其本身之要求，應當伸展出之文化理想，是要使中國人不僅由其心性之學，以自覺其自我之爲一道德實踐之主體，同時當求在政治上，能自覺爲一政治的主體，在自然界、知識界能自覺成爲一認識的主體及實用技術的活動之主體。這亦卽說中國需要眞正的民主建國，亦需要科學與實用技術，中國文化須接受西方或世界之文化。但是其所以如此，在使中國人之人格有更高之完成，與中國民族之客觀的精神生命有更高的發展。然而，我們雖承認中國文化中缺乏西方近代之民主制度與科學技術，致使中國未能現代化、工業化，但我們不能承認中國文化思想中沒有民主思想之種子，與其政治發展之內在要求，不傾向於民主制度之建立。亦不能承認中國文化是反科學的，自來卽輕視科學與技術。

羅素與斯賓格勒認爲西方人在膨脹其文化力量於世界時，同時有一強烈之權力意志，征服意志，於是引起反感。宣言中認爲，此權力意志還是表面的，眞正的西方精神之缺點，乃在膨脹擴張其文化勢力於世界的途程中，只運用一往的理性，而想將其理想中之觀念，直下普遍化於世界，而忽略其他民族文化的特殊性，因而對之不免缺乏敬意與同情了解。

宣言又謂西方人應向東方文化學習者有五：一爲當下卽是之精神與一切放下之襟抱，二爲圓而神的智慧，三爲溫潤而惻怛或悲憫之情，四爲使文化悠久之智慧，五爲天下一家之情懷。

是年先生出版之專書有「中國人文精神之發展」，與「文化意識與道德理性」。

「中國人文精神之發展」一書，別名「科學、民主建國、與道德、宗教」。本書乃繼「人文精神之重建」而作，同爲由一般性之論文合成。前書重在說明一般社會性及世界性之文化理想，而本書之用心所在，則爲如何發展中國人文精神，以與科學、民主建國、及宗教思想相融通，以重建吾人之道德生活。本書第一篇總論中國過去人文精神之發展之諸階段，並說明中國人文精神發展至今日，理當求與世界之科學思想、民主政治思想、及宗教思想相融通。第二、三篇，論西方人文思想之發展，意在與中國人文思想相比較，以見中國人文思想尚有進於西方者在。第四篇至第六篇論科學與中國文化之關係，說明西方科學精神與人文精神不同，二者可相衝突，而化除衝突之道，則除確認人之仁心爲科學的理智之主宰外，尚須確認科學理智之發展，對中國文化之發展，及人之仁心之流行開拓，均有價值。第七至第十篇，論百年來中國人求民主建國所經之歷史上之諸曲折，及思想上之諸歧途，皆由於吾人理性心靈、道德心靈求客觀化其自己，以融解西方重個人自由、重國家、重社會組織等政治思想所致；故中國人今後努力於民主建國之事，可視爲成就中國人文精神之發展之事。第十一篇至第十四篇，論數十年來，以中西文化觀念之衝突而生之中國知識份子道德之墮落，重新提倡中國固有之反求諸己之道德精神，並以一切似有求於外之科學哲學中之理智精神、宗教生活、民主政治生活、與多方面發展之社會文化生活，皆可與反求諸己之道德精神不悖，而皆可助成此精神之擴大，亦兼爲此精神所主宰運行之地。第十五篇與第十六篇則在說明人之道德心情之充量發展，或由人之求價值之生發與實現之超越的完滿與悠久之要求，人必有宗教性之信仰。而中國儒教中所重之三祭，卽當爲純粹之中國人與世界上不屬其他宗教之人所信奉。且此三祭之價值，亦正有高於其他宗教者在。總之，本書宗旨，不外說明中國人文精神之發展，與中國人德性生活之發展，及科學之發達，民主建國之成功，宗教性信仰之樹立，乃並行不悖，相依爲用者。

「文化意識與道德理性」一書，開始寫作於民國三十六年先生尚在南京中大任教時，而十之六七成於太湖濱之江南大學。論宗教一章成於江西信江鵝湖書院，自序、第一章及最後二章則於四十一年成於香港，計地歷四處，時經五載。五六年以來，先生所寫之一般文字，皆頗求通俗，較切事情，少事剖析，略具華彩，而其所根據之義理，咸在此書。

本書之寫作，一方是爲中國及西方之文化理想之融通建立一理論基礎，一方是提出一文化哲學之系統，再一方是對自然主義、唯物主義、功利主義之文化觀，予以徹底的否定，以保人文世界之長存而不墜。本書之內容十分單純，其中一切話，皆旨在說明人類一切文化活動，均統屬於一道德自我或精神自我、超越自我，而爲其分殊之表現。中國文化過去之缺點，在人文世界未分殊地撐開，而西方文化之缺點，在人文世界之盡量撐開而或淪於分裂。此書之目的，唯在指出道德自我、精神自我之存在與各種文化活動之貫通，希望中國將來之文化能由本以成末，現代西方文化能由末以返本。

民國四十七年（公元一九五八年）　五十歲

本書有所承繼，有所創新。所承者在根本觀點上爲儒家思想。孔子之功績，一方在承繼六藝之文化，一方則統六藝之文化於人心之仁。以後儒家論文化之一貫精神，卽以一切文化皆本於人之心性，統於人之人格，亦爲人之人格之完成而有。孔子以後，孟子重義利之辨，人禽之辨，偏重講人生，荀子則偏重講文化。漢儒重敎育、政治、經濟制度之建立，以厚風俗而尊天，可謂能重社會文化之實際措施。然文學、藝術、哲學、宗敎，在人文世界地位之高，則在魏晉六朝隋唐。宋明理學家用心之重點，在依性與天道以立人極，明道德，惟對社會文化之重視不足。永康永嘉一派，重政治、經濟，又太偏於功利。明末顧、黃、王諸儒，直承宋明理學家重德性之精神加以充實擴展，由博學於文以言史學，兼論社會文化之各方面。其中王船山之論禮樂政敎，尤能力求直透宇宙人生之本原。唯王船山之論性與天道，過於重氣，誠不如朱子、陽明重心與性理之純。然重氣卽重精神之表現，由精神之表現以論文化，又較只本心性以論文化者，更能重文化之多方發展。本書之論文化，卽直承船山之重氣、重精神之表現之義而發展，然言心與理，則仍依於朱子與陽明之路數，此乃本書所承於中國儒家思想者。

至於本書論列之方式，則爲西方式的，並通乎西洋哲學之理想主義之傳統。中西哲人論文化之方式有一大不同。中國哲人論文化，開始卽評判價値上之是非善惡，並恒先提出德性之本原，以統攝文化之大用，所謂明體以達用，立本以持末是也。而西方哲人之論文化，則是先肯定社會文化之爲一客觀存在之對象，而溯其所以形成之根據。本書之作法，正是西方式的。重在於文化活動之心理意識中，隨處指出有道德理性之一貫的主宰作用之存在。惟此書承受西方論文化之態度，只能說直本於康德、黑格耳之理想主義之傳統。惟本書論道德與文化，旣異於黑格耳之置道德與其他文化領域於哲學下之論法，亦異於康德以自覺的道德生活爲一切文化生活之中心，居一切文化生活之上之論法；而著重於指明人在自覺求實現文化理想，而有各種現實之文化活動時，人卽已在超越其現實的自然心理性向、自然本能，而實際的表現吾人之道德理性。由是而將康德之道德理性之主宰的效用，在人類之文化活動之形成發展上，加以證實。卽此可見本書之有所承於西哲者。

本書第一章導論，說明所謂理性，指能顯理順理之性，亦卽吾人之道德自我之所以爲道德自我、精神自我之所以爲精神自我、超越自我之所以爲超越自我之本質或自體。此性此理指示吾人之活動，使吾人超越於有形之物質身體之世界，並超越吾人之自然欲望、自然本能、自然心理性向等。吾人由此而得主宰此有形相之物質身體之世界，與吾人之自然本能欲望等，使之爲表現此理此性之具。故所謂理性之意義，乃以其超越性、主宰性爲主。凡意念不自限於一特殊事物或一個體自我之本能欲望心理中者，卽成具普遍性之理想。意念理想無「私性」，卽具公性。吾人旣能形成具普遍性、公性之理想，以之裁判吾人偏私之意念，乃有自覺的建立合理的理想之事。唯

民國四十七年（公元一九五八年）　五十歲

如是，吾人乃得說道德理性爲一切文化活動之基礎，而爲支持人文世界之永久存在者。

第二章家庭意識與道德理性，首在說明性本能非家庭成立之基礎，「男女之愛之關係之理想」之愛，才是夫婦關係成立之基礎，其次則說明人對父母之孝與對兄弟之友之形上學的涵義。此章最重要之處，乃論孝友之意義及家庭關係之當求恒常之理由。

第三章「經濟意識與道德理性」，首先指出人之求生存之慾望，不能爲經濟文化之基礎。進而說明生產技術之活動，乃人依其精神理想以型範自然之活動。次論生產工具之客觀性，其對人之客觀的社會意識之形成之關係。再及於生產活動中之道德意識，及交換財物以形成之商業之經濟活動中之道德意識，以至於財富分配及財富消費中之合理的理想之討論。此章重要目的，在辨明人之生產、交換、分配、消費之經濟活動，如無人之道德意識支持，卽自始不能存在。而最精要之處，則在指明：如何由公平分配之社會主義之經濟理想中，轉出人文經濟之理想，肯定私產制度之道德理性之基礎。

第四章「政治及國家與道德理性」，首明人之權力欲或權力意志，不能爲政治之基礎。如無客觀價值之意識，則政治上人與人之支配服從之關係不可能。次指出人之權力意志之自毁性質，與其必需轉爲求榮譽而尊重客觀價值之意識。其次卽進而論人之社會團體所以形成之理性基礎，與國家之產生之必然性，及國家之要素，如人民、土地、主權之意義。進而論各種政治制度之意識之高下之道德理性基礎，及國家在一義下爲一精神實體之理由。並說明吾人之國家思想與黑格爾之相同處，然後進而指明黑格爾對於個人超越自我涵蓋國家之認識，尚有不足，及其不能肯定超國家之天下或世界之觀念，乃其國家學說之缺點。又吾人依何理由可於尊敬自己之國家外，兼尊敬其他國家之道德理性根據。最後再歸於論國際和平與天下一家之可能。

第五章「哲學科學意識與道德理性」，認爲純粹理性之活動與實踐理性之活動，在根原上爲一而非二。純粹理性之活動，當其目的在眞理時，卽爲一實踐理性所支持。且科學哲學求眞理之活動，卽一使吾人超出自然之本能欲望，或其他自然心理之束縛，顯出吾人超越自我，而使吾人破除各種感相或知識之執著之活動。故人在科學哲學之活動中，亦有一道德價値之實現。

第六章「藝術文學意識與道德理性」，首明藝術文學之審美的意識、審美的判斷，與求眞意識不同。次則明審美之活動，仍爲一表現理性之活動。進而論人之求眞理之活動之目的，乃在得具體之眞理，而具體之眞理則在美中實現，眞理與美二種價値之互相補足性。

第七章「人類宗教意識之本性及其諸形態」，首指出宗教意識爲一皈依崇拜神之意識，爲一純粹的求超越現實自我，以體現超越自我之意識。而所謂神，卽此超越自我之客觀化。而此超越自我，又顯示爲一絕對超離吾人之現實自我者。進而論各種宗教意識之高下之層級，並對世界一切宗教意識皆予以一地位，並提出一較過去人類已有之宗教意識更廣大之宗教意識，爲吾人之理想之宗教之基礎。

第八章「道德意識通釋」，首在說明不自覺或超自覺之道德意識為一切文化意識之基礎。而自覺之道德意識為涵蓋一切文化意識者。次即說明自覺的道德意識為一自覺其超越自我之呈現之意識，由此以論中國儒者所宗尚之人之主要的德性，終歸於論道德活動與其他文化活動之相依。

第九章「體育軍事法律教育之文化意識」，此章論此四種文化活動皆為保護人類文化之存在之文化活動，並對每一種文化意識皆分為五型而論之，其精要處在論體育意識與軍事意識之道德價值，最高之法律意識應通乎禮，最高之教育意識為人文世界、人格世界自求延續於自然所生出之文化意識。

第十章「人類文化在宇宙之地位與命運」，先論物質世界與生命世界，動物心與人心，語言文字與人類文化之起原，然後總論自然宇宙之存在，人與其文化活動在自然宇宙之地位，最後論及人類文化之興亡之故。

此書之中心意旨，在顯示道德理性之遍在於人文世界，而道德理性若不顯示於人文世界之成就與創造，則道德理性亦不能眞顯示其超越性、主宰性、普遍性與必然性於人生與宇宙。

先生一直擔任新亞書院教務長之職，隨著學校之發展，事務紛煩，安排課程，進退人事，所費精神不少。

五月廿日，人生雜誌社社長王貫之先生携來隱名信一封，對先生多所詆毀，先生閱後不在乎，認為毫無解答之必要，並說孔子聖人，仍不免受人詆毀，何況自己。

先生自大陸變色後，學絕道喪，認為樹立儒者之規範最為重要，故栖栖皇皇，未嘗一日忘懷國事。時念山河破碎，吾人已一無所有，惟此孤心長懸天壤而已。先生又常感時下知識分子與其主張相差甚遠，常有不欲多言之意，唯又感世亂日亟，自覺另無報國之道，除直本義理之當然以為文，冀引起廣泛性之思想運動，拓展國人之心量與智慧，協力轉移國運外，實亦無他事可為。先生遊歐美後，益證其所信不誤。

是歲先生五旬壽誕，太師母陳太夫人有「為長子毅五旬生日作」之詩云：

「融融冬日，暖如春晝，漠漠大地，孕育靈秀，吾兒降生，一元初透，東君與立，舊歲告休，恭元春喜，賀粥米酒。

煌煌華堂，宴集親友，敬獻鮮花，旋奉佛手，燭燃龍鳳，香噴金獸，爆竹於庭，磬鼓三奏，肅肅威儀，依次薦羞，童稚歡騰，玩獅舞虬，兒生逢辰，因緣巧湊，紛其內美，得天獨厚，名兒曰毅，堅爾信受，浴兒芳香，衣兒文繡，重以修能，人天共祐，勤斯敏斯，匪伊邂逅，三歲免懷，忘其美醜，喜弄文墨，凡百好求，趨庭問字，意義必究，憨態孜孜，恐落人後，阿舅笑曰，此兒似猴。

爰及於今，五十春秋，際此初度，莫負良由，歡携稚子，偕同佳偶，幸得英才，便邀朋儔，相與挈壺，載越層邱，太平山頂，碧草油油，海灣環抱，跨海東頭，席地閒談，絃管悠悠，生生之意，緣通平疇，勉哉吾兒，厥德允攸，兒雖五十，面容尙幼，再過五十，毋爲兒壽。」

又有「代至恂慈寧諸兒祝長兄壽」詩云：

「一樹五枝，一枝獨秀，花葉紛披，掩映長流，長流伊始，發源亞洲，洲次伊何，五洲之首，我有長兄，同胞足手，浴德仁考，高蹈前修，薰然仁慈，物我无咎。

上蒼之德，無聲無臭，平地之德，曰寬曰厚，巍巍五嶽，漠漠五洲，世界大同，責在華冑，溫溫君子，惟道是求，敎化流行，充實宇宙，敬斯良辰，祝兄萬壽。」

是年先生除在人生出版社出版「人文精神之發展」、在友聯出版社出版「文化意識與道德理性」上下册之專書，及在民主評論與再生雜誌發表「爲中國文化敬告世界人士」之宣言外，尙在民主評論發表「人類社會科學與人的學問及人的眞實存在」，在人生雜誌發表「死生之說與幽明之際」、「人生之眞實化」，在新亞生活雙周刊發表「國慶、校慶、月會」、「新亞書院之原始精神與同學們應自勉之一事」，在祖國雜誌發表「民主理想之實踐與客觀價值意識」，在自由人發表之「國人的信仰問題」，在大學生活發表之「談西方哲學家對中國文化之認識」，在孔道發表之「恕的意義」等。

民國四十八年（公元一九五九年）　五十一歲

是年新亞書院接受香港政府建議，改爲專上學院，參加統一文憑考試，與崇基書院、聯合書院，同時接受香港政府之補助，使能成爲未來中文大學之成員。政府爲實現此一目的，先成立中文專上學校協會，負責劃一三院之編制、課程、和考試標準。

六月二十日，先生經東京轉夏威夷參加第三次東西哲學家會議。（East-West Philosophers Conference），此會議由一位夏威夷大學哲學系主任摩兒（Charles A. Moore）先生創始。第一次會議在一九三九年，參加者中國有二人，西方有三人，日本有二人，印度則沒有學者參加。會議後，摩兒先生主編了一本哲學論文集，其中有一美國哲人 Northrop 先生在裏面寫了一篇論文，名叫「東方與西方之會合」，後擴大成書出版，於二次大戰後，引起歐美人士之極大重視。第二次會議於一九四九年舉行，這次開始有印度學者參加，中國方面，胡適之與馮友蘭二氏均曾被邀出席，惟均因事未能到會，只有陳榮捷與梅貽寶兩位先生出席。會後除出版一本東西哲學論文集外，並出版定期性之東西哲學比較研究之雜誌。胡適之、張君勱、馮友蘭、及先生之文章，均被譯載其上。本年之第三次會議，因經費充裕，大會共邀請各國學者四十人爲節目會員，報告論文，參加各種討論及講演，另約四十人爲非節目會員，故共有八、九十人之多。中國方面出席之節目會員，除先生外，有陳榮捷、梅貽寶、胡適之、吳經熊、謝幼偉諸先生，共六人。先生初以英語會話困難，不便參加，後陳榮捷先生認爲宣揚我國哲學思想，非先生莫屬，先生乃勉爲其難，並請人指導練習英語會話，故終於應邀出席。此次參加之學者，美國有七、八人，法國一人，德國一人，瑞士一人，印度五人，回教國家三人，緬甸一人，韓國一人。此次先生宣讀之論文爲「中國哲學精神價值思想之開展」(The Development of Ideas of Spiritual Value in Chinese Philosophy)，後與其他論文合成「東西哲學與文化」(Philosophy and Culture East and West)一書，於一九六二年由夏威夷大學印刷部刊行。其後又採入摩兒先生所編「中國之心」(The Mind of China)論文集中。

先生出席會議後，在「東西哲學學人會議之觀感」一文中，對各國學者之態度氣象，均有所評論。文中謂歐美學者比較好爭辯，特別對科學與宗教之不同之問題。印度學者之容貌與氣象，均多少具有宗教氣氛，對西方文化之缺點，抨擊甚烈。他們認爲西方哲學與宗教，在精神修養方面，遠不如印度。他們爲維護自己國家民族之學術文化，與人爭辯不遺餘力，惟一般西方人認爲其意見有言過其實之嫌。日本學者之特色是謙遜，不大願意與人爭辯。這與中國學者相似，惟中國學者不好辯，一方面由於中國傳統學術精神重調和，一方面依於人情禮貌，亦力避免爭辯。又中國學者不如印度人對自己國家的文化過度自信，較能承認自己文化之缺點。但中國人批評自己之缺點，又與日本人之謙德有異，日本人因爲自己國家沒有獨創之文化才謙遜，中國卻有自己獨創之文化，中國人無論談什麼問題，都有先哲可追溯，如胡適之先生講中國科學方法，仍追溯至孔子。可見中國人，畢竟還是中國人。至於回教學者方面，因爲參加人數少，不易看出足以代表回教國家之態度與氣象。惟回教國家在地理上把東西兩個世界連起來，其思想亦爲東西思想間之思想，在整個世界中，亦居於相當重要的地位。

此次先生途經東京，亦由胡蘭成、池田、和崎諸先生來接。並曾拜謁宇野哲人先生。時宇野哲人先生已八十五歲，氣象甚好，相貌與太老師迪風公相似。其子宇野精一先生與先生同輩，惟當先生與宇野先生一家合照時，精一先生堅持先生與其父並坐，自己則侍立於後，一家之中，雍雍穆穆，中國倫常之禮，重現眼前，使先生感慨無已。

先生此次由六月二十日離港，至八月七日返港，行程約七週左右。

是年先生除在 Philosophy and Culture East and West 論文集中，發表 "The Development of the Ideas of Spiritual Value in Chinese philosophy" 外，復有在亞細亞雜誌發表之「現代文明トアシアの人文主義」（譯）、「西洋哲學者のみた中國文化」（譯）、「中國の社會哲學」（譯），在亞細亞研究發表之「中國人文精神之發展」（李相殷譯爲韓文），在新亞學術年刊發表之「論價值之存在地位」，在大學生活發表之「參加東西哲人會議之感想」，在民主評論發表之「自然進化與文化興亡」，在新亞生活雙周刊發表之「一個堂堂正正的中國人」、「世界人文主義與中國人文主義」、「對未來教育方針的展望」，在人生發表之「創造之歌」，在再生發表之「張君勱『自唐宋迄明清新儒家思想史』書後」。

民國四十九年（公元一九六〇年） 五十二歲

新亞書院自創校之始，即設有哲學教育系，系主任由先生兼任。由本年始，哲學教育系改爲哲學社會系，系主任仍由先生兼任。

先生在香港之生活，除擔負繁重的行政工作外，手不釋卷，筆不停揮，與人共話，不是談正經事，便是談學問，決不閒聊，也不議論別人，有時獨自靜下來，便沈思冥想，使人有分秒必爭，時不我與之感。然而，先生之家居生活，除嚴肅一面外，亦頗有些鮮爲人知之逸事。先生之婚姻生活，異常美滿，起居飲食，雖全賴師母照顧，但對師母亦體貼愛護，希望師母在精神生活方面多些修養，常鼓勵師母彈琴、寫字、繪畫，讀文學、藝術、以及哲學的書。師母若有缺失，即從旁規勸，故師母視先生如師如友。常言人應時時欣賞自然，接近有性情、有個性的人，並應時常閉目養心，涵養天機。先生在寫作之前，恒獨自凝思，或踱來踱去，專心思考，對別人之問話，往往茫然不知所對。當思想成熟時，便思如泉湧，下筆不能自休，以至不眠不食。定稿後，擱置數月，然後重新修改，如是者，往往經歷多次，甚至改到最後，全部毀棄，一頁不留。

先生家中設有「天地祖宗聖賢神位」，晨昏一炷香，別無其他祭祀儀式，也不燒紙衣紙錢。安仁小姐讀高中時，彷彿將先生一本書借與同學，先生問起時，一口否認，先生以爲安仁小姐撒謊，氣得拖著安仁小姐朝「天地祖宗聖賢神位」跪下，慟哭自責沒有教育好安仁小姐。先生認爲世上最壞的人，只要良心發現，卽能重歸於善，因此認爲世上一個眞壞人都沒有。又對他人優點，常私下稱讚不絕。當時安仁小姐對先生常爲別人的事而操心勞力，頗不以爲然。宣稱自己是楊朱的徒弟，只求獨善其身，先生亦不置可否，只說：「如果人人皆能獨善其身，那很好。唯其不能這樣，世界上才需要有人能超越於獨善其身，去關心他人、社會、國家、世界。」

先生原來也喜歡唱歌，愛唱「漁樵問答」，柳永的「雨霖鈴」；更愛吟誦詩詞，如陶淵明、蘇東坡等閒適清逸的作品。先生唱歌，聲音低徊不盡情，容色也是專注的、思索的。有時還閉上眼睛，盡情深切體會歌詞的意境。在風淸月白之夜，先生往往與師母、安仁小姐坐在天臺上一齊唱歌誦詩文，興緻時，便隨便講話，有時說對各種事物之觀感，對生命之體會，兒時的趣事，師友的情誼，隨手拈來，滔滔不絕，類乎詩劇中的獨白。有時說到別有會心處，重覆又重覆說某事某意，終於找到恰當的詞語來表達內心的情思，便開心得如小孩喫巧克力糖一般。在桂林街時，林仰山先生送安仁小姐一隻貍貓，先生把紙團套在貓尾上，貓兒追著自己的尾巴打轉，先生便開懷大笑。又先生家中養有小狗花花，當先生返家時，總興奮地跳起來把先生直推到書房裏去。花花不喜歡香煙，先生抽煙，有時就噴花花一口煙，花花轉頭又跑又叫，先生也笑得像頑童的模樣。先生在漆咸道南海大厦住了兩年，一年夏天打颱風，室內向海的大玻璃窗被颳走，雨水直撲進來，屋裏淹上幾寸水，大家用碗杯舀水，倒進抽水馬桶，先生也要幫忙，反把衣服弄濕了，師母怕他感冒，規定他縮著脚坐在沙發上，不許下來，但當師母一轉身，先生便故意把光脚伸下來撥水，師母一回頭，他立卽縮起脚，又做鬼臉又笑，風雨中，弄得大家哄堂大笑。

是年十月十日，新亞書院照例掛國旗慶祝，然因新亞書院已接受香港政府津貼，掛旗事爲香港政府禁止，哲社系助教鄭力爲君聞學校不掛國旗，覺理想幻滅，欲辭職，先生念學校辜負青年之理想甚多，於十一日終日不豫，下午爲之缺課。

十月十六日，牟宗三先生應香港大學之聘，由臺灣來港，先生親往機場迎接。

是年歐西流行音樂風靡社會，國樂未受重視，先生認爲人家不重視國樂，我們必須加倍重視，故提倡不遺餘力。新亞書院國樂會，卽於是年多在先生積極鼓勵下成立，先生出任顧問，師母被推爲副會長，安仁小姐是王純先生二胡組第一批學員，國樂會幹事會開會，只要時間許可，先生必來參加，遇有會內人事糾紛和經費困難，先生亦竭力幫忙解決。

某年，先生親自安排國樂會到沙田佛教文化協會舉行雅集，除國樂會師友三四十人外，尚有古琴家和治印專家徐文鏡先生、畫家蕭立聲先生等，當日由曉雲法師作東，招待素食，場內安置多種樂器和書畫用具，參加雅集的人，非常自由，有作小組合奏，有作繪畫和書法示範，有埋首探討棋藝，有聆聽曉雲法師講述在喜瑪拉雅山寫畫的故事，琴韻弦歌，不絕於耳，與松聲笑語匯成奇特的樂章。先生忽而觀棋，忽而欣賞作畫，忽而閉目聆聽演奏，都是全神貫注，樂得像個天眞活潑的小孩。先生平時每分每秒都沉醉於思維中，但在藝術世界裏，他是另外的一個人。

美國有何理世德夫人，(Mrs. Juliet Hollister)夢想在華盛頓建立世界六大宗教了解堂，(六大宗教包括基督教、佛教、印度教、回教、儒教、猶太教)來港宣揚其理想，與先生相見，並邀請先生簽名發起贊助，先生感其誠，除簽名贊助外，並介紹牟宗三、謝幼偉、王道三先生爲贊助人。

是年先生出版之專書，有在人生出版社出版之「青年與學問」。該書之文章，大皆在人生雜誌上發表過，主編王貫之先生曾提議輯成一書出版，先生覺無必要，加以謝絕。後居住於調景嶺難民營之胡虎生君，成立流亡出版社，與王先生商量，將本書交流亡出版社出版，王先生慨然允諾，先生覺創辦此出版社之精神可嘉，亦答允出版。故本書之初版，實則在民國四十六年七月，本年始由人生出版社再版印行。

本書收集之文章，除大部分在人生雜誌上發表過之外，亦有曾在新亞書院學生所辦之刋物，與中國學生周報上發表過的，內容大致對古今人讀書治學之方法態度，加以綜合說明。但皆以先生個人之體會與經驗爲背景。第一文「說青年之人生」，說明青年之天德不足貴，只有繼天德以成人德才足貴。第二文「說讀書之重要」，第三文「說閱讀與聽講」，說明讀書乃以古人及遠處人爲師，聽講則以眼前人爲師，學問之第一步在有師。第四文「說讀書之難與易」，略說人在讀書歷程中之甘苦。第五文「說學問之階段」，第六文「說學問之生死關」，泛說人讀書造學問而逐漸有心得時所經歷之階段與關隘。第七文「精神空間之開拓」，第八文「新春與青年談立志」，謂從胸襟志願之擴大提高上講學問之道，此乃講做人之學問與純求知識之學問之交界處。第九文「學問之方法」，說明許多人孤立地講學問方法之誤。學問方法，實與學問同時進步。第十文「學問之內容」，指出一般人只以求知識爲學問之誤，並說明學問之內容，乃與吾人之整個生活同其廣大。第十一文「與青年談中國文化」，認爲吾人今日講一切學問之目標，一面在成就自己，一面在謀中國文化之發展，故無論於何時何地，均應念念不忘中國文化之長處。第十二文「說人生在世之意義」，是提供青年一最簡單之人生觀，認爲人不當限制在自己的自然生命內，人生在人倫人情中，亦在人文中，人愈能爲人倫、人文而生，人卽愈能不受自然生命的限制，而愈能獲得永生。第十三文「薛維徹論現代文明生活之弊端」，是要現代青年知道現代社會之文明生活，包含許多問題，可使人精神墮落。人的精神應歸向於樸厚，亦應有點鄉土氣，只有有鄉土氣而又有樸厚精神之青年，才能眞正做學問，使自己成一眞正人物。第十三文「六十年來中國青年精神之發展」，先生認爲六十年來中國青年精神所表現之價值，皆偏在消極的破壞方面，今後當求表現其價值於積極的創造建設方面。先生不贊成教青年人學犧牲，重要的是使每一青年有崇高的理想，先生又認為在中國提倡個人自由，決不能只為自己，應當對在大陸之父母、兄弟、親戚、朋友，及一切同胞之失去一切個人自由，先有一惻隱之心，本此心去求建立一社會政治制度，以保障中國一切人之個人自由或人權。因此，道地的個人主義精神與黨團派系之意識，必須轉化為一種「一方能本合作精神，以積極的參加客觀的社會組織、政黨組織，並為之而奮鬬；而同時尊重其他的社會組織、政黨組織，而在一公共的國家憲法下，求相異而相益，相反而相成」之社會化的個人精神，以重建一能表現對人性、人道、人倫、人文、人權之尊重之中國。

是年先生除出版「青年與學問」一書外，發表之文章有在新亞學報之「墨子小取篇論『辯』辨義」，在新亞學術年刊之「論知識中之眞理之意義與標準」，在民主評論之「價值之分類與次序」、「意志自由問題釋疑」，在人生雜誌之「價值選擇之原則」、「人道之實踐之始點」、「儒家之形上學之道路」，在新亞生活雙周刊之「告第九屆畢業同學」、「辦學之三大義與教學的三大事」、「開學典禮講詞」、「辯證法之類型」，在新亞國樂會特刊上發表之「音樂與中國文化」，及曉雲法師「印度藝術」一書之序言等。

民國五十年（公元一九六一年）　五十三歲

五月十六日，先生函新亞書院校長錢賓四先生及副校長吳俊升先生，辭教務長之職。

八月廿五日赴臺參加陽明山會談，曾建議政府規定中學教員退休辦法及休假制度，並規定推薦研究成績優異之中學教師任教大學之辦法，惜未爲大會接納。先生又於會中謂共黨問題爲文化問題；政府人物之精神，應自求開朗。九月一日應臺北中國道德勵進社講「人文世界與道德世界」，九月四日應政治大學之請，在國立藝術館講「中西文化之衝突與調協」。九月十一日與蔣經國先生談文化與政治應相對獨立之理。九月十二日，與徐復觀先生同至國民黨中央黨部晤唐乃健先生，亦談文化應獨立於政治之外之理。其間並曾參加總統與副總統之宴會，遊覽碧潭、花蓮等。九月十四日，始由臺北返港。

先生對其學生之進德修業，時在念中，是歲於一月廿一日之日記中有云：「唐端正尙切實，但多膠滯，陳特平順，而未能深入，蕭世言讀書用心頗縝密，而世俗功利之見深，鄺力爲堅毅好學而拘固，李杜篤厚而有悟會。然皆慧解不足，缺超拔之胸襟與狂者之氣慨，惟狷介皆差足自守，此皆非敎之所能爲力，惟待彼等之自求進境，亦無可如何者也。」

是歲先生發表「中華民族之花果飄零」一文，引起海外華人社會極大之震動。略謂：「我個人自離開中國大陸，轉瞬十二年。就聞見所及，大約最初六年，流亡在外之僑胞，都注意到如何能再回大陸，而只以僑居異地爲臨時之計。但最近六年，因國際政治現實上，苟安之趨向轉盛，而大家亦多轉而在當地作長期寄居之想。實則這六年來，我國僑胞在東南亞各地之政治社會之地位，正處處遭受史無前例的打擊。從菲律賓、印尼、越南、直到馬來亞、新加坡、緬甸之當地政府及本地民族，無不在政治上、社會上、經濟上、及教育文化上，用種種方法，壓抑當地的華僑社會，使各地之僑胞，縱然遵順了當地政府之要求，改變國籍，服從其法令之約束，亦難與其他本地人民立於平等地位，在事業上作平等之競爭。至於華文教育之處處受限制與摧殘，尤為一致命的打擊。而在另一方面，則臺灣與香港之中國青年，近年不少都在千方百策，如鳳陽花鼓歌之「背起花鼓走四方」。至於原居美國或較文明之國家者，亦或迫切於謀取得該國國籍，以便其子孫世代皆能在當地成家立業。卽在香港，亦不少由大陸來之知識分子登報申請入英國國籍。此種自動自覺的向外國歸化的風勢，與上述東南亞華僑社會之僑胞之被動受迫的歸化之風勢，如一直下去，到四五十年之後，至少將使我們之所謂華僑社會，全部解體，中國僑民之一名，亦將不復存在。此風勢之存在於當今，則整個表示中國社會政治、中國文化、與中國人之人心，已失去一凝攝自固的力量，如一園中大樹之崩倒，而花果飄零。此不能不說是華夏子孫之大悲劇。說此是一悲劇，卽意涵此不是個人的道德問題，亦卽不是一簡單的應當不應當的問題。」

又云：「原來一百餘年來，華夏之子孫卽已開始大量移殖於東南亞各國，亦紛紛至檀香山與美國西部作工謀生，當時皆尚未受到今日所受之種種壓迫與限制。又此移居各地之僑民，雖多屬中國下層社會，然而到了當地，仍保存中國社會之風習。婚喪慶弔，用中國禮儀，是一端。商店用中國字作招牌，是一端。房屋建築，多少用中國形式，是一端。回國結婚，告老還鄉，是一端。僑居一地，設同鄉會、宗親會，是一端。過舊曆年、過舊節氣，是一端。祖孫相勉，不信洋教，是一端。匯款歸國，對國家事業以及革命事業捐輸奉獻，是一端。設立僑校，以中國語文教學，用中國語文彼此交談通信，又是一端。卽中國早期之留學生，仍多少保存中國社會之此類風習。如最早之留美學生季報所表現之意識，仍爲不肯忘本之文化意識。如在民國七八年，贊助新文化運動的蔡元培先生，在民國十年，於美國聘教員時，曾遇一當時已露頭角，後亦成國內名學者之某先生，因與蔡先生接談時，不說中文而說英語，蔡先生卽決定不加聘請。後來直至抗戰期間，國內有幾個有名大學英文系之幾位名教授，並不會講日常的英語，亦無人懷疑其對英國文學造詣之深。我又知一國內有名大學之英語系中，有一教授，因日常談話，皆喜用英語，遂爲同事所不恥，致不能立足。然而在今日旅居外國之華僑社會中，中國人所保存之風習，尚有幾何？只試看看此以中國語文作交談之用之一端，其情形如何，便知今非昔比。據我所親見，在美國與歐洲之中國許多高級知識分子之家庭內部，已不用中國語文。而在香港，最近爲籌辦中文大學而有之中國高級知識分子自身之集會，亦皆用英國語文爲主，而無人以之爲恥。此中國人之日益不以中國語文作交談之用，及其他種種喪失其固有風習之事，其原因甚多，亦同樣很難依道德上之應當或不應當來責備任何人。然而一民族之無共同之文化與風習語言，加以凝攝自固，一民族之分子之心志，必然歸於日相離散。而世運推移，至於今日，撫今追昔，到底不能使人免於慨嘆。」

先生又云：「本來我們對中華民族今日所表現之一切事實，原皆無可責難，而只視為一悲劇。但對一些知識分子託名於學術上之觀點，對一切悲劇的事實都加以理由化，持時代之潮流風勢之所在，皆為合理，並加以迎合，卽為進步之論，以推波助瀾者，卻絕對不能加以原諒。順此逐漸流行之思想與意識再發展下去，不僅使中國人不成中國人，亦使中國人不能眞成一個人，更不配成為天下一家之世界中之一分子，而將使中華民族淪於萬刼不復之地。」

說中國人之不能保持住其傳統文化、語言、及其他社會風習，乃因其不能適應時代，故只有逐漸求變之說，先生認為「其根本錯誤，在其將自己所屬之民族語言、歷史、文化、社會風習，以及其原來生活的方式等等，都全部化為一客觀外在的東西來看，而視為種種外在而客觀之社會歷史文化之原因與法則所決定者，因而人只要隨此變遷之方向、潮流、風勢而轉，皆為進步；且以凡進步皆是，凡保守皆非。簡言之，卽以時代之風勢之所在，卽是非標準、合理不合理之標準之所在。此根本錯誤，在其忘了我們自己所屬之民族等等，都永不能眞正化為一外在客觀的東西，此乃我們生命之所依所根以存在者，卽我們之性命之所在，而不只是心理學家、社會學家、歷史學家、文化人類學家所研究、觀察、了解之一客觀外在的對象。以保守與進步二者之是非來說，如進步只同於變遷，則進步並不必卽是，而與進步相對之保守，亦未必非。欲定何種進步爲當有之進步，何種保守爲當有之保守，必須先另有一是非價值之標準，而此標準之建立，卻只能依原則或依理由而建立，而不能依事實或時代風勢而建立。……由於是非價值標準之難定……除非我們確知我們原來生活存在於其中之歷史文化、社會風習、及其他生活方式之無價值，確不值得我們生活於其中，我們卽無理由說：當離之以存在、以生活；因而不離之以存在生活卽是而應當，離之以存在生活卽非而不應當。……凡此一切『親者無失其爲親，故者無失其爲故』，『久要不忘平生之言』，『不忘其初』，『不失其本』之事，今之心理學家、社會學家、歷史文化學家，或以爲不過習慣，此是保守；但我可以正告世人曰：此決非只是習慣，此乃人所以得眞成爲人，我所以得眞成爲我之實然而又當然之理。如說此是保守，此卽是人之所以保守其爲人，我之所以保守其爲我，而人類不能不有、亦當有之保守。此保守之根原，乃在人之當下，對於其生命所依所根之過去、歷史、及本原所在，有一強度而兼深度之自覺。人有此自覺之強度與深度之增加，卽必然由孝父母而及於敬祖宗，由尊師長而敬學術文化，以及由古至今之聖賢。而我若爲華夏子孫，則雖海枯石爛，亦不忘其本。由是而我之生命存在之意義與價值，卽與數千載之中華民族、歷史文化、古今聖賢如血肉之不可分，我生命之悠久於是乎在，我生命之博厚於是乎存，而我乃爲一縱貫古今，頂天立地之大人、眞我。」

最後又云：「本文之目標，亦要在針對依此觀點所形成之思想與意識，其逐漸流行於知識分子之心中而發，意在正人心而闢邪說。至於對此中華民族之文化之樹之花果飄零，則我自顧已身，同茲命運，香港乃英人殖民之地，旣非吾土，亦非吾民，吾與友生，皆神明華冑，夢魂雖在我神州，而肉軀竟不幸亦不得不求託庇於此，自憐不暇，何敢責人？惟盼共發大願心，正視吾人共同遭遇之悲劇，齊謀挽救，勿以邪曲之詭辯自欺，使吾人淪於萬刼不復，則幸甚矣。」

是年先生出版之專書有「哲學概論」上下册，及「人生之體驗續編」。

先生於二十餘年前，卽曾編有一哲學概論之講稿，以便教課之用，而先生在大學任教此課，前後亦不下二十餘次。然幾於每次之教課內容，皆有改變。或以哲學問題爲主，或以哲學派別爲主，或以哲學上之名辭概念之解釋爲主，或順哲學史之線索，以論若干哲學問題之次第發生爲主。而教法方面，則或較重由常識引入哲學，或較重由科學引入哲學，或重由文學藝術引入哲學，或重由宗教道德引入哲學，或重由社會文化引入哲學。材料方面，又或以中國之材料爲主，或以西方、印度之材料爲主。然迄今仍不知何爲此課程最基本之教材，爲一切學哲學者所首當學習者。亦不知何種教法爲最易導初學以入於哲學之門者。唯一能有之結論，卽眞爲中國人而編之哲學概論，其體裁與內容，尙有待於吾人之創造。三年前，孟氏大學叢書委員會約請先生撰著此書，先生卽決心試爲此一創造。

先生撰寫「哲學概論」之初意，是直接中國哲學之傳統，以中國哲學之材料爲主，以西方、印度之材料爲輔。於問題之分析，求近於英國式之哲學概論，於答案之羅列，求近於美國式之哲學概論，而各問題之諸最後答案，則求配合成一系統，近德國式之哲學概論。期在大之可證成中國哲學傳統中之若干要義，小則成一家之言。惟成書之後，先生還顧初衷，頗不自足。

本書第一部總論，第一、二章對哲學定義之規定，直承中國先哲之說，以貫通知行之學爲言。論哲學之內容六章，於中、西、印哲學之發展，皆略加涉及。至於論哲學之方法兩章，於論各種方法之後，歸於超越的反省法。於論哲學之價值一章，最後歸於哲學之表現價值，賴於爲哲學者之道德修養。此皆他書所未及，而遙契於中西大哲之用心者。第二部論知識論，對知識論之意義、知識之通性、知識與語言之關係、知識之分類、普遍者在知識中之地位、知識之起源、能知與所知之關係等，均分別加以討論。至於論歸納原則與因果原則兩章，屬經驗科學之根據問題，論數學與邏輯知識之性質及先驗知識問題兩章，屬純理科學之根據問題，皆較爲專門。論知識之確定性與懷疑論、眞理之意義與標準、及知識之價值各章，皆就知識之成果上說。其中對知識之分類、知識之起源、對直覺之知之分析、聞知之意義之說明、及論知識之價值限度，皆有先生個人之主張，並以中國先哲之知識觀爲據。第三部論形而上學，先生認爲各形而上學可無絕對之眞僞，每一形上學皆可至少展示宇宙一面相。如只分別隸入一一孤立之形上學問題而論，則各家之整個宇宙觀，皆被割裂肢解，神氣索然，故本部重舉介若干形上學之型類。首先論及者為現象主義、有之形上學、與無之形上學，繼之以生生之天道論與陰陽五行之說，此為他書所無，而於先生特有會心者。至理型論、有神論、唯物論三章，分別表示西方形上學之三型。理型淩空，神靈在上，物質在下，各執一端。第九章論對偶性與二元論，重申中國先哲陰陽相涵之義，以論中國無自然與超自然、心與身、心與物對立之論之故。第十章之泛神論，代表西方哲學中通貫自然與神靈而合心物之哲學。第十一章論個體性及一多之問題。第十二章至第十四章，論宇宙之大化流行及斯賓塞、柏格森、及突創進化論之進化哲學。第十五章論相對論之哲學涵義，略述近代物理學理論對時空中事物之動靜變化之新觀點。第十六章論懷特海之機體哲學，承新物理學之觀點，於自然之流行中見永恆之法相，並於科學所論之存在世界中，重新肯定傳統哲學宗教中所嚮往之價值世界。第十七、十八章論西方之唯心主義，第十九章論印度佛學中之唯識論，第二十章論中國倫理心性之學之形上學意義，則為分別論述中、西、印之唯心論，先生認為此乃皆足以通天人、合內外、一常變、貫價值與存在之形而上學。第四部論價值論。此部以價值論之數問題為中心而加以分別討論，最後皆歸向通天人、和陰陽以立人道、樹人極之儒家思想。先生平昔讀書，雖瀏覽甚廣，然必反諸自心，以求其所安，著書為文，素不喜多所徵引，羅列書目，唯本書仍遵孟氏大學叢書委員會所定之體例，加以注釋，以取徵信。

民國五十年（公元一九六一年）　五十三歲

「人生之體驗續編」，爲先生來港後近七年所作。與二十餘年前所著「人生之體驗」一書，在思想之核心上並無改變。所不同者，卽「人生之體驗」一書，唯基於對人生之向上性之肯定，以求超拔於吾人之現實煩惱之外，思想較單純，行文亦較清新活潑，雖時露人生之感嘆，仍與青年心境互相應合。而十餘年來，先生對人生之艱難、罪惡、悲劇方面之體驗較深，故此書所言，皆意在轉化阻礙人生上達之反面事物，以歸於人生之正途，思想皆曲折盤桓而出，行文亦不免紆鬱沈重，此書與青年心境多不相應，唯與歷人生之憂患，仍不失其向上之志者相應。

本書七篇，其宗趣不外要吾人拔乎流俗之世間，以成就個人之心靈情懷志願之超升，而通於天下古今之人心，以使人生之存在，成爲居正位之眞實存在。唯諸文皆在指明：一般求人生之向上者，其所嚮往之理境，及其向上之行程，與其向上所依之心性，皆處處與一向下而沉墜之幾相與伴隨，亦常不免爲似是而非者之相所幻惑，因而人眞欲求人生之向上者，必當求對此沉墜之幾與似是而非者，有一如實知與眞正之警覺；人亦恆須經歷之，以沉重之心情負擔之，而後能透過之，以成就人生之向上而超升。如人之求名譽以及好權好位之心，亦原於人與我之心之求相感通，其根源亦在人之欲成就人我之心之統一。唯依仁以行，乃希賢希聖之路；而徇名逐位，乃沉淪流俗之途。一念而上下易位，其危微之幾，似是而非之際，人罕能察。又人生之道，以立志爲先，然人之立志，如非一往超世，或只務成己，而求由成己而兼成物，則此中並非全爲一直上之歷程，唯待致曲，方能有誠。此所以曲，在人之志欲成物者，人必於世間之物有所得。而此有所得，卽阻其志之向上，而使人忘喪其初之成物之志。至人之轉而求無所得，則只能歸於超世以成己，遂使所謂成己成物之言，徒成一虛脫之大話，此卽非復爲儒者之志。可見人之立志及求成其志業之事中，卽有忘喪其志，使志業無成之幾，存乎其中，以成一大曲者。又人之超越而無限之生命心靈之自體，原爲人之無盡尊嚴之所繫，然亦可顚倒而表現於有限之中，使人之存在包涵種種虛妄，產生無數之染汙與罪惡。使人之存在之眞實程度，反不如其他自然物。人之罪孽之深重，亦遠非禽獸所能及。如是，故人之尊嚴之所繫，亦卽人之卑賤之所繫，人之成爲高於萬物、靈於禽獸者之所在，亦卽低於萬物、罪逾禽獸者之所在。由此而一切讚頌，可歸於人，一切詛咒，亦可歸於人；人可上升天堂，亦可下沉地獄。人之生於宇宙，實爲一虛妄與眞實交戰之區，亦上帝與魔鬼互爭之場，而人生之沉淪與超升，乃皆爲偶然而不定。先生年來對人生之感觸，頗與西方之存在主義不期而合，蓋皆同爲此分裂之世界之反映，亦人類精神生活之行程，至今所遭遇之問題相同所致。至其不同之處，則在彼存在主義者之言此，皆期在暴露人類之危機，亦更求窮哲學之理致，其精彩之論，遂足驚心而動魄。而先生此書，對世界之分裂，人類之危機，並不求窮形極相加以描繪，以求快意，而僅略陳其貌，餘皆默而存之，蓋其志仍在使人生轉妄歸眞，去魔存道，由沉淪以至超升，使分裂之世界，復保合而致太和。凡此開闔動靜之幾，可導人生入於陷阱與漩流者，先生均能於時時處處，切問近思，以求復人生之正位，此乃先生在寫「人生之體驗」一書時，尚未能眞知灼見及者。

至於在七篇之中，先生認爲第五篇「死生之說與幽明之際」，義蘊最爲弘深。亦最難爲當世所深信不疑。蓋此必先信眞理之萬古長存，兼具哀樂相生之情懷，與通天下古今人心之志願者，始能眞實契入。先生認爲徹通幽明之際之道，在先認取吾之超出吾個人之生之深情厚意，以與死者之超出其個人之生之深情厚意直接相感。而所謂超越個人之生之深情厚意，乃指一些確爲超個人之目的理想而有之精神活動，與對具體之其他個人之精神，嘗致其期望、顧念、祈盼之誠者而言。一個在彌留之際的家中之老人，對兒女指點家中的事；一個在戰場上傷重將亡的兵士，對同伴呼喚快逃；一個革命黨人在病榻中策劃其死後的革命工作；一個社會之任何事業之創辦人，在臨危之際，對其繼承者之吩咐囑託；以及一切殺身成仁、捨生取義的志士仁人之寄望於來者；此通通是人之精神活動確爲一超個人之目的理想而存在，並對其他個人之精神，致其期望、顧念、祈盼之誠，而表現於死生之際者。此處人明知其將死，已走到其現實生命之存在的邊緣，於是其平生之志願，遂全幅凸出冒起，直溢出於其個人之現實生命之上之外，以寄託於後死者。當後死者感到其期望、顧念、祈盼之誠中此精神之存在時，則雖鐵石心腸，皆不能無感動。由此感動，後死者乃眞實接觸了、了解了死者之精神，與死者之深情厚意。而此感動，即代表後死者本身對于先死者之一深情厚意。于此，先死者精神，如由其自身超越，以一躍而存在於後死者之精神中；而後死者之受其感動，則是後死者自超越其平日之所思所爲，而直下以先死者之精神爲其精神。前者是死者之精神，走向生者，後者是生者之精神，走向死者。死者知其將死，卽知其精神之將由明以入於幽。而其對生者所致之期望、顧念、祈盼之誠，則使其立卽離於幽而入於明。至生者之受其感動，則爲生者之出於明而入於幽，以實見死者之精神，未嘗不洋洋乎如在其上，如在其左右，而存於明。知此可以通幽明之際，知死生之說。而所以通幽明、知死生之道，則莫大乎祭祀之禮樂。禮樂亡而幽明之道隔，死生之路斷，形上形下之交，天人之際，乃未有能一之者，而人道亦幾乎窮矣。

此篇又云，宗教哲學家、形上學家，恒謂死者之靈魂自存于形上之世界，或上帝之懷，或住煉獄以待耶穌之再來，或由輪廻以化爲他生，皆一往以知求不可知，而化鬼神之狀爲知識之對象，終將不免陷吾人之明知以入幽冥而不返；是非所以敬鬼神而成人生之大道。故先生不論鬼神之狀，而只言鬼神之情。蓋人於生前所念者，乃其家庭、鄉土、國家、自然世界、人文世界，彼以此而生、而死、而寄望於後死者，則我果有情，實未敢信其一死化爲鬼神，卽奔另一不可知之世界，而對此世界，一無餘情。果其非絕此塵世而無餘情，則此餘情必仍顧念此世間及其家、其鄉土、其國、及其所寄望之一切世間人。何以知其然？以其生時之情知其然也。彼臨終諄諄敎子之父母，臨危殷殷託命之志士，其對世間之深情厚意，洋溢於其死之外，以顧念人間，故知其死後而尙在，其情必繼續顧念人間。是以祖宗父母之亡，其情必長顧念其子孫；德澤鄉土者之亡，其情必長顧念鄉土；忠臣烈士、志士、仁人，爲國家人類而以身殉道者，其情必長顧念此國家人類。故孝子賢孫以其誠敬祭其祖宗，則其祖宗之鬼神之情得其寄；一鄉之人以其誠敬祭其鄉賢，則其鄉賢之鬼神之情得其寄；一國之人以其誠敬祭其忠臣烈士，則其忠臣烈士之鬼神之情得其寄；天下之人以其誠敬祭仁心悲願及千萬世之聖賢，則聖賢之鬼神之情得其寄。而凡一家之人、一鄉之人、一國之人、天下之人能應合於死者生前之願望者，亦皆足以成死者之志，遂死者之情，足以慰其在天之靈。是皆非徒文學上渲染之辭，而爲澈通幽明死生之道路之實理實事，而爲吾人直下依吾之性、順吾之情之所知，而可深信不疑者也。

又吾人苟能對死者致懷念誠敬之情，此懷念誠敬之情，乃肫肫懇懇之眞情也，眞情必不寄於虛，而必向乎實；必不浮散而止於抽象之觀念印象，而必凝聚以着乎具體之存在。「事死如事生，事亡如事存」，非虛擬之詞，乃實況之語。彼死者未嘗不生，亡者未嘗不存，乃在其精神而不在身體，而人之所以與之相遇，除肫肫懇懇之眞情外，不容人視作一般之理智與感覺可把握之現實存在物想。然人心之一固習，惟于理智思慮與感覺之所把握者，乃謂之爲實存。于一般理智感覺之把握所不及者，遂以爲虛而無實，不知由至情以彰至理，則更見其大實。故曰：「鬼神之爲德，其盛矣乎，視之而弗見，聽之而弗聞，體物而不可遺。」而只待人相遇之於旦暮。嗚呼至矣！由此而吾人祭祀之事，不獨當自盡其心，亦可兼盡他心，一面可以上慰祖宗聖賢之靈，亦可以盡後死者之心，而光大吾人之德。凡我生心動念，眞足以自盡我心，亦同時兼盡聖賢之心與一切人之心。心光相照，往來古今，上下四方，渾成一片，更無人我內外之隔，肫肫其仁，淵淵其淵，浩浩其天，卽此以見天心天理，又何有死生幽明異路之可言。

是歲先生除在孟氏教育基金會出版「哲學概論」、在人生出版社出版「人生之體驗續編」二書，及在祖國發表「說中華民族之花果飄零」一文外，尙在民主評論發表「哲學之方法與態度」、「間隔觀及虛無之用與中國藝術」、「世界六大宗教了解堂建立之感想」，及在人生發表之「人生之顚倒與復位」、「中國之友道意識」、「儒家精神在思想界之地位」、「說人生之正面與反面」，在新亞學術年刊發表之「智慧之意義及其性質貫論」，在新亞生活雙周刊發表之「海德格之人生存在性相論」、「哲學的研究法」、「孔誕暨新亞十二周年校慶講詞」、「告第十屆畢業同學」、「在新亞研究所第卅五次學術月會上的發言」，在研究通訊發表之「當前世界之文化問題」，及另行發表之「略釋孔門言恕」。

民國五十一年（公元一九六二年）　五十四歲

八月廿六日，東方人文學會正式成立，成立典禮在牟宗三先生家舉行，會眾向孔子遺像行三鞠躬禮，會長由先生出任。會員除先生與牟宗三先生外，有謝幼偉、程兆熊、王道、及新亞書院與香港大學之學生，每年活動包括演講、座談、聚餐、旅行和出版等。

是年先生發表之文章，有在人生雜誌之「關於東方人文學會」、「說成事中的道德實踐」，在新亞學術年刊之「論智慧與德行之關係」，在新亞生活雙周刊之「事實之意義之主觀性與客觀性」、「藝術的獨特性能」、「人文學的性質與目標」、「告第十一屆畢業同學」，在民主評論之「中國之祠廟與節日及其教育意義」，在 Philosophy East & West 之 "The Heavenly Ordinance in Pre-Chin"（譯）及爲「新亞文化講座錄」作序等。

民國五十二年（公元一九六三年）　**五十五歲**

四月，新亞書院在農圃道之第三期校舍落成。十月十七日，香港政府根據富爾敦委員會報告書，香港中文大學正式成立，新亞與崇基、聯合，同時加入爲香港中文大學之基本學院。先生受聘爲中大哲學系講座教授兼哲學系系務會主席，並被選爲中大第一任文學院院長。

先生年來出席之會議甚多，計有新亞書院之行政會議、月會、研究所會、哲學會、東方人文學會、代表學校出席之三院聯會、三院聯合教務會、圖書館會、及人生雜誌社務會議等，平均每月費時三十至四十小時。先生對他人之事，由於責任心太強，往往引爲己責。閒常自省，認爲如此態度，翻成僭妄或佔有，實則人各有一天，不必越俎代庖，引爲己責。

十二月，錢賓四先生以新亞書院已成爲香港中文大學一基本學院，乃功成身退，向新亞書院董事會提出辭新亞書院校長之職，先生爲此，曾與錢先生數度懇談，望其打消辭意。

是年先生於夜間兼任香港大學之校外課程。發表之著作有「荀子正名與先秦名學三宗」（新亞學報）、「答健耕書」（人生）、「儒家之學與教之樹立與宗教紛爭之根絕」（大學生活）、「記重慶聯中的幾個少年朋友」（四川文獻、民主評論）、「論越南僧人之絡續自殺與人類之良心」（民主評論）、「歷史事實與歷史意義」（民主評論）、「學術標準之外在化與花果飄零及靈根自植」（祖國周刊）、「伍憲子先生傳記敍」（華僑日報）"Confucianism and Chinese Religions" (Relation among Religions Todays)

民國五十三年（公元一九六四年）**五十六歲**

二月二十六日太師母陳太夫人病逝蘇州旅邸。二月廿七日，唐至中先生自蘇州來電，謂「母逝，命勿歸」，時先生正出席友人晚宴，席間凌道揚先生謂其母已九十九，體尚康強，先生自念太師母陳太夫人人中甚長，應亦可臻高壽，方作是念，忽爾鄺力爲同學來報，謂家中有電報，促卽返。先生當時預感不祥，登時全身戰慄，幾不能行動，由鄭同學攙扶而歸，及抵家，見牟宗三先生在場，先生已支撐不住，仆倒地上，頻呼：「宗三兄，我是罪人，我要回家，我要見母親！」牟先生亦無言相慰。牟先生與鄭同學離去後，先生仍不時搥胸頓足，嚎啕大哭。翌日，由李國鈞先生與趙潛同學陪同，與曉雲法師同赴沙田慈航淨苑商議設靈位事。慈航淨苑爲一尼菴，距沙田火車站二里許，位在一小山之麓，乃先生昔日常遊之處，亦陳太夫人來港時所經之地也。菴中有祖堂，遍列亡人木位，由菴尼代爲供奉。

三月四日，在慈航淨苑內舉行遙祭典禮，由高僧樂果老法師設壇說法安位，由錢賓四先生主祭，許讓成與吳士選兩先生陪祭，由於在報章上發出訃文，故來祭者甚眾。祭者多行跪拜之禮，學生更多行三跪九叩之禮。先生哀痛欲絕，淒苦孺慕之情，弔者無不感動。樂果老法師說法安位後，爲先生至孝所感，去而復回，對先生曰：「老人算是高壽，我已爲他說法安位，老人已安，如你太悲傷，老人又不安了，聽我的話，體老人愛子之心，節哀保重才是。」先生叩謝，嗚咽不能語。

靈堂上致祭之輓聯甚多，其中有張君勱先生之「大孝終身慕父母；斯文一線繫興亡。」錢賓四與吳士選兩先生之「敎子成名儒，孝思永錫，此日悵悵興悲，蓼莪廢讀；倚門傷永訣，寒舍難安，他年收京上冢，追祭椎牛。」熊十力先生之「仁壽邁古稀，好學好思宗往聖；懿德齊鄒母，教兒教女導來英。」牟宗三、程兆熊兩先生之「喪亂同逢，痛華夏無光，光明終當永在；孤零常慰，欽哲人有母，母教自爾千秋。」徐復觀先生之「鶴駕九天，桃李園林垂懿範；家國萬里，岵瞻詩句動哀思。」羅香林先生之「與郎君道義相交，故國鐵山闉，恨未登堂瞻懿範；仰賢母福壽俱備，華嚴樂土現，更從敷坐誦遺規。」王道、梁宜生先生之「讀詩廢蓼莪，鞠育親恩同一慟；生子成賢哲，孟歐母教各千秋。」釋曉雲之「佛儒兼遵示懿範，行依三寶發菩提。」

先生之岳母早逝，岳父於十三年前逝世於四川眉山，以路遠不得奔喪，且其時窮困，未盡子婿之道，此次乘爲太師迪風公及太師母陳太夫人安設靈位之便，同時安設先生之岳父母之木主於慈航淨苑之祖堂內，以供祭祀。於法事期間，每日皆由菴尼誦經，有金剛經、地藏經、法華經方便品等。淨苑住持智林老法師，在病中仍親臨靈堂弔唁，並爲誦經。

先生在淨苑居喪九日，中夜後即不能成眠，鷄未鳴即起，與靈位相守，諸女尼清晨上殿禮佛，清罄紅魚，聲聲入耳，偶然相遇，皆合十爲禮，並相問訊，雖一言半語，亦點點滴滴在心頭。菴中多蚊，先生亦不忍撲殺，但驅之而已，每夜靈堂內有蝙蝠飛旋，日間亦有黃蜂盤旋於祭壇之鮮花上，先生對之皆生親切之感。昔人云，敬親者不敢慢於人，先生更益以一語曰：敬親者不敢慢於物。先生以靈堂內之輓聯花圈，多以伯母及太師母稱陳太夫人，而以世侄或小門生自稱。如趙冰、錢賓四、沈燕謀、趙鶴琴諸先生，皆年在七十左右，先生誼屬後輩，惟以同事之雅，亦竟以伯母稱陳太夫人，先生於母喪雜記中謂：「平日吾往弔喪，見此類之稱呼，亦意謂習俗固然耳。今因此感激之情，乃悟此稱呼之微，初皆本於吾習先聖賢之教，原以伯叔姑侄兄弟姊妹之倫，通於四海，而後天下之人，乃屬於一家之親，若非出自至仁之心，安能有此。念彼他邦之俗，於父母亦有竟呼其名者，唯於攝神職者稱之爲神父，更見吾昔先聖賢之教，能盡人倫之量，而達人倫之至。然今日國運如斯，教化安託，願以微軀與邦人君子共興華夏，以此人倫之至教，光被四表，格於上下。敬懷心願，以告吾母。」

先生又比論耶、佛、儒對死者之態度云：「依基督教義，父母死後，息勞歸主，乃死者之幸，故生者亦爲之樂而不應生悲。生悲者，乃以生者自覺失怙恃之私情，非爲死者計之公情也。吾回念數十年來，種種對吾母未能盡孝之事，負疚無已，此求贖過之情，豈爲私情乎？基督徒於父母死後，一經彌撒，卽足慰情，正證其情之不深不厚，故慰情之道，乃若此之輕而易矣。佛家初由感生死事大而發心，中國之高僧亦多由父母死後發心出家，佛經有報父母恩經，首紀釋迦對白骨而拜，謂此爲其無量刧中之父母。佛經又記釋迦成道以後，卽赴兜率天爲其母說法。又謂地藏王菩薩初爲女，而其母以大罪入地獄，乃隨母至地獄，後發心成道，卽永住地獄救眾生，爲地藏王菩薩。又有目蓮爲救母，乃破地獄而入之故事。盂蘭節追薦亡魂，僧尼雖位居三寶之一，亦爲死者上香作禮。不同彼牧師神父之代表上帝，而更不對死者爲禮，尤使吾感刻於心。佛教之追薦，非同彌撒一日可了，必相繼至七七四十九日。儒家祭祀，終身不已，七七亦不能限之。祭祀之外，尤重繼志述事，孔子言孝以三年無改於父之道，孟子言孝以養志爲先，中庸言繼志述事，孝經言立身揚名，以顯父母。吾於哀念死者之一念之誠中，既自知此念之由明以徹幽，而溢於吾軀殼形骸之外，亦當令彼死者生前之心志與性情之表現，雖逝而未嘗不存，而隨吾之哀念，以由幽而還入於明，此吾華聖教之精義入神之所在。」

先生於四年來，曾以分期付款方式，購得尖沙咀重慶大廈E2之樓宇一層，蓋以太師母久居重慶，E2又與太師母呼先生爲「毅兒」同音，故其孝心所寄，他日迎太師母侍養，太師母應樂居於此。

六月，先生會同趙冰、蔡貞人、劉百閔、牟潤孫、楊汝梅、孫國棟諸先生懇留錢賓四先生，希望錢先生打消辭校長職之意，惟錢先生去意已決，新亞書院董事會乃決定請副校長吳士選先生自八月起代理校長職務。

六月廿七日，先生再度往夏威夷大學參加第四次東西哲學家會議，與會之中國學者尚有陳榮捷、方東美、吳經熊、謝幼偉、梅貽寶諸先生。是次先生之論文爲「中國哲學方法中之個人與世界」，一九六八年編入由夏威夷大學出版部出版之「東方西方個人之地位」會議論文集內。八月九日抵東京，與胡蘭成、景嘉、安崗正篤、宇野精一諸先生談編印「儒學在世界論文集」事。

先生自民國五十年發表「說中華民族之花果飄零」一文後，曾引起許多刋物紛紛爲文，發抒同類之感慨。但卻有一不知名者屢次來信，表示該文未示人解決問題之方案，徒引動人之感情，將沮喪中華子孫之自信心，亦與客觀之事實不合，並常將報紙上刋載中國人在國際上取得榮譽之消息報導，剪寄先生，表示對該文論點，並不贊成。先生乃於是年寫「花果飄零及靈根自植」一文，作爲答覆。先生認爲前文只感到中華民族之子孫飄流異地之艱難困苦，與在精神上失其所信所守的悲哀。而近兩年來，更深切感到由精神上之失其信守，而進至一切求信守於他人的悲哀。並以此爲精神上自甘爲奴隸的開始。一個人如不自信守其思想與人格之有價值，而必待他人之認識與批准其有價值，然後能自信自守其思想與人格之有價值，此卽爲奴隸的人，一民族之學術教育文化必待他民族之認識與批准其有價值，然後能自信自守其有價值，卽爲奴隸的民族。現在的中國人，無疑是只居於求信守於西方人，只求西方人加以認識，忘記自信自守、認識自己之重要。先生並舉出以下例證，痛切言之。其一爲數年前臺灣教育部將故宮博物院之書畫古物運至美國各大城市展覽，以求別人之承認重視，無形中卽爲一奴隸意識之開始。先生質問中國藝術品爲什麼一定要遠運異國展覽給人看，我們能想像大英博物館、梵蒂岡博物館、法國魯維博物館、美國華盛頓博物館的古物，運到臺灣或香港展覽嗎？連中國從前的私家收藏，亦只能登門參覽，不肯送陳品鑒，何況國家之寶？你要看，自己來，豈有遠涉重洋，送陳品鑒之理。其二，中國數千年之文學、史學、哲學、與其他技藝之學，與倫理風教，本是中國文化之精英，其價值原自有光芒萬丈，傳統之中國人，亦夙能自信自守，更不必亟求人知。五四時代之人，肆意自詆，視數千年之歷史文化學術，無一是處。惟此時之留學生，皆願效力於中國之學術文化教育事業，無一欲久留異邦。然近十數年來，學術界往往以西方之學術思想爲標準，以評判中國之學術文化，且進而以中國學術文化本身之研究與理解，亦應以西方之漢學家之言爲標準。於是純中國學者之地位，亦賴他人爲之衡定。其三，新亞研究所有幾個學生，其資格學問在香港社會不被承認，他們到外國留學一二年，實則除了學些英文，學問亦不見得有多大長進，回來立刻有三倍其原薪以上的職位，而無機會出國者，則只有默默無聞。凡此等等，皆爲一種奴隸意識之表現。先生又云：人只須一念只看重他人之顏色，他人之言行爲先，卽是奴；人一轉念以自己之良心所定之價値標準爲權衡，而自作主宰，自信自守，自尊自重，卽非奴，而爲一獨立的、頂天立地的人格。一民族一國家之學術教育與文化政治之方向與設施，只以看世界之風色爲先，卽是奴；而依一民族國家之文化精神之發展至現階段所當懷抱之文化理想爲標準與權衡，而自取我之所需學習所需倣效，而憑藉之以自創造學術文化教育之前途者，卽一獨立的、頂天立地的民族。而尅就國家民族之靈魂所寄之學術教育文化而言，則不設立、不尊重自己之學位制度，以學術與教育文化之理想之價値標準，不在自己，而在外人，卽爲奴；能自設學位制度，由我眞知一學術或一教育文化之理想之有價值，而後判其有價值，則此國家民族之學術教育文化，便是獨立於天地間之學術教育文化。自今日整個中華民族之情況而論，則不只中國文化之枝葉已披離，花果已飄零，抑亦本根將斬，是不可不爲之痛哭而長太息者也。然當人面對中國文化枝葉披離，中華民族花果飄零之際，眞感受一淪於絕望之境的苦痛，則人由對絕望之境的苦痛感受中，可直接湧出希望與信心，由此信心，產生願力，則未嘗不可使人從絕望之境中拔出。人何以能由絕望痛苦之感受中，湧出希望與信心呢？此因一切正面的東西，皆對照反面的東西而昭顯。人能眞面對反面，同時即呈現出正面。希望與信心不是別的，只是人在絕望痛苦的感受中，回頭反省到對照出此痛苦之創造性的理想與意志。人能回頭反省自覺其本有之理想，寄託希望與信心於其中，由此發出願力，自信自守，即可靈根自植，使我們從絕望中超拔出來，再造中華。

是年先生作就任香港中文大學哲學系講座教授講演，講題爲「中國哲學研究之一新方向」。略云哲學爲對統攝性、根源性之義理之思想與言說。凡對以前之聖哲求加以了解繼承，說明其義理之異同與衍生之跡，以成就哲學之教化者，爲哲學學者或哲學研究者。凡對其所宗主之義理，不獨能思能悟，廣說而不窮，而自成一家言者，爲哲人或哲學家。凡對所宗主之義理，不獨能思能悟，且能信能證，能言能行，以爲世範，或爲世立教者，爲賢哲聖哲。今所謂哲學研究，可自限於學者之範圍，專以求客觀了解爲事。此對中國哲學求客觀了解之研究方向，先生認爲可循下列之次序進行：其一爲對哲學名詞作辭義之研究，此通於文字訓詁或今所謂語意學。其二爲對哲學義理作義涵之研究，此通於章句之學、名理之學、或今所謂邏輯語句的分析。其三爲義系之研究，此乃對義理之相互關聯所結成之思想體系，與思想體系之型態之研究。其四爲義旨之研究，此爲對思想體系所指向之哲學宗趣或哲學意境之陳述，此必須兼具審美的欣賞態度而後能者。其五爲義趣之研究，此爲對哲學宗趣、哲學意境，與哲人之精神意願之關係之陳述，此必須兼具宗敎道德性之崇敬的態度而後能者。其六爲義用之研究，此乃對哲學宗趣、哲學意境、或哲學思想體系，對其他學術文化之涵義或應用的價值之研究，此須兼具實用應用之態度始能從事者。其七爲義比之研究，此爲對不同之哲學思想之宗趣、意境與義理內容之比較，及其涵義與應用之價值之比較。此爲對各種不同之哲學作反省，類似中國佛敎中判敎之事。其八爲義通或義貫之研究，此爲對諸哲學在歷史中相續出現，而或相承、或相反、或相融、或分化之迹相，及其中所表現之哲學精神之生長、轉易、凝聚與開闢之迹，加以研究，此爲眞正之哲學史之研究。而對於辭義之研究一點，先生以爲不但可以由單字以通辭，由辭以通章句而明義理，亦可本義理之當如是者，以還通章句與辭。

是年先生除在祖國周刊發表「花果飄零與靈根自植」及在華僑日報發表「中國哲學研究之一新方向」兩文外，其餘發表之文章有「人文學術之分際」（民主評論）、「中國文學與中國哲學」（新亞書院中國文學系年刊及人生雜誌）、「老子言道之六義貫釋」（香港大學五十周年紀念論文集）、「文學意識之本性」（民主評論）、「世界之照明與哲學之地位」（人生雜誌）、「秦漢以後天命思想之發展」（新亞學報）、「太極問題疏抉」（新亞學術年刊）、「趙蔚文先生二三事」（新亞生活雙周刊）、「藝術的宇宙與文學的宇宙」（新亞生活雙周刊）、「中國思想中對言默態度之變遷」（人生雜誌）、「先秦諸子文學中之喻與義」（新亞生活雙周刊）、（"The Individual and the World in Chinese Methodology" (Philosophy East and West)

民國五十四年（公元一九六五年）　五十七歲

先生於二月十一日在日記中云：「念吾一生之寫作，所嚮往者，可以二語概之：『大其心以涵萬物，升其志以降神明』，或『大心涵天地以成用，尚志澈神明以立體』而此卽中國先哲精神所在也。」

六月廿六日，先生經日本赴漢城出席廿八日在高麗大學舉行之亞洲近代化問題國際會議，發表「儒學之重建與亞洲國家之近代化」一文。會後，參觀高麗大學、東閣大學、慶禧大學、延熙大學、梨苑大學、漢城圖書館、韓國故宮昌德宮等，又在成均館大學講演，在東國大學圖書館看書，至新羅文化古蹟集中地之慶州、及韓戰戰場及和談地點之板門鎭參觀，又在國樂院欣賞古典音樂舞蹈表演，先生深感其有唐代遺風，至七月廿四日返港。

先生讀朱子書，見朱子晚年恒以韓愈所言「聰明不及於前時，道德日負於初心」自嘆，忽然有警。

是年先生發表之文章有「白沙在明代理學之地位」（白沙學刊）、「藝術宇宙與文學宇宙之形成」（民主評論）、「中國先哲對言默之運用與墨莊孟荀之辨辯」（新亞學術年刊）、「中國先哲對言默之運用」（民主評論）、「孔誕教師節暨新亞十六周年校慶典禮講詞」（新亞生活雙周刊）、「告第十四屆新亞畢業同學書」（新亞生活雙周刊）、"The Reconstruction of Confucianism and the Modernization of Asian Countries" (Report of International Conference on the Problems of Modernization in Asia)。

民國五十五年（公元一九六六年）　五十八歲

三月廿五日，先生於會議後，忽覺左眼視力不明、見物變形，後經醫生診斷爲左眼視網膜脫離。四月十三日赴美國應哥倫比亞大學之約，作訪問教授，兼治眼疾，並與師母同行。曾到布林斯頓、賓夕凡尼亞、華盛頓、波士頓、三藩市等處訪問及遊覽。六月十二日往伊利諾大學參加由哥倫比亞大學中國思想教授狄別瑞（Wm. Theodore de Bary）先生主持之「明代思想會議」，發表論文為「從王陽明到王龍溪之道德心之概念之發展」。一九七〇年，編入由哥倫比亞大學出版部出版之「明代思想中之個人與社會」論文集中。師母曾謂此次赴美治目疾，參加明代思想會議，先生講王陽明思想，沿途又有杜維明、陳永明、唐多明諸君照顧，「王」「明」相聚，頗有象徵重見光明之意義云。六月廿四日，先生遊森林公園，登美人山，嘆曰：「不來三藩市，不知美國之美，不登此山，不知三藩市之可愛。」先生在美，與人談及目疾，未嘗有憂慮之色，並曾戲言吾之 left eye 雖已 left，而 right eye 固 all right 。先生其後在「病裏乾坤」一文中謂當時談笑自若之態度，貌似超脫，實則別有虛憍慢易之情云。

六月廿六日，先生經夏威夷轉赴日本東京，與幾位日本學者談中國文化。東京大學名譽教授西谷先生問中國文化精神究以何為其主要特徵。東京大學人文科學研究所教授平崗先生謂：一言以蔽之曰綜合精神。大阪大學教授木村先生亦以為然，並謂此即中庸之道。先生則謂中國文化可概括之於一主體性。依於一切皆攝於一主體性，故能綜合而中庸，而無西方文化外逐對立之特徵。七月六日抵大阪，翌日，張曼濤及易陶天諸先生陪遊奈良。四日後，經沖繩、臺灣返港。

先生認為處亂世，國人適東適西，亦無足怪，如論語載大師摯適齊，亞飯干適楚。三飯繚適蔡，四飯缺適秦，鼓方叔入於河，播鼗武入於漢，少師陽、擊磬襄入於海，蓋去亂世也。然必須能弘大道，能闡揚其國家民族歷史文化精神於彼國人之前，其個人與其國家民族乃能真被彼國人乃至世界各國人所愛敬尊重。

七月廿日，先生半夜醒來，思欲知儒，須知無限的仁心；欲知道，須知無限的超越(遨遊)；欲知佛，須知無限的悲懷；欲知耶，須知無限的原恕與愛心；欲知印度教，須知無限的道福；欲知近代西方文化之形成，須知無限的可能之試探；欲知回，須知無限之清純；欲知中國文化之形成，須知無限的攝受於其心靈之種種方向；貫通之者，是道家之遊，與儒家之仁。

是年先生之女公子唐安仁小姐在新亞書院中文系畢業，成績優異。乃欲報名參加新亞書院之雅禮大學獎學金考試，惟先生反對，認爲自己有能力供其留學，不應與別人爭獎學金。安仁小姐不以爲然，認爲自己大學畢業還要依靠家庭，不能自立，是件可恥的事。乃自行報名。果然馬上有人寫信責罵先生，說不該讓安仁小姐參加考試。並有同班同學對安仁小姐說：「你既然參加，我們都不用參加了。」此事使安仁小姐有說不出之委曲。回家對先生抱怨作他的女兒。過去別人喜歡稱他是唐君毅先生的小姐，便常對先生埋怨，受先生名氣所累，使自己失去獨立性。那次考試成績，安仁小姐最高，但考試結果，遲了幾個月仍未公佈，原來早一年度獎學金獲得人之一黃耀炯君，因想再充實一下自己才出國，故去年考第三名的被遞補上去，黃君之名額保留到是年，使是年獎學金名額由兩名減爲一名。又由於三年來連續考取該獎學金的，都是文學院學生，理學院方面遂堅持是年不該再給文學院學生，彼此爭論不一，而當時先生正任文學院長，馬上說當給理學院的學生。安仁小姐的資格，就此被取消了。安仁小姐爲此與先生爭吵無數次，認爲校方應先指明那年文學院學生不得參加。先生則責備安仁小姐好勝好名，不替大局著想，十分生氣，惟此事始終不能令安仁小姐服氣。多年後，先生對安仁小姐說：「新亞書院仍然受雅禮協會的協助，有時候他們少不了想干預新亞的校政，如果你拿了雅禮獎學金，萬一新亞與雅禮協會有意見不合的時候，我就不能完全心安理得地爲新亞理想而爭辯了。」這才使安仁小姐平下心來。先生主持新亞書院行政，常盼望新亞畢業生回校服務，但從未提議過安仁小姐回新亞，其後安仁小姐自行申請未成功，先生若有慶幸之色。

又安仁小姐申請到美國印地安那大學留學時，請了幾位教授寫介紹信，此等信件原是保密，但安仁小姐因在該大學從事過行政工作，無意中看到此等文件，一位教授替安仁小姐寫的介紹信中，每一項評分都是五等中的第三等，安仁小姐自問在校成績還好，頗感不平，曾向先生提及此事，先生淡然應之，說各人觀念不同，也許他覺得第三級就很不錯了。並責安仁小姐爲人計較，不够厚道。

十二月八日，先生赴日本京都醫院治目疾，由眼科主任淺山亮二教授及錦織醫師診治。

是年先生之「中國哲學原論導論篇」在人生出版社出版，此爲先生六大册中國哲學原論之第一篇。先生在中央大學教書時，曾應當時教育部之約，寫一通俗之中國哲學史，旋因學問轉進，對舊稿之率爾操觚，不能當意，故除已發表之小部份外，餘皆等諸廢紙。此書依名辭與問題爲中心，以貫論中國哲學。認爲中國哲學環繞於一名之諸家義理，多宜先分別其種類、層次，加以說明。惟清儒言訓詁明而後義理明，以考覈爲義理之原者，今則當補之以義理明而後訓詁明，義理亦爲考覈之原。首二章爲「原理」，在說明中國哲學所言之理有六：卽物理、名理、空理、性理、文理、與事理是也。第三四章爲「原心」，意在標示孟、墨、莊、荀四種形態之理性的心知，此卽知物理事理之知識心、知玄理空理之虛靈明覺心、知性理的德性心，與知歷史文化之統類之統類心。第五至第十一章，爲名辯與致知編，此略同於西方哲學所謂邏輯、語意學與知識論之問題。「荀子正名與先秦名學三宗」及「墨子小取篇之論辯辨義」二文，在指出先秦名辯之學，非純邏輯推論之術，而多屬於論語意之相互了解之問題。其目的在名定而實辨，道行而志通。「原言與默」和「原辯與默」兩章，更可見中國名辯之學，純以成就人己心意之交通爲旨歸。此實一倫理精神之表現。近代西方哲學始於重知識，自康德起而作知識之批判，定知識之外限，今後必有一哲學興起，作語言之批判，定語言之外限，則超語言之默之意義，自當逐漸爲人所認識，而中國先哲對超語言之默，實先有其大慧，人必習此大慧，然後可自由運用語言，而辯才無礙。第九第十章「原致知格物」，始於考訂大學之文句，以論中國格物致知思想之發展，藉以說明中國哲學對於德性之知與知識之知之關係問題之發展與變遷。第十一章以下爲「天道與天命編」，略同於西方所謂形上學之問題。第十一、十二章爲「原道」，其中論老子之道之六義，只表示一就各方面看道之一名之涵義之態度與方法，非謂老子之道必須如此講。第十三至十五章爲「原太極」，重在說明朱子與陸象山對周子太極圖說所考證訓詁之不同，皆由於二賢所見之哲學義理之不同，是見欲判二賢考證訓詁之得失，正有待於先明二賢所見之哲學義理，是又義理明而後訓詁考證之得失可得而明之例也。第十六至十八章爲「原命」，述中國哲學之天命觀。此中所謂天，或指天帝、或指形上道體、或指人所在之世界、或指人之性理本心之自身。此中所謂命，則就此種種義之天，對人所降之命令、所施之規定而言。文內以上命、下命、中命、內命、外命之名，統論中國哲學思想中言命之諸說。大抵前三章「原太極」，旨在連於人之本心以論天道，此三章「原命」，旨在連於人之所以受命者言天道，合之可見中國形上學思想重徹上徹下、徹內徹外，而不同於西方形上學思想之多爲以下緣上，以內緣外之形態者。此外，先生復在人生雜誌發表「中國哲學原論自序」、及由別人紀錄之「唐君毅先生與日本學人談話錄」。

民國五十六年（公元一九六七年）　五十九歲

先生自去年十二月中抵日本京都治目疾，在京都醫院三月餘，出院後，又在京都休養四月餘，前後共住京都八個月之久。在農曆新年時，留日學生楊啟樵、謝正光、張世彬、黃漢超、葉國雄、黃君實等均向先生拜年。霍韜晦、楊鍾基及譚汝謙等亦常來作伴，謝正光同學曾告先生一個故事：一次，謝同學與一日本友人交談，以日語不好，不能表達意思，乃說英語。被一帶有醉意之青年發覺，憤其身爲日本人而說英語，除罵他無恥之外，並要毆打他，結果鬧到警署始罷。先生對該青年極爲欣賞。一次，譚汝謙同學帶先生到圓山公園之露天劇場觀看免費的「納涼能」。「能」是十四世紀以來日本人喜愛之綜合舞臺藝術，但由於動作抽象，唱詞古雅，人和鬼可以同時在舞臺上出現，而且演出時間太長，一般外國人不易欣賞和接受。先生抵埗時，發覺觀眾大部分都是穿和服之老年人，那天上演的大都是「修羅物」，弔祭墮入修羅的武士的靈魂，也有悲壯的「鬘物」，以女性爲主人翁，曲調淒絕而意境幽玄。在舞臺上只見帶臉譜的幽靈和生人交談，哀音貫耳，時而陰間，時而陽世，有時好幾分鐘才見臺上演員做出一個動作來。但先生由黃昏前入座，至晚上九時完場，始終全神貫注，毫無疲態。並謂雖聽不懂曲詞，但能欣賞人鬼世界的融通，又謂「能樂」能够超越生死界限，擺脫時間隔閡，是了不起的舞臺藝術。

在京都休養期間，先生寫成「病裏乾坤」一文，惟此文至民國六十五年始在鵝湖月刊發表。民國六十年，又根據其在京都八個月之生活感受，寫成「東方人之禮樂的文化生活對世界人類之意義」一文。

八月十七日晨起，先生反省二十年來所論以告世人者，可以立三極（太極、人極、皇極）、開三界（人格世界、人倫世界、人文世界）、存三祭（祭天地、祭祖宗、祭聖賢）盡之。人格世界關於人之修己，乃太極見於人極；人倫世界關於人之待人，人極始形而為皇極；人文世界關於人之待天地萬物，而皇極大成。祭天地而後一人之心遙契太極，乃所以直成一人之人格；祭祖宗而後世之情通，乃所以直樹人倫之本；祭聖賢而後人格之至者得為法於後世，而人文化成於天下。立三極依於智，開三界依於仁，存三祭依於敬。

是年先生在新亞學報發表「朱陸異同探原」一文，文長八萬餘字。後錄入「中國哲學原論原性篇」之附編中。大要認為朱陸之異，不在一主尊德性，一主道問學，而在二家所以言尊德性之工夫之異。故朱陸異同問題之第一義在工夫論上，而不在本體論上。在第一義上，朱陸之異，乃在象山之言工夫，要在視滿心而發，無非此理，因而教人直下就此心之所發之卽理者，直下自信自肯，以自發明其本心。而朱子果有以心與理為二之言，則初是自人之現有之心，因有氣稟物欲之雜，而恆不合理，故當先尊此理，當有一套內外夾持以去雜成純之工夫，方能達於心與理一上說。若直下言自覺自察，識其心之本體，則所用之工夫，將不免與氣質之昏蔽，夾雜俱流。惟通過工夫所達之心與理一，是否卽與理合一之本心之呈現，而外無其他；又在此現有之心尚未達心與理一之情形下，是否與理合一之本心未嘗不在，固可為朱陸異同之所在。然此異同，亦屬於第二義。此外，先生於本年所發表之文章，尚有「致王貫之先生書」（人生）及 "The Development of Concept of Moral Mind from Wang Yang Ming to Wang Lung Chi"（載於哥倫比亞大學出版"Self and Society in Ming"一書中）。

民國五十七年（公元一九六八年）六十歲

先生三十餘年來，薪資所得，除自養一身之外，尚有餘財，奉養母親及妹弟，亦常使所識窮乏者得其周濟。先生自任中文大學講座教授後，薪水收入，較他時爲豐厚。但其平日所餘下之薪金，至農曆年底，必以分贈於困難之親友及其後輩。是年近除夕，李璜先生一老友，因其子有遠行而乏路費，致函求助，李先生時在珠海書院授課，鐘點雖多，而收入則少，有心無力，乃懷友書絜友子往晤先生。先生惜其來遲，表示其分配所餘，或已不多，乃命師母取出分贈之名單，計數之後，萬餘港幣，尚餘五百，卽以之付李先生老友之子，並留午飯，對此子奬勉有加，令其受賜而無愧怍。其後李璜先生追述其事，對先生之靄然慈仁，亦深佩之。

新亞書院自創校以來，卽有哲學教育系，一九六〇年改爲哲學社會系，一九六七年秋，始有獨立之哲學系，系主任一職，一直由先生出任。是年則由謝幼偉先生出任，此後，則改由牟宗三先生出任。曾在哲學系任課之先生，除先生及謝幼偉先生，與牟宗三先生外，有錢賓四、吳俊升、劉百閔、陳百莊、胡家健、王書林、吳康、譚維漢、徐復觀、糜文開、羅時憲、蕭世言、唐端正、陳特、李杜、鄭力爲諸先生。新亞研究所所長一職，自一九六四年錢賓四先生辭職後，由吳士選先生兼任，但自本年開始，先生卽任所長，直至去世爲止。

是年熊十力先生在大陸逝世，東方人文學會及哲學會假農圃道新亞書院禮堂爲熊先生開追悼會，先生致送輓聯云：「斟銀漢，吸滄溟，前聖道茲存，居嘗想像夫子；握天樞，爭剝復，後生仁不讓，會當永繼斯文。」

先生於十月一日之日記中云：「念我以往所思之哲學問題，一爲不思而中之智慧如何可能，此爲香港出版之道德自我之建立第二編之二文所論；二爲不勉而得之道德生活如何可能，此於朱陸異同探原及原性文中曾指出其爲宋明儒學之核心問題；三爲由言至默之知識論、形上學如何可能，我此半年中所寫之哲學筆記，卽向由言至默方向而論知識論、形上學。然我初不自覺我之思想之三問題如此，此略類康德之何者爲人所知、人所行、人所望之問題，而實皆高一層次之問題，而純爲契應東方哲學方有之問題與思想也。」

十月六日重閱牟宗三先生之「認識心之批判」一書，十月八日閱畢。先生認爲此書確爲超過康德、羅素之大著作，其陳義皆無阻隔，亦皆可極成，其所據之地位極高，皆由上而下以陳義，故解人雖不易，然更能自挺立。先生自謂其所思所論，皆由下而上，故繞彎太多，如環山而行，須歷長途，方至於頂，亦意在使學者逶迤而上，然語難盡意，亦可使人作歧想，此其所短也。又自謂所寫之哲學筆記，別有一更大之規模，乃意在展示各層次之哲學境界，但順筆寫來，不成片段，亦尚未見寫至半山，未至於頂。先生時念將此哲學筆記，重新組織爲一書，今以目疾之故，亦不知何時能加以整理，時爲此憂念。

十月十五日，新亞書院及東方人文學會以茶會形式歡迎六大宗教了解堂人士。

十月二十一日，先生左眼視力，能辨手指及認識眼前人面目，證明視網膜仍有視物能力。

十一月一日，先生念人至老衰病患之境，以己力之弱，對人之責望怨望恒多，希倖與忌嫉之念皆可無緣而自起，此中人之生命，如水淺而沙石皆見。然能知此義，則老衰病患，正人當用工夫處，孔子言不怨天，不尤人，知我者其天乎，此非易居之境也。

是年謝幼偉先生從中文大學新亞書院哲學系退休，先生乃聘請在美國南伊利諾州大學執教之劉述先君至新亞書院哲學系任講師。由於劉君年少聰明，對西方哲學頗富知識，且其父親劉靜窗先生與熊十力先生有舊，故對之寄望頗深。

是年「中國哲學原論原性篇」一書在新亞研究所出版。先生在成「中國哲學原論導論篇」後，認爲導論篇於諸文外，應加原性一篇，以補述心性者之不足。初意只寫四五萬字，已足盡抒所懷，並略申昔年與友人徐復觀先生書信往返，討論其大著「中國人性論史」時所未盡之意。不料下筆之後，竟不能自休，於五十日內，僅以辦公教課之餘，草成二十餘萬言。

本書又名「中國哲學中人性思想之發展」。其論述方式，爲即哲學史以言哲學，或本哲學以言哲學史之方式。要在兼本仁義禮智之心，以論述昔賢之學。古人往矣，以吾人之心思，遙通古人之心思，而會得其義理，更爲之說以示後人，仁也。必考其遺言，求其詁訓，循其本義而評論之，不可無據而妄臆，智也。古人之言，非僅一端，而各有所當，就其所當之義，爲之分疏條列，以使之各得其位，義也。義理自在天壤，唯賢者能識其大，尊賢崇聖，不敢以慢易之心低視其言，禮也。吾人果能兼本此仁義禮智之心，以觀古人之言而論述之，則情志與理智俱到，而悟解自別。

先生在本書之自序中云：人之所以用同一之名言，而所指不同，或所指同而人之觀此所指之觀點方面不同、觀入之層次不同，皆由於人之心思，原有不同方向、不同深度之運用。吾人若依其所自限之某一深度某一方向之心思以觀他人之所知，即不能善會其意。人唯有善自旋轉其心思，方能實見彼一一義理之各呈於一一方向深度之前，而咸得其位，使之交光互映，而並存於一義理世界中。故本書凡遇先賢之異說糾紛之處，皆盡力之所及，爲之疏通，以排難解紛。

本書內容，略謂合「生」與「心」所成之「性」字，象徵中國思想自始即把穩即心靈與生命之一整體以言性之大方向。中國最早之性字即生字，故告子即生言性。孟子則主即心言性。莊子要在復心以還於生、返於性。荀子則倡以心治性，亦即以心治生。告子、莊子皆重生，孟子荀子皆重心，此爲中國先哲言性之四基型。大率後之道家之傳，首重在生，後之儒家之傳，首重在心。告、孟、莊、荀以後，中庸、易傳更有種種綜貫之說。秦漢學者，更多有將此人性逐漸加以客觀化，以爲人之爲政施教，定人品類之根據。如呂覽、淮南、董仲舒、王充、劉劭之說。至魏晉而王弼、郭象重個性、獨性，更將此獨性加以空靈化。佛學東來，以空性爲萬法之法性，以寂滅爲涅槃。只執有而不知空者爲妄執性，染業招感而不知涅槃清淨者爲眾生性。生原是由無出有，心原是恒寂恒感。佛家之捨染取淨，於有觀空，由生證無生，而歸向於寂滅之涅槃。此仍不外在生命心靈之性上，求返本歸原之學也。至宋明儒言生命心靈之性，初非謂妄執之有不當破，亦非謂人當任染業之流行以招感，唯吾人之生命心靈之自無出有，由寂而感之創造不息的生生之靈機，畢竟不可斷。此生生之靈機，不是妄執，不是染業，亦不當斷。宋明儒即在此不可斷、不當斷之靈機上，正面立言，謂此生生之靈機即是性，即是理，即是道，亦即生命之所以爲生命，心之所以爲心。此生生之靈機，不在自無出有之「有」那裏，亦不在「無」那裏，而在「出」那裏。此「出」是純創造，不落在所創造之「有」之中。人正當依此純創造，以化掉相當於佛家所謂染業之人欲、習氣、意見之類。宋明儒一切之工夫作到家，只是要成就一個純創造而健行不息、恒寂恒感的心靈生命，是即聖賢之心靈生命也。成就此一心靈生命，即盡此心靈生命之仁義之性，仁至義盡，此外更無所得，故未嘗不空寂。此性是每一個人之獨體之性，亦是一切人之性，亦卽生天生地之性，此性無乎不在，無始無終。於此要談玄說妙，亦可說得無窮無盡，但宋明儒於此所言，要必由極高明以道中庸。後之淸儒所見，更求平實，而偏在人之自然生命在社會之日常生活上說性。乃有如戴東原之只就人之血氣之生與心知之覺上說性。凡此言性之思想，雖千門萬戶，其用思之大方向，仍要面對生命心靈之一整體，而未嘗不可歸攝在從心從生之性字所涵之義之內者也。

是年先生所發表之文章，有「陽明學與朱陸異同重辨」（新亞學報）、「論老子言德道之四層面」（中國文化研究所學報）、「朱子與陸王思想中之一現代學術意義」（東西文化）、「答陸達誠神甫書」（人生雜誌）。

民國五十八年（公元一九六九年）　六十一歲

三月十二日，輓張君勱先生云：「道大莫能容，四海同悲天下士；聲弘終有應，萬方齊響自由鐘。」五月三十一日輓張丕介先生云：「廿年風雨同桴，與學海隅，人事滄桑違夙願；此日幽明異路，遺書世上，天涯桃李待成蔭。」

六月廿一日閱牟宗三先生「心體與性體」一書完，謂此書爲一大創作，有極精彩處，但其論宋明儒學，與己意尙多有所出入。十月三十日閱牟宗三先生「心體與性體」第三册完，謂此册問題頗多，不如第一、二册。

七月二十九日赴日本東京，翌日至日赤中央病院檢查目疾。後赴夏威夷出席第五次東西哲學家會議。八月十二日返港。此次會議後，劉述先、吳森、杜祖貽、王煜諸君聯同選譯先生之著作，發表於「中國哲學研究」（Chinese Studies in Philosophy）學報中。

是年先生發表之文章，有「吳士選先生農圃講錄序」（農圃講錄）、「略釋誠明」（新亞生活雙周刊）、「陽明學與朱陸異同重辨」（新亞學報）、「在中華哲學學人聯誼會上的發言」（中國哲學通訊）、「在新亞董事會歡宴吳校長、沈校長會上的講詞」（新亞生活雙周刊）、「麥著宋元理學家著述生卒年表序」（宋元理學家著述生卒年表）、「存在主義與現代文化教育問題」（新亞生活雙周刊）、「新亞二十周年校慶典禮講詞」（新亞生活雙周刊）、「歡送張丕介先生」（新亞生活雙周刊）、「香港之大學教育」（新亞學生報）。

民國五十九年（公元一九七〇年）六十二歲

是年夏，哥倫比亞大學中國思想教授狄別瑞（Wm. Theodore de Bary）先生得美國學會聯會資助，舉辦十七世紀中國思想會議於意大利柯模（Como）湖畔。先生被邀參加，八月八日與師母同行，先赴日本大阪，參觀大阪博覽會，並至淺山亮二眼醫處檢查目疾。八月十一日赴夏威夷，八月三十日抵美國，新亞校友余英時同學約晚飯，晤楊聯陞及梅祖麟先生。九月一日赴倫敦，三日至巴黎，五日至日內瓦，六日至柯模參加十七世紀中國思想會議，師母並於是次會議中彈奏古琴。是次與會之我國學人，除先生外，尚有陳榮捷、錢祖新、于居方、杜維明、吳百益、成中英等七人。而來自東方者，僅先生一人。先生宣讀之論文題目為「劉宗周道德心之學說與實踐及其對於王陽明之批評」（Liu Tsung-Chou's Doctrine of Moral Mind and Practice and His Critique of Wang Yang Ming）。一九七五年，編入狄氏主編，由哥倫比亞大學出版部出版之「理學之開展」（The Unfolding of Neo-Confucianism）一會議論文集中。狄氏並於卷首以整頁標明：「敬以此書獻唐君毅先生，藉以認識其終身努力理學之研究，並欣賞其精神與人格。」數語，此可象徵先生在國際哲學界取得之殊榮。九月十三日，先生由佛羅倫斯飛羅馬，經雅典、印度、泰國曼谷、新加坡返港。在曼谷曾參觀廟宇，在新加坡曾訪竺摩法師及南洋大學。

是年先生發表之文章，有「參加東西哲學學人會議觀感」（新亞生活雙周刊）、「學術研究及其成果」（中國學人）、「對人文雙周刊的幾個期望」（華僑日報）、「說副刊之文化地位」（華僑日報）、「對香港學生的期望」（中學生）、「曉雲法師印度藝術序」（印度藝術）、「書蕭立聲先生羅漢畫」（新亞生活雙周刊）、「現在這樣，將來怎樣？」（中國學生周報）、「論道家思想之起原與其原始型態」（中國學人）、「在新亞研究所第一百一十三次月會上的發言」（中國學人）、「存在主義與現代文化問題」（人生雜誌）、「在香港北大同學會五四運動座談會上的發言」（萬人雜誌）、「辨孔子教中之求仁之道及其言天命鬼神涵義」（新亞學術年刊）、及「參加在義大利柯模（Como）舉辦之中國明末清初思想會議返港後答同學訪問記」、「敬悼張丕介先生」（新亞生活雙周刊）、「翻譯與西方學術殖民主義」（人物與思想）、「對香港學生的期望」（中學生）。

民國六十年（公元一九七一年）　六十三歲

一月十一日，先生偶念二十餘年來，除用思、讀書與教書未嘗間斷外，尚有三事，亦大體相續不斷，亦非偶然。一為在抗戰期間與李源澄同辦重光月刊，後卽與周輔成等同辦理想與文化，到香港後，卽為民主評論、人生等刊物長期撰稿，亦為新亞學報、新亞學術年刊等寫文，近二年又發起中國學人半年刊，及華僑日報之人文雙周刊。二為自任江南大學教務長時發起演講會後，到香港卽主持新亞文化講座，每周一次，歷時四五年。文化講座停止後，卽發起一月一次之人學講會、兩周一次之哲學會達數年之久。近二三年，則主持新亞研究所月會。三為自任江南大學教務長後，在新亞書院亦任此職，後又任新亞書院及中文大學文學院院長、哲學系系主任，近三年來，任新亞研究所所長。二十餘年來，均擔負教育行政之責任。

先生一直以傳教士之精神，傳孔子之教，凡文化團體或學校請他演講，只要以中國文化為題，他無不慨然應邀，他曾對人說：「只要有人請我講，我就講。」

一月十八日，先生在日記中謂程兆熊先生論中國花卉草木田園之文可親，胡蘭成先生論中國民間生活之文可喜，牟宗三先生論義理之文能斬截，徐復觀先生論世風之文能疏通，皆非己之所及。至於自己之為文則無定體，唯依義以為體，亦能知不同文體之各有其用，唯自覺才力不足盡各體文之用耳。

三月八日，輓人生雜誌社長王貫之先生曰：「四海求師友，天下文章共肝膽；一朝棄塵世，平生風義在人間。」

四月一日，改寫「生命存在與心靈境界」一書之第二部。

十月十六日，先生將已發表而未重印成書之文，複印整理，並加以分類為孔學之學、中國哲學、一般哲學、中國歷史文化精神、世界人文與宗教、教育、一般文化政治社會評論七類。自謂此等文字，不必有重印之價值，但對自己則有極大之歷史意義。

是年先生在人生雜誌發表「東方人之禮樂的文化生活對世界人類之意義」一文，此文乃根據兩年前在日本京都治目疾時居住八個月之感想寫成，故副題為「由京都醫院說到東方人之日常的禮樂文化生活，及我對日本與世界之期望。」文內云：今天西方傳來之文化觀念，認為文化應當分為科學、藝術、文學、哲學、宗教、政治、經濟、法律、軍事、體育、教育之種種不同領域，每一文化領域成一獨立的世界，科學與哲學是書齋與實驗室中之事，宗教是教堂中之事，音樂是音樂廳中之事。東方人之文化生活，並不同於西方有許多源頭之對立，亦卽無各種文化領域之截然分立。這不是說，在東方不容許有人專在宗教道德方面、或政治方面、文學藝術方面、或科學哲學方面有特殊之天才的表現，而為聖者、畫家、哲人、或聖君賢相等傑出人物；而只是說：宗教、道德、政治、文學、藝術等，只是人之整個的文化生活之不同方面，同以一整個的人性為其本源。故一切文化上之創造與表現，必須與享有與受用配合融和，合以形成人之整個的文化生活，使人之生命，皆覺有意義與價值。而享有受用之事，必須存在於民間，使人人皆於此感到安樂自足，心安理得，此才是東方人對文化生活之基本觀念。蓋能成為正常的人類文化生活的理想的，是使一切最初出於人之自然生命與日常生活的文化生活，能還滋養人之自然生命與日常生活。此卽必須使人之自然生命與日常生活本身成為文化的；而文化亦皆是日常生活中的，亦屬於自然生命的。則知識與智慧不只是書齋與實驗室中之事；藝術與文學不只是畫室、音樂廳與創作室中之事；宗教與道德不只是教堂中的事。人與人之日常的衣食住行的生活，亦應該處處有藝術、文學、知識、智慧、宗教、道德行乎其中。此卽是禮樂的文化生活。中國自五四以來，禮樂的生活價值卽被認爲不科學、不民主而被批評、被否定，甚至視爲封建殘餘而被徹底破壞。百年來，在日本本土無戰爭，所以若干東方傳統文化生活中之禮意樂意，有最多的保存。然而，日本之產業，在二十年來突飛猛進，由經濟力之對外競爭，走向政治力、軍事力之對外競爭，亦益使日本人重視效率觀念，向西方功利主義看齊。故對日本人之禮節繁多，亦恒被視爲虛文，對人民敬業、樂業、安業的精神，視爲奴性的服從，對以少量食物分置於大碗大碟之中，將禮物用層層的紙盒加以包裹，則視爲儉嗇或寒陋；對插花、茶道、棋道，被視爲時間的浪費；對舉行典禮之廟宇、神社、花園、石庭，均被視爲空間的浪費。今天日本產業社會之下層階級與前進的青年的反抗思想，正要求摧毀日本之傳統的禮教。先生在京都時，見學生暴亂，連京都大學中之歷任校長銅像，亦塗滿污穢，凡此等等，均使先生如失至寶；亦感受到日本文化之危機，無異東方禮樂文化快要完全崩潰的信號，因而迫切地產生對日本與未來世界之期望。

先生認爲，現代世界上各國之經濟、政治、軍事上的競爭，並不能使人民在生活上感到心安理得，覺得生活有意義。所以一切的反抗、詛咒、厭棄現代文化的聲音，都從現代社會之深處起來。因爲人所眞正要求的，是一種優美而正常的文化生活，要一切生產的財富，都爲此文化生活而使用，今後只有對財富使用得最適當，而最足以形成人之優美正常的文化生活的國家，可以成爲世界人心所嚮往、所讚美。然而，生產財富之多，不必表示文化生活之優美，有如用大量油漆畫出的油畫，不必比用淡淡的水墨畫出的水墨畫更好。人只求平均分配得財富，亦如人之平均分配得一大堆油漆，若他沒有繪畫之能力，則油漆堆滿房屋，將使人只感其臭氣的壓迫。故人類的智慧與能力，必須回頭改善美化其生活，使成爲文化的生活與禮樂的生活。人之文化生活、禮樂生活本不是拿來競賽逞強的，而只是拿來享用受用，以自求心安理得。人如不能過心安理得的文化生活與禮樂生活，便沒有一個社會能安定，亦沒有一個政權能穩定。因此，使人的文化生活與日常生活打成一片，隨處覺心安理得，而自得其樂，悠然自足，然後人類乃可以和平共處，天下太平。此卽先生所謂禮意樂意流行於人間之事也。

此外，先生於是年所發表之文章，尙有「荀子言心與道之關係辨義」（中國文化研究所學報）、「悼王貫之兄」（人生雜誌）、「中國教育史上之私學與官學」（新亞生活雙周刋）、「沈燕謀董事的生平」（新亞生活雙周刋）、「辨墨學中之義道」（新亞學術年刋）、「說中國今後之翻譯工作」（人物與思想）、「海外之中華兒女應爲創造二十一世紀之人的中國而發心努力」（天聲月刋）"Spirit and the Development of Neo-Confucianism" (Inquiry)

民國六十一年（公元一九七二年）六十四歲

六月十日，先生赴夏威夷參加王陽明五百周年學術討論會，與師母同行，會議歷時一周，參加之中國學人，除先生外，有方東美、牟宗三、張鍾元、杜維明、成中英諸先生。先生之論文爲「當代學者對於王陽明之教所提出之疑難」。會後，經日本東京，與吳納孫、胡蘭成、張季龍、安崗正篤、中山優、大野正三、景嘉、左藤、和崎、池田篤紀、平岡武夫、西谷啟治、阿部正雄諸先生晤談。楊啟樵、霍韜晦、麥仲貴諸同學來敍。再經臺北，拜訪錢賓四、張曉風、劉泗英、胡秋原、周開慶、謝幼偉、曉雲法師、程文頤、曹敏諸先生，並與劉孚坤、黃振華、張曼濤、沙學浚、鄔昆如、王維、陳癸淼、陳修武、唐亦男、湯承業、周紹賢、何啟民、韋政通諸君及民主潮社人士晤談，諸事皆賴逯耀東同學照拂。至七月十四日返港。

自新亞書院加入香港中文大學後，其地位雖已取得香港政府之承認，但中文大學當局之辦學精神，與新亞書院之辦學精神頗有相違。香港流行之教育觀念爲香港主義及國際主義，先生認爲這些都不應是中文大學的目標，在「理想與現實——中文大學的精神在那裏」一文中，認爲香港中文大學之所以用「中文」兩字，應指中國文化而言。談中國文化的態度，應承先啟後，以中國色彩取代香港主義與國際主義，以新亞之精神，影響中大，惟現實不如理想，爲可嘆耳。

當新亞書院加入香港中文大學之際，新亞研究所依然保持獨立，只接受中文大學之經費補助，但自民國五十九年起，因香港中文大學開辦研究院之故，香港中文大學不再承認其學位，新亞研究所即不再招收研究生，改收研究助理學習員。新亞研究所何以不隨新亞書院歸入中大研究院?先生於是年在「新亞研究所到那裏去?」一文,有所說明。略云新亞研究所所以不能歸併入香港中文大學,是因爲新亞堅持對人文學問要有一個通識理想,要訓練出像中國傳統教育類型的學者,而不要只懂一些專門知識的專家。雖然新亞研究所保持獨立,會受到經濟上或政治上的壓力,但先生認爲學術有其自身的尊嚴,不應作附屬品看待,在眞正自由社會中,不能因爲政治或經濟條件而壓迫任何學術之發展。

新亞研究所歷年之導師,除曾任所長及教務長之錢賓四、吳士選、張葆恒、謝幼偉及王德昭諸先生外,尚有牟潤孫、潘重規、牟宗三、徐復觀、梅貽寶、沈亦珍、嚴耕望、汪經昌、吳康、陳荊和、張瑄、羅夢册、何敬羣、涂公遂、王韶生、李璜、孫國棟、章羣、梅應運、杜維運、唐端正、羅球慶、劉述先、李杜、陳特、孫述宇、蘇慶彬、逯耀東、羅炳綿、陳紹棠、霍韜晦諸先生。

在此期間,中共曾經向先生進行統戰,派人到香港邀他回大陸去看看。先生說,回去看看未嘗不可,但有三個條件,其中之一是要將高懸於大陸各地的馬、恩、列、史的照片拿下來。理由是:研究馬列的學問是一回事,但讓中國八億人在頭上頂著幾個外國人來過日子,晨昏禮拜,簡直是民族之耻,老是這個樣子下去,中國人將永遠無法抬頭。

當時香港電影院播映很多有關文化大革命之紀錄片,在天安門前湧現幾百萬紅衞兵,幾乎個個都聲淚俱下地拼命喊口號，先生看後，認爲那是當年納粹德國的翻版，將一個民族導向這樣的途徑，非常危險。先生留意細察站在天安門上的林彪，認爲他狀貌萎縮，不足以成大事，而姚文元則輕佻衝動，一副好勇鬪狠的樣子，顯得火候不够。要統治一個八億人口的大民族，不是一件容易的事，林、姚輩氣象不够恢宏，當然不足以語此。其後果一一言中。

是年先生發表之文章，除「中文大學的精神在那裏？」與「新亞研究所到那裏去？」二文外，尚有「儒家之能立與當立」（新儒家）、「天下歸仁」（新儒家）、「談中國現代社會政治文化思想之方向與海外中國知識分子對當前時代之態度」（明報月刊）、「孟學中之興起心志與立人之道」（新亞學術年刊）、「從學術思想獨立談馮友蘭」（星島晚報）、「中國文化之創造」（學梓）、「陽明學與朱子學」（陽明學論文集）、「中國哲學中美的觀念之原始及其與中國文學之關係」（華風）、及「丁衍鏞畫册序」等。

民國六十二年（公元一九七三年）　**六十五歲**

六月八日，先生與李祖法先生談創辦新亞中學事。當新亞書院創辦之初，已計畫在書院之上辦一研究所，書院之下辦一中學。唯因校舍問題未能解決而拖延。今年七月，新亞書院已全部遷入沙田，乃於農圃道校址，創辦新亞中學，由秋季開始招生。校監孫國棟與校長許濤，均爲新亞校友。對創辦中學之事，先生貢獻甚多，並爲新亞中學作校歌。歌詞云：「日日新，又日新。勤於學，敏於事，愼於言，謹於行。少年的光陰，如流水之悠悠易逝，少年的心情，如佳木之欣欣向榮。敬我師長樂我羣，愛我家庭仁我民。天光不息，農圃長春。這兒是綠野神州，南海之濱，我們是中華民族神明子孫，我們的學業、德業、事業，日新又日新。中華的文明，在新的亞洲，新的世界，萬古常新。」

八月廿八日，先生與師母先赴日本京都檢查目疾，八月三十一日出席東京參加中日民族文化會議，在會議中，先生宣讀「西方文化對東方文化之挑戰及東方之回應」一文。九月三日赴瑞士蘇黎世（Zurich）參加德人 Fischer Barnical 先生發起之國際文化研究會，會期七天，先生曾與法國存在主義者馬色爾敍談，事後批評馬氏不肯聽人講話。九月九日，轉飛紐約，住易陶天家，然後返港。

自先生來港後，凡對祖國有情，對歷史文化有義者，多與先生保持往來，先生均能與之推誠相待，道義之交，彌足珍貴。司馬長風先生曾言：「二十多年來，每有重大問題，非常變故，總是向先生坦述癥結，得到教解而後心安理得。當人生蹉跌，志業挫折的時候，當黑暗已極，光明未始，狐鬼滿路，陰風怒吼的時候，宗教徒會祈求上帝和神，憬從孔孟的人，則渴望慈祥的了解，智慧的光亮。」又云：「在這個顚倒的時代，我能够歷無數次的險阻和挫折，仍能堅定信心，明辨方向，保持生命的和諧，給這黑冷的時代添一點光和熱，全靠心裏兩盞燈，一是唐先生，另外便是牟先生。」

胡菊人先生曾與一位有魏晉文人的狂狷，尼采式的暴烈，五內鬱結，跳騰難安的朋友就訪先生，諮商聯名反對臺灣獨立事。晤談良久。辭別後，其友突然冒出一句話，「和唐先生談話，感到眞的安舒，以後要常常來。」胡先生細思先生所以使人有此安舒感受之原因云：「唐先生固然善談，但絕非口舌便給，怡人如醉的講者。我親炙唐先生將近二十年，從未見他哈哈大笑，則在談話中所予人者，便絕非快樂、酣暢如此輕簡字眼可以形容，他的聲調亦非抑揚頓挫，他的眼神臉色更不是隨語而變而引人者，他沒有一句話、一個手勢是爲了影響聽者而著意使用出來的，一切動靜，盡是如常如恒。唐先生之對我們有如此的感染力，由於他每話每態，沒有一點的假借與裝作。他泱泱而篤實。……他講的又都是大道大理。我從未聽過他在講話裏，以小語小道的語態，論涉私人的是非好壞。若有齒及於個人者，絕不因爲私人私事，必因有違於大原則大理想而纔及之，他語語懇切，字字關心。所關心者，又都是大空間如家國人類，大時間如歷史文化的過去未來，無形中使我們不再局限於小人小事，水流引出大海，纔見舒泰。又因他寬厚溫煦的態度，不覺絲毫大學者的壓力，而祇覺容易親近。總之是一個完整的人格在感染我們。」

雷金好同學曾這樣寫道：「我覺得唐老師是道德秉性情中人，他的話常像一股熱流，直奔到聽者心靈的深處，從而使聽者有所感動和融化。而牟老師是理智的化身，他的話，常像一道冷冷的強光，直透理智的深淵，使聽者豁然大悟。」由於先生性情融和，牟宗三先生性格嚴峻，故亦有以明道比先生，以伊川比牟先生者。

先生講課，往往超出規定時間甚長。對學生常能耐心指導。新亞研究所同學翟志成君，曾經在大陸當紅衞兵，來港後，常在報刊上發表報導文字，先生讀後，總首先肯定那些文章，然後勉勵他應該站在理論上的高度去批判、分析、總結那些事實和現象，應該更上一層樓，用功讀書，努力把興趣轉到學術研究的範圍裏來，不應僅以寫報導文字爲滿足。翟君在大陸二十年，意識型態與思考模式基本上沒有逸出馬列教條之外，故讀先生書時，頗以許多道理無法悟入爲苦，並對先生直言其事。先生卽勉以能誠然後能敬，能敬然後能學，今彼能坦然將心中感受說出卽是誠，一個旣誠敬，又好學的人，天下間沒有學不會的道理。因爲孔子的心，先生的心，與翟君之心都是完全一樣的，內中的道理亦完全一樣，我們不能了解他人的學問，是因爲被舊日的意見和執著蒙蔽了，只要能把誠敬與好學之心持之以恒，久而久之，卽能盡去舊日之偏頗與迂執，發明本心，照見一切心之所同然的理義。一次，由於天氣悶熱，翟君在研究室赤膊讀書，不期然走入辦公室，遇見先生，先生囑其穿回衣服去見他。然後對翟君說：「拘於小節固然不好，完全不問小節也不行。過拘小節難見大道，完全不拘小節便易流於狂妄。你平時一副不修邊幅的樣子，我已經不說什麼，現在你索性連邊幅也不要了，這像什麼話。」又一次，翟君作研究報告，草率從事，被先生一連罵了三次。有一次還在同學面前，罵他完全沒有用功，沒有用心把報告寫好，感到非常失望。言下除生氣外，那凝重的神情和嚴重的語氣，還有一種恨鐵不成鋼的沉痛。由此可見先生教導學生之一般。

是年，先生將太師母陳太夫人之遺詩五卷彙集出版，題爲「思復堂遺詩」。在編後記中云：「吾母一生勞瘁，奔波道途，其事雖只爲一家，吾亦日久漸忘，然其情之所及，志之所存，則不限一家，並見於此五卷詩，而德音如聞，慈暉宛在。……顧吾爲學，偏尙知解，及今年已垂老，方漸知詩禮樂之教，爲教之至極。」

是年先生出版三大册之「中國哲學原論原道篇」。自陳太夫人逝世後，卽嘗欲廢棄世間著述之事。後勉成「原性篇」，曾在自序中謂今生著述，卽止於此。旋罹目疾，幾于不讀書者半載有餘。然於平日所見不眞不切者，此時反有思維之「徑路絕而風雲通」之境。後因仍有一目可用，乃於此五六年中，以敎課辦公之餘，先草成「生命存在與心靈境界」一書。惟該書乃自抒其平生求道之歷程，今生於此道或更有所窺，故暫不擬問世。而「原道篇」一書，廣述中國前哲對道之發明。其見解與三十年前所寫之中國哲學史稿大異。先生特於此書之自序中，聲明世如有存該講義者，務須全部毀棄。

原道篇之宗趣，不外對唐以前中國先哲所開之諸方向之道，溯其始於吾人之生命心靈原有之諸方向，而論述其同異與關聯。凡先生前此對中國哲學所論，若有違異，此書皆有交代，亦應以此書爲準。

先生認爲中國文化與哲學智慧之本原，卽在吾人此身之心靈生命之活動。中國哲學之智慧，乃中國古人在擔負一沉重之對羣體生命之存在之責任之下，在寅畏戒愼之中而次第生起者。大率中國之哲學傳統，有成物之道，而無西方唯物之論；有立心之學，而不必同西方唯心之論；有契神明之道，而無西方唯神之論；有通內外主賓之道，而無西方之主觀主義與客觀主義之對峙。近人論中國先哲之思想，唯以西方之思想爲標準，冀與之偶合，不啻使神明華胄之思想，降爲西方思想之奴僕，先生此書之宗趣，卽在雪斯恥。

本書第一編論周秦諸子之哲學中之道。首論孔子之仁道爲感通之道。墨子言義道爲普偏橫通之道，孟子爲自下而上之縱通之道及自近而遠的順通之道。愼到、田駢、彭蒙乃順物勢以成其外通之道。老子由法地、法天、法道以成其由外通而內通之道。莊子則爲徇耳目內通以調適上遂之道。荀子乃由內心知統類以外成人文統類之道。韓非乃明君運法術勢以爲政之道。晚周儒、道、法之流，同言內聖外王之道。第二編先論兩漢經子之哲學中之道。兩漢哲學思想中之道有六：一爲順天應時之道；二爲成就學術之類別與節度之道；三爲法天地以設官分職之道，及對人之才性之品類之分辨，對人物之品鑒之道；四爲道教之煉養精氣神之道；五爲春秋學中之褒善貶惡之道，亦卽今所謂對人事作道德的或政治的價值判斷之道；六爲漢代易學中之象數之道，亦卽今所謂存在事物之普遍範疇之道。此後論魏晉六朝所開之新道有四：一爲王弼之通易與老之玄學之道；二爲郭象注莊中之玄學之道；三爲陸機、劉勰之文學之道；四爲阮籍、嵇康、宗炳之藝術之道。此魏晉六朝之文學藝術之道旣開出，而中國之人文世界各方面之道，卽皆已全部開出。可見中國之哲學思想，不只存於四庫之子部；卽中國之經史之學、文藝之學，亦不能在道之外。第三編論由魏晉至隋唐之佛家之哲學中之道。自佛教入中國，中國學者自始多兼通儒、道之學與佛家之學。牟子理惑論已通三敎爲言；此外如宗炳論畫，劉勰論文學，皆兼擅佛學；竺法雅依格義講佛學；僧肇論般若學以老莊與孔子之言，與佛理互證；道生承孟子言人皆可以爲堯舜之義，言人皆有佛性等皆是。中國固有之學，原非只重一般知見，般若宗以掃蕩一般知見以證空之學，與中國固有思想亦相契合。然中國固有思想中，無般若宗用以掃蕩知見之種種論辯，此種種論辯之傳入中國，亦大開中國哲學思想之天地。至於唯識法相宗，雖未嘗不歸之證空，然亦以成就人對種種法相之知見始。遂更能補中國思想之所缺。天臺智顗之學，除以法華涅槃之教義爲其根本外，亦言禪觀、重戒律、而信淨土，其學弘深潤大，然國人爲中國佛學史者，往往忽視南朝之成實學及吉藏之般若三論學，則由僧肇、道生至天臺之智顗間之佛家思想義理之次第開展，尚不得而明，本書對此，特加補充。玄奘自印度歸，弘揚法相唯識學，其時之法藏，遙承南北朝地論宗之學，本陳隋之際大乘起信論之義，判玄奘所傳之法相唯識學爲始教，謂其立義尙不如起信論之爲終教，更於起信論之終教之上，立一頓教，以通於華嚴經所啟示之圓教義。由此中國佛學之次第發展，使印度傳來之般若學爲天臺學之光輝所掩，印度傳來之法相唯識學，亦爲由法藏至澄觀、宗密之華嚴之學之光輝所掩。法藏言頓教義，以絕言會旨爲說，法相唯識宗所宗之楞伽經，有說通與宗通之別，般若宗與天臺宗亦皆有禪觀之學，數者會流，乃有唐代禪宗之盛興。華嚴宗之宗密，原學於神會，更爲華嚴宗四祖澄觀之弟子，爲書會通禪教，而宗下與教下並行不悖之旨乃彰。先生認爲中國哲學之道之諸大方向之開拓，至唐代宗密而止，亦至唐而至於極。宋以後之學者，在承繼昔人所言之道，而付之於個人之身心性命之實踐，及社會政治教化之實踐，而切實行道之精神，亦有大非唐以前之學者所能及者。本書最後一章，一方略說南北朝至隋唐時期之佛學以外之學術思想，一方略說此五代宋明至今中國學術思想，其以辨道、守道、行道勝於前世者在何處，以見此道之千古常新，即以結束本書。

此外先生本年發表之文章，有：「略談中國大陸與俄國之戰爭之可能性及放棄馬列主義之必須」（中華雜誌）、「風氣敗壞，上下爭利，學者理應堅守原則」（明報）、「如何消滅中共與蘇俄戰爭的可能性及中共繼所謂文化大革命後之學術思想革命」（東西風）、「股市狂飆與知識分子」（東西風）、「談新亞與中大的教育理想」（中大學生報特刊）、「關於中國當前問題與海外知識分子之態度」（明報月刊）、「中國文化之精神及其發展」（東西風）、「中國文化精神及其發展餘論」（東西風）、「敬告新亞二十二屆大學部及研究所畢業同學書」（新亞生活雙周刊）、「唐君毅談五四」（東西風）、「校慶、孔子誕、教師節講詞」（新亞生活月刊）、「一千八百年來的中國學生運動之歷史發展」（中華月報）、「新亞的過去、現在與將來」（新亞學生報）、「麥著王門諸子致良知學之發展序」（華學月刊）、「華嚴宗之判教論」（新亞學術年刊）、「吉藏之般若學」（佛教文化學報）、「評古尹明之建議」（中華月報）"The Criticism of Wang Yang-Ming's Teaching by his Comtemporaries" (Philosophy East & West)。

民國六十三年（公元一九七四年）　六十六歲

去年九月，北京人民出版社出版趙紀彬著「關於孔子誅少正卯問題」，香港大公報曾於十月間連載，先生於是年一月七日讀荀子非十二子篇，忽悟宥坐篇之文，乃抄襲非十二子篇而成之僞文，爲之喜而不寐，翌日，卽寫「孔子誅少正卯傳說之形成」一文。

近來中國大陸報章，大事攻擊孔子，歌頌秦始皇，大家都視爲別有政治目標，不關學術思想的事，故先生亦不大注意。傳說中，孔子爲相，七日而誅少正卯之事，昔人已論其可疑，不可信。今竟被作爲信史，盡力宣傳，先生平時雖不寫考據文字，今亦寫成該文，爲之辨正。

先生認爲荀子宥坐篇爲荀子書最不重要的附錄部分，其中雜記孔子言行之文，多同時見於禮記、大戴禮、韓詩外傳等書。可證其只爲秦漢學者共同之傳說。但禮記、大戴禮並無孔子誅少正卯之記載，至於宥坐篇對孔子誅少正卯一事之記載，除與下節記載孔子反對不教而刑相矛盾外，其非荀子所著之鐵證，乃在孔子對少正卯所加之罪狀八條之文句，皆由非十二子篇來，其餘兩句，則由荀子非相篇來。二百多年前之孔子，其言辭決不可能與荀子不謀而合若此。由此可證，宥坐篇文，全是由後人抄襲荀子非十二子篇與非相篇而成。故欲假借荀子爲大儒之權威，以其文證孔子之誅少正卯爲實事之說法，卽全然無據。此外，先生更於二月十八日所寫之「孔子誅少正卯問題重辯」一文，指出孔子誅少正卯一事，亦見尹文子、淮南子及說苑。說苑只是記一大堆傳說，可能劉向在編說苑時，見孔子誅少正卯之傳說中之語，與荀子非十二子篇相同，卽同時編入荀子。由王先謙荀子集解附錄之劉向校記，可見今本荀子乃劉向所編。如果說因荀子書中有此編成之文，便說是荀子所著，則亦可由淮南子、尹文子，說苑之有此文，而說其爲淮南子、尹文子等所著。先生又云，荀子以前，仍是時君爭養士的時期，法家起，才有明顯的誅士之論。宥坐篇謂「湯誅尹諧，文王誅潘止，周公誅管叔，太公誅華士，管仲誅付里乙，子產誅鄧析、史付。」

乃法家之徒所作。

崔東壁考信錄認爲其中五人，均不見經傳。然韓非子外儲說右上，卻有太公誅狂矞華士之記載。有坐篇文稱讚太公誅華士，正是法家口吻。故先生同意崔東壁之說，認爲孔子誅少正卯之傳說，

先生六月廿六日，自念過去思想寫作之發展，謂三十歲前之「中西哲學比較論文集」，只述而不作。其後之所作，乃以「人生之體驗」中之心靈之發展一文爲基。由此第二步爲見此心靈之發展於人生之行程。第三步爲由此人生之行程之表現於人之文化與德性，而成「文化意識與道德理性」一書。第四步爲用此理論，以講「中國文化之精神價值」。第五步爲發揮此書，以論現代之文化問題，而有「人文精神之重建」，「中國人文化精神之發展」，及今所輯之繼此二書而寫之「中華人文與當今世界」。第六步爲用之以爲初學而寫之「哲學概論」，言知識論當歸於形上學，形上學當歸於人生論。第七步爲由此以論中國哲學之基本觀念之歷史發展，是爲「中國哲學原論」。第八步爲回歸於心靈，以觀照人類之哲學境界，是爲「生命三向與心靈九境」所由作。第九步則爲吾年來所思之人類反面之罪惡之起源，及社會政治之禍患根源之問題。

是年七月，新亞研究所不再受中文大學經費之補助，同時經新亞書院董事會決議，新亞研究所改爲隸屬於由新亞同仁另行創辦之新亞教育文化有限公司管轄。但新亞研究所仍與新亞書院保持學術文化與教學之密切合作關係，並恢復招收文學、史學、哲學三組之研究生。

香港中文大學成立之初，由於新亞、崇基、聯合三學院各有不同背景，經過地方行政當局與專家之廣泛研討，採取聯合體體制，成爲一所聯合性大學。蓋在小規模之學院中，學生人數有限，師生間易於建立人與人間比較親密之關係，而教師對學生亦可作比較親切之輔導，故一所聯合大學，實兼收小規模學院之親切教育與大規模大學兼容並包之利。但欲使聯合制獲得成功，各成員學院必須維持其活潑生機，必須獲准發揮其基本功能，並追求其教育理想。當時由富爾敦勳爵領導富爾敦委員會，爲中文大學組織制定基本憲章，富爾敦在報告書中曾言：「各所成功之聯合大學，給予吾人之教訓，乃屬簡單，即必須有一具有堅強個性之生命，活躍在每所學院之中。」惟自近數年來，中文大學當局以經濟爲理由，推行以大學之學術與行政體制集中爲目的之各種措施，以致褫奪各學院在一聯合性大學中所應發揮之職能。故於是年八月廿九日，新亞書院董事會曾去函中文大學當局，建議保持並加強聯合制度。中文大學當局乃於是年成立「教育方針與大學組織工作小組」，研討中文大學改制問題。該工作小組提出之初步報告，其建議之根本要點，在於遷就大學現行之各種權宜措施，實現大學事權集中統一之政策。新亞董事會認爲此必瓦解各基礎學院之整體，導致聯合體制名存實亡，故於是年十二月三日曾發表「新亞書院董事會對於中文大學教育方針與大學組織工作小組初步報告第一輯之意見」，據理力爭，以維護聯合體制，及基礎學院之法定地位與完整組織。由於當時錢賓四先生已退休多年，遠居臺灣，而張丕介先生亦已逝世，先生爲新亞書院之創辦人之一，資歷最深，主持校政最久，故對於有關新亞書院前途之事，先生與董事會之李祖法、吳俊升、沈亦珍諸先生，往復研討，所費心力最多。

對中文大學哲學系同學講「民國初年的學風與我學哲學的經過」，此文在先生逝世一周年，始由劉國強與岑詠芳同學根據錄音整理出，刊登於民國六十八年二月十二日之華僑日報人文雙周刊。

七月十八日，臺灣中央月刊囑爲國民黨八十周年撰文，先生拒絕不作。先生對國民政府之態度，承認其爲中國政府，承認其重視中國文化之價值，故每年亦參加國慶紀念，但不參加總統祝壽，不講三民主義，亦不對國民黨歌功頌德。此外對孫中山先生不稱國父，因中國早已存在，國不能有生之之父。此皆先生自定自守之用文字之戒律也。

是年秋，先生以哲學系講座教授由香港中文大學退休。專心辦理新亞研究所。至於中文大學哲學系主任一職，則推薦劉述先君繼任。

九月八日，赴臺北參加中日文化交流會，宣讀「中日文化關係之過去、現在與未來」。九月廿七日再赴東京開世界文化交流會。此次會議，以人與自然的關係爲題，先生以帶濃重鄉音之英語，講述「中國思想中之自然觀」，娓娓動聽。

是年底先生以其退休金購一樓宇，座落九龍塘和域道五號和域臺D座二樓十六號。計先生來港二十六年，遷居凡十二次。首住大埔八角亭，然後遷入沙田白田村華僑工商學院宿舍，再遷桂林街六十一號新亞書院，然後嘉林邊道、樂道、延文禮士道、靠背壟道、漆咸道、施他佛道、加多利山、亞皆老街，平均每二年遷居一次。此外離港至臺灣、日本、歐、美者，凡十四次。

是年先生重刊廸風公之「孟子大義」一書，於「孟子大義重刊記及先父行述」一文中謂廸風公之著述，除「孟子大義」一書外，其餘皆毀於內亂。「今滄海橫流，世變日亟……日月逝矣，歲不我與，今惟就學衡所轉載之孟子大義，重加刊印，以聊盡人子之心」云。又謂：「吾年來日益感吾平日之爲文論學，不能如吾父之直心而發，而喜繁辭廣說，正多不免隨順世俗所尚之鄉愿之習，今惟望假我餘年，得拔除舊習，還我本來，庶不愧吾父之教耳。」此外，先生校「孟子大義」既畢，於字裏行間，得廸風公志業所存，以爲可以第三章首節及第五章末節之數語概之。先生對此數語，感刻於心，特錄出之，以示讀者。其語云：「夏而變爲夷，中國之憂也。人而流爲禽獸，聖人之所深懼也。憂而後設教，懼而後立言，不得已而後學，無可奈何而後著書，以詔天下後世，孟子之閎識孤懷，孟子所欲痛哭而失聲者也。」「天地不生人與禽獸同，自必有人知其實有以異於禽獸，千載而上，有聞而知之，見而知之者，千載而下，自必有聞而知之，見而知之者，人心未死，此理長存，宇宙不曾限隔人，人亦何能自限，豈必問夫道之行不行，學之傳不傳哉。」

是年先生除在三民書局出版「中國文化之花果飄零」一書，復發表「孟子大義重刊記」、「孔子誅少正卯傳說之形成」（明報月刊）、及「孔子誅少正卯問題重辯」（中華月報）三文外，尚有：「論晚明東林顧憲成與高攀龍之儒學」（中國學誌）、「中國文化與現代化問題」（明報月刊）、「朱子之道德論」（朱子學大系）、「試論中國與日本文化關係之過去現在與未來」（明報月刊）、「孔子在中國歷史文化中之地位如何形成」（華僑日報）、「西歐文明對東方文明之挑戰及東方之回應——在第二屆中日文化研究會議上的報告」（中華月報）、「中國人與中國文化」（華僑日報）、「五四紀念日談對海外中國青年之幾個希望」（東西風）、「憶南京中央大學」（中大青年）、「僧肇三論與玄學」（內明）、「上下與天地同流——唐君毅先生訪談錄」（幼獅月刊）、「孔子在中國歷史文化中的地位之形成」（中華學報）、「中國藝術與中國文化」（中華月報）、「現代世界文化交流之意義及其根據」（明報月刊）、「中國思想中之自然觀」（東京世界文化交流會第二次會議報告）、「民國初年的學風與我學哲學之經過」（華僑日報）。

民國六十四年（公元一九七五年）　**六十七歲**

年初，由於臺灣各大專院校同學紛紛來信請求先生赴臺作短期講學，終於在四月廿日應臺灣大學哲學系客座教授之聘，赴臺講學，住誼子徐志強先生處。離港前夕，特抽空爲大地學社講中國文化。大地學社爲一中國文化學習班，由逃港的紅衞兵領袖組成。講演後，那些曾誤解破壞過中國文化的紅衞兵表示了要重新認識和學習中國文化的強烈願望。先生曾對參加聽講之中文大學與新亞研究所之同學說：「論書本知識，大地學社的社員比不上你們，但論實事上的磨鍊和人生的經驗，大地學社的社員又勝過你們。希望你們能取長補短，互相學習，共同進步。」

先生在臺灣講學時，某大學有一位研究生，欲就熊十力先生之新唯識論寫博士論文。先生與之談話後，即加勸止。事後先生與人說：如對儒家學問與大乘佛學無眞切了解，就不能把握新唯識論之理路，如果對熊先生的生命人格和哲學思想沒有相應的契會和敬意，就更無法了解新唯識論的地位和價值。如今只想拿熊先生的書作材料，隨意排比，做自己的論文，這怎麼可以？

六月，臺灣有一班青年朋友，正在籌辦鵝湖雜誌，他們拿了發刊辭及一些待印的文章拜望先生，報告他們的想法和作法，先生聽後，鄭重地說：「你們的理想很正大，很有精神，相信這刊物一定能一直辦下去，發生作用。」十一月廿一日，鵝湖月刊社舉辦第一度學術演講會，即由先生主講「中華文化復興之德性基礎」。

在臺灣時，有相士爲先生摸骨，謂其必爲譽滿天下，書滿天下之高士，並謂其母必賢德，妻必賢慧，女必賢孝，又知其姓氏、年齡、兄弟之狀況，先生頗引以爲奇。

先生在臺大講學期間，曾應邀赴臺南、高雄、佛光山、臺中等處講演，沿途皆由堂侄多明照料。在佛光山叢林大學講演之題目爲「東方文化復興之新機運」，在臺南成功大學講演之題目爲「孔子在中國歷史文化中之地位的形成」，在高雄師範學院講演之題目爲「師友之道與中國文化」，在臺中東海大學講演之題目爲「世運國運與文運」。六月廿九日返港，復返新亞研究所視事。當時師母曾對先生說：「現在你已經退休，可以把新亞研究所的事情放下了，爲什麼還要繼續呢？」先生說：「研究所現正在患難之中，我要跟研究所共患難。」當時新亞研究所剛脫離中文大學而獨立，一切正處於風雨飄搖之中。先生到臺灣、日本各地開會，多方找尋援助。待研究所基礎穩固後，然後再從研究所退休。

是年秋，中文大學「教育方針與大學組織工作小組」作出總結報告，主張學系整合，新亞書院董事會對此一總結報告，於十一月十四日作出聲明，認爲此一主張一旦實現，必將導致大學各基礎學院整體之瓦解，認爲此一涉及各基礎學院之歷史傳統、教育理想、中文大學當初創設之法案，以及博雅教育在大學教育中之重要性等問題，必須根據教育學之理論與歷史事實，高瞻遠矚，從長計議。結果，香港總督以大學監督身份，再敦請英國富爾敦勳爵重來香港，負責對中大改制事重加檢討。惟當時新亞同人，由於形勢險惡，對富爾敦勳爵能否一本其成立中文大學時所擬定之報告書之本旨，對中大改制作出公正之裁決，已乏信心，故於十一月廿七日，當富爾敦勳爵來港時，先生乃聯同錢穆、吳俊升、沈亦珍、梅貽寶諸先生，以新亞書院創辦人或前任校長之名義，聯名上書富爾敦勳爵。內容云：

「富爾敦勳爵閣下：憶十餘年前，文旌數度蒞港，領導富爾敦委員會，與敝校及崇基、聯合三校同仁，共商合組中文大學事，後由先生擬定報告書，爲中文大學組織之基本憲章，繼有中文大學之正式成立，迄今學生畢業者已數千人，菁菁者莪，于先生當年之勳勞，應同感戴。比聞港督以大學監督身份，近又敦請閣下再度擔任富爾敦委員會主席，負對中大制度重加檢討之責，同人等謹表示熱烈歡迎之意。中大成立十餘年，其行政教學，應加檢討之處自多，制度之細節，亦容有更張之處。唯竊以爲先生前所擬定之報告書之確定大學之聯邦制度爲大學組織之基本大法，乃本於敝校與崇基、聯合三校各有其歷史背景、教育理想、社會關係，與聯邦制度易於設施通識教育等種種理由，此決不宜有根本上之改變。以同人等之見，十餘年來之大學行政教學之未滿人意，蓋正由大學內部之人事，未能尊重制度，或不免只求權力運用之便利而致。故年來凡對大學制度提議作根本上之更張，其效果將歸於破壞大學成立時共同約定信守之聯邦制度者。基礎學院與社會輿論，多加以反對。同人等深信教育爲百年樹人之事，以人謀之不臧，而輕率歸罪制度，推卸責任，非教育家所應爲。中大之聯邦制度，由三校共同約定信守而建立，則三校皆有加以維護之責。孔子曰：『人而無信，不知其可也。』個人間之事，固然，團體間之事，亦復如此。想先生於此，必有同感。今茲文旌重來香港主持富爾敦委員會，必將重申先生昔年擬定報告書之本旨，決不致重作建議，以便利大學權力之集中，而違悖當年三校籌組中大之共同信守也。同人等皆屬終身從事教育之人，昔嘗創辦或主辦新亞書院，又嘗參與中大之籌組與成立過程，或主教席，今雖已自新亞退休，然對於香港大學教育之關心，則未敢後人，今當中大根本大法及各學院之完整性與傳統性發生動搖之時，心所謂危，未敢緘默。昔人有言：『可與之言而不與之言爲失人』，同人等以閣下爲當年手創大學體制之人，而在教育界之德望，又爲同人所素仰佩，當廣徵眾議之時，故敢進言，以瀆清聽，惟閣下實利圖之。專此奉達，敬頌文祺。」

是年先生在新亞研究所出版「中國哲學原論原教篇」，此爲中國哲學原論之最後一册，爲「原道篇」之續篇，乃專論宋明以降儒學之發展者，本擬定名爲「續原道篇」或「辨道篇」，終乃定名爲「原教篇」，此乃取中庸「率性之謂道，修道之謂教」之義，先生認爲既有「原性篇」與「原道篇」，亦宜有「原教篇」，以上契中庸兼重「性」、「道」、「教」之旨。「原教篇」所集諸文，有三十年前之舊作，有二十年前之舊作，有九年前之舊作，亦有近來補寫者，如與「導論篇」中原太極、原命諸文，及「原性篇」中述及宋明儒言太極性命之論合觀，可見先生對整個宋明儒學發展之見解。

先生認爲：宋明儒者之復興儒學，不只重一人著書，以發明此道，尤重啟發後學，共形成學術風氣，以見於教化風俗，而轉移天下世運。復次，宋明儒之學，雖重明天道人道之大本大原，然尤重學者之如何本其身心，以自體道、自修道之工夫，以見諸行事，非但於此道之本原作思辨觀解也。此體道、修道工夫恒須由面對種種非道之事物而用，如對身心中之種種邪暗之塞、氣質之偏、私欲、意見、習氣、意氣之蔽，以及博聞強記、情識、想像、擬議、安排、格套、氣魄、光景等似道而非道者而用。若非對此種種非道之物，則道自恒爲道，亦不待修也。而對種種非道之物，宋明儒學最能認識深切，其對治工夫亦鞭辟入裏。故宜說其所言之道，歸在修道之教，以成此「非非道以爲道」之發展。

宋儒言修道之工夫，康節重兩兩橫觀天地萬物與古今歷史之變。濂溪則以人極上承太極，縱通上下，以中庸誠明之工夫，去邪暗之塞。橫渠則言太和，以縱橫通貫天人之道，以存神與敦化之兩面工夫，變化氣質之性。程明道直下言合內外，而天人不二之道，以識仁、定性、下學上達爲教。伊川承明道言天人不二，而重敬義立而德不孤，敬以直內，義以方外之旨，更於一心之內外兩面分性情，由性情之分以別理氣，更開內之主敬與外之窮理致知之工夫，以相輔爲功。陸子發明本心，近明道之言一本。朱子之言主敬存養省察致知格物，以兼致中和，則明出於伊川「涵養須用敬，進學在致知」之兩端並進之旨。明代陽明致良知之學，緣朱子之格物致知之論轉手，化朱子知理之知爲天理良知，以還契陸之本心，則由陽明學亦可得此緣朱通陸之途。陽明以後，良知之學遍天下，大率浙中之王龍溪，泰州之王心齋、羅近溪，皆屬悟本體卽工夫，浙中之錢緒山，江右之聶雙江、羅念菴，則由工夫以悟本體。東林學派講求自家性命，亦關心天下世道，而重明是非，尙節義，重格物以明善，以補王學專言致知之失，更求會通朱子、陽明之教。劉蕺山旣感晚明王學之弊，亦以東林人雖多君子，而其是非未必皆能本於好惡之正，而倡誠其一己之好惡之誠意之學。此卽一攝動察于於穆不已之心性之本體之自存，以成一愼獨而致中卽致和之聖學。蕺山本濂溪承太極而立人極之旨，作人極圖，爲人譜，歸宗於立人極，使宋明理學，終始相生，如一圓之象。至於明末之王船山，上承張横渠言客觀之天道，又承宋初儒者尊尙易與春秋，以論民族歷史文化，及別夷夏之旨，此又爲一終始相生，如一圓之象。至於與王船山並世之黃梨洲、顧亭林，則由宋明儒只重天理、性理、義理者，轉而重言天下事勢之理，古今文物之理，而志在於外王之事功。沿此而有顏、李之重六藝，清代學者之重文字與器物之理，及史學與經世之學。此卽本書內容之大旨。

此外，是年先生又將十七八年來曾在各雜誌發表之文章，彙成「中華人文與當今世界」一書，共兩册，在東方人文學會出版。先生來港後六七年中，對中國文化之意見，皆見於「中國文化之精神價值」、「人文精神之重建」、及「中國人文精神之發展」諸書，惟其時對當今世界之文化思想，雖有若干書本之知識，但尙乏一些切身之接觸。在此十七八年中，先生由於種種因緣，曾先後離開所居之香港十二次，至世界各地漫遊，並與各地民族及若干學術文化界人士有生活上之接觸，由此更證驗以前所想，並無方向上的大錯誤。但亦更覺得要使中華民族之人文精神得眞正存在於當今之世界，成就自身之發展，並求有所貢獻於世界文化問題之解決，實非常艱難，常不免悲從中來，有無可奈何之感。但先生之信心則未動搖，凡有人要他談此類問題，只要有時間，亦從不推辭。故此書有三分之二皆爲講演紀錄，經先生改正而成。本書共分四部，第一部三文，本質上屬情緒的語言，故名爲「發乎情」之部，又因人生一切事，皆當由情志開始，故亦以此部爲導言。第二部泛論人文學術之意義，故名爲「止乎義」之部。第三部論世界文化問題及中國人文精神之發展，乃對世界與中國之具體文化事象，隨事感發，加以論說，故名爲「感乎世運時勢」之部。第二部及第三部中論儒教與民主理想三篇，先生認爲可補「文化意識與道德理性」一書之不足。第四部爲附錄，由此可見先生所眞喜歡的生活，是在中國人文風教的社會中平淡地生活。只因當今世界有四面八方狂風暴雨之衝擊，將中國之人文風教破壞，才逼使先生漫天蓋地、四面八方的談許多大問題，其實這不是先生之初意，只是不得已而已。故此附錄之前三篇，更代表先生之生命與生活中的眞實東西，先生自謂無妨視此三篇附錄爲本書之眞正的正文云。

此外，先生發表之文章有：「重申孔子在中國歷史文化中之原始地位」（中華日報）、「泛論言說之不同方式」（鵝湖）、「孔子在中國歷史文化中的地位的形成」（鵝湖）、「中西哲學比較之問題」（哲學與文化）、「說中國人文中之報恩精神」（鵝湖）。

民國六十五年（公元一九七六年）**六十八歲**

一月廿一日，先生由臺北返港。返港前夕，鵝湖創辦人王邦雄、曾昭旭、袁保新諸君來訪，先生除多所勉勵期許外，並自行囊中抽出八年前在日本京都療養目疾時所寫之長稿「病裏乾坤」，交鵝湖發表。

先生在臺大講學期間，吳經熊先生敦請為華岡學園哲學研究所博士班開課，當學校按月致送教授之鐘點費時，先生以為既有教育部客座專任薪水，不該另受津貼，且深知私人興學艱難，願義務授課，卒不肯收受。後幾經折衝，始以數萬元之鐘點費捐華岡哲學系作獎學金作罷。

三月廿七日，至筲箕灣婚姻註册處為誼子徐志強君與徐楓女士結婚證婚。

五月廿八日，先生反省新亞加入中文大學後，十二年來為新亞教育理想而爭之事有三：一為十二年前新亞書院懸掛國旗之事；二為七八年前至二年前新亞研究所在大學之存在地位之事；三為二三年來為保存新亞書院在大學中之聯邦組織體制之事。凡此等等而爭之事，大皆失敗，然亦必至山窮水盡而後已。今對保存新亞之組織之爭，亦將至山窮水盡之時，先生認爲對此一切之事，諸同仁所共同奉獻之力，在客觀上無甚價値，只作到在主觀上問心無愧而已。

是時新亞書院以圖書館命名爲錢穆圖書館，先生事後獲悉，認爲不用錢先生之號而用其名，有欠恭敬，乃將此意通知當時新亞書院校長全漢昇先生，可見先生對前輩敬重之一斑。

香港中文大學的改制問題，關係到三個基本學院以後有沒有用人行政的權力問題，若三院本身沒有用人行政及編排課程的權力，卽無法貫徹其本身之敎育理想。在中大改制的整個爭持過程中，除了敎育理想的原則性問題外，還涉及法理上的問題，及中國傳統的道義信守的問題，先生一直以爲從這幾方面去討論，總可據理力爭，保持中大之聯邦制。故一本其理想、熱情與道理，與世俗之權勢相頡頏。此事由去年開始，香港之社會輿論，亦多有支持新亞書院董事會之立場者。先生當時爲了表達其維護聯邦制的決心，曾同意同學在新亞書院校園內，以其本人名義張貼大字報，可見先生當時心情之一斑。但先生從未就私人方面攻擊主張改制者，當時新亞書院校長爲余英時先生，他是新亞書院第一屆的畢業校友，在中大改制問題上，與先生意見不合，先生曾對同情新亞董事會立場之學生說：「這些人在中大仍算是你的老師，在事上可以據理力爭，但就輩份及關係上，仍當對他們尊敬。」

是年富爾敦委員會報告書發表，建議香港中文大學由聯邦制改行單一制，將一切權力交與以大學校長爲首之中央集權行政機構。爲此，六月二十五日新亞書院董事會曾對富爾敦報告書作出評論，九月二十五日又由新亞書院董事會主席李祖法先生署名上書香港總督麥理浩爵士，認爲此次富爾敦報告書之建議，有弊無利，要求將其建議在立法程序中依照處理一般引起爭議案件之慣例，暫予擱置，以俟有關學院及社會公衆有從容討論及貢獻意見之機會。十月廿二日，又上書香港立法局議員，指出根據富爾敦報告書所制定之「一九七六年中文大學改制法案」，將建立一種最糜費的教育制度，且將使聯邦原則破壞，基本上斷送了成員學院在大學中之地位，因此，要求各立法局議員拒絕此一法案。然而，香港立法局終於在是年冬三讀通過中文大學改制法案，使先生爲維護新亞書院之教育理想而作出之最後努力，亦終歸失敗。此一結局，雖已在先生逆料之中，惟緬懷與錢賓四、張丕介諸先生創校之艱難，與背負歷史文化使命之重大，正期此一教育事業之可大可久，不料於自己退休未及兩年，新亞書院之自主權力卽被褫奪，且在爭持之中，使先生與中文大學當局之間，產生極大之嫌隙，識時務者，均擇木而棲，其間所引生之口舌、是非、恩怨極多，先生處身其間，直如處煉獄。是年對先生心靈做成傷害者，除中大改制外，尚有哲學系之人事糾紛。

事緣新亞哲學系於是年聘請講師，前考取雅禮獎學金而在美國南伊利諾州大學取得哲學博士學位，並在星加坡大學執教多年之黃耀烱君，在是次遴選名單中，資歷最高，且爲新亞校友，先生亦樂觀其成。惟當時負責哲學系之某某某君，以黃耀炯君之一私人書函，偶及其來港或尚有困難之語，解釋爲黃君不能來港，將其排斥於候選人之外。事爲黃君所知，乃即去函當時新亞書院校長全漢昇先生，說明其若被聘任，必回校服務。並去函某某某君，謂其私人函件，並無不能來港之意，並以副本送中文大學文學院及先生處。先生得黃君副本後，認爲此次遴選，確欠公平，先生此時雖已退休，亦不能不對黃君作道義上之支持，故曾以私人資格，本息事寧人之心，函某君，建議視此事作一時疏忽，謀協調補救辦法。不料某君對先生之忠告，不獨全不接受，且有恃無恐地反唇相稽，不惜公開表示與先生決裂。此事對先生之情感傷害甚大。蓋某君乃由先生所聘任，在先生退休時，推薦其繼任中大哲學系主任，可見其寄望之深。今見此等不公平之事，竟出自先生主持二十五年之哲學系，實足使人痛心。爲此，先生於六月十四日，曾寫一公開信與哲學系執事先生，表達其對此次遴選之三點意見。信末云：「今更有所感者，以天地之大，觀此事之小，實不必多費筆墨，然事有大小，理無大小，個人可屈，理不可屈。嘗見今之若干爲哲學者，平日高談濶論，一落到與自己有利害關係處，則不論是非，誣人自誣，敷衍情面，習爲鄉愿，則何貴乎哲學？」可見先生感慨之深。其後對推薦某君爲中大哲學系主任之事，亦有所薦非人，至感咎心，而愧對中大之語。

當中大改制，使新亞陷於另一艱危困頓之際，先生支柱其間，一以貞定應疑謗變幻之局，心兵之決盪，事勢之煎迫，幾無日無之，先生雖千挫萬折，未嘗動其心，然亦且心力交疲矣。老傭人金媽常私下說：「先生越來越不成話了，常常半夜起身，在廳裏唏唏噓噓地！」

八月十一日，先生咳嗽服藥不癒，醫生主張照X光檢驗，次日醫生證明爲肺癌，午後，由趙致華同學陪同往盧觀全醫生處複診，盧醫生立卽證明爲惡性瘤腫，主張馬上動手術。當晚先生與師母，一夜未成眠，翌晨卽決定去臺灣治療，請趙致華同學代辦手續，並致電在臺灣之逯耀東同學安排一切。先生見師母精神恍惚，情緒反常，乃與之細說生死之道。略謂儒家之偉大處，是從道德責任感出發來講生死，生則盡其在我，死則視死如歸，故居恒夙夜強學以待問，懷忠信以待舉，若生與仁義不可兼時，則殺身成仁，捨生取義。同時儒家承認鬼神之存在，人死幽冥相隔而精神相通。人若能從超生死處來談生死，則我爲主，生死亦餘事矣。先生自知患上肺癌後，不停地清理各種事情，雖然一向性情較急，如今也變得從從容容，臨事不亂，臨危不懼，對師母輕言細語，多方安慰，使精神幾乎崩潰的師母，亦想振作起來，作點應作的事。八月十四日，先生與師母到沙田慈航淨苑拜祖先，八月十七日到律師樓立遺囑。先生之六妹唐寧孺先生與二妹唐至中先生均望他回大陸醫治，先生復電云：「歸不易」。先生之女公子安仁小姐來長途電話，師母告以應有心理準備，彼此情感大慟，泣不成聲，結果還是由先生說些寬心話，加以解慰。先生自謂一生對人、對事、對朋友、對後輩，總算盡了一些心，不爲人諒解的事亦有，但不必計較，唯前輩如歐陽竟無、熊十力、梁漱溟諸位老先生對自己之愛護，及一些朋友後輩對自己之了解，則永遠記得。

八月廿日，先生出席新亞書院董事會小組會議，並接見快報記者，談中文大學改制事。廿一日，自謂二三年來，對人不畏死亡之道，在於對此世界之思念；因昔之聖賢豪傑與父母、先輩、師長，皆無不離此世界而去，則自問有何德當久存於斯世？每一念此，即可對死生洒然無懼。至於人求延年益壽，亦可由於不忍離開愛我而尚存於世的人，及不忍見其因我之死去而悲哀而已。先生於赴臺動手術前，曾對唐端正同學講義道的重要，對李杜同學講安身立命、修心養性的重要。言下只說要赴臺檢查身體，態度一如平常，使人不起驚動。

八月廿二日，先生與師母自港抵臺北，即入榮民醫院，作各種測驗與檢查。時先生之最後巨著「生命存在與心靈境界」一書，正在學生書局排印，先生天天要師母打電話催促送校稿來，由八月廿四日起，除醫生規定之診斷時間外，先生即不停校稿。八月廿七日，咳血較多，打止血針後，仍若無其事，繼續校稿。幾小時後再吐血，先生右手拿筆，左手拿著一疊草紙，接著一口一口的鮮血，繼續校對。並對師母說：「不要怕，我不覺有什麼痛苦，我如今不校對，恐怕以後再無時間校對了。」八月三十日，醫生說檢查工作已完，會診結果，決定手術治療。但由於主治的盧光舜大夫，要一兩日內才能由國外返臺，故須候他回來才動手術，以此，先生又得較多時間校改書稿，並對師母作得其所哉的嬉笑。盧大夫返臺後，決定九月九日動手術，七日安仁小姐由美國趕抵醫院，八日是中秋節，「生命存在與心靈境界」一書已校完，晚上先生之誼子徐志強先生夫婦送來大堆佳餚美果，五人圍坐，共渡佳節，人月團圓，大家興高彩烈，有說有笑。九日晨，師母與安仁小姐護送先生入手術室後，由逯耀東同學全天陪伴。當先生在下午五時甦醒時，盧大夫告訴他當日毛澤東逝世的消息，先生以微弱的聲音說：「我身上去了個瘤，中國亦去了個瘤。」先生此次手術，據盧大夫說，應切除的均已切除，但癌細胞往往隱藏起來，無法發現，所以須待傷口好後，再作其他治療。手術後，血內缺氧，有虛脫現象，無力行深呼吸，痰吐不出來，只好用抽痰機和氧氣罩。幸而此等現象，日漸減輕，體力逐漸恢復。九月廿三日，先生開始接受鈷六十放射治療。弄至唇焦舌燥。十月一日，曾昭旭、王邦雄、袁保新、廖鍾慶諸君探病，談新亞、論國事、說人生，偶及今人為學，多在知解上用功，因說先儒踐履不可及。然後先生鄭重地說：「在做一個聖賢的工夫上，我給自己打不及格。」至十月七日，不良反應已減輕，並有心情與安仁小姐唱詩讀書。十月九日，安仁小姐返美，先生送至醫院大門口，此次一別，成為永別。十月十八日，湯承業同學來探病，談及算命看相事，先生謂此等事不能深信，惟能藉此提高警覺，要作的事，早日作好，亦有意義。如以前算命人謂先生只有六十二歲壽命，故在六十二歲前，先生便將迪風公與陳太夫人之遺文遺詩付印，把應作之事亦大體作了。先生在休養期間，對李卓皓發現腦下腺之天然止痛劑，丁肇中獲諾貝爾物理學獎，吳健雄陳省身獲科學獎，都感到異常興奮。

十一月四日，鈷六十治療二十七次，已告一段落，乃於八日出院，承宋時選先生之美意，決定入住劍潭青年活動中心，從事休養。先生精神稍好，即掛念新亞研究所之學生，並回信與翟志成、陳寧萍、郭少棠、王家琦、易陶天諸同學。師母有時勸他不要做太多事，先生說：「有事不作，見事不管，就是自私。」其後方東美、牟宗三、黃振華、曹愼之、劉孚坤均來問疾。十二月五日返港，抵家後，雖一切依舊，但已有隔世之感。接續幾日，朋友同學踵門致候者，絡繹不絕，李幼椿先生叮嚀不要再寫長文章，孫德智先生講上高樓省力之法，虞兆興先生教靜坐，全漢昇夫人爲先生在慈航淨苑許願，吳士選先生設宴樂宮樓祝賀康復返港，黎華標、李天命諸同學均來致候。而先生之體力，亦日有進展。

是年先生發表之文章，有：「書生事業與中國文化」（明報月刊）、「略談宋明儒學與佛學之關係」（哲學與文化）、「成實論之辨假、實、空、有、與中論之異同」（新亞學報）、「從科學與玄學論戰談張君勱先生的思想」（傳記文學）、及「病裡乾坤」（鵝湖）。

民國六十六年（公元一九七七年）　六十九歲

一月三日，新亞書院董事憤慨政府背信棄義，強行通過中文大學改制法案，爲此，先生與李祖法、錢賓四、沈亦珍、吳俊升、徐季良、劉漢棟、任國榮，郭正達諸先生，聯署在報紙上刊登「新亞書院董事辭職聲明」。內容如下：

「香港中文大學在公曆一九六三年成立時，曾於事前由多方面經長時間之磋商，始決定採用聯合制之組織，並在大學條例第廿條載明：以後對基礎學院之組織章程，如有更改，須先得有關學院之同意。最近立法局通過中文大學組織法案，行政當局未按規定及承諾先得同意，即進行草擬法案，提送立法局，將大學改爲單一制，一切權力集中於大學本部，使基礎學院名存實亡，有違當初成立中文大學之原意。同人等認爲中大問題，不在於聯合制之不良，而在於大學當局未按大學法規辦理。因此一再提出反對改制意見，並陳述富爾敦報告書所提『學科本位』與『學生本位』之教學，在教育理論上不可通，在實際上亦不能行，不足爲改革中大現制之依據。社會輿論亦多加以批評。結果僅能使法案作無關宏旨之修改，而聯合制終被廢棄，改爲單一集權制，失去原有基礎學院之教育優點。同人等過去慘淡經營新亞書院，以及參加創設與發展中文大學所抱之教育理想，將無法實現，自不能繼續在新亞董事會任職，徒滋內疚。用特辭去董事及因董事一職而兼任之其他一切職務，以謝過去曾以心思財力貢獻於創辦及發展新亞書院之個人與機關團體，以及畢業校友，與在校師生。中大改制之是非功罪，並以訴諸香港之社會良知與將來之歷史評判。謹此聲明。」

一月三十一日，先生在明報上讀到一版由八十位新亞校友和同學聯合發布之廣告，題爲「人之尊，心之靈」，安慰因反對中大改制失敗而辭職之九位董事，並表敬意。內容云：

「我等身受新亞書院之教育，其中有尚未畢業離校者，雖不敢自詡成材，但對新亞誠明校訓與學規，每縈繫於心，今中文大學改制，母校九位董事反對無效，聯名辭職，其事已公之於世。中大改制事，爲功爲過，自有歷史見證，惟我等對母校九位董事，爲堅持其教育理想而毅然辭職之舉，深表敬意。薪傳火不盡，諸校董先生歷來艱險奮進，困乏多情，爲發揚中國文化，實現人文教育理想而奮鬥之精神，實足爲我等師法，謹錄新亞學規數條，以爲我輩默識勉思，並有以慰老先生們之辦學辛勞。新亞學規：做人的最高基礎在求學，求學的最高旨趣在做人。愛家庭、愛師友、愛國家民族，愛人類爲求學做人之中心基礎，對人類文化有了解，對社會事業有貢獻爲求學做人之嚮往目標。祛除小我功利計算，打破專爲職業資歷而進學校之淺薄觀念。起居作息的磨鍊是事業，喜怒哀樂之反省是學業。完成偉大學業與偉大事業之最高心情，在敬愛自然，敬愛社會，敬愛人類的歷史與文化，敬愛對此一切的智識，敬愛傳授我此一切智識的師友，敬愛我此立志擔當繼續此諸學業與事業者之自身人格。一個活而完整的人，應該具有多方面的知識，但多方面的知識不能成爲一個活的完整的人，你須在尋求偉大的學業與事業中來完成你自己的人格，你莫忘失了自己的人格來專爲知識而求知識。」

署名的八十位校友與同學爲：吳家望、孫經文、董志宏、陳祖雄、羅雅玲、溫偉耀、周柏喬、謝家璋、馮正萍、李滿基、李日崇、何炳堅、鄭漢榮、方麗娥、李瑞全、梁煜佳、郭漢陽、劉美美、劉振強、劉國強、許志榮、葉榮枝、簡潔貞、劉玉清、朱慧敏、陳善羣、葉家儀、麥志毅、李蘊爲、潘光明、羅盤堅、鮑偉立、梁燕城、倫熾標、吳振武、黃港生、黃慧英、黎淑儀、崔顯文、梁慧文、蘇文玖、蘇少芹、葉保強、文思慧、譚瑞英、關厚華、楊美莉、李潔珍、許佩芬、鍾潔芝、盧龍光、何景祥、萬得康、劉克華、馮傑權、潘潔明、梁潔英、郭耀豐、陳茂波、繆隆生、胡偉文、盧偉東、霍玉貞、黃潔貞、李文標、梁應安、張健波、何偉雄、劉伍華、石玉如、李德仁、何炳帶、張繼沛、羅健明、羅啟中、雷競斌、林仲強、黃炳文、柯炳輝、陳志棠等。先生讀後，非常感動。

二月一日，遵醫囑赴臺檢查，入醫院後，即知方東美先生亦因癌疾入住該院。先生即往問候，並送上白藥與抗癌靈，惟同病相憐，亦不知如何相慰。先生對檢查病況事，毫不關心，仍在那裡校閱「生命存在與心靈境界」一書。二月十六日，是舊曆除夕前一日，先生與師母移住劍潭青年活動中心。三月一日，不斷追問院方檢查結果，醫生才說先生只有數月壽命，而且痛苦很大，大家相約不講，是想先生好好地過一個年。吳森同學來，先生將所有英文稿交他，謂各文大致成一系統，如有機會出版，對人亦有好處。元宵時，先生自念已無康復之望，欲在醫院附近找一地方住下，方便就醫。就是死，亦願意死在臺灣，因爲是自己的國土。又說應買一可以兩人合葬之墳地。自西醫宣告無能爲力後，先生卽轉求中醫診治。三月七日，由徐志強先生陪同，飛往高雄，在澄清湖青年活動中心下榻。八日往屏東長治鄉邱開逢中醫師處求診，改服中藥。由於逯耀東與趙致華同學前來探視，而趙致華同學更由香港來，侍奉湯藥，如同子姪，先生心情好轉，不再說身上發痛。三月十六日先生返臺北，仍住劍潭青年活動中心，十九日趙致華同學返港。先生此時一面服張禮文先生培元的藥方，一面服邱醫師之抗癌秘方，還有張錦得、圓林甯先生的藥和白藥，相輔相成，頗見成效，師母心中浮起一線光明。當時英、法、澳、美各地均有同學來函問好，在臺灣亦有許多朋友學生探視，且於服藥之外，每日不避辛苦，堅持做柔軟體操，故體力日有進展。當四月十一日唐端正同學由香港來臺探視時，先生已能陪同到臺北孔廟參拜。先生以沈重之步伐，在大成殿、崇聖祠、和東西兩廡流連，徘徊不忍遽去。四月十七日，往金山活動中心小住五日，或在林間唱詩，或在海邊觀日出，或在陽臺上眺望漁火，或在山頭聽松濤海浪，身心均感暢快。四月廿五日返港。

五月十八日，師母與先生一道參觀防癌中心舉辦之癌症展覽，令人矚目驚心，尤其謂患肺癌者生存希望只有百分之五，而且還要儘早發現才有此可能，先生閱後，謂此乃西醫之說法，與服食中藥者不能相提並論，以此安慰師母。五月二十二日王淑陶先生來問候，先生對王先生當年請錢賓四先生與自己到廣州華僑大學講學，感念甚深，因爲若非如此，先生等會否想到來港，不得而知，今天新亞書院能留下一些文化種子，王先生亦功不可沒。六月七日，德國友人巴立可先生(Fiecher Barnical)來港，特來探視，臨行，託李杜同學代購鮮花相贈。六月十九日，李瑞全、文思慧、劉伍華、劉國強、李文標、葉保強、馮耀明、胡栻昶、徐匡謀、蕭欽松諸同學來探視，剛好先生收到一本由美國學人墨子可先生（Thomas A. Metzger）所贈近作 "Escape from Self-predicament" 這是本年由哥倫比亞大學出版社出版的一本討論有關中國宋明理學的書。書內有專章討論先生之思想。作者並在扉頁上寫上這樣的幾句話：「送給唐教授表示我對你的工作深切尊敬的微意，也是我設法適當報答它的大徵象。」先生當日對來訪的同學說：外國人一向認中國儒家精神已死亡，文化思想已墮落，近來此種態度已略有改變，像墨子可先生的書，即重新肯定中國文化思想之價值，這是世界文化新的轉機。

七月十四日，驚聞方東美先生去世噩耗，先生傷悼不已，即電弔唁，並作輓聯曰：「從夫子問學五十年，每憶論道玄言，宛若由天而降；與維摩同病逾半載，永懷流光慧日，爲何棄我先沈。」並本着對方先生愛護之誠，寫「有關方東美先生之著述二三事」，對一些不合事實之紀念文字，加以澄清。

九月一日，墨子可先生在臺灣開會後，特別來港探望先生。雖於事前沒有聯絡，不知能否相遇，亦必要來港，以了心願。結果與先生敍談許久，臨別要了先生一張照片，並說天天見到這照片，對他必有所啟示。十年前，巴立可先生來訪，正好先生到菲律賓治目疾，他就追到菲律賓，但先生當時已返港，他又追回香港相見，先生對此等外國友人態度之誠懇爽直，極爲感動。

先生自返港後，不停地見客、回信、辦公、及處理種種事情。先生平時無分日夜地工作，一進辦公室，即伏案處理文件，聞鈴聲響，又趕到課室上課，通常連續講授兩小時，仍不肯依時下課，待下一科的先生來了，才不得不離去。下課後總是大汗淋漓，顯得十分疲累，但待換過衣服，擦乾了臉，又向替他抄寫文稿的同學索稿校改。返家後，往往直奔書房，繼續寫那留在書桌上的稿。除非有客人到訪，須要陪坐，否則很少單獨坐在廳上休息。吃飯時，總要師母三催四請才從書房出來，匆匆吃完，又轉回書房去。自先生在中文大學退休後，跟先生幾十年的老傭人金媽常抱怨說：「你看，先生退休了嘛！年紀大啦！房子也有一間啦！還是晚晚寫呀寫呀，一兩點都不睡，這麼辛苦做什麼？辛苦得眼都瞎了，還不够嗎？到底愁些什麼？還怕沒飯吃嗎？」她爲先生抱不平，簡直到了可憐他的地步。先生晚年近三百萬字的著作，都是只用一隻眼睛的情形下寫成的。一次，替他抄寫文稿的李武功同學，看着先生微斜着頭，將一隻眼睛貼近桌面上的稿紙，面露傷心難過的表情，先生發覺，急忙抬起頭，用安慰的語氣說：「不要緊，慢慢這隻好眼的視力會加強的，醫生說過了。」先生有近三十櫃藏書，內中有些附庸風雅，近乎胡說八道的文章，多是著者贈送的。在搬家時有同學建議把它丟了，免得佔地方。先生正色道：「一篇文章總是別人的心血，何況他送給我，我就該保存，還是暫時將它擺好，將來我會看的。」先生以上的工作態度，並未因病後體弱而改變，反而好像知道自已來日無多，更是分秒必爭。故九月五日新亞研究所開學，先生仍堅持開兩門課程：一爲中國哲學問題，一爲中國經典導讀，每周上課三次。並發明爬上四樓不傷氣的方法。九月二十八日，爲了慶祝孔子聖誕、教師節、和研究所二十四周年校慶，先生一早即回研究所，參加迎新會、董事會，中午聚餐，在晚會中，先生還猜中許多燈謎，得了許多獎品，似乎忘記身體的痛苦。其時先生咳嗽不止，郭少棠同學介紹到他父親處看病，此後每日便多服幾碗中藥，服藥時間已排滿，先生對吃藥並不推辭，但對吃東西就說吃不下。十二月九日，是學期結束最後上課日。本學期先生授禮記，咳嗽時作，步履不穩，顯示健康一天不如一天，同學均爲先生身體躭憂，勸他停課休息，但先生堅決拒絕，一個星期又一個星期，從未缺席，由經學史、學記、冠義、婚義、鄉飲酒義，終於至學期終結爲止。

十二月二十四日，因感身體不適，由關展文先生陪同入聖德肋薩醫院檢驗，起初懷疑咳嗽只是肺炎所致，但終於在三十一日醫生證明爲肺癌，並主張去臺灣請原治療醫生診治。

是年底，先生之「生命存在與心靈境界」一書面世，當他持贈學生時，自言這是絕筆之作了。

「生命存在與心靈境界」一書，在說明種種世間、出世間之境界，皆為吾人生命存在與心靈之諸方向活動所感通，並說明此感通之種種方式，以求由如實觀，如實知，而起眞實行，使吾人之生命存在，成眞實之存在，以立人極為目的。世間出世間之境界，約有九境，而生命存在與心靈之方向，則約有三向，故本書又名「生命存在之三向與心靈九境」。

「境」為心之所對，兼通虛實，較西方哲學中所謂「對象」，於義為美。「感通」一詞，亦不同於「知」，心之知境，自是心之感通於境，惟感通不限於知，依知境而生情起志，亦屬感通之事。有某境卽有某心，有某心亦必有某境，心與境同時俱起，此初不關境在心內或心外，亦不關境之眞妄。謂境在心外，乃與視此境在心外之心俱起，妄境亦與妄心俱起；而知此妄境與妄心俱起者，固是眞知眞心。種種境與種種心靈活動相應。心靈之活動，有依並立種別而有之活動，如視與聞，其關係可互相獨立，不相依賴；有依次序先後之活動，如聞與憶所聞，後者必依前者而生起；有依層位高下而有之活動，如知憶與聞之心，與憶聞之層位不同，覺妄之心，與妄心之層位不同。此互相並立之心靈活動，可稱為橫觀心靈活動，如左右之相斥相對；依次序先後而生之心靈活動，可稱為順觀之心靈活動，如先後之相隨相繼；依層位高下而生之心靈活動，可稱為縱觀之心靈活動，如高下之相承相蓋。綜觀此心靈活動，自有其縱、橫、順之三觀，以觀其自身與其所對境物之體、相、用三德，此卽心靈所以感通於其境所循之大道也。

吾人之心靈，苟不能對種種境作如實觀，卽不免有妄心與妄境。一切妄，固有去妄得眞之道。蓋一切妄生於混，混生於心靈活動之有種種，而分別與其所對境相感通，使其一之活動，夾帶其原所感通之境中之事物，以通入其他活動所感通之境之中所致。可見妄皆依於心靈活動能自感通而起，而能自感通既爲心靈活動之眞實相，則可謂一切妄皆依此眞而起。

妄雖皆依心靈活動原可往來相通之眞而起，惟妄畢竟是妄。其所以是妄，乃因其心靈活動之感通，未能依類別、次序、層位而通，如以所憶之聲爲所聞之聲，卽生混妄。若知所憶之聲與所聞之聲不同類別，使心兼通於二類；又知所聞先於所憶，依次序而通；又在知所憶別於所聞之上，更自知其所知，此卽依層位而通。合此三者，卽心兼通於橫觀、順觀與縱觀，以觀境物之類別、次序、與層位，使其各如其實，各得其所，各正其位，卽能去妄歸眞。

至於哲學必須由如實知而起眞實行，乃由於一切心靈活動原是行，知之活動與情意原不可分。人謂知與情、意有別，乃由知只對境有所感通，而不對境有所感受、感應說。然心對境若先無情上之感受，亦無知之感通；人心若初不求應境，亦對境無情上之感受。且感受、感應，亦是一感通於境之事。人若只有知之感通，而不繼以感受與感應，則其感通亦未能完成。故只有與情意共行之知，方得爲眞實知，而一切知，理當皆歸於成眞實行。吾人今論諸心靈活動與其所感通之境之關係，求如實知之，亦當歸於成眞實行，非徒爲一般所謂純知識上之事。純知識上之事，皆爲戲論。凡戲論皆礙眞實行，亦礙眞實知。

先生認爲生命之眞實存在，指永恆而普遍之無限生命而言，哲學之任務，卽在由如實知、眞實行，以成就吾人生命之眞實存在，而立人極。求吾人生命與無限之目標相應，必須使此心靈活動循種種道路方向，遍運於一切境之上，亦卽必求爲次序之始之元序以爲本，爲類別之始之大類以爲幹，爲層位之至高之大全以爲歸，以說明宇宙與人生。古今東西之哲人，于此所提出之義理概念，有關於吾人心靈活動之求知之觀點、態度、方法或方式者，有關於一般所謂知識論之義理概念者，有關於存在事物之普遍範疇、普遍內容者，有關於宇宙總體性之理念者，有關於人生價值理想者。凡此之義理概念，皆無不可使人心靈活動，得循之以遍運于宇宙人生之一切事物，亦可循之以遍觀一切普遍者、永恆者與無限者。

人之心靈活動，依其一以遍觀宇宙人生所成之哲學，可不同於依其另一以遍觀于宇宙人生所成之哲學。由此而宗不同哲學之人，各有其不同種類之人生觀宇宙觀，而不能互觀其所觀，此卽不能有對遍觀之遍觀。然人之哲學心靈，不特可依一普遍義理概念以遍觀，且能更超越之，另依一普遍之義理概念以遍觀。此一不斷超越之歷程，爲一次序之歷程。由此次序之歷程，人之哲學心靈遂可歷諸遍觀，而更回顧其所歷，以成對諸遍觀之遍觀。此對諸遍觀之遍觀，卽屬高一層位之遍觀。此中種類不同之遍觀，由歷此次序而達高層位，卽此中之種類、次序、層位三者間之互相涵攝，以見其貫通之道，卽爲哲學的哲學之任務。然哲學的哲學亦無窮無盡，人亦不可能爲一諸哲學的哲學之哲學，以囊括此諸哲學的哲學。因此只有導致一切哲學之死亡。故先生之爲哲學，只求通任何所知之哲學，使此心化爲一分別的加以通達之之心，如一橋樑道路。循此而進，先生更悟一切義理概念，皆同爲一橋樑道路。凡橋樑道路，未至者望之，則顯然是有，已經過之，則隱于後而若無，故一切言說必歸於默，言說之目標，卽在離言。

生命心靈活動之三方向，卽知、情、志之三方向。合之爲前後向、內外向、上下向之互相往來。往來於前後向者，爲順觀之境；往來於內外向者，爲橫觀之境；往來於上下向者，爲縱觀之境。由心靈活動之由前而後，思想與發出之言說，求前後一致貫通，說邏輯中之理性；由心靈活動之由內向外，求思想與客觀事實一致貫通，說知識中之理性；由心靈活動由上而下，求實現其位于現實事物之上之目的理想於在下之現實事物之世界，以求上下之一致與貫通，說生活行爲實踐中之理性。於此三者只說其一，皆抽象之理性，兼說其二，爲半具體之理性，必說其全，方爲具體之理性，亦卽通主客、知行、宇宙人生之全，或生命存在與心靈境界之全之形上學的理性。

大率人之生命心靈活動由前而後以進時，則覺其主體最重要，而體亦最大。其由內而外以接客境時，見種種客相，則覺相大。其由下而上，以知其目的理想更可用以變化其先之境時，則見用大。體必先自竪立，初宜縱觀其層位之高低；相必展布平鋪，初宜橫觀其類別之內外；用必流行變化，初宜順觀其次序之先後。體相用三者又可相依而立。如體以相用見，相依體之用轉，用亦必自有其相而屬於體。故人可謂體唯是相與用之合，相唯是體之用所呈，用唯是體之相之流行。吾人對客體、生命心靈之主體、與超主客之目的理想之自體或超主客之相對之絕對體，均可對之有順觀、橫觀、縱觀之三觀，而皆可觀之爲體、或爲相、或爲用，此即可由三觀與所觀三境之體、相、用，開爲九境。

人之生命心靈活動，始於由內而外，接客境而觀個體之萬殊，故首先成就心靈九境中之第一境爲萬物散殊境。此要在觀體。凡世間一切求個體事物之史地知識、個人之自求生存、保其個體之欲望，皆根在此境。第二境爲依類成化境，此爲由萬物散殊境，進而觀物相而定其種類，更觀此實體之出入於類，以成變化。此要在觀物之相。一切關於事物之類，如無生物類、生物類、人類等之知識，人之求自延其種類之生殖之欲，以成家、成民族之事，人之依習慣而行之生活，與人類社會之職業之分化爲各類，皆根在此境。第三境爲功能序運境。此爲由觀一物之依類成化，進而觀其對他物必有其因果。人用物爲手段，以達目的，亦由因致果之事。于此即見一功效、功能之次序運行之世界，或因果關係、目的手段關係之世界。此要在觀用。一切世間以事物之因果關係爲中心之自然科學、社會科學之知識，如物理學、生理學、純粹之社會科學之理論，與人之如何達其生存于自然社會之目的之應用科學之知識，及人之備因致果、以手段達目的之行爲，與功名事業心，皆根在此境。

以上爲前三境，皆對吾人之生命心靈之主體，而視爲屬於客體之世界者。於此吾人用語言陳述此所覺所知之客體，乃爲覺他與知他。至於中三境，則非覺他境，而爲自覺境，此中之語言不重在對外有所指示，而要在表示其所自覺。

中三境之第一境爲感覺互攝境。于此中觀心身關係與時空界。在此境中，主體先知其所知之客體之物之相，乃內在於其感覺，而此相所在之時空，即內在於其緣感覺而起之自覺反觀的心靈，進而知以理性推知一切存在之物體，皆各是一義上之能感覺之主體，此諸主體與主體，則可相攝而又獨立，以成其散殊而互攝，故稱感覺互攝境。一切人緣其主觀感覺而有之記憶、想像之所知，經驗的心理學中對心身關係之知識，人對時空之秩序關係之一般知識，及人對其個體與所屬類之外之物之純感性的興趣欲望，與其身體動作之由相互感攝、自然互相模倣認同，以成社會風氣之事，而以陳述經驗之語言表示者，皆根在此境。中三境之第二境爲觀照凌虛境。于此中觀意義界。此境之成，由於人對一切現實事物之相，可視之如自其所附之實體游離脫開、凌虛而在，因而發現一純相之世界或純意義之世界。人由語文符號所成之文學、邏輯、數學之論述，即以語文符號之集結，間接表示種種純相、純意義。人之音樂、圖畫之藝術，則是以聲音形狀之集結，直接表示種種純相、純意義。此境與前三境中之第二境相應，皆以相之義爲重。一切由人對純相與純意義之直觀而有之知，如對文字之意義自身之知，對自然及文學藝術中之審美之知，數學幾何學對形數關係之知，邏輯中對命題眞妄關係之知，哲學中對宇宙人生之意義之知，與人之純欣賞觀照之生活態度，皆根在此境。中三境之第三境爲道德實踐境，于此中觀德行界。此要在論人之自覺其目的理想，求實現其目的理想于所感覺之現實界，以行爲完成人之道德生活、道德人格，以見此理想之用。此與前三境中之第三境相應，皆以用之義爲主。人本道德的良心所知之一般道德觀念，與本之而有之倫理學、道德學知識，及人之道德行爲生活、道德人格之形成，皆根在此境。

上述之中三境，皆以主攝客之境。至於後三境，則超主客之分，由自覺而至超自覺之境。然此超主客，乃循以主攝客而進，故仍以主爲主。故後三境，亦可稱爲超主客之絕對主體境。在此三境中，知識皆須化爲智慧，以運於人之生活，而成就人之有眞實價値之生命存在。其中之哲學，不同于世間之學之分別知與行、存在與價値，亦皆不只是學，而是生活生命之教。

後三境中之第一境名歸向一神境。于其中觀神界。此要在論一神教所言之超主客而統主客之神境，此神乃以其爲居最高位之實體義爲主者。第二境爲我法二空境，于其中觀法界，此要在論佛教之觀一切法界、一切法相之類之義爲重，而見其同以性空爲其法性、爲其眞如實相，亦同屬一性空之類，以破人對主客我法之相之執，以得普渡而與佛成同類者。第三境爲天德流行境，又名盡性立命境，于其中觀性命界，此要在論儒教之盡主觀之性以立客觀之天命，而通主客，以成此性命之用之流行之大序，而使此性德之流行爲天德之流行，而通主客，天人、物我，而超主客之分者。此通於道德實踐境，亦可稱爲至極之道德實踐境或立人極之境。

以上由覺他之客觀境，自覺之主觀境，與超自覺之通主客境，及對體、相、用之義之偏重，卽開爲九境。九境如以類而言，各爲一境，自成一類；以序而言，則居前者爲先；以層位而言，則居後者爲高。就九境可依序以升降言，則此九境旣相差別，亦相平等，而可銷歸於純一之理念，蓋其根原卽吾人當下生活之理性化、性情化中所昭露之神聖心體也。

人類今日所處之時代，乃由觀照凌虛境，以高速度作外轉、下轉，以向於感覺世界、功能世界、類之世界、及個體世界之歷程，這和古典文化重由觀照凌虛境上轉內轉，以形成一以道德宗教爲本之社會文化，其根本方向是不同的。本來，西方近代文化亦可說是人類精神向外開展，向下貫徹之一表現，惟其完全乖離向上轉、向內轉之方向，明爲人類文化之一大危機。今日唯有眞實之宗教、道德與哲學智慧，能爲一切專門之知識技術之主宰，以使社會中各分立之階級、行業、職業中之個人，皆多少有其宗教上之篤實信念，道德上之眞切修養，及哲學智慧所養成之識見，互以廣大高明之心境，涵容覆載，然後人類世界得免於分崩離析。然今日人類所需之宗教、道德與哲學智慧，已不全同於昔日。就宗教言，今日人類所需之宗教，乃自覺一切宗教之所以為宗教之共同核心本質之宗教。就道德言，所需乃一眞能體驗欣賞不同形態之人格之道德，而以一開放的心靈，與一切道德相感通之道德。就哲學言，則需要一能說明一切宗教之共同之核心本質，說明如何有與一切道德相感通之仁德之哲學；並說明此宗教道德與哲學智慧當為一切知識技術之主宰之哲學。

先生在本書後序裏說：「世間除無意義之文字之集結，與自相矛盾之語，及說經驗事實而顯違事實之語之外，一切說不同義理之語，無不可在一觀點之下成立。若分其言之種類層位與次序而當機說之，無不可使人得益。由此而有會於佛家之判教。由此還觀東西哲人所為之相異相反之說，無不可視為接相異相反之機，以成哲學之教化。乃覺義理之天地中，無不可通之阻隔，而先生之為文，亦立論立說之意少，而求有以自益益人、自教教人之意多。蓋先生所嚮往者，乃立於無諍不言之地，以使此相異相反之言，皆可為當機成教之用。

先生認為：人對理想有無必能實現之信心，為人能否眞實成為一理想主義者之一決定的關鍵。此一信心，可自然而有，亦可由哲學的思維加以開啟。人由哲學思想，以知理想有一必然趣向於實現之動力，此動力相續不斷，即見其有一本體，此本體中國先哲名之為本心、本性、本情。由此具憤悱、惻怛之情之心或具好善惡惡之情之心，即可實見不善者不合理想者之趣向於非實，遂即思之爲不實，合理者之趣向於實，即思之爲眞實；由此思想之見得所生起之理想之實，與其形上之本原之性命本心之實，以終成其信心；更可本此信心，契入本體，更生起理想，以有求不合當然之一般之實然成非實之實感。如是，使信心與行爲事業互證，即爲儒者合形上學之信心與道德之實踐爲一之天人合一之學之教。西方之理性主義、理想主義，皆未能順儒家所言之本心本性所流出之惻怛之情而思，故未能如儒者以情理如如不二，以成其內心之信，再充內形外，以成盛德大業先生認爲惟儒者能以此德業成信，使情理與信及德業相輔爲用，以合哲學、宗教、道德爲一體，以成一學一教之道。

這種合哲學、宗教、道德爲一體之教，其核心即本於好善惡惡的本心本性。此一本心本性實爲足以旋乾轉坤之天樞。但人若自覺其生命力微小，而思慕有一宇宙性之神聖心體，欲憑其全德大能，以實現一切當然之理想，這便趨向於一神教。人若重觀一切不合理想者皆出於生命之妄執，其本性爲虛幻而空，這便趨向於佛教。這兩型的宗教思想都不是中國傳統之教的核心，依傳統儒者之教，人若眞依其內心之實感，見一善善惡惡之性命之源，本之充內形外以成其德業，即步步見有不合理者之自化自空，亦步步見至善之本源之眞實，其力其能之無盡；故不必先肯定一全德全能之宇宙性之神聖心體，與本性空寂之宇宙性之寂滅本體也。然中國傳統之思想，未嘗不可多少涵具此二型之宗教思想，故本書亦視此二型之宗教思想爲人所當有，唯只當使之存於心之陰之一面，不當使之存於心之陽之一面，即只取其使人自卑俗拔起與破除斷見之意義，而不取其使人只作希高慕外或萬法皆空之想，而忽其在當前境中之盡性立命之事。先生本儒家踐仁盡性、天人合一之教，大開大闔，終於融通基督教與佛教，其智慧之高，魄力之大，悲願之弘，可謂得未曾有。

此外，是年先生所發表之文章，有「略談宋明清學術的共同問題」（哲學與文化）、「中國文字與中國文學」（明報月刊）、「有關方東美先生之著述二三事」（中央日報）、「關於中大發展史」（明報月刊）、「談中國佛學中之判教問題」（哲學與文化）。

民國六十七年（公元一九七八年）　七十歲

先生於一月一日離開聖德肋薩醫院。四日，去信臺北川康渝同鄉會，對籌設川康渝文物館鼓勵至多，並曾立意捐款贊助。先生逝世後二年，師母按先生生前意願，捐出新臺幣十萬元，作文物館基金。九日研究所開課，先生堅持仍去辦公和上課。只將上課和辦公地點由四樓改爲二樓圖書館。十一日往關肇碩醫生處檢驗，認爲X光片上灰白影子不一定是癌腫，可能是照鈷六十留下的輻射現象。十二日往曹載熹醫生處檢驗，亦不肯定就是癌腫。自去年二月在臺灣檢查時，醫生說先生壽命只有數月，何以事隔一年，專家尚不能認出是否癌腫呢？師母疑是服食中藥得破壞癌腫所致，因此準備將X光片送臺灣檢驗。十六日與十八日，先生仍回校上課。據當日聽課的吳甿所記：十八日忽然寒氣四起，先生臉色蒼白，諸生正襟危坐，一堂肅然，先生聲音微弱，異於平時，一面喘息一面說：「鄉飲酒義，要在尊賢養老，敍長幼，若從功利觀點說，是因爲中國是農業社會，特重經驗之故，若從倫理哲學的觀點，則是後輩對前輩的一種奉承，是嚮往長久，敬仰一凸出高出於自己的生命的禮節。在這禮節中，敬老尊賢，長幼有序，使人對生命個體獲得認同與安頓，而不以世俗之功名地位爲尙。政治不能是純政治，西方以宗教約之，柏拉圖以哲學規範之，孔子則以禮教爲政治之本，政治之基礎當以尊賢爲本。」這是先生最後一課所留下的教言。一月二十日，由於氣促乏力，遵醫囑入住浸會醫院，唐端正同學前往探視時，師母謂醫生說先生以後不可以再上課了，先生還爭辯說，醫生的意思只說不宜講演，但以後上課可改用討論方式，並叫唐同學也參加，這便可以省點氣力。又說：「如果什麼事都不做，豈不變了個廢人嗎？」二十三日，專家一致認爲肺上影子是癌腫，且癌細胞已侵入淋巴腺，血液沉澱度數很高，二十四日打抗癌針，醫生表示只是盡人事而已，未必有效。是日安仁小姐從美國來電話，謂已辦手續回來。時先生正在休息，父女並未通話，終成永訣。廿五日，醫生同意回家休養。返家後，先生寫了不少賀年咭以代書信，復遠方同學之賀年咭上，均題「努力崇明德，皓首以爲期」或「努力崇明德，時時愛景光」相勉。二十九日，先生全無食欲，身體彷彿分成上下兩段，醫生同意暫時停止注射抗癌針，但癌細胞不能控制，心臟受壓迫，隨時會發生意外。三十一日，先生請師母理髮，自行洗頭洗澡。

二月一日復王家琦同學信，略謂王同學望他赴美治病事，因身體支持不了，將無法成行，這是先生寫的最後一封信。是日報載大陸批評孔子誅少正卯事，已有翻案文章，而且爲孔子辯護的理由，與先生「孔子誅少正卯傳說之形成」一文中所持理由相似，認爲中共在文化的觀點上可能有新的轉機，並吩咐趙致華同學將自己的著作和「思復堂詩集」，寄與大陸之圖書館。先生平生關懷國事，但不喜言及政治人物個人的是非。看到臺灣政局安定，工商業繁榮，農民生活安定，常言：「其實中國社會不必淸算鬪爭，也可致國家於富強。」聽說大陸放了一個人造衛星上天，也面有喜色地說：「只要政治安定，科學是容易趕上人家的。」及至聽到兩方面政治上有什麼黑暗的事情，則又會興起嗟嘆。文革時，歷史文物遭受毀壞，先生憂心如焚，看到知識分子受圍攻，更爲不安。四人幫垮臺後，先生心裏再燃起對國家前途的期望，嘗對同學說：「不怕，只要能向好的方面變，總有希望，一旦中共政權變得開放，你們大可回到大陸教書，提倡人文精神。」先生對人對事，常本著一片悱惻不忍之情，抱著萬分之一的希望，因此往往被人譏爲太天眞。

先生待人，出自摯誠。家中老傭人金媽信佛，很想得一尊觀音菩薩像，先生曾爲她請曉雲法師代辦，曉雲法師一時忘記送上，下次見面時，又向曉雲法師鄭重提及此事。香港一位老教授與先生素未謀面，先生僅在報上常讀其文章，在獲悉其晚景悽慘後，即託人送去一筆現金，並謙遜老教授之致謝。又新亞研究所一位職員，因患肝炎在家休養，先生得悉後，即著人將當時香港已絕市之肝炎特效藥片仔癀送贈服用。凡此等等，雖屬小事，亦足見先生待人之誠。

由於再過兩天便是農曆十二月二十六日，爲先生七十壽辰，跟著便是舊曆新年來臨，因此師母請黃樹志、梁麗雲兩位同學幫忙貼春聯，其一爲「室有山林趣，人同天地春」，另一爲「讀書何必求甚解，鼓琴亦足以自娛。」均由先生集前人句子而成。翌日爲研究所聚餐，先生亦準備參加，並囑唐端正同學屆時往接。是晚，先生向師母憶述三位前輩。其一爲美國老哲學家威廉可敬先生。一九五六年先生應美國國務院邀請訪美時，威廉可敬先生特來相見，他熱愛中國文化，曾去信中共領袖討論唯心唯物問題，所得答覆，謂現時中國已決定尊奉唯物論，不必討論。他對中國文化竟然淪落至此，感到非常難過，問先生可否再去函討論，說話時熱淚盈眶，令人感動。其二爲日本前輩宇野哲人先生。十多年前，先生應宇野精一先生之邀，踵門拜候其父宇野哲人先生，並一起拍照留念。拍照時，精一先生堅讓先生與其父並坐，自己則侍立於後。時宇野哲人先生已年逾九十，閒靜少言，惟與之對坐，如沐春風，先生見其一家之中，雍雍穆穆，充分表現中國倫常之禮。對故國之禮壞樂崩，民風頹敗，不勝慨嘆。其三爲梁漱溟先生。先生在北京讀書時，由於太老師迪風公與梁先生稔熟，曾吋託梁先生加以照顧。這原是朋友間之一般禮貌。後梁先生作連續五次公開講演，每次門券一元，先生受左派同學影響，第三次卽未參加，梁先生以爲先生無錢購票，特託人送先生大洋五元。此等前輩對後輩關懷愛護之情，先生爲之感動不已。

二月二日凌晨三時半，先生咳嗽氣喘，不能安睡，用氧氣筒後，雖然好些，但毫無睡意，乃與師母討論靜坐之法，師母說有時靜不下來，便觀想聖哲之像。先生謂此時觀佛像最好，因佛像俯視，靜穆慈祥，不使人起念。孔子像遠視前方，使人有栖栖皇皇，時不我予之感。耶穌像在苦難中，更使人不安。稍後，師母在昏沉中入夢，凌晨五時半，先生突然氣喘大作，師母急電醫生求救，又電李國鈞先生夫婦前來幫忙，就在兩個電話之間，先生一時接不上氣，已瞑目不動，對師母無數聲之呼喚，均無反應，只聽得喉間有痰聲。待救護車將先生送至浸會醫院時，已返魂無術。時維公元一九七八年二月二日，丙辰年十二月二十五日，若依新曆計算，先生已渡過七十壽辰，享年七十歲。

二月四日，安仁小姐自美奔喪返港，十二日在九龍世界殯儀館舉行大殮，由牟宗三先生報告先生生平，徐復觀先生寫先生生平事略。是日苦雨淒風，弔祭者有新聞界、文化界、教育界及各界人士二千餘人，社團數十。輓聯花圈，擠滿禮堂。其中有李璜先生之「菩薩心腸，聖賢抱負；精神不死，教澤長存。」許孝炎先生之「巫峽起文豪，博古通今，名山事業昭來日；香江輟絃誦，懷人感事，太學風光憶舊時。」牟宗三先生之「一生志願，純在儒宗，典雅弘通，波瀾壯潤，繼往開來，智慧容光昭寰宇；全幅精神，注於新亞，仁至義盡，心力瘁傷，通體達用，性情事業留人間。」徐復觀先生之「通天地人之謂儒，鉅著昭垂，宇宙貞恒薪不盡；歷艱困辱以捍道，尼山巍峙，書生辛苦願應償。」程兆熊先生之「病裏乾坤，據君所論，生命本長存，萬代千秋君當重返；變中世界，由道而言，心靈開九境，六通四辟道必大行。」吳俊升先生之「桂林街、農圃道，創校護校，二十年艱苦共嘗，文化幸留一脈，弘教正仗先知，奈何天奪賢哲；崇聖學、育英才，經師人師，三千眾菁莪同仰，賦別僅經四旬，噩耗忽傳遠海，可堪我哭良朋。」羅香林先生之「論學篤實光輝，著述刋世界之林，立言不朽；為人聰明正直，心靈通陰陽之理，浩氣長存。」程石泉先生之「我與大阮同學，道義相期，諗知學究天人，不遑問百世名山，千秋竹簡；君於聖賢思齊，悲憫為懷，自然痛切慧命，卻留戀五湖皓月，一點梅花。」嚴靈峯先生之「著作等身，居無忝所生，堪稱孝子；文章報國，死不留遺憾，可謂完人。」柯樹屏先生之「結知交於年華少壯之時，當日同遊，憶鍾阜秦淮，雅興幽懷嘗與共；宏絕學於世運艱屯之際，斯人遽逝，望香江臺海，談經論道更何從。」勞思光先生之「赤手爭文運，堅誠啟士林，離明傷入地，震坭感重陰，直論求全切，前期負望深，塵箱檢遺札，汗背涕沾襟。逼眼玄黃血，人間患作師，曹隨寧自畫，杜斷舊相知，儒效非朝夕，才難況亂離，平生弘道志，成敗莫輕疑。深密宣三性，華嚴演十玄，眾長歸役使，孤詣攝通圓，堅白觀兒戲，雌黃付世緣，江河終不廢，百卷視遺篇，五百摧名世，天心未易求，說難人藐藐，窮變事悠悠，司馬無私語，春秋重復讎，騎箕儻回首，遺憾望神州。」陳立夫先生之「篤學勵行，守死善道，四十年文字因緣，最早知君莫如我；抱璞懷寶，成功弗矜，五千載道統闡述，而今繼起屬何人。」劉季洪先生之「永逝痛斯人，術道宏文開世運；微言析大義，殷憂啟聖繫蒼生。」黃少谷先生之「繼往哲而立言，著書淵穆信儒宗，百卷丹黃開閫奧；窮其力以傳薪，琢玉嵯峨欽戶牖，頻年鼓鑄說功深。」黃麟書先生之「嶺表正梅開，農圃菊花惜先謝；司馬以文勝，臥龍經濟許同彰。」任卓宣先生之「遺言葬臺島青山，從知海外宣勤，繫心宗國；精爽託等身鉅著，共欽馳名當世，垂教來茲。」師母之「結髮逾卅載，亦師亦友，君今去矣，扶靈櫬東歸祖國，營齋營葬，強承遺志慟何言；存書有萬册，移性移情，兒其勉哉，尊義理常懷父訓，修德修文，蓋衍全歸德有知。」唐至中先生之「六十年手足悠悠，往事悲痛欲絕；五千里山川漫漫，長路奔赴何從。」徐志銘先生之「義父竟長辭，對業已枯雙淚眼；猶子將何報，臨風空結九廻腸。」唐安仁小姐之「昊天罔極」，沈亦珍先生之「相期老當益壯，共恢張新亞精神，如何臘鼓聲催，遽報逍遙歸帝所；爲問天竟難憑。況值此中原澒洞，不意文昌星隕，悵無遺憖把輪扶。」潘重規先生之「艱難志業眞儒學；憂患文章烈士心。」程文熙先生之「有肉眼，有天眼，有慧眼，有法眼，有佛眼，現新儒身；說名理，說玄理，說空理，說性理，說物理，是大菩薩。」王韶生先生之「自孟軻以來，正氣凜然傳道統；溯西蜀既往，清標邈矣重人倫。」蕭立聲先生之「風誼感平生，記廿年藝事知交，賞我牝牡驪黃之外；精神應不朽，待他日哲人畫像，位君濂洛關閩之間。」蔡仁厚君之「香江雲天，遽隕山斗，哀仰情何限，賴有哲士盈庭，永續慧命；蓬島客館，屢接音容，啟沃意特多，今唯青燈含淚，常誦遺書。」張曼濤君，之「十數年前扶桑問眼疾，病榻餘情，與公暢談三千諸法諦；二閱月來，隔海傳手書，講筵不斷，示我猶敍臺賢別教圓。」陳修武君之「闢邪說，導佞辭，敷衍文字般若，悲天憫人，苦口婆心，更欲事業以濟之，客境艱難，洪水猛獸，實大多乎孟軻；立民極，弘聖道，體證精神菩提，致知格物，居仁由義，不因否塞而餒者，先生懷抱，青天白日，可貞無愧乎宣尼。」余英時同學之「當年哀花果飄零，道本同歸，仁爲己任；百世重人文教化，我豈異趨，久而自傷。」孫國棟同學之「憂國憂時，海內大儒；立德立言，一代宗師。」唐端正同學之「發乎情，止乎義，感乎時，全副精神，盡瘁當今世界；據於德，依於仁，游於藝，滿腔理想，無愧百代宗師。」李杜同學之「博通於古今中外，取遠取近，獨尊孔孟，開新儒學；兼究乎老釋耶回，希天希聖，同存朱陸，爲百世師。」趙潛同學之「傳道爲儒林之宗，復興中華聖學，崇明德，作新民，鞠躬盡瘁，死而後已；著述惟仁愛是本，重振人文精神，放淫辭，闢邪說，沐雨櫛風，老而彌堅。」陳耀南君之「百卷挽狂瀾，欣濁浪終回，暮鼓晨鐘匡末俗；一身傳道術，哀哲人長往，淒風寒雨悼先生。」霍韜晦同學之「花果飄零，世間眼滅；人極旣立，君子息焉。」麥仲貴同學之「淚下哭先生，江漢秋陽徵氣象，心喪持弟子，杏壇洙泗仰遺風。」梁瑞明及鄭捷順同學之「哲人其萎乎，朗朗千秋後；夫子何爲者，栖栖一代中。」陳榮灼同學之「九境心靈，育才滿門，涵養飄零花果，悲懷彌宇宙；三向生命，著書萬卷，彰現光輝中華，慧識啟乾坤。」鄺健行同學之「花果飄零，卅載艱難誨後學；江山寂寞，幾人卓絕繼先生。」梁燕城同學之「湛若水嶺表儒宗，鹿洞幸追隨，風範感人，喜有芒編傳萬古；庾子山江南物望，華陽留小住，仁心愛眾，更餘桃李滿人間。」國立中央大學同學會之「師法古今，能立乎大；學通中外，已見其微。」新亞書院校友會之「倡仁義，傳聖道，化雨頻霑，高山可仰；輕權勢，距異端，典型遽逝，後學焉依。」新亞研究所之「爲新亞精神開道路，爲中華學術開風聲，大雅仗扶輪，久矣世仰儒家，士尊泰斗；是東方人文之前驅，是君黨蹈厲之矩範，鞠躬今盡瘁，定知身騎箕尾，氣作河山。」新亞書院哲學系之「析心物，建立道德自我，原性原道原教，洋洋數百萬言，先生豈好辯哉；論中華，痛惜花果飄零，懷鄉懷土懷國，默默一片悲情，夫子不得已也。」此外，輓聯、輓軸、輓詩、唁電、唁函、花圈、奠儀尚多，不能盡錄。

三月十一日，由李國鈞、孫國棟、唐端正、趙致華（潛）、李杜、蘇慶彬、逯耀東、霍韜晦諸同學護送先生靈柩赴臺灣落葬臺北觀音山朝陽墓園，行前先繞新亞書院在農圃道之校址一周，並設祭臺送別。抵臺後，於十二日由教育部主持在臺灣大學法學院禮堂開追悼會，由李元簇先生主祭，程兆熊、黃振華先生報告先生生平，由孫國棟同學代致謝辭。是日蔣經國先生親臨弔唁，並贈「痛懷碩學」之輓額。當錢賓四先生與師母及安仁小姐相見時，不禁洒下憐恤之淚。

三月十三日，是先生大葬之期，是日風雨如晦，但冒雨送葬者絡繹於途，其中很多人，只讀過先生的書，素不相識，可見先生感人之深。終於先生之靈柩，落葬於俯瞰淡水河的一塊墓地中，一位爲中國文化、人類理想而勞瘁一生的大儒，除其智慧容光、性情事業長留人間外，其爲人間承受種種痛苦的生命，至此乃得到永恒的安息。

我們這個時代，是價值失落，理想萎縮的時代，是人類的生存價值被蔑視的災難性的時代，這一切災難的根源，都是把人類物化和對象化的結果。生命主體被套在物勢中，成爲一個任人擺佈的客觀對象，於是一切價值理想均從主體中游離出來，生命完全陷於虛無的境地。一般所謂識時務的人，對時代的病痛茫無所知，只知順物勢走，以求在力的爭衡中，保持自己的存在地位。能夠面對時代的病痛，以發聾振聵的聲音，作人性的呼喚，價值主體的呼喚，理想主義的呼喚，當今之世，無出先生之右者。先生倡言之理想主義，不但要肯定中國傳統的全幅人文世界，還要開拓傳統人文思想，以攝受西方的民主、科學與宗教。又先生認爲眞正的理想主義者，必須對人生文化之價值理想有愛慕之情，若只視爲懸虛之當然加以欣賞觀照，截斷此諸理想所由生起的根，則一切理想將成無源之水，無根之木。故哲學之智慧，在認取理想之生生不息，並知理想的根在我們的性情，使客觀理想還歸於生命主體。

在先生逝世未及一月，他作爲一個偉大的中國文化運動者、人文主義的宗師、文化意識宇宙中的巨人的形像，已爲世人所共認。牟宗三先生稱先生爲「文化意識宇宙中的巨人」，認爲文化意識宇宙是繼孔孟內聖外王之成德之教而開出的。先生弘揚此一文化意識之內蘊，是以其全幅生命之眞性情頂上去的，他盡了我們這個時代的使命。可謂鞠躬盡瘁，然而，先生所以能專心於教育文化事業，與師母之內助不可分。徐復觀先生在「唐君毅先生事略」一文中云：「夫人謝方回女士，學養深純，長於琴書，居家接物，悉以先生之心爲心，對先生之照顧，無微不至，有長才而未嘗以才自見，先生於校務所務叢錯之中，仍得專心學問，從事著作，蓋內助之力也。」然而，由於先生之文化意識拔乎流俗，使其事業雖經痛苦的奮鬬，而終以悲劇結束。但評價一個代表理想的人格，原不受事功層面的限制，先生一生爲弘揚中國文化精神而挫折重重，這當然使人感到有悲劇性，但若從成敗之外來了解先生，則其挫折與悲劇，皆無損於他的光輝。正如勞思光先生在其輓詩中云：「儒效非朝夕，才難況亂離，平生弘道志，成敗莫輕疑。」

是年先生之遺著被陸續發表者，計有「在臺講學之感想」（鵝湖）、「人學——人文友會第五十次聚會講辭」（鵝湖）、「覆陳同學書」（鵝湖）、「覆鵝湖雜誌社書」（鵝湖）、「致張曼濤函」（明報月刊）、「唐君毅先生遺著選刊」（明報月刊）。

編後語

本年譜之編撰，其材料除根據唐君毅先生之著述、日記、書信及新亞書院、新亞研究所之文獻外，亦參考先生逝世後之紀念文字，其間散見於學生書局出版之「唐君毅先生紀念集」、「書目季刊十四卷第四期：唐君毅先生逝世三周年追思特刋」、「哲學與文化」五卷四期之「唐君毅教授紀念專號」、「新亞生活」五卷七期之「追悼唐君毅教授特刋」、「鵝湖」三卷九期之「唐君毅先生紀念專號」、「人文」第七期之「唐君毅先生紀念專刋」、及華僑日報人文雙周刋歷年之紀念文字等。其間有人、事、時、地相出入者，則參考眾說訂正之，決無一語出自杜撰。惟所收資料，仍頗嫌不足，行文亦欠修飾，自知必有負讀者之期望，惟希讀者諒之。

唐端正　一九八六年六月一日於香港新亞書院

唐君毅全集

卷二十九之二

著述年表

臺灣學生書局印行

著述年表

唐君毅著述年表

一九二四年

？月　荀子的性論　重慶聯中校刊　佚

一九二六年

？月　論列子楊朱篇　旅京重慶聯中同學年刊　佚

一九二九年

十二月　孟子言性新論　國立中央大學半月刊一卷六期　署名「唐毅伯」。入全集第十八卷「哲學論集」

一九二四年——一九三二年

一九三〇年

一月　嘉陵江畔的哀歌　國立中央大學半月刊一卷七期　署名「唐君憶」・入全集第三卷「人生隨筆」

六月　研究中國哲學應注意之一點　國立中央大學半月刊一卷十六期　署名「唐毅伯」・入全集第十八卷「哲學論集」

十二月　柏格孫與倭鏗哲學之比較　國立中央大學半月刊二卷五期　署名「唐毅伯」・入全集第十八卷「哲學論集」

？月　對行爲派心理學之論理的批判　（某報哲學副刊）　佚

一九三二年

四月　英法德哲學之比較觀　建國月刊六卷四、五期合刊　入全集第十八卷「哲學論集」

五月　中國哲學對於中國文學之一　建國月刊六卷六期　署名「唐毅伯」・入全集第十八卷

九　月　孔子與歌德　國風月刊一卷三期「孔子聖誕號」　全集第十一卷「中西哲學思想之比較論文集」之十六

？　月　西南的夷人與諸葛孔明　西南評論　佚

一九三三年

？　月　眞僞問題　建國月刊七卷四、五期　入全集第十八卷「哲學論集」

？　月　評許思園著「人性與人之使命」　圖書評論一卷十二期　入全集第十卷「中華人文與當今世界補編」(下)

？　月　有關科學的相對論之哲學問題　(成都某刊)　佚

一九三四年

二　月　治中國學術應改變之幾種態度　文化通訊一卷二期　署名「君毅」・入全集帶第九卷「中華人文與當今世界補編」(上)

二　月　詩人與詞人　——杜甫與李白　文化通訊一卷二期　署名「野」．入全集第九卷「中華人文與當今世界補編」（上）

三　月　中國今後所需要介紹之西洋思想　文化通訊一卷三期　入全集第十卷「中華人文與當今世界補編」（下）

三　月　「中國民族自救運動之最後覺悟」　文化通訊一卷三期　署名「君毅」．入全集第十卷「中華人文與當今世界補編」（下）

三　月　柏溪隨筆（之二）　文化通訊一卷三期　署名「百海」．入全集第三卷「人生隨筆」

六　月　三論宗與柏拉德來現象論之比較　哲學評論五卷四期　入全集第十八卷「哲學論集」

七　月　「中國歷代家書選」編輯旨趣　「中國歷代家書選」　入全集第十卷「中華人文與當今世界補編（下）」

一九三五年

六　月　中國文化根本精神之一嘗試　中央大學文藝叢刊二卷　全集第十一卷「中西哲學思想之比較

解釋　一期　論文集」之一「導言」

十一月　論不朽　學術世界一卷六刊　全集第十一卷「中西哲學思想之比較論文集」之十五

十二月　中國藝術之特質　論學二期　全集第十一卷「中西哲學思想之比較論文集」之七

？　月　二十世紀西洋哲學之特質　新中華三卷二十四期　全集第十一卷「中西哲學思想之比較論文集」之十四

一九三六年

三　月　雜論哲學　中心評論　全集第九卷「中華人文與當今世界補編」（上）

三　月　莊子的變化形而上學與黑格耳的變化形而上學之比較　中山文化館季刊三卷四期　全集第十一卷「中西哲學思想之比較論文集」之十

五　月　中國宗教思想之特質　中心評論　全集第十一卷「中西哲學思想之比較論文集」之九

六　月	中西哲學問題之不同	新民月刊二卷四期	全集第十一卷「中西哲學思想之比較論文集」之二
七　月	赴西南評論社歡迎夷族代表宴會後之感想	西南評論三卷二期	入全集第十卷「中華人文與當今世界補編」(下)
九　月	論中西哲學中本體觀念之一種變遷	文哲月刊一卷八期	全集第十一卷「中西哲學思想之比較論文集」之五
十二月	老莊易傳中庸形而上學之論理結構(大綱)	哲學評論	全集第十一卷「中西哲學思想之比較論文集」之十二
？　月	國人對文化應改變之態度	中心評論	入全集第九卷「中華人文與當今世界補編」(上)
？　月	論中國藝術之特色	中心評論	同「中國藝術之特質」(一九三五年)

一九三七年

一　月	柏溪隨筆(之二)	(鈔存稿)	入全集第三卷「人生隨筆」
四　月	中國哲學中自然宇宙觀之特	學燈	全集第十一卷「中西哲學思想之比較

質　論文集」之三

七月　朱子道體論導言　論學八期　入全集第十八卷「哲學論集」

一九三八年

一月　抗戰之意義　重光月刊一期　入全集第十卷「中華人文與當今世界補編」（下）

一月　中國哲學中天人關係論之演變　重光月刊一、二期　全集第十一卷「中西哲學思想之比較論文集」之十一

二月　宣傳民眾者應有之認識——再論抗戰之意義　重光月刊二期　入全集第十卷「中華人文與當今世界補編」（下）

二月　中國教育應有之根本改造　重光月刊二期　入全集第九卷「中華人文與當今世界補編」（上）

一九三九年

三～四月　中西哲學問題之不同　重光月刊三、四期　同一九三六年六月同題文

三　月　中西哲學問題的分野　新西北月刊一卷二期　「中西哲學問題之不同」之簡寫（一九三六年）

四　月　中西哲學中關於道德基礎論之變遷　新西北月刊一卷三期　全集第十一卷「中西哲學思想之比較論文集」之六

一九四〇年

十二月　略論作中國哲學史應持之態度及其分期　學燈　全集第十一卷「中西哲學思想之比較論文集」之十三

？　月　生活之肯定　學燈　入全集第一卷「人生之體驗」

？　月　心靈之發展　學燈　入全集第一卷「人生之體驗」

？　月　心、理、道頌　中央大學文史哲季刊　入全集第一卷「人生之體驗」

？　月　如何了解中國哲學上天人合一之根本觀念　中蘇文化　全集第十一卷「中西哲學思想之比較論文集」之四

一九四一年

？月	物質與生命	時代精神	入全集第二卷「心物與人生」

一九四二年

十二月	「理想與文化」發刊辭	理想與文化一期	入全集第十卷「中華人文與當今世界補編」(下)
十二月	道德之實踐	理想與文化一期	全集第一卷「道德自我之建立」之(二)

一九四三年

四月	略論中國哲學與中國文學之關係	思想與時代(遵義)二十四期	全集第十一卷「中西哲學思想之比較論文集」之八
六月	心在自然之地位	時代精神八卷二期	全集第二卷「心物與人生」第四、五章
？月	世界之肯定	理想與文化二期	全集第一卷「道德自我之建立」之(三)

？月	精神之表現	理想與文化三、四期合刊	全集第一卷「道德自我之建立」之（四）
？月	自我生長之途程（上、下）	理想與文化五、六期	全集第一卷「人生之體驗」之第三部

一九四四年

二月	中國文化中之藝術精神	文史雜誌三卷三、四期合刊	入全集第九卷「中華人文與當今世界」（上）
六月	寫在哲學專號之前	文史雜誌三卷十一、十二期合刊	入全集第九卷「中華人文與當今世界」（下）
六月	辨心之求眞理	文史雜誌三卷十一、十二期合刊	全集第二卷「心物與人生」第六、七章
？月	「意味之世界」導言	哲學評論八卷五期	入全集第十八卷「哲學論集」

一九四五年

三月	介紹「科學思想概論」	學燈二八八期	入全集第十卷「中華人文與當今世界

四　月　易傳之哲學淺釋　學燈二九三期　入全集第十八卷「哲學論集」

五　月　中國原始民族哲學思想之特徵　新中華（復刊）三卷五期　入全集第十八卷「哲學論集」

七　月　孟子性善論新釋　文化先鋒五卷四期　入全集第十八卷「哲學論集」

九　月　中國原始民族哲學心靈狀態之形成　中國文化一期　入全集第十八卷「哲學論集」

？　月　「人生之體驗」序　學燈　全集第一卷「人生之體驗」自序

一九四六年

一　月　易經經文所啟示之哲學思想　文化先鋒五卷十七期　入全集第十八卷「哲學論集」

六　月　略辨老莊言道之不同　中國文化二期　入全集第十八卷「哲學論集」

六／七月　漢代哲學思想之特徵　學燈三四一、三四二期　入全集第十八卷「哲學論集」

十　月　佛學時代之來臨　靈巖學報一期　入全集第十八卷「哲學論集」

？　月　宋明理學之精神論略　理想與文化八期　全集第十六卷「中國哲學原論原道篇」

一九四六年——一九四七年

（三）之附錄「宋明理學家自覺異於佛家之道」

一九四七年

四　月　中西文化精神之不同論略　東方與西方一卷一期　全集第五卷「人文精神之重建」第二部之一

五　月　論墨學與西方宗教精神　東方與西方一卷二期　入全集第十八卷「哲學論集」

六、七月朱子理氣關係論疏釋（上、下）　歷史與文化一、二期　全集第十六卷「中國哲學原論原道篇」（三）附錄之二、三「由朱子之理先氣後論當然之理與存在之理」

六、七、八月　王船山之性與天道論通釋（上、中、下）　學原一卷二、三、四期　全集第十七卷「中國哲學原論原教篇」之第二十、二十一、二十二章

七　月　中國科學與宗教不發達之古代歷史的原因（上、下）　文化先鋒七卷一期、九卷三期　入全集第九卷「中華人文與當今世界補編」（上）

八　月　中國古代民族之凝合意識　歷史與文化三期　入全集第九卷「中華人文與當今世界

補編」（上）

十一月　當前時局之回顧與前瞻　新生月刊　入全集第十卷「中華人文與當今世界補編」（下）

一九四八年

三　月　論中國原始宗教信仰與儒家天道觀之關係，兼釋中國哲學之起源　理想歷史文化一期　入全集第十八卷「哲學論集」

五　月　中西文化之一象徵　二化先鋒八卷八期　全集第八卷「中華人文與當今世界」（下）之二十四附錄

五　月　泛論陽明學之分流　學原二卷一期　入全集第十八卷「哲學論集」

一九四九年

七　月　從科學世界到人文世界　民主評論一卷一期　全集第五卷「人文精神之重建」第一部之二

（「理想的世界」上篇）

七月　人文世界之內容（「理想的世界」下篇）　民主評論一卷二期　全集第五卷「人文精神之重建」第一部之三

八九月　至聖先師孔子二千五百年紀念　廣州大光報　入全集第九卷「中華人文與當今世界補編」（上）

九十月　唯物論文化效用平論（一、二）　民主評論一卷六、八期　入全集第十卷「中華人文與當今世界補編」（下）

？月　論家庭之道德理性基礎　勉仁文學院院刊一期　全集第二十卷「文化意識與道德理性」第二章

？月　王船山之文化論　學原三卷一期　全集第十七卷「中國哲學原論原教篇」第二十四、二十五章

？月　王船山之人道論通釋　學原三卷三期　全集第十七卷「中國哲學原論原教篇」第二十三章

？月　道德意識通釋　學原三卷三、四期　全集第二十卷「文化意識與道德理性」第八章

一九五〇年

一月　略論眞理之客觀性普遍性　民主評論一卷十四期　全集第五卷「人文精神之重建」第一部之四

三月　宗教精神與人類文化　民主評論一卷十九期　全集第五卷「人文精神之重建」第一部之一

五月　述本刊之精神兼論人類文化之前途　理想與文化九期　入全集第十卷「中華人文與當今世界補編」（下）

五月　人類宗教意識之本性及其諸型態　理想與文化九期　全集第二十卷「文化意識與道德理性」第七章

六月　中國近代學術文化精神之反省　民主評論一卷二十四期　全集第五卷「人文精神之重建」第二部之二

九月　孔子與人格世界　民主評論二卷五期　全集第五卷「人文精神之重建」第三部之二

十月　胡思杜批判胡適感言　民主評論二卷七期　署名陳子弘·入全集第十卷「中華人

十一月　辯證法之類型　新亞書院文化講座講詞　文與當今世界補編」（下）

？月　人類罪惡之根源　香港時報星期專論　入全集第十八卷「哲學論集」

？月　斥拉丁化中國文字運動——論中國文字拉丁化之不必要與不可能　教育通訊（復刊臺版）一卷三期　入全集第十卷「中華人文與當今世界補編」（下）　入全集第十卷「中華人文與當今世界補編」（下）

一九五一年

一～五月　人生之智慧　人生一卷一～五期　全集第二卷「心物與人生」第二部第五章

二　月　西洋文化精神之發展（上、下）　民主評論二卷十五、十六期　全集第五卷「人文精神之重建」第二部之三、四

二　月　聖經是「狂幻的傳奇」？　民主評論二卷十五期　署名陳子弘。入全集第十卷「中華人文與當今世界補編」（下）

五　月　中國藝術精神　民主評論二卷二十二期　全集第四卷「中國文化之精神價值」

			第十章
六月	中國文學精神（上、下）	民主評論二卷二十三、二十四期	全集第四卷「中國文化之精神價值」第十一章
六月	中國藝術精神下之自然觀	民主評論二卷二十四期	全集第四卷「中國文化之精神價值」第十章之（一）
六月	人究竟是不是人？	民主評論二卷二十四期	入全集第十卷「中華人文與當今世界補編」（下）
七月	說生命世界、心靈精神世界之存在與客觀性	人生一卷十二期	全集第二卷「心物與人生」第二部第一章
八月	從紀念孔子誕辰論中國自由精神	自由人五十期	入全集第十卷「中華人文與當今世界補編」（下）
八、九月	人格之類型（上、下）	人生二卷總十五、十六期	全集第四卷「中國文化之精神價值」第十二、十三章
十月	泛論中國文學中之悲劇意識	人生二卷總十八期	全集第四卷「中國文化之精神價值」之（八）（九）（十）

十一、十二月	中國傳統之人生態度（上、中、下）	人生二卷總二十、二十一、二十二期	全集第五卷「中國先哲之人生思想之寬平面」
?月	家庭、國家、天下之觀念再建立序論	人文學刊一期	入全集第十卷「中華人文與當今世界補編」（下）
?月	諾斯諾圃論東西文化之會通	新思潮十期	全集第二十二卷「哲學概論」（下）附編之（三）
?月	論人類免於毀滅的道路與聯合國之文化使命	華僑日報	署名弘之・入全集第十卷「中華人文與當今世界補編」（下）
?月	經濟意識與道德理性	張君勱先生七十壽辰紀念集	全集第二十卷「文化意識與道德理性」第三章

一九五二年

一月	人類的創世紀	民主評論三卷二期	全集第五卷「人文精神之重建」第二部之五
一月	論西方之人格世界	民主評論三卷三期	同「人格之類型（上）」（一九五一年）

一月	中國民主思想之建立	自由人九十五期	入全集第十卷「中華人文與當今世界補編」(下)
二月	論中國之人格世界(一、二)	民主評論三卷五、六期	同「人格之類型(下)」(一九五一年)
三月	中國傳統社會文化之精神	人生三卷總二十六、二十七期	入全集第四卷「「中國文化之精神價值」第九章之(四)(五)
三月	中國之亂與中國文化精神之潛力	(通俗哲學小叢書之二)	上篇入全集第五卷「人文精神之重建」第三部之四・下篇入全集第十卷「中華人文與當今世界補編」(下)
四月	自然與人文	人生三卷總二十九期	入全集第九卷「中華人文與當今世界補編」(上)
五月	「五四」談青年教育	人生三卷論三十一期	入全集第九卷「中華人文與當今世界補編」(上)
五月	如何瞭解儒家精神在思想界之地位	民主評論三卷十期	入全集第五卷「人文精神之重建」第三部之一
六月	我所了解的新亞精神	新亞校刊一期	入全集第九卷「中華人文與當今世界

			補編」（上）
六　月	試說收復大陸後之立法精神	民主評論三卷十三期	署名「弘之」・入全集第十卷「中華人文與當今世界補編」（下）
七　月	說人生在世之意義	人生三卷總三十二期	入全集第二卷「青年與學問」
七　月	論接受西方文化思想之態度（上、下）	民主評論三卷十五、十六期	入全集第五卷「人文精神之重建」第四部之一
八　月	宗教精神之偉大	民主評論三卷十七期	署名「弘之」・入全集第十卷「中華人文與當今世界補編」（下）
八　月	西維宅論現代文明生活的弊端	人生三卷總三十三期	入全集第二卷「青年與學問」
八　月	中國智識分子如何而有氣概	人生三卷總三十四期	入全集第五卷「人文精神之重建」第四部之一
八　月	說青年之人生	中國學生週報	入全集第二卷「青年與學問」
十　月	美之欣賞與人格美之創造	人生四卷總三十七期	節自「人生之體驗」第三部之（七）（全集第一卷）

十　月	自由、人文與孔子精神（上、下）	民主評論三卷二十、二十一期	入全集第五卷「人文精神之重建」第四部之四
十一月	聯合國的文化使命	人生四卷總三十八期	節自同題文（一九五一年）
十二月	紀念意大利名哲克羅齊逝世	民主評論三卷二十四期	署名「弘之」．入全集第十卷「中華人文與當今世界補編」（下）
十二月	與青年談中國文化	人生四卷總三十九期	入全集第二卷「青年與學問」
十二月	人文與民主之基本認識	民主評論三卷二十四期	全集第五卷「人文精神之重建」第四部之五
十二月	論知識中之眞理之意義與標準	（新亞書院文化講座講詞）	全集第二十一卷「哲學概論」（上）第二部第十七章
？　月	康德哲學精神	摩象一卷一期	全集第十八卷「哲學論集」：「西方近代理想主義之哲學精神」第四章
？　月	菲希特之理想主義哲學	摩象一卷二期	全集第十八卷「哲學論集」：「西方近代理想主義之哲學精神」第五章
？　月	私立學校登記與社會人士心	華僑日報	入全集第九卷「中華人文與當今世界

理　補編」(上)

?月　生命世界與心靈精神世界　臺灣師大學刊五期　全集第二卷「心物與人生」第二部第一章

?月　海德格之存在哲學　新思潮十七、十八期　全集第二十二卷「哲學概論」(下)附編之(二)

一九五三年

一月　新年向世界人士敬陳二義　民主評論四卷一期　入全集第十卷「中華人文與當今世界補編」(下)

一月　亞洲國際社會主義者大會感言　民主評論四卷二期　入全集第十卷「中華人文與當今世界補編」(下)

一月　「中國文化之精神價值」自序　民主評論四卷一期　全集第四卷「中國文化之精神價值」：自序

一月　王著「人類自救之路」再版序言　人生四卷總四〇號　入全集第十卷「中華人文與當今世界補編」(下)

一月	人心如何會求眞善美	人生四卷總四一號	全集第二卷「心物與人生」第二部第二章
一月	懷鄉記	人生四卷總四二號	全集第八卷「中華人文與當今世界」(下)附錄部之二
二月	宋著「人生的藝術」序	人生四卷總四三號	入全集第十卷「中華人文與當今世界補編」(下)
二月	精神與文化	人生四卷總四四號	全集第二卷「心物與人生」第二部第三章
三月	學問與哲學	人生四卷總四六號	全集第二卷「青年與學問」：「學問之內容」
三月	與青年談學問之階段	人生四卷總四七號 新亞校刊二期	全集第二卷「青年與學問」：「說學問之階段」
五月	人文世界之概念	人生四卷總四九號、五十號	全集第二卷「心物與人生」第二部第四章
七月	西方文化之根本問題(上、下)	民主評論四卷十四	全集第五卷「人文精神之重建」第五

一九五三年

		、十五期	部之一、二、三章
七　月	學問與學問方法之限度	人生五卷總五四號	全集第二卷「青年與學問」：「學問之方法」
七　月	精神空間之開拓	人生五卷總五六號	入全集第二卷「青年與學問」
八　月	說讀書之難與易	人生五卷總五八號	入全集第二卷「青年與學問」
九　月	學術思想之自由與民主政治	民主評論四卷十八期	全集第十卷「中華人文與當今世界補編」（下）「學術思想與民主自由」
十　月	印度與中國宗教道德智慧之方向	民主評論四卷二十一期	全集第五卷「人文精神之重建」第五部之四
十　月	中西文化之反本與開新——「人文精神之重建」序	人生六卷總六二號	全集第五卷「人文精神之重建」：自序
十一月	說日常的社會文化生活	人生六卷總六六號	全集第五卷「人文精神之重建」第五部之五
？　月	科學意識與道德理性	自由學人一、二期	全集第二十卷「文化意識與道德理性」第五章

？月　文學藝術與道德理性　自由學人三、四期　全集第二十卷「文化意識與道德理性」第六章

一九五四年

一月　張橫渠之心性論及其形上學之根據　東方文化一卷一期　入全集第十八卷「哲學論集」

一月　人類精神之行程（上、下）　民主評論五卷一、二期　全集第五卷「人文精神之重建」第五部之六、七

二月　人文主義之名義　人生七卷總七五號　入全集第九卷「中華人文與當今世界補編」（上）

三月　說學問之生死關　中國學生週報　入全集第二卷「青年與學問」

三月　羅近溪之理學　民主評論五卷五期　全集第十七卷「中國哲學原論原教篇」第十六章

五月　答勞思光先生書　民主潮四卷五期　入全集第十卷「中華人文與當今世界補編」（下）

五　月　感覺界與超感覺界　人生七卷總八四號　入全集第十八卷「哲學論集」
六　月　西方人文主義之發展　（新亞文化講座講詞）　全集第六卷「中國人文精神之發展」第一部之貳、叁
六　月　說中國今後之翻譯工作　民主評論五卷十二期　入全集第十卷「中華人文與當今世界補編」（下）
七　月　對新政府之希望　民主評論五卷十三期　入全集第十卷「中華人文與當今世界補編」（下）
七　月　與青年談閱讀與聽講　人生八卷總八九號　入全集第二卷「青年與學問」
八　月　海上遐思記　幽默八期　全集第八卷「中華人文與當今世界」（下）附錄部之一
九　月　我對哲學與宗教之抉擇　民主評論五卷十七期　全集第五卷「人文精神之重建」：後序
十一月　覆牟宗三先生書　人生九卷總九七號　入全集第十卷「中華人文與當今世界補編」（下）
十二月　錢賓四先生還曆紀念　民主評論五卷二十三期　入全集第十卷「中華人文與當今世界

補編」（下）

？月	王龍溪學述	學海書樓講錄	入全集第十八卷「哲學論集」

一九五五年

一月	希望、警覺與心願	新亞校刊六期	入全集第九卷「中華人文與當今世界補編」（上）
一月	與人生中之毀譽現象	人生九卷總一〇〇號	全集第三卷「人生之體驗續編」第一篇
一月	悲觀主義與樂觀主義	中國學生週報一二九期	入全集第九卷「中華人文與當今世界補編」（上）
一～七月	愛情之眞諦	人生九、十卷總一〇一至一一二號	節自「愛情之福音」（全集第二卷）
二月	與勞思光先生論宗教書	民主潮五卷四期	入全集第十卷「中華人文與當今世界補編」（下）
四月	「人文精神之重建」前言	人生九卷總一〇六號	全集第五卷「人文精神之重建」：前

			言
四　月	致謝扶雅先生論宗教書	人生九卷總一〇七號	入全集第十卷「中華人文與當今世界補編」（下）
五　月	中國人文精神之發展（上、下）	祖國週刊十卷八、九期	全集第六卷「中國人文精神之發展」第一部之壹
六　月	科學與中國文化（上、中、下）	民主評論六卷十一、十三、十四期	全集第六卷「中國人文精神之發展」第二部
六　月	敬告綠野神州之海外青年	中國學生週報一五三期	入全集第十卷「中華人文與當今世界補編」（下）
八　月	心靈的開發與凝聚	人生十卷總一一五號	全集第三卷「人生之體驗續編」第二篇
八　月	論中國哲學思想史中理之六義	新亞學報一卷一期	全集第十二卷「中國哲學原論導論篇」第一、二章「原理」（上、下）
九　月	六十年來中國青年精神之發展	大學生活二卷五期	入全集第二卷「青年與學問」

十月	敬告新同學	新亞校刊七期	入全集第九卷「中華人文與當今世界補編」(上)
十一月	華僑社會中的文教事業	自由人四八七期	入全集第九卷「中華人文與當今世界補編」(上)
十一月	百年來中國民族之政治意識發展之理則	祖國週刊十二卷七期	全集第六卷「中國人文精神之發展」第三部之柒
十一月	略論與今後建國精神不相應之觀念氣習	祖國週刊十二卷八期	全集第六卷「中國人文精神之發展」第三部之捌
十一月	我與宗教徒	民主評論六卷二十二期	全集第十卷「中華人文與當今世界補編」(下)
十一月	中國歷史之哲學的省察	人生十卷總一二〇號	全集第七卷「中華人文與當今世界」(上)之七
十二月	理性心靈與個人、社會組織及國家(上、中、下)	祖國週刊十二卷、十一、十二期	全集第六卷「中國人文精神之發展」之玖
十二月	耶穌聖誕正名	自由人五〇四期	入全集第十卷「中華人文與當今世界

			補編」（下）

一九五六年

一　月	中國人的心情向世界宣訴的開始	民主評論七卷一期	入全集第十卷「中華人文與當今世界補編」（下）
一　月	人與人之共同處之發現與建立	香港人報五號	入全集第十卷「中華人文與當今世界補編」（下）
一　月	談人生路上的艱難	人生十一卷總一二四號	全集第三卷「人生之體驗續編」之第三篇
一　月	我們的精神病痛	民主評論七卷二期	全集第六卷「中國人文精神之發展」第四部之拾壹
二　月	論精神上的大赦	民主評論七卷三、四期	全集第六卷「中國人文精神之發展」第四部之拾貳、拾叁
二　月	孟墨莊荀言心申義	新亞學報一卷二期	全集第十二卷「中國哲學原論導論篇」第三、四章「原心」（上、下）

二月	僑民教育的新問題	自由人	入全集第九卷「中華人文與當今世界補編」（上）
四月	敬悼亡友韓裕文先生	民主評論七卷八期	入全集第十卷「中華人文與當今世界補編」（下）
四月	我所喜愛的人生哲學	人生一一卷總一三〇號	節自「人生之體驗」導言（全集第一卷）
四月	再說希望、警覺與心願	新亞校刊八期	入全集第九卷「中華人文與當今世界補編」（上）
四月	我所感之人生問題	人生十一卷總一三一號	節自「人生之體驗」導言附錄（全集第一卷）
四月	精神上的合內外之道	民主評論七卷七期	全集第六卷「中國人文精神之發展」
四月	述江右王門學（聶雙江與羅念菴）	原泉三期	署名「弘之」・入全集第十八卷「哲學論集」之「晚明理學論稿」第四部之拾肆
五月	說「仁」	人生十二卷總一三三號	入全集第九卷「中華人文與當今世界補編」（上）

一九五六年

五　月	王塘南與王一菴	原泉四期	署名「弘之」‧入全集第十八卷「哲學論集」之「晚明理學論稿」
六　月	中、西文化之一象徵	人生十二卷總一三四期	見一九四八年同題文（全集第八卷）
六　月	吳在炎先生畫展之感想	人生十二卷總一三五、一三六號合刊	入全集第十卷「中華人文與當今世界補編」（下）
六　月	讀張君勱致丕理教授書有感	自由人五五二期	入全集第十卷「中華人文與當今世界補編」（下）
六　月	略說中國佛教教理之發展	民主評論七卷十一期	入全集第十八卷「哲學論集」
六　月	論孔學精神	華僑日報（「人生」十二卷總一三九號改定重刊）	入全集第九卷「中華人文與當今世界補編」（上）
九　月	晚明王學修正運動之起原	原泉八期	署名「弘之」‧入全集第十八卷「哲學論集」之「晚清理學論稿」
十　月	西方人文主義之歷史的發展	祖國週刊十六卷四期	全集第六卷「中國人文精神之發展」第一部之貳
十　月	西方人文主義之現階段及其	祖國週刊十六卷五期	全集第六卷「中國人文精神之發展」

	問題		第一部之叄
十、十一月	顧憲成與高攀龍	原泉九、十期	署名「弘之」・入全集第十八卷「哲學論集」之「晚明理學論稿」
十一月	中西文學家藝術家之人格型	人生十二卷總一四四	節自「中國文化之精神價值」第十二、十三章（全集第四卷）
十一月	立志之道與人生之沈淪與超昇之關鍵	人生十三卷總一四五	全集第三卷「人生之體驗續編」第四篇
十一月	*On the Attitude of China and the West in Seeking Mutual Understanding*	West and East Monthly Vol. 1 No. 2.	全集第十九卷（英文）
十二月	宗教信仰與現化中國文化	民主評論七卷二十二、二十三期	全集第六卷「中國人文精神之發展」第五部
十二月	略述劉蕺山誠意之學	原泉十一期	署名「弘之」・入全集第十八卷「哲學論集」之「晚明理學論稿」
？月	中國人文世界之禮讓精神	（復禮與仁學會講演詞）	入全集第九卷「中華人文與當今世界

補編」(上)

?　月	黑格爾之精神哲學	(黑格爾哲學論集)	全集第二十二卷「哲學概論」(下)附編之(一)

一九五七年

一　月	略述明道之學與橫渠之學之不同	原泉十二期	入全集第十八卷「哲學論集」
二　月	先秦思想中之天命觀	新亞學報二卷二期	全集第十二卷「中國哲學原論導論篇」第十六章
三　月	道德生活之基礎	人生十三卷總一五三號	節自「道德自我建立」之(一)(全集第一卷)
三　月	略述伊川之學	原泉十三期	入全集第十八卷「哲學論集」
六　月	談旅美觀感	人生十四卷總一五九期	入全集第二十六卷「書簡」(下)之「致王道」
七　日	告新亞第六屆畢業同學書	新亞校刊九期	入全集第九卷「中華人文與當今世界

補編」（上）

八月　東洋的智慧　人生十四卷總一六二號　入全集第十卷「中華人文與當今世界補編」（下）

八月　東方文化的優點　人生十四卷總一六二號　入全集第十卷「中華人文與當今世界補編」（下）

八月　人類的進步和自覺　人生十四卷總一六二號　入全集第十卷「中華人文與當今世界補編」（下）

十月　中美文化教育之比較　華僑日報「教育專論」　入全集第九卷「中華人文與當今世界補編」（上）

十二月　人生之歌　人生十五卷總一七〇號　節自「道德自我之建立」附錄：「人生略賦」（全集第一卷）

？月　張橫渠學述要　再生復字卷九期　入全集第十八卷「哲學論集」

一九五八年

一月　爲中國文化敬告世界人士宣　民主評論九卷一期　署名「牟宗三、徐復觀、張君勱、唐

	言		君毅」．全集第四卷「中國文化與世界」
一　月	國人的信仰問題——從聖誕一詞說起	自由人七一四期	入全集第十卷「中華人文與當今世界補編」（下）
二　月	死生之說與幽明之際	人生十五卷總一七五號	全集第三卷「人生之體驗續編」第五篇
二　月	人類社會科學與人的學問及人的眞實存在（上、下）	民主評論九卷四、五期	全集第七卷「中華人文與當今世界」（上）之四
四　月	談西方哲學家對中國文化之認識	大學生活三卷十二期	入全集第十卷「中華人文與當今世界補編」（下）
五　月	人生之眞實化	人生十六卷總一八一號	全集第三卷「人生之體驗續編」第六篇
五　月	新亞書院之原始精神與同學們應自勉之一事	新亞生活雙週刊一卷二期	入全集第九卷「中華人文與當今世界補編」（上）
六　月	「文化意識與道德理性」自	人生十六卷總一八三號	全集第二十卷「文化意識與道德理性」

序　　　　　　　　　　　　　　　　：自序（一）

七月　「中國人文精神之發展」自　人生十六卷總一八五號　全集第六卷「中國人文精神之發展」
序　　　　　　　　　　　　　　　　：本書旨趣

十月　國慶、校慶、月會　新亞生活雙週刊一卷十一期　入全集第九卷「中華人文與當今世界補編」（上）

？月　民主理想之實踐與客觀價值意識　祖國週刊二十二卷三、四、五期　全集第八卷「中華人文與當今世界」（下）之十九、二十

？月　恕之意義　孔道四期

一九五九年

三月　對未來教育方針的展望　新亞生活雙週刊一卷十七期　入全集第九卷「中華人文與當今世界補編」（上）

五月　創造之歌　人生十八卷總二〇五號　全集第二十二卷「哲學概論」（下）第三部第四章第二節

六月　*The Development of Idea* Philosophy and Cul-　全集第十九卷（英文）．中譯入全集第

	of Spiritual Value in Chinese Philosophy 中國哲學精神價值觀念之發展 ——參加夏威夷第三次東西方哲學家會議論文	ture East and West	十八卷「哲學論集」
五　月	張君勱先生「自唐宋迄明清新儒家思想史」書後	再生	入全集第十卷「中華人文與當今世界補編」(下)
九　月	世界人文主義與中國人文主義	新亞生活雙週刊二卷九、十期	全集第八卷「中華人文與當今世界」(下)之十七
十　月	論價值之存在地位	新亞學術年刊一期	全集第二十二卷「哲學概論」(下)第四部第二、三章
十　月	參加東西哲人會議之感想	大學生活五卷十一期	全集第七卷「中華人文與當今世界」(上)之十四附錄
十　月	一個堂堂正正的中國人	新亞生活雙週刊二卷七	入全集第九卷「中華人文與當今世界

期　補編」（上）

十二月　自然進化與文化興亡　民主評論十卷二十四期　全集第二十卷「文化意識與道德理性」第十章第四、五節

一九六〇年

二　月　墨子小取篇論「辯」辨義　新亞學報四卷二期　全集第十二卷「中國哲學原論導論篇」第六章

三　月　辨學的三大義與教學的三大事　新亞生活雙週刊二卷十六期　入全集第九卷「中華人文與當今世界補編」（上）

四　月　價值之分類與次序　民主評論十一卷八期　全集第二十二卷「哲學概論」（下）第四部第四章

五　月　價值選擇之原則　人生十九卷總二二八號　全集第二十二卷「哲學概論」（下）第四部第八章

五　月　「青年與學問」自序　人生二十卷總二二八號　入全集第二卷「青年與學問」

七　月　人道之實踐之始點　人生二十卷總二三三號　全集第二十二卷「哲學概論」（下）第

			四部第九章
七月	告第九屆畢業同學	新亞生活雙週刊三卷四期	入全集第九卷「中華人文與當今世界補編」(上)
九月	開學典禮講詞	新亞生活雙週刊三卷七期	入全集第九卷「中華人文與當今世界補編」(上)
九月	論知識中之眞理之意義與標準	新亞學術年刊二期	全集第二十一卷「哲學概論」(上)第二部第十七章
十月	意志自由問題釋疑	民主評論十一卷十九期	全集第二十二卷「哲學概論」(下)第四部第六、七章
十二月	儒家之形上學之道路	人生二十一卷總二四二號	全集第二十二卷「哲學概論」(下)第三部第十九章
十二月	辯證法之類型	新亞生活雙週刊三卷十二期	節自同題文(一九六一年)
?月	音樂與中國文化	新亞國樂會特刊	全集第七卷「中華人文與當今世界」(上)之十二

？　月　悼陳伯莊先生　（未發表・手稿）　入全集第十卷「中華人文與當今世界補編」（下）

一九六一年

二　月　中國之友道意識　人生二十一卷總二四五號　節自「中國文化之精神價值」第九章之（五）（全集第四卷）

二　月　哲學之方法與態度　民主評論十二卷三期　全集第二十一卷「哲學概論」（上）第一部第九、十章

二　月　「哲學概論」自序　大學生活六卷十九期　入全集第二十一卷「哲學概論」（上）

三　月　海德格之「人生存在性相論」　新亞生活雙週刊三卷十五期　入全集第十八卷「哲學論集」

五　月　辯證法之類型　民主評論十二卷十一期　入全集第十八卷「哲學論集」

五　月　在新亞研究所第三十五次學術月會上的發言　新亞生活雙週刊三卷十九期　入全集第十卷「中華人文與當今世界補編」（下）

六　月　說中華民族之花果飄零　祖國週刊三十五卷一期　全集第七卷「中華人文與當今世界」

(上)之一

七 月 間隔觀及虛無之用與中國藝術　新亞藝術系系刊二期　全集第七卷「中華人文與當今世界」(上)之十二附錄一

七 月 哲學的研究法　新亞生活雙週刊四卷二、三期　入全集第十八卷「哲學論集」

七 月 告第十屆新亞畢業同學　新亞生活雙週刊四卷三期　入全集第九卷「中華人文與當今世界補編」(上)

八~九月 人生之顛倒與復位　人生二十二卷總二五九、二六〇號　全集第三卷「人生之體驗續編」第七篇

九 月 智慧之意義及其性質貫論　新亞學術年刊三期　入全集第三卷「智慧與道德」

十 月 當前世界的文化問題　研究通訊十三期　全集第八卷「中華人文與當今世界」(下)之十五

十 月 儒家精神在思想界之地位　人生二十二卷總二六二號　節自「人文精神之重建」第三部之一(全集第五卷)

十 月 世界六大宗教了解堂建立之　民主評論十二卷十二期　全集第八卷「中華人文與當今世界」

感想　（下）之十八附錄

十月　孔誕暨新亞十二週年校慶講詞　新亞生活雙週刊四卷七期　入全集第七卷「中華人文與當今世界」（上）

十一月　說人生之正面與反面　人生二十二卷總二六四號　全集第三卷「人生之體驗續編」自序

？月　略釋孔門言恕　？　入全集第九卷「中華人文與當今世界補編」（上）

一九六二年

一月　事實之意義之主觀性與客觀性　新亞生活雙週刊四卷十二期　入全集第九卷「中華人文與當今世界補編」（上）

一月　論保守之意義與價值　人生二十三卷總二六八號　節自「說中華民族之花果飄零」（一九六一年）

三月　藝術的獨特性能　新亞生活雙週刊四卷十五期　入全集第九卷「中華人文與當今世界補編」（上）

六　月	「新亞文化講座錄」序	新亞文化講座錄	入全集第九卷「中華人文與當今世界補編」(上)
七　月	告新亞第十一屆畢業同學	新亞生活雙週刊五卷四期	入全集第九卷「中華人文與當今世界補編」(上)
八　月	中國之祠廟與節日及其教育意義	民主評論十三卷十五期	全集第八卷「中華人文與當今世界」(下)之二十三
九　月	論智慧與德行之關係	新亞學術年刊四期	全集第三卷「智慧與道德」之「智慧之表現與道德實踐」
十　月	關於東方人文學會	人生二十四卷總二八六號	入全集第十卷「中華人文與當今世界補編」(下)
十二月	人文學的性質與目標	新亞生活雙週刊五卷十二期	入全集第九卷「中華人文與當今世界補編」(上)
十二月	說成事中之道德實踐	人生二十五卷總二九一號	全集第一卷「道德自我之建立」重版自序

一九六三年

二、三月　記重慶聯中的幾個少年朋友　四川文獻十三、十四期　入全集第八卷「中華人文與當今世界」（下）

六　月　答健耕書　人生二十六卷總三〇三號　入全集第二十六卷「書簡」（下）

八　月　荀子正名與先秦名學三宗　新亞學報五卷二期　全集第十二卷「中國哲學原論導論篇」第五章

九　月　論越南僧人之絡續自殺與人類之良心　民主評論十四卷十七期　入全集第十卷「中華人文與當今世界補編」（下）

十　月　儒家之學與教之樹立與宗教紛爭之根絕　大學生活九卷十期　全集第八卷「中華人文與當今世界」（下）之十八

十　月　學術標準之外在化與花果飄零及靈根自植　祖國周刊四十四卷四期　全集第七卷「中華人文與當今世界」（上）之二：「花果飄零及靈根自植」

十一月　歷史事實與歷史意義（上、下）　民主評論十四卷二十二、二十三期　全集第七卷「中華人文與當今世界」（上）之五、六

十二月　「伍憲子先生傳記」敍　華僑日報書評雙週刊　入全集第十卷「中華人文與當今世界補編」（下）

？月　*Confucianism and Chinese Religions*　Religions Among Religions Todays　入全集第十九卷（英文）

一九六四年

二　月　人文學術之分際　民主評論十五卷三、四期　全集第七卷「中華人文與當今世界」（上）之八：「人文學術與自然科學社會科學之分際」

六　月　中國文學與中國哲學　新亞中國文學系年刊二期　全集第七卷「中華人文與當今世界」（上）之十一

六　月　老子言道之六義貫釋　香港大學五十週年紀念論文集　全集第十二卷「中國哲學原論導論篇」第十二章

八月	秦漢以後天命思想之發展	新亞學報六卷二期	全集第十二卷「中國哲學原論導論篇」第十七、十八章
八月	世界之照明與哲學之地位	人生二十九卷總三三〇號	全集第七卷「中華人文與當今世界」（上）之十三
八、九月	文學意識之本性（上、中、下）	民主評論十五卷十四、十五、十六期	全集第七卷「中華人文與當今世界」（上）之九、十
九月	太極問題疏抉	新亞學術年刊六期	全集第十二卷「中國哲學原論導論篇」之第十三、十四、十五章：「原太極」
十月	*The Individual and the World in Chinese Methodology* 中國方法論中之個人與世界——參加夏威夷第四次東西方哲學家會議論文	Philosophy East and West Vol. No. 3 Oct.	入全集第十九卷（英文）．中譯入全集第十八卷「哲學論集」

一九六四年——一九六五年

十一月　先秦諸子文學中之喻與義　新亞生活雙週刊七卷十期　全集第七卷「中華人文與當今世界」(上)之十一附錄二

十二月　趙蔚文先生二三事　新亞生活雙週刊七卷十一期　入全集第十卷「中華人文與當今世界補編」(下)

十二月　中國思想中對「言」「默」態度之變遷　人生二十九卷總三三九號　入全集第十八卷「哲學論集」

十二月　藝術的宇宙與文學的宇宙　新亞生活雙週刊七卷

十二月　中國哲學研究之一新方向　華僑日報　全集第七卷「中華人文與當今世界」(上)之十四

一九六五年

三　月　白沙在明代理學之地位　白沙學刊二期　入全集第十八卷「哲學論集」

三　月　藝術宇宙與文學宇宙之形成　民主評論十六卷十五期　同「藝術的宇宙與文學的宇宙」(一九六四年)

七　月　告第十四屆新亞畢業同學書　新亞生活雙週刊八卷四　入全集第七卷「中華人文與當今世界」

		期	（上）
七月	*The Reconstruction of Confucianism and The Modernization of Asian Countries* ——參加韓國漢城高麗大學亞洲近代化會議論文	Reports of International Conference on the Problems of Modernization in Asia	入全集第十九卷（英文）
九月	中國先哲對「言」「默」之運用與墨莊孟荀之辨「辯」	新亞學術年刊七期	全集第十二卷「中國哲學原論導論篇」第七、八章
九月	孔誕、教師節暨新亞十六週年校慶典禮講詞	新亞生活雙週刊八卷七期	入全集第七卷「中華人文與當今世界」（上）
十一月	中國先哲對「言」「默」之運用	民主評論十六卷十七期	節自「中國先哲對『言』『默』之運用與墨莊孟荀之辨『辯』」

一九六六年

四　月	「中國哲學原論」自序	民主評論十七卷四期 人生三十卷總三六〇號	全集第十二卷「中國哲學原論導論篇」自序
八　月	唐君毅先生與日本學人談話錄	人生三十一卷總三六四號	作者易陶天・入全集第十卷「中華人文與當今世界補編」（下）

一九六七年

二　月	朱陸異同探源	新亞學報八卷一期	全集第十三卷「中國哲學原論原性篇」附編：原德性「工夫——朱陸異同探源」
六　月	致王貫之先生書	人生三十二卷總三七四號	入全集第二十六卷「書簡」（下）
？　月	*The Development of the Concept of Moral Mind from Wang Yang-Ming to Wang Lung Chi*	Self and Society Ming Thought	入全集第十九卷（英文）

——參加哥倫比亞大學明代思想會議論文

一九六八年

二月　答陸達誠神甫書　人生三十二卷總三八一、三八二號　入全集第十卷「中華人文與當今世界補編」（下）

二月　原性自序　新亞生活雙週刊十卷十四期　全集第十三卷「中國哲學原論原性篇」自序

四月　原性篇總論（上、下）　人生三十二卷總三八三號　新亞生活雙週刊十卷十八、十九期　全集第十三卷「中國哲學原論原性篇」第十七章

八月　陽明學與朱陸異同重辨（一）　新亞學報八卷二期　全集第十七卷「中國哲學原論原教篇」第十、十一章：「朱陸之學聖之道與王陽明之致良知之道」（上、中）

九月　論老子言「法道」之層面　中國文化研究所學報一　全集第十四卷「中國哲學原論原道篇」

卷（一）第八、九章：「老子之法地、法天、法道，更法自然之道」

十一月 朱子與陸王思想中之一現代學術意義 東西文化十七期 入全集第十八卷「哲學論集」

一九六九年

二月 吳士選先生「農圃講錄」序 農圃講錄 入全集第七卷「中華人文與當今世界」（上）

六月 略釋「誠明」 新亞生活雙週刊十二卷十三期 入全集第七卷「中華人文與當今世界」（上）

六月 陽明學與朱陸異同重辨（二） 新亞學報九卷一期 全集第十七卷「中國哲學原論原教篇」第十二章：「朱陸之學聖王之道與王陽明之致良知之道」（下）

七月 在中華哲學學人聯誼會上的發言 中國哲學通訊二期 入全集第十卷「中華人文與當今世界補編」（下）

七月	在新亞董事會歡宴吳校長、沈校長會上的講詞	新亞生活雙週刊十二卷四期	入全集第九卷「中華人文與當今世界補編」（上）
七月	麥著「宋元理學家著述生卒年表」序	「宋元理學家著述生卒年表」	入全集第十卷「中華人文與當今世界補編」（下）
九月	存在主義與現代文化教育問題（上、下）	新亞生活雙週刊十二卷五、六期	全集第八卷「中華人文與當今世界」（下）之二
十月	新亞二十周年校慶典禮講詞	新亞生活雙週刊十二卷八期	入全集第九卷「中華人文與當今世界補編」（上）
十二月	歡送張丕介先生	新亞生活雙週刊十二卷十二期	入全集第九卷「中華人文與當今世界補編」（上）
？月	香港之大學教育	新亞學生報二十九期	入全集第九卷「中華人文與當今世界補編」（上）

一九七〇年

一月	參加東西哲學學人會議觀感	新亞生活雙週刊十二卷	全集第八卷「中華人文與當今世界」

十三期　（下）之十六：「東西哲學學人會議與世界文化中之『疎外』問題」

三　月　學術研究及其成果　中國學人一期　全集第七卷「中華人文與當今世界」（上）之八：「人文學術與自然科學社會科學之分際」

三　月　在新亞研究所第一百一十三次月會上的發言　中國學人一期　入全集第九卷「中華人文與當今世界補編」（上）

五　月　在香港北大同學會「五四運動座談會」上的發言　萬人雜誌一三四期　入全集第十卷「中華人文與當今世界補編」（下）

六　月　對人文雙週刊的幾個期望　華僑日報人文雙週刊一期　入全集第九卷「中華人文與當今世界補編」（上）

六　月　曉雲法師「印度藝術」序　入全集第十卷「中華人文與當今世界補編」（下）

六　月　書蕭立聲先生羅漢畫　新亞生活雙週刊十三卷二期　入全集第十卷「中華人文與當今世界補編」（下）

七月	對香港學生的期望	中學生	入全集第九卷「中華人文與當今世界補編」(上)
八月	現在這樣，將來怎樣？	中國學生週報九四二期	入全集第十卷「中華人文與當今世界補編」(下)
九月	存在主義與現代文化問題	人生三十四卷	全集第十四卷「中國哲學原論原道篇」
九月	論道家思想之起源與其原始諸型態	中國學人二期	(一)第七章：「道家之起原與原始型態」
九月	辨孔子教中之求仁之道與其言天命鬼神之涵義	新亞學術年刊十二期	全集第十四卷「中國哲學原論原道篇」(一)第一、二章：「孔子之仁道」
九月	敬悼張丕介先生	新亞生活雙週刊十三卷五、六期	入全集第十卷「中華人文與當今世界補編」(下)
九月	Lun Tsung-Chou's *Doctrine of Moral Mind and Practice and His Criti-*	The Unfolding of Neo-Confucianism	入全集第十九卷(英文)

que of *Wang Yang-Ming*
劉宗周道德心之學說與實踐
及其對於王陽明之批判
——參加哥倫比亞大學，義大利
召開之中國十七世紀思想會
議論文

？月　*Spirit and the Developm-ent of Neo-Confucianism*　Inquiring Vol. 14　入全集第十九卷（英文）

？月　*The Criticism of Wang Yang-Ming's Teaching by His Comtemporaries*
——參加夏威夷王陽明五百年紀
念會論文
Philosophy East and West Vol. 23　入全集第十九卷（英文）

十二月　翻譯與西方學術殖民主義　人物與思想四五期　入全集第十卷「中華人文與當今世界補編」（下）

一九七一年

二　月	東方人之禮樂的文化生活對世界人類之意義	人生三十四卷三、四十	全集第七卷「中華人文與當今世界」
三　月	海外之中華兒女應爲創造二十一世紀之人的中國而發心努力	天聲月刊創刊號	(上)之三：「海外中華兒女之發心」
三　月	中國教育史上之私學與官學	新亞生活雙週刊十三卷十七期	全集第八卷「中華人文與當今世界」(下)之二十二
六　月	悼王貫之兄	人生三十四卷總四〇一號	入全集第十卷「中華人文與當今世界補編」
九　月	荀子言心與道之關係辨義	中國文化研究所學報四卷一期	全集第十二卷「中國哲學原論原道篇」(一)第十三章「荀子之成人文統類之道(上)」
九　月	辨墨學中之義道	新亞學術年刊十三期	全集第十二卷「中國哲學原論原道篇」

(一)第四、五章

十一月　沈燕謀董事的生平　新亞生活雙週刊十四卷六期　入全集第十卷「中華人文與當今世界補編」(下)

一九七二年

一月　儒教之能立與當立　新儒家三卷一期　入全集第十卷「中華人文與當今世界補編」(下)

一月　天下歸仁　新儒家三卷一期　全集第十四卷「中國哲學原論原道篇」(二)第二章「結論」

二月　中國哲學中美的觀念之原始及其與中國文學之關係　華風六期　全集第七卷「中華人文與當今世界」(上)十一附錄一

二月　陽明學與朱子學　陽明學論文集　入全集第十八卷「哲學論集」

六月　中國現代社會政治文化思想之方向與海外中國知識分子對當前時代之態度　明報月刊七十八期　全集第八卷「中華人文與當今世界」(下)之二十五

八月	理想與現實——中文大學的精神在哪裏？	新亞學生報	入全集第七卷「中華人文與當今世界」（上）
九月	孟學中之興起心志以立人之道	新亞學術年刊十四期	全集第十四卷「中國哲學原論原道篇」（一）第五、六章
十二月	從學術思想獨立談馮友蘭	星島晚報星期專刊	入全集第十卷「中華人文與當今世界補編」（下）
？月	丁衍庸畫册序		入全集第十卷「中華人文與當今世界補編」（下）
？月	談新亞研究所到哪裏去	新亞學生報	入全集第九卷「中華人文與當今世界補編」（上）
？月	新亞中學校歌	（手鈔稿）	入全集第九卷「中華人文與當今世界補編」（上）
？月	中國文化之創造	學粹十四卷五期	摘自「中國文化之精神價值」第十五、十六、十七章（全集第四卷）

一九七三年

二月	略談中國大陸與俄國之戰爭之可能性及放棄馬列主義之必須	中華雜誌十一卷二五期	全集第八卷「中華人文與當今世界」(下)之二十六附錄：「如何消滅中共與蘇俄戰爭的可能性」
二月	風氣敗壞，上下爭利，學者理應堅守原則	明報	入全集第十卷「中華人文與當今世界補編」(下)
三月	如何消滅中共與蘇俄戰爭的可能性及中共繼所謂文化大革命後之學術思想革命	東西風四期	同二月中華雜誌文
三月	麥著「王門諸子致良知學之發展」序	華學月刊十六期	入全集第十卷「中華人文與當今世界補編」(下)
三月	股市狂飈與知識分子	東西風五期	同二月明報文
四月	談新亞與中大的教育理想	中大學生報特刊	入全集第九卷「中華人文與當今世界補編」(上)

五月	關於中國當前問題與海外知識分子之態度	明報月刊八九期	全集第八卷「中華人文與當今世界」(下)之二十六
五月	中國文化之精神及其發展	東西風七期	全集第八卷「中華人文與當今世界」(下)之二十七
五月	「思復堂遺詩」編後記	「思復堂遺詩」	全集第二十九卷「先人著述：『思復堂遺詩』」
六月	中國文化精神及其發展餘論	東西風八期	全集第八卷「中華人文與當今世界」(下)
六月	敬告新亞二十二屆大學部及研究所畢業同學書	新亞生活雙週刊十五卷十六期	入全集第九卷「中華人文與當今世界補編」(上)
七月	唐君毅談「五、四」	東西風九期	全集第八卷「中華人文與當今世界」(下)之二十八附錄：「五四紀念日談對海外中國青年之幾個希望」
七月	「中國哲學原論原道篇」自序	中國學人五期	全集第十四卷「中國哲學原論原道篇」(一)自序
八月	一千八百年來的中國學生運	中華月報六九五期	入全集第十卷「中華人文與當今世界

	動之歷史發展		補編」(下)
九 月	華嚴宗之判教論	新亞書院學術年刊十五期	全集第十六卷「中國哲學原論原道篇」(三) 第十一、十二、十三章：「華嚴宗之判教之道及其法界觀」
九 月	新亞的過去、現在與將來	新亞學生報、新亞生活月刊一卷二期	入全集第九卷「中華人文與當今世界補編」(上)
十一月	校慶、孔子誕、教師節講詞	新亞生活月刊一卷三期	入全集第九卷「中華人文與當今世界補編」(上)
十二月	評古尹明之建議	中華月報六九九期	入全集第二十六卷「書簡」(下)：「致徐東濱」
?月	吉藏之般若學	佛教文化學報二期	全集第十六卷「中國哲學原論原道篇」(三) 第四、五章「般若三論宗之二諦義與吉藏之中道義及佛性義」

一九七四年

一月	西歐文明對東方文明之挑戰及東方之回應——在第二屆中日文化研究會議上的報告（提要）	中華月報七〇〇期	全集第八卷「中華人文與當今世界」（下）之三十一
二月	孔子誅少正卯傳說之形成	明報月刊九十八期	全集第八卷「中華人文與當今世界」（下）之二十九
三月	孔子誅少正卯問題重辯	中華月報七〇二期	入全集第九卷「中華人文與當今世界補編」（上）
三月	孔子在中國歷史文化中的地位之形成	中華月報七〇二期	入全集第九卷「中華人文與當今世界補編」（上）
三月	「孟子大義」重刊記	「孟子大義」	入全集第二十九卷「先人著述：『孟子大義』」
四月	中國文化與現代化問題	明報月刊一〇〇期	全集第八卷「中華人文與當今世界」（下）之二十八
五月	中國人與中國文化	華僑日報	全集第八卷「中華人文與當今世界」

			(下)之二十八附錄
六　月	五、四紀念日談對海外中國青年之幾個希望	東西風一卷五期	同上文
六　月	憶南京中央大學	中大青年	入全集第九卷「中華人文與當今世界補編」(上)
十　月	試論中國與日本文化關係之過去、現在與未來——在第三屆中日「中國大陸問題」及文化交流研討會上之發言	明報月刊一〇六期	全集第八卷「中華人文與當今世界」(下)之三十二
十/十二月	僧肇三論與玄學	內明三十一、三十二、三十三期	全集第十六卷「中國哲學原論原道篇」(三)第一、二章之第三、四、五、六節
十一月	上下與天地同流——唐君毅先生訪談錄	幼獅月刊四十卷五期	入全集第九卷「中華人文與當今世界補編」(上)

十二月	現代世界文化交流之意義及其根據	明報月刊一〇八期	全集第八卷「中華人文與當今世界」(下)之三十三
十二月	中國藝術與中國文化	中華月報七一一期	全集第八卷「中華人文與當今世界」(下)之三十
十二月	孔子在中國歷史文化中地位如何形成——在孔聖堂中小學孔聖會小學畢業典禮上的講詞	華僑日報	入全集第九卷「中華人文與當今世界補編」(上)
? 月	論晚明東林顧憲成與高攀龍之儒學	中國學誌第六本	全集第十七卷「中國哲學原論原教篇」第十七章：「王學之弊及東林學之止至善之道與其節義之教」

一九七五年

六 月	重申孔子在中國歷史文化中之原始地位	中華月報七一七期	入全集第九卷「中華人文與當今世界補編」(上)

七　月	泛論言說之不同方式	鵝湖一卷一期	入全集第十八卷「哲學論集」之「論中國哲學中說性之方式」上篇之一
七　月	「中國哲學原論原教篇」自序	鵝湖一卷一期	全集第十七卷「中國哲學原論原教篇」之「自序」
九　月	孩子在中國歷史文化中的地位的形成	鵝湖一卷三期	入全集第九卷「中華人文與當今世界補編」（上）
十　月	中西哲學比較之問題——在臺灣師範大學演講詞	哲學與文化二十期	入全集第十八卷「哲學論集」
十二月	說中國人文中之報恩精神	鵝湖一卷六期	入全集第九卷「中華人文與當今世界補編」（上）

一九七六年

一　月	書生事業與中國文化	明報月刊一二一期	入全集第十卷「中華人文與當今世界補編」（下）
一　月	略談宋明儒學與佛學之關係	哲學與文化三卷一期	入全集第十八卷「哲學論集」

三　月	成實論之辨「假」、「實」、「空」、「有」與中論之異同	新亞學報十一卷上册	全集第十六卷「中國哲學原論原道篇」(三)之第三章
三　月	從科學與玄學論戰談張君勱先生的思想	傳記文學二十八卷三期	入全集第十卷「中華人文與當今世界補編」(下)
五／十一月	病裏乾坤(一——十三)	鵝湖十一至十七期	全集第三卷「病裏乾坤」

一九七七年

三　月	略談宋明清學術的共同問題	哲學與文化四卷三期	入全集第十八卷「哲學論集」
七　月	中國文字與中國文學	明報月刊一三九期	節自「中國文學與哲學」(全集第七卷)
八　月	有關方東美先生之著述二三事	中央日報	入全集第十卷「中華人文與當今世界補編」(下)
八　月	生命三向與心靈九境	鵝湖三卷二期	全集第二十三卷「生命存在與心靈境界」(上)之「導論」
八／九月	「生命存在與心靈境界」	鵝湖三卷三、四期	全集第二十四卷「生命存在與心靈境

後序（上、下）　界」（下）之「後序」

九　月　「生命存在與心靈境界」自序　中國學人六期　全集第二十三卷「生命存在與心靈境界」（上）之「自序」

十　月　關於「中大發展史」　明報月刊一四二期　入全集第九卷「中華人文與當今世界補編」（上）

十一月　談中國佛學中之判教問題　哲學與文化四卷十一期　入全集第十八卷「哲學論集」

一九七八年

（二月二日作者逝世）

三　月　唐君毅先生遺著選刊　明報月刊一四七期　節自「生命存在與心靈境」後序（全集第二十四卷）

三　月　在臺講學之感想　鵝湖三十三期　錄音整理稿・入全集第十卷「中華人文與當今世界補編」（下）

三　月　人學——人文友會第五十次聚會講辭　鵝湖三十三期　記錄稿・入全集第三卷「人生隨筆」

三　月　覆陳同學書　鵝湖三十三期　入全集第二十六卷「書簡」(下)

四　月　覆鵝湖雜誌社書　鵝湖三十四期　入全集第二十六卷「書簡」(下)

七　月　致張曼濤函(二封)　明報月刊一五一期　入全集第二十六卷「書簡」(下)

一九七九年

二　月　民國初年的學風與我學哲學之經過　華僑日報人文雙週刊一九〇期　錄音整理稿・入全集第九卷「中華人文與當今世界補編」(上)

唐君毅全集　卷二十九之三

先人著述

臺灣學生書局印行

先人著述　目錄

附錄一

附錄二

思復堂遺詩(先母陳卓僊著)

卷一

卷二

卷二

卷　四

卷五

先人著述

「先人著述」收全集作者之先父唐迪風所著「孟子大義」與先母陳卓僊所著「思復堂遺詩」二書。「孟子大義」原爲成都敬業學院叢刊第一集，北平京城印書局排印，於一九三一年（民國二十年）十一月出版，全集作者於一九七四年據「學衡」第七十六期所轉載將之重刋，並加收其他遺文及有關資料。「思復堂遺詩」於一九七三年由全集作者編訂出版。二書收入全集時皆經全集編輯委員會校訂，並增補若干資料。

孟子大義

唐迪風遺像

唐迪風遺墨之一

至聖先師二千三百八十一年閏六月晦

迪風志

陶淵明集

唐迪風遺墨之二

祁寬曰昔人自作祭文挽詩者多矣或寓意騁辭成於暇日寬攷次靖節詩文乃絕筆於祭挽三篇蓋出於屬纊之際者情辭俱達尤為精麗其於晝夜之道了然如此古之聖賢唯孔子曾子能之見於曳杖之歌易簀之言嗟哉斯人沒七百年未聞有稱贊及此者因表而出之附于卷末

趙泉山曰嚴霜九月中送我出遠郊與自祭文律中無射之月相符知挽辭乃將逝之夕作是

唐迪風墓誌銘　附題識

歐陽漸　竟無

民國十四年秋、支那內學院建法相大學、先三日、宜賓人唐烺字鐵風者至。坐定、呈志情急、口吃、至於流涕。予已爲之動。釋奠之日、徧拜大衆、懺訴生平、則涕泗交幷、一時大衆悚然。學幻三年、躬杵臼、妻炊爨、童子繞榻讀、三數人、歌聲若出金石。妻陳大任、蜀奇女子也、能詩、有句：今年更比去年窮、零米升升過一冬。以是不可久、棹還蜀。鄉居食粗糲、大任有句：自礱麥麵和麩飽、清羹鮮蔬入碗香。鐵風處之晏然。嗚呼、可以約矣。夫奪志之敵、有三大勢。曰貧、曰賤、曰險。邁往之士、遇之而廢然返者、蓋纍纍也。三玆者備、而能悍然、可以適道。三玆者盛、禦之而無術、必敗、不能清淨自然。力爭之、矜持有過激行、亦無妨也歟。元年革命成、蜀之士不圖建樹、而競祿。鐵風憤而有句：武士頭顱文士筆、竟紛紛化作侯門狗、誰共我、醉醇酒。或勸之仕、曰、君其往、吾已祝土神善固其土矣。思以正論移易天下、主筆國民公報、視強禦橫勢、蔑如也。胡文瀾督蜀、日殺不辜、封其報、執事匿、鐵風出而自承、幾不測。八年、陳大任截髮、非議蜂起、官禁示。鐵風文喻衆、呈懲官、不稍退。親倩有貌似鐵風者、積怨於其鄉、鄉農民設農民協會殺人、或任意、睚眦必報、逮鐵風囹圄矣。鐵風吟詩自若。嘗扁舟溯江、灘急觸舳艫、拯大任於水、抱兒行烈日中、夜則哺之。稍閒、秉燭讀、舟泊綠林出沒地、蒹葭白露之聲、與微波幽月而徘徊。生平無一隙廢誦、有資輒購籍、或臥病、則出其舊碑、名畫、文石、古泉、把玩摩挲不已。教學二十年、語未嘗不動人。教學月所得、十餘金耳。有乞資返里者、悉與之、不吝、而亦不問其名。蓋強制之力有如此。然最後易鐵風爲廸風、而別字淵嘿。則亦漸近自然矣。惜哉不永年、以二十年五月十日死、生世四十六耳。葬於鄉。子二、君毅慈幼。女三、至（中）恂（季）寧（孺）。毅能繼父志、以狀來乞銘。銘曰：

乳狗噬、於菟避、無敵者氣。塞堪輿、制夷狄、沛然孰禦。國風靡、不若是、思吾狂士。

（「竟無詩文」支那內學院刻本）

附：歐陽竟無先生爲先父所書「思誠」二大字，長數尺。題識有：「迪風挈眷萬里，精研三祀。膏火無資，而歌聲若出金石。古人所難，不圖于今見之。誠之所至，何事不成。……」餘不復憶。

（甲寅三月君毅誌）

唐迪風別傳

劉咸炘 鑑泉

余年三十，而足不出百里間；所與游者，惟姻黨及父兄門下。丙寅出敎國學，始得新交數人，其一爲宜賓唐迪風。交三年，而迪風暴疾卒。余悼惜之甚。迪風非碌碌之人，或怪之，或惡之，或感之，他日當不泯爾。顧以余所知其自成成人之志，皆未克遂。成書數卷，非其至者。弟子所錄遺言，亦非其獨得。余與交日雖甚短，而頗聞其自道，又頗有他語，銘于余心，亦足以見其爲人。因綴之以爲別傳。知迪風者見之，或當以爲未盡。然余所見之迪風，與余所不忘之迪風，則在是矣。迪風謂余曰：子新交吾，止知今吾舊耳，不知故我，吾乃極新。又曰：吾遺腹生也。吾母卒而吾大病，傷之而病，病而萬念灰，灰而反求於先聖賢之書。乃走金陵執贄于歐陽先生。又曰：子知吾之從歐陽先生乎？既見卽請曰：弟子不願學佛，願學儒。先生不訶也。又曰：子知歐陽先生乎？卽使其所說敎，無一句是，其人要不可及。此皆迪風初交余所談。余于是知迪風之誦孔孟朱陸，于舉世不喜之時，其故安在也。余固好談，而每怯不敢談，忙不暇談。迪風好談尤甚，亦忙不暇談。與余相見，甫坐定則談。談于余塾，則諸生皆驚，而來環于坐前；談于余家，則諸童皆驚，而來環于窗外。余亦變怯爲勇，變簡爲繁，變默默爲叨叨。迪風長身疏髯，聲高而壯，其言多直致，不作步驟，不尙分析。其登講席也，隔舍聽之，若有所訶斥。人或輕之，謂非工於演說者。而余則覺其言多渾而警，足以使頽者起立也。迪風持論，不盡與余同。余好道家，而迪風稍輕之。迪風詆愼子爲鄉愿，而余稍寬之。迪風宗象山，而余嫌象山太渾。若此小小者，頗有之。余奉家學，不敢以驟進于迪風。迪風亦略不及。余作三進篇成，以示迪風，而迪風漫是之。余亦不復進論。至今以爲遺恨。然當迪風與余高談，則相爭者一，而相應和者九。其尤兩快者，則人禽之辨、聖狂之異，大聲而疾呼。余嘗伺其間而笑曰：子誠大膽，夫我則未能，顧子乃衝鋒手耳。迪風亦笑而起曰：吾誠衝鋒，吾固願衝鋒。意蓋謂舍我其誰也。敬業學院者，迪風與二三同道友所設，沿俗男女同班已久矣。一日迪風忽慨然謂余曰：吾終當使此學院，男女分班。余聞之乍驚而肅然起敬。蓋雖迪風，余亦不意其竟有此言也。一日謂余曰：吾近乃覺西方之學，與吾華先聖之學絕不同，吾輩談先聖之學，絕不可借西方語。余聞之愕然，以爲過，而亦爲之肅然。又一日謂余曰：吾近愈覺古人不可及，邵康節、黃石斋之數學，大有蘊蓄，吾當求之。余聞之，亦默然不敢論。嗚呼，迪風之舊，豈止今日之所謂舊哉。余亦以是知迪風爲不可及矣。迪風在敬業學院講孔學概要，宋明理學，嘗與余同下講堂，忽謂余曰：吾知吾今失敗矣。在講堂講理學，聽者多不得其緒。余曰：是固然，不獨學生向未習先儒書也。今人開口說治國、平天下，曾不知有身心，子亦思子昔之歸心先聖賢者，何由乎？子得問題者也，而彼豈有是哉？因相與太息。迪風又嘗從容謂余曰：子之史學，當多傳道，不可空講；必以史學爲軀體，當今非此不能正邪說。吾不能如子之多所涉，一指不能按數蝨。惟願得再溫五經，或當更有所窺見發明，他學吾亦不屑措意也。迪風論學，重心得。當羣學競炫之時，若無一長可見；而時出一言，根極理要，足使博辨者廢然。嘗謂余曰：子勤于寫，吾胸中亦多可寫，而懶不克寫。余因勸以速寫，蓋使迪風爲長篇論著，以辨俗學，未必能勝。若隨筆記錄，而揀擇之，必多可觀。今迪風往矣，說經之願既未償，可寫者，亦多未寫。其精言高論，卽余所聞者，亦一時不可憶。今所記者僅此耳。然已足見其精神矣。迪風名烺，初字鐵風，晚更書爲迪風；而友朋中或戲呼爲唐風子。觀其名字，亦可以想見其人焉。

（見「推十文集」（尚友書塾刻本）卷一傳）

又「吳碧柳別傳」：

唐迪風別傳成，錄寄江津吳芳吉碧柳，復書見許。

碧柳與迪風，雖皆不合時宜，而世遇則異。迪風多爲人所惡，雖亦有感之者，而幾至避地。碧柳則多爲人喜，雖謗亦隨之，而所至親附者衆。碧柳卒于其縣中學校長之任，積勞而病，其死也哀誄詩傳表頗具，較迪風爲赫諠矣。迪風形頎長，而氣盛露，碧柳則體遒削，而氣沈抑。迪風詞鋒雖可畏，而顏常若笑；碧柳平居訥訥，而有不當意，則雙眸眈眈直視。以昔人品藻言之，蓋迪風近狂，而碧柳近狷焉。（鑑泉先生吳碧柳別傳成，旋亦病逝。惜哉。君毅誌）

附：吳碧柳遺書四節

鐵風告我：「儒家於善善之心，充量發達；惡惡之心，務求減少；否則一身以外，皆可殺也。」有味哉！有味哉。（十八年與吳雨僧）

兄謂我輩皆有不免好名之病，實體認得淸楚。嘗聞鐵風談及：「市井之人多好利，江湖之人多好名。」亦覺道出自家病處，蓋正所謂江湖人也。（廿年與劉鑑泉）

唐鐵風者，吉僅見之矣。重大聘吉，當更聘鐵風。世之訴鐵風者，憾其激烈。吉所取之，正在此耳。古惟狂狷，可以作聖。彼學養未至，卽自中行入者，必爲鄉愿無疑。弟與吉，皆傷於狷。鐵風特病狂耳。然蜀中學問之正，未有過鐵風者矣。（與鄧紹勤）

近日國中孔墨合一之說，以爲旣可以取容于時，又可以標新領異。實則鐵風所謂鄉愿耳。眞令人思鐵風不置也。（答友人書）

孟子大義重刊記及 先父行述

唐君毅

孟子大義，先父迪風公諱烺、僅存之遺著也。先父生于清光緒十二年丙戌夏五月十七日，歿于民國二十年辛未夏五月十日，享壽四十五歲。吾家先世，業農于廣東五華。六世祖以歲荒，乃遠徙四川宜賓，初爲人傭工，後仍業農于宜賓柏樹溪周塤。至 吾祖樹寅公，始就塾讀書，習爲八股文，未及冠而病歿。吾 父則吾 祖遺腹子也。祖母 盧氏，苦節一生。憶吾 父每道及吾 祖母事，輒爲感泣。吾 父年十八，應童子試，爲吾鄉末科秀才。旋就學于成都敍屬聯中，及法政專門學校。敍屬聯中，爲清末吾川革命黨聚會之所，其師生以辛亥革命二次革命殉難者，如張烈五諸先生，世多知之。吾 父未嘗自言其亦列名黨籍。唯憶吾 祖母嘗對吾言，吾 父於清末，卽自剪辮髮。吾 祖母慮禍之及門，乃將剪下辮髮，再針織于吾 父之帽後云云。民國元年，吾 父時年二十六。雙流李澄波氏，初隸同盟會，創辦國民公報于成都。吾 父爲文投稿，旋卽被聘爲主筆。顧民國初建，黨人文士，多趨附權勢。憶吾 父有賀新涼詞，其下闋之二句曰：「武士頭顱文士筆，競紛紛化作侯門狗」，蓋憤激之深也。民國三年，胡文瀾督蜀，爲政不協民心。吾 父爲文評斥。胡遂欲查封報館。

吾　父出而自承，願負文責，而查封之令遂罷。乃應李宗吾先生之聘，任教川北江油之省立第二中學。李先生立身持己，素剛健不拔；而憤世疾俗之情，不能自已；遂轉而以詼諧玩世之言，出之于書。其厚黑學一書，初蓋卽發表于國民公報。其書謂古今之爲政者，其術多不外出于面厚心黑，而舉史事以證之。書出而世論大譁。吾　父獨心知其意，更爲之序，謂其意在以諷爲諫云云。吾　父旣任教江油二載，仍返成都，主國民公報筆政，吾家亦住報社中。其時吾尙年幼，于吾　父所學所思，一無所知。惟憶一日吾家人皆改服新衣，如和尙衣，而袖略小。後乃知是吾父欲復明代衣冠，乃舉家爲倡。大率在吾祖母逝世以前，吾　父言行，多獨來獨往，不顧世之非笑。爲學則推崇餘杭章太炎氏，好文字音韻之學。章氏爲新方言，吾　父更作廣新方言；就蜀中方言，考其在文字學之淵源。吾年九齡，卽教以背誦說文解字。吾甚苦之。其時吾　父于儒者之學，亦蓋初不相契。嘗聞吾　父一學生言，謂民國九年前，吾　父任教于成都省立第一中學、省立第一師範、及華西大學時，嘗出題，命學生歷舉孔子之失云云。民國九年，吾　祖母逝世，吾　父年三十五，而其學遽變。民國十年，吾　父與彭雲生、蒙文通、楊叔明諸先生，同應重慶聯中之聘，旋應重慶第二女師之聘，吾家遂旅居重慶者四年。憶吾年十三，始就讀重慶聯中。其第一年之國文，卽由吾　父講授，以老莊孔孟之文爲教材。第二年國文則蒙文通先生更爲講授宋明儒學之義。吾　父遂購孫夏峰理學宗傳一書，供吾自學之資，使吾竟得年十五而亦志于學。第二女師校長　蒙公甫老先生，亦講理學。並嘗輯古今之言「仁」與

「敬」者爲一書，囑吾　父爲之序。時吾　父之所述作，憶更有孔學常談、及孔門治心之道二文，是皆見自吾　祖母逝世，而吾　父之學，遂歸宗于儒。憶吾家居重慶時，吾　父嘗一度赴成都，移　祖母柩至宜賓故里，合葬于吾　祖父墓。吾　父于途中，惟寄吾　母一七絕詩。今尚憶其中有「歸烏無地報私情」之句。蓋自此而後，吾　父乃益感生死事大；遂于民國十四年，與吾　母及妹弟赴南京，問佛學于支那內學院　歐陽竟無先生，時吾　父年已四十矣。吾則就學于燕京。民國十六年春，吾赴南京歸省。見吾　父母及弟妹，賃陋巷中之一室而居。其地去支那內學院數里許，而吾　父徒步往來，風雨不輟。以生事日艱，吾　父母遂啓程還鄉。至武漢，而國民革命軍至，乃避居　舅祖盧政公家。舅祖爲當地地主，而鄉農協會欲加以逮捕。以吾　父貌似吾　舅祖，竟被誤逮，居囹圄者旬日，乃得釋。而無資斧歸蜀，覊留于武漢鄉間者，逾半載，方重返成都。

吾　父重返成都後，嘗任教當時之成都大學、四川大學等校，所講者仍爲儒學，未及于佛學。吾　母思復堂詩，悼吾　父詩有「學幻三年歸，仍載壁書賡」之句，蓋紀實也。時又與諸父執，如　彭雲生先生等，共創辦敬業學院。學院只設文學院，以吳芳吉先生主持中國文學系，蒙文通先生主持中國歷史系，劉鑑泉則主持中國哲學系，吾　父被推爲院長。彭雲生先生則任教務，而實主持校政。故此學院之創設，以　雲生先生之功爲最大。顧　雲生先生及其時學院之若干教師，籍青年黨，爲其時國民政府之教育部所不喜，學院遂不得正式立案。吾　父既歿，雲生先生更苦心支持數年，至民國二十四年而停辦矣。惜哉。

敬業學院諸君子中，吳芳吉先生嘗任教中國公學、西北大學，並以詩文名海內。蒙文通先生嘗任教北京大學、河南大學，其史學之著，亦爲世所知。劉鑑泉先生承其乃祖劉沅氏之家學，年二十卽發憤著書，年三十七而歿，已成書數百卷。其年壽之不永，與著書之多，皆與劉申叔氏相類，而世罕知之。梁漱溟先生嘗爲吾言，其去成都，唯欲至諸葛武侯祠堂，及鑑泉先生之讀書處，並嘗轉載其動與植之一文，于其所著中國民族自救運動最後覺悟一書，作爲附錄。鑑泉先生書，以木版刻于成都，雖流佈未廣，然讀其書者皆服其博學與卓識。雲生先生詩，醇雅樸厚，蓋多已自刊。後皆當不泯爾。至吾　父之著，則唯孟子大義一書，曾由　雲生先生列爲敬業學院叢刊，于民國二十年冬，刻于燕京；後經學衡雜誌七十六期加以轉載。此外，則如　雲生先生所提及之諸子論釋、志學謏聞、及文集、詩集若干種；與吾所知之吾　父初年所著之廣新方言，廿餘年之治學日記，及門人學生所記語錄，初並藏于吾家。其中之治學日記，尤爲吾　父治學之心得所在，最堪珍貴。抗日戰起，吾慮或有被日機炸毀之虞，乃並家藏古籍，移置雙流彭家場劉宅，以爲可得保全。不意以劉家爲地主之故，而于二十三年前，其家遭受清算之時，乃併吾　父之遺稿，及其所藏書，共運入製紙工場，化爲紙漿。吾　父之所述著，不亡于敵國外患，乃以內亂，而永成湮沒，嗚呼痛哉。吾來港後，曾屢函居大陸之妹弟，探詢吾　父遺著消息，答書皆含混其辭，後乃以實相告。吾十餘年來，屢遊日本及歐美，恒就其藏中文書刊之圖書館，搜求吾 父遺文之刊載于報章者，而所得則寥寥無幾。雲生先生初刊之孟子大義，聞在大陸圖書館尚有存者，亦路遠不可得。今滄海横流，世變日亟，吾 父逝世，忽忽已將四十三載。日月逝矣，歲不我與。今惟就學衡所轉載之孟子大義，重加刊印，以聊盡人子之心。並將 歐陽竟無先生所爲墓誌銘、劉鑑泉先生所爲別傳、彭雲生先生孟子大義跋、吳碧柳先生書札中道及吾 父之二語，吾搜求僅得之甲寅雜誌所載吾 父之一文，暨三書札，及吾所僅憶及之遺文二篇、遺詩七首，並視若滄海遺珠，附載此書中，以使後之來者，得略想見吾 父之爲人與爲學之遺風。

吾以不肖，自年十七，卽游學在外，未得隨侍吾親。吾在大學讀書，則習染世風，謬崇西哲之學。每以中土先哲之言，析義未密，辯理不嚴，而視若迂闊，無益于今之世。故每當歸省，與吾 父論學，恒持義相反；辭氣之間，更無人子狀。而吾 父則皆加以寬假。唯嘗嘆曰：「汝今不契吾言，俟吾歿後，汝當知之爾」。然吾當時亦不知其言之痛切也。至吾年二十三，吾 父逝世，吾乃賴吾 父神靈默祐，悔其少年之見，得有契于先哲及吾 父之言。然皆不得面陳于吾 父之前，更承吾 父之教矣。悠悠天地，終身之憾，更何由補。

吾 父好與人談，談輒不知倦。嘗自謂，能篤信性善，其言談多直心而發。與學生講論義理，或引古今人行事爲證；于其事之可歌可泣者，未嘗不動容。平日爲學，喜抄書。于古聖賢書及所好詩文，皆以小楷恭錄，無一筆苟。又好紋石，暇則摩挲忘倦。蓋取其文理見于外，堅剛蘊于內耶。諸父

執與吾　父論學，雖不無異同，然于吾　父之爲人，則皆無間言。嘗見吳碧柳先生與其友人書，稱吾　父之論學，謂當世吾川學問之正，尚未有能過吾　父者云云。吾　父嘗欲爲人學一書未就。今僅成之孟子大義一書，要在以辨義利、道性善、息邪說、正人倫政教、述孟子守先待後之學。吾　父以深惡鄉愿之亂德，更有感于爲鄉愿者，亦恒有其理論以自持，乃有鄉愿學派之說。時諸父執，皆不謂然。吾亦嘗疑之。近乃心知其意，乃在謂：人必自先去其用以自持其爲鄉愿之理論，方得免于爲鄉愿。吾年來亦日益感吾平日之爲文論學，不能如吾　父之直心而發，而喜繁辭廣說；正多不免隨順世俗所尚之鄉愿之習。今惟望假我餘年，得拔除舊習，還我本來，庶幾不愧吾　父之教耳。是爲記。

甲寅三月二日　唐君毅記于南海香州

校後附記

吾校　吾父孟子大義既畢，乃更于字裏行間得知吾　父志業所存。此蓋可以第三章首節、及第五章末節之數語概之。此數語者，感刻吾心。今照錄于下，讀者幸會之。

「夏而變爲夷，中國之憂也。人而流爲禽獸，聖人之所深懼也。憂而後設教，懼而後立言，不得已而後講學，無可奈何而後著書，以詔天下後世；孟子之閎識孤懷，孟子所欲痛哭而失聲者也。」

「天地不生人與禽獸同，自必有人知其實有以異于禽獸。千載而上，有聞而知之、見而知之者；千載而下，自必有聞而知之、見而知之者。人心未死，此理長存，宇宙不曾限隔人，人亦何能自限。豈必問夫道之行不行，學之傳不傳哉。」

君毅附記　甲寅四月廿一日

孟子大義序

唐迪風　遺著

愚生而不見父，幼而嗇，游及長、又不知請益賢師友。其在斯世，直一內愧神明之人爾，惡足以知孟子。然愚雖不學，寧能無言哉，吾聞吾族風化之原，倡自庖犧，歷唐虞而三代，文質異數，舉不越乎人倫，苟於人倫有遺憾，是雖功烈震寰宇，著述充楹橱，亦適爲兩間之稊稗，故人倫者，人之所以自盡其才，而爲天地立心者也。愚讀孔孟書垂四十年，賴先哲之靈，俾不終於迷而不復。審乎天下之亂，非衆人之爲也。一二予智自雄之士，不安於故常，而日鶩於抉破藩籬，以逞其俄頃之私計，而天下之禍乃相引而無已時。蓋自戰國以來，至於今尤厲。烏乎，邪說不熄，正學不昌，良善不得司政敎之樞機。天地陰陽之氣有所湮鬱，其寄之於人，亢焉則凶殘貪戾，卑焉則讒諂面諛，小人則放辟邪侈無所歸，君子則奮迅激昂而無以自聊賴，則甚矣習之傷其性也。抑吾思之，吾國治術衰微之迹，肇於晚周，而窮於近世，而其病端在於斲秉彝趣外物，舍平易求新奇。孟子曰，堯舜之道，孝弟而已矣。又曰，人人親其親、長其長、而天下平。又曰，老吾老，以及人之老，幼吾幼、以及人之幼，天下可運於掌。果有不絕於人類，而欲邀我神聖祖宗之鑒佑者，其必思所以自反哉。愼勿以愚之不肖，而輕棄吾固有之學。是則愚述孟子之微志也。民國十九年歲次己巳，夏六月，宜賓唐迪風。

第一章　辨義利

第一節　舜蹠之分

孟子，學孔子者也。孔子之學，得孟子而益光，戰國無孟子，則聖人之志微矣。孟子書七篇，恒兢兢於義利之辨，義利之辨，王伯之分，君子小人之界域也。不明乎義利之辨，不足以知孟子，更不足以知孔子。不明乎義利之辨，惡知人之所以爲人，惡知道之所以爲道，惡知政教之所以爲政教。孟子曰：

> 孟子盡心上。雞鳴而起，孳孳為善者，舜之徒也。雞鳴而起，孳孳為利者，蹠之徒也。欲知舜與蹠之分，無他，利與善之間也。

舜孳孳爲善者何？好善也。蹠孳孳爲利者何？好利也。舜何以好善？習於善也。蹠何以好利？習於不善也。舜何以習於善？志於善也。蹠何以習於不善？不志於善也。舜蹠同是人，何以或志於善？或不志於善？曰，明於義利之辨，則志於善，昧於義利之辨，則不志於善。微乎危乎，學者不可不察也。

孟子書第一章云：

孟子見梁惠王。王曰，叟不遠千里而來，亦將有以利吾國乎？孟子對曰，王何必曰利，亦有仁義而已矣。王曰何以利吾國，大夫曰何以利吾家，士庶人曰何以利吾身，上下交征利而國危矣。萬乘之國弒其君者必千乘之家，千乘之國弒其君者必百乘之家，萬取千焉，千取百焉，不為不多矣。苟為後義而先利，不奪不饜，未有仁而遺其親者也，未有義而後其君者也，王亦曰仁義而已矣，何必曰利。

梁惠王遇守先待後之聖哲，不問遠者大者，而先以利爲問，其志趣可知已。夫利與害相接，義與害相違，知利而不知義，父不必盡其在我之慈，而惟以孝責望於其子。子不必盡其在我之孝，而惟以慈責望於其父。兄不必盡其在我之友，而惟以恭責望於其弟。弟不必盡其在我之恭，而惟以友責望於其兄。夫不必以正自處，而惟以順責望於其婦。婦不必以順自處，而惟以正責望於其夫。人人欲享便宜，人人都不負責，甘心自暴自棄，而力求酬報於他人。一家如是，一國如是，父不父，子不子，兄不兄，弟不弟，夫不夫，婦不婦，上不上，下不下，師不師，友不友，老不老，幼不幼。其進也以利相市，其退也以利相傾，其合也以利相結，其離也以利相阬，政胡以平？教胡以成？家胡以正？國胡以衡？人胡以寧？故孟子首嚴義利之辨，學者苟於此路認不清，何以言學。

第二節　義為春秋所貴

春秋貴義而不貴惠，孟子承其旨，於義利之限析之甚嚴。楊墨許行白圭輩，直情徑行，外人倫而爲道，潰夷夏之防，重生民之禍，有王者起，在所必誅。

孟子離婁下。孟子曰，王者之迹熄而詩亡，詩亡然後春秋作。晉之乘，楚之檮杌，魯之春秋，一也。其事則齊桓晉文，其文則史，孔子曰，其義則丘竊取之矣。

孟子盡心下。又曰，春秋無義戰，彼善於此，則有之矣，征者上伐下也，敵國不相征也。

孟子告子下。又曰，五霸者，三王之罪人也，今之諸侯，五霸之罪人也，今之大夫，今之諸侯之罪人也。

戰國從衡，眞僞分爭，諸子之言，紛然殽亂，是謂無教。地醜德齊，莫能相尙，脅肩諂笑，比周於市朝，是謂無政。何以無教，所學不外於利爾，何以無政，所行不外於利爾。故利也者，邪說所由橫，而亂政所由生也。論語曰，謹權量，審法度，修廢官，四方之政行焉。興滅國，繼絕世，舉逸民，天下之民歸心焉。所重民食喪祭，寬則得衆，信則民任焉，敏則有功，公則說，此春秋所貴之義也，此孟子所言之義也。

第三節 出處、進退、辭受

義利之分，無處不有，無時不有，然孟子與弟子相問答，尤拳拳致意於出處去就辭受取與之間。以伊尹之元聖，堯舜其君其民之盛德大功，而其本乃在乎千駟一介之不視不取。伯夷伊尹之不同於孔子也，而其同者，則以行一不義，殺一不辜，而得天下，不爲。（本顧亭林語）可知智愚賢不肖之殊，正視其能過此關頭與否爲斷。

孟子告子上。孟子曰，魚我所欲也，熊掌亦我所欲也，二者不可得兼，舍魚而取熊掌者也。生亦我所欲也，義亦我所欲也，二者不可得兼，舍生而取義者也。生亦我所欲，所欲有甚於生者，故不為苟得也。死亦我所惡，所惡有甚於死者，故患有所不辟也。如使人之所欲莫甚於生，則凡可以得生者何不用也，使人之所惡莫甚於死者，則凡可以辟患者何不為也，由是則生，而有不用也。由是則可以辟患，而有不為也。是故所欲有甚於生者，所惡有甚於死者，非獨賢者有是心也，人皆有之，賢者能勿喪耳。

孟子滕文公下。陳代曰，不見諸侯，宜若小然，今日見之，大則以王，小則以霸，且志曰枉尺而直尋，宜若可為也。孟子曰，昔齊景公田，招虞人以旌，不至，將殺之，志士不忘在溝壑，勇士不忘喪其元，孔子奚取焉，取非其招不往也。如不待其招而往，何哉？且夫枉尺而直尋者，以利言也。如以利，則枉尋直尺而利，亦可為與。公孫丑問曰：不見諸侯何義。孟子曰，古者不為臣不見，段干木踰垣而辟之，泄柳閉門而不內，是皆已甚，迫斯可以見矣。陽貨欲見孔子而惡無禮，大夫有賜於士，不得受於其家，則往拜其門。陽貨瞯孔子之亡也而饋孔子蒸豚，孔子亦瞯其亡也而往拜之。當是時，陽貨先，豈得不見。曾子曰，脅肩諂笑，病於夏畦。子路曰，未同而言，觀其色赧赧然，非由之所知也，由是觀之，則君子之所養可知已矣。孟子盡心上。孟子曰：古之賢王好善而忘勢，古之賢士何獨不然，樂其道而忘人之勢。

孟子之言類此者甚衆。故曰，君子居易以俟命。

第四節　食　色

飲食男女，人之大欲存焉，孟子未嘗謂食色之欲為可絕，卽宋儒亦未嘗以食色之得其正者置之天理之外，特不似逸居無教者之縱恣無度，惟所欲爲爾。

孟子告子下。任人有問屋廬子曰，禮與食孰重？曰：禮重。色與禮孰重？曰：禮重。曰：以禮食則飢而死，不以禮食則得食，必以禮乎。親迎則不得妻，不親迎則得妻，必親迎乎。屋廬子不能對，明日之鄒，以告孟子。孟子曰：於答是也何有，不揣其本而齊其末，方寸之木可使高於岑樓，金重於羽者，豈謂一鉤金與一輿羽之謂哉。取食之重者與禮之輕者而比之，奚翅食重。取色之重者與禮之輕者而比之，奚翅色重。往應之曰：紾兄之臂而奪之，食則得食。不紾則不得食，則將紾之乎？踰東家牆而摟其處子，則得妻，不摟則不得妻，則將摟之乎？

孟子盡心下。孟子曰：說大人則藐之，勿視其巍巍然。堂高數仞，榱題數尺，我得志，弗為也。

食前方丈，侍妾數百人，我得志，弗為也。般樂飲酒，驅騁田獵，後車千乘，我得志，弗為也。在彼者，皆我所不為也。在我者，皆古之制也，吾何畏彼哉。

內重則外自輕，義重則利自輕，養小以失大，人也而鄰於物矣，是以君子慎所擇。

第五節　孟子之自待

上無道揆，則以勢利奔走天下之人而求其用。下無法守，則怵於勢利而無以格其非心。孟子不幸而會逢其適，其去就益不能不稟於義。

孟子盡心上。孟子曰：廣土衆民，君子欲之，所樂不存焉。中天下而立，定四海之民，君子樂之，所性不存焉。君子所性，雖大行不加焉，雖窮居不損焉。分定故也，君子所性，仁義禮智根於心，其生色也，睟然見於面，盎於背，施於四體，四體不言而喻。

孟子公孫丑下。孟子去齊，充虞路問曰，夫子若有不豫色然。前日虞聞諸夫子曰，君子不怨天，不尤人。曰，彼一時，此一時也。五百年必有王者興，其間必有名世者，由周而來，七百有餘歲矣。以其數，則過矣。以其時考之，則可矣。夫天未欲平治天下也，如欲平治平下，當今之世，舍我其誰也。吾何為不豫哉。孟子去齊，居休，公孫丑問曰，仕而不受祿，古之道乎。曰，非也。於崇，吾得見王，退而有去志，不欲變，故不受也。繼而有師命，不可以請，久於齊，非我志也。

孟子之意，何嘗不欲解天下之倒懸，解天下之倒懸，自必有解之之道。若求急功近效而屈身取容，已之不正，惡能正人，身之不治，惡能治世。

綜孟子之教人與其自處者觀之，則知無所爲而爲爲義，有所爲而爲爲利，有所不爲爲義，無所不爲爲利，同於堯舜爲義，爲妻妾羞爲利，聖學爲義，曲學爲利，以善養人爲義，以力服人爲利，弔民伐罪爲義，富有天下爲利，正己以正人爲義，枉道以殉人爲利，樂天知命爲義，壟斷富貴爲利，辭受得其當爲義，貨取爲利，好善爲義，好名爲利，忘勢爲義，慕勢爲利，陳善閉邪爲義，閹然媚世爲利，禮重於食色爲義，食色重於禮爲利，志於仁爲義，苟求富彊爲利，仰不愧俯不怍爲義，不慊於心爲利，明達之士，循孟子之說求之，庶可識生人之坦途矣。

第二章　道性善

第一節　性善之淵源

性善之義，始於孟子乎，抑非始於孟子乎。曰，性善之義，至孟子而加詳，非自孟子而始也。前乎孟子而昌言性善者，則有子思之中庸，中庸首三句云：

天命之謂性，率性之謂道，修道之謂教。

教出於道，道出於性，性外無道，道外無教，明示人以性無不善矣，性無不善。故曰：

自誠明謂之性，自明誠謂之教，誠則明矣，明則誠矣。

中庸全篇，所明惟一誠字，誠也者，善也，性之德也，明善所以誠身，誠身斯爲明善，教者由誠而明，率其性也，學者得師而明，亦率其性。中庸之言曰：

惟天下至誠爲能盡其性，能盡其性，則能盡人之性。能盡人之性，則能盡物之性。能盡物之性，則可以贊天地之化育。可以贊天地之化育，則可以與天地參矣。

盡其性者，可與天地參，則人之所以為人，性之所以為性，舍善固無他道也。中庸之言曰：

> 誠者，自成也。而道，自道也。誠者，物之終始。不誠無物，是故君子誠之為貴。誠者，非自成己而已也。所以成物也，成己，仁也。成物，知也。性之德也，合外內之道也。故時措之宜也，故至誠無息，不息則久，久則徵，徵則悠遠，悠遠則博厚，博厚則高明，博厚所以載物也。高明所以覆物也，悠久所以成物也，博厚配地，高明配天，悠久無疆。如此者，不見而章。不動而變，無為而成。天地之道，可一言而盡也，其為物不貳，則其生物不測。

夫曰自成，曰自道，曰不誠無物，曰成己成物，曰無息，曰博厚高明悠久，曰不貳云云者，皆所以狀誠也。皆所以狀性也。準乎此，則無古無今，無內無外，無人無己，無智愚賢不肖。自東自西，自南自北，自上自下，自左自右，無他道焉，惟一誠字而已，惟一性字而已。

前乎子思而言性善者，則為孔子。

> 論語陽貨篇。子曰，性相近也，習相遠也。子曰，唯上知與下愚不移。

韓昌黎氏本此而作原性，謂性有上中下三品，然孔子之意實不爾爾。性而有上中下三品，何相近之可言，相近者，相似也，相遠者，不相似也。孟子言聖人與我同類者，乃相近之義。（本劉蕺山說）寧得有三品之別耶，昌黎不知上知下愚為氣質，而以之混於性，遂強分之為三，更以根之利鈍，判決性之善不善也。可乎哉。

易繫辭上。一陰一陽之謂道，繼之者善也，成之者性也。仁者見之謂之仁，知者見之謂之知，百姓日用而不知。

繼者言其不絕，成者言其不毀，生生之謂繼，無息之謂繼，可擴充，可達之天下之謂成。仁者曰仁，知者曰知，百姓日用而不知，則性善不由資稟之不同而有異焉，審矣。

性非善，何以直。

論語雍也篇。子曰，人之生也直。

性非善，何足貴。

孝經聖治章。子曰，天地之性，人為貴。

性非善，何足貴。孔子繫易之辭又曰：

易繫辭上。成性存存，道義之門。

易說卦。窮理盡性，以至於命。

性非善，何以爲道義之門，性非善，何盡爲。

前乎孔子，未明言性善而隱含性善之義者，有劉康公。左傳成十三年，載劉之言曰：

民受天地之中以生，所謂命也。是以有動作禮義威儀之則，以定命也。

受天地之中以生，卽天命之謂性。動作禮義威儀之則，卽率性之謂道。

又前，則有詩大雅烝民篇，其辭曰：「天生烝民，有物有則，民之秉彝，好是懿德。」有物卽有則，好懿德爲民之秉彝，此詩人言性善也。

又前則有祖伊，其誡紂曰：「不虞天性，不迪率典」。（商書西伯戡黎）辭雖渾括，亦性善之旨。

又前則有祖已，其訓高宗曰：「惟天監下民，典厥義。」（商書高宗肜日）典者，常也。義者，人心所同然也，以義爲常，性善可知。

又前則有太甲，太甲曰：「顧諟天之明命」。（商書太甲上）天之明命，天之所以與我者。以其無不善，故曰明，顧諟者，盡天之所以與我之量也。

最前則有唐虞之君臣，虞書之述帝堯曰：「克明俊德。」契承堯命爲司徒也，教民以人倫。「父子有親，君臣有義，夫婦有別，長幼有序，朋友有信。」（孟子滕文公上）以德爲性所自具，故能自明，以五倫爲人人所能自盡，五常爲人人所自有，故可施教。堯之咨舜曰：「天之曆數在爾躬，允執其中。」（論語堯曰篇）舜亦以命禹，是堯舜禹相傳，皆以中道爲天所賦於人，人所受於天者，而當時爲士之皋陶，則又道之所寄。其言曰：

虞書皋陶謨。允迪厥德。亦行有九德，亦言其人有德。

德爲固有，故曰厥曰有也。皋陶之言又曰：

虞書皋陶謨。天工人其代之。天敍有典勑我五典五惇哉，天秩有禮自我五禮五庸哉。天命有德五服五章哉，天討有罪五刑五用哉。天聰明自我民聰明，天明畏自我民明威。

言天人不二之義，皆性善之旨也。孔子之所以祖述堯舜，贊美唐虞者，不亦可見歟。

第二節　性善之根據

性善之說，孟子以前之哲人已多言之，而示人以性善之根據，則至孟子而始暢。

孟子公孫丑上。孟子曰，人皆有不忍人之心。所以謂人皆有不忍人之心者，今人乍見孺子將入於井，皆有怵惕惻隱之心，非所以內交於孺子之父母也，非所以要譽於鄉黨朋友也，非惡其聲而然也。

不忍人之心，人所固有，非有所勉強而然，非有所矯揉而然，非有所爲而然，其幡然有如此者。孟子曰：

孟子告子上。惻隱之心人皆有之，羞惡之心人皆有之，恭敬之心人皆有之，是非之心人皆有之。惻隱之心仁也，羞惡之心義也，恭敬之心禮也，是非之心智也，仁義禮智，非由外鑠我也，我固有之也。

惻隱羞惡恭敬是非，情也。惻隱羞惡恭敬是非之心，則仁義禮智之性也。情有動靜而性無動靜，性不可見而情可見，由可見之情，察其不可見之性，則知仁義禮智之爲我所固有，而非由外鑠矣。人於固有之義不瞭，則不達性之本。

孟子盡心上。孟子曰，人之所不學而能者，其良能也。所不慮而知者，其良知也。孩提之童，無不知愛其親者，及其長也，無不知敬其兄也，親親仁也，敬長義也，無他，達之天下也。

愛親敬長，不待學而能，不待慮而知，徵之孩提而無不爾。達之天下而無不爾，而或猶疑焉者。則孟子曰：

孟子告子上。故凡同類者舉相似也，何獨至於人而疑之。聖人與我同類者，故龍子曰，不知足而為屨，我知其不為蕢也。屨之相似，天下之足同也。口之於味，有同耆也，易牙先得我口之所耆者也，如使口之於味也，其性與人殊，若犬馬之與我不同類也，則天下何耆皆從易牙之於味也。至於味，天下期於易牙，是天下之口相似也，惟耳亦然，至於聲，天下期於師曠，是天下之耳相似也，惟目亦然，至於子都，天下莫不知其姣也，不知子都之姣者，無目者也。故曰，口之於味也有同耆焉，耳之於聲也有同聽焉，目之於色也有同美焉。至於心獨無所同然乎，心之所同然者，何也，謂理也。義也，聖人先得我心之所同然耳。故理義之悅我心，猶芻豢之悅我口。

聖之與凡，同人類也，口之性悅美味，聖凡無有乎弗同也。耳之性悅美聲，聖凡無有乎弗同也。目之性悅美色，聖凡無有乎弗同也。若夫悅義理者心之性也，聖凡同此耳目口，聖凡不同此心哉，聖凡同此心，故聖凡同此性。聖凡同此性，故聖凡同此悅。推而放諸東海而準，推而放諸西海而準，推而放諸南海而準，推而放諸北海而準，推而放諸千百世之上，千百世之下，而無不準。曰聖人與我不同類，夫豈其然。

人之恒情信如是矣，更驗之於生死之間，倉猝之際，復何如，孟子曰：

孟子告子上。一簞食，一豆羹，得之則生，弗得則死。嘑爾而與之，行道之人弗受，蹴爾而與之，乞人不屑也。

孟子滕文公上。蓋上世嘗有不葬其親者，其親死，則舉而委之於壑，他日過之，狐狸食之，蠅蚋咕嘬之，其顙有泚，睨而不視。夫泚也非為人泚，中心達於面目，蓋歸反虆梩而掩之，掩之誠是也，則孝子仁人之掩其親，亦必有道矣。

夫簞食豆羹雖甚微，而此刻則關於生死，持以較尋常之萬鍾列鼎，直不可以數量計，然終不以易其不受不屑之心，可知好惡之良，有非外物所能奪者。而仁人孝子，不忍委其親，不能不有掩之之道，亦此物此志也。昧者不察，乃欲斷此不可斷之情，已此不可已之心，滅此不可滅之性，是則可哀也已。

第三節　性之本旨

人性之善，不以長幼而異，不以常變而異，不以聖凡而異，略如上述，而性之本旨究未宣也。

孟子盡心下。孟子曰，口之於味也，目之於色也，耳之於聲也，鼻之於臭也，四肢之於安佚也，性也，有命焉。君子不謂性也。仁之於父子也，義之於君臣也，禮之於賓主也，知之於賢者也，聖人之於天道也，命也，有性焉，君子不謂命也。

孟子盡心上。孟子曰，求則得之，舍則失之，是求有益於得也，求在我者也，求之有道，得之有命，是求無益於得也，求在外者也。

口之於味，目之於色，耳之於聲，鼻之於臭，四肢之於安佚，雖曰性焉，皆有待於外。仁義禮智之性，由事而見，不由事而生，固無待於外也。口之於味，口之融也。目之於色，目之明也。耳之於聲，耳之聰也。鼻之於臭，鼻之通也。四肢之於安佚，四肢之雍容也。皆性之一體也，非性之全體也。當聽之自天，而不可窮其欲者也。故曰，性也有命焉，君子不謂性也。而心之於仁義禮智，則取之吾性而自足。仁莫著於父子，義莫著於君臣，禮莫著於賓主。（夫婦亦賓主也）智莫著於賢者，天道莫著於聖人，惻隱之心曰仁，羞惡之心曰義，辭讓之心曰禮，是非之心曰智，固有之心曰天道，仁者固有之心存於父子者也。義者固有之心存於君臣者也，禮者固有之心存於賓主者也。智者固有之心存於賢哲者也，天道不動而變，無為而成，是則朋友之常而存於聖人者也。此五者，天之所以與我者也，人之所以自盡其才者也。故曰，命也有性焉，君子不謂命也。孟子曰：

孟子公孫丑上。無惻隱之心非人也，無羞惡之心非人也，無辭讓之心非人也，無是非之心非人也。惻隱之心，仁之端也。羞惡之心，義之端也。辭讓之心，禮之端也。是非之心，智之端也。人之有是四端也，猶有其四體也。有是四端，而自謂不能者，自賊者也。

仁義禮智四端之端，本字作耑。耑者，物初生之題也。具此四端之性，夫人不讓堯舜。具此四端之性，夫人可以爲堯舜。孟子曰：

孟子告子下。夫人豈以不勝為患哉，弗為耳。徐行後長者謂之弟，疾行先長者謂之不弟，夫徐行者豈人所不能哉，所不為也。堯舜之道，孝弟而已矣。

舜何人，予何人，有爲者亦若是。顏子之言可思也，顏子之行可師也，學者亦反求諸己而已矣。

第四節　人何以為不善

人之性無不善，而人之所爲不皆善，何歟?曰：

孟子告子上。孟子曰，乃若其情則可以為善矣。乃所謂善也，若夫為不善，非才之罪也。

故可以爲善者，情之正也。其發而不中節者，情之變也。情之正者，人情之所安也。情之變者，人情之所不安也。就孟子之言觀之，人之爲不善，蓋有數因。

(一)由於心失其養，孟子曰：

孟子告子上。雖存乎人者豈無仁義之心哉，其所以放其良心者，亦猶斧斤之於木也。旦旦而伐之，可以為美乎。其日夜之所息，平旦之氣，其好惡與人相近也者幾希。則其旦晝之所為，有梏亡之矣，梏之反覆，則其夜氣不足以存，夜氣不足以存，則其違禽獸不遠矣。人見其禽獸也，而以為未嘗有才焉者，是豈人之情也哉。故苟得其養，無物不長，苟失其養，無物不消。孔子曰，操則存，舍則亡，出入無時，莫知其鄉，惟心之謂與。

善出於性，性根於心。心止於善則正，心有所蔽則放。放矣，則好所不當好，惡所不當惡，習於不善，而與善日遠矣。

(二)由於自暴自棄。

孟子離婁上。孟子曰，自暴者不可與有言也。自棄者不可與有為也，言非禮義，謂之自暴也。吾身不能居仁由義，謂之自棄也。仁，人之安宅也。義，人之正路也。曠安宅而弗居，舍正路而不由，哀哉！

孟子告子上。孟子曰，仁，人心也，義，人路也，舍其路而弗由，放其心而不知求，哀哉！

天之所以與我者，無二性。我之所以順命者，無二理。而乃自絕於天，自外於人，是自求禍也，是自作孽也。

(三)由於弗思。

孟子告子上。孟子曰，拱把之桐梓，人苟欲生之，皆知所以養之者。至於身，而不知所以養之者，豈愛身不若桐梓哉，弗思甚也。孟子曰，欲貴者人之同心也，人人有貴於己者，弗思耳。曰，耳目之官，不思而蔽於物，物交物，則引之而已矣。心之官則思，思則得之，不思則不得也。仁義禮智，非由外鑠我也。我固有之也，弗思耳矣。故曰，求則得之，舍則失之，或相倍蓰而無算者，不能盡其才者也。

心之所以可貴者，以其有仁義禮智之性也。人之所以可貴者，以其能盡其心也。心而弗思，則心失其官守，心失其官守，則耳目口鼻將蔽於物而恣其好惡之情。夫恣其好惡，非情之原也，情之流蕩忘反者爾。

(四)由於境遇。

孟子告子上。孟子曰，富歲子弟多賴，凶歲子弟多暴，非天之降才爾殊也。其所以陷溺其心者然也，今夫麰麥，播種而耰之。其地同，樹之時又同，浡然而生，至於日至之時，皆熟矣。雖有不同，則地有肥磽雨露之養，人事之不齊也。人性之善也，由水之就下也，人無有不善，水無有不下。今夫水，搏而躍之，可使過顙，激而行之，可使在山。是豈水之性哉，其勢則然也，人之可使為不善，其性亦由是也。

人性雖善，而不適之習，亦足隱伏其善而使之不著，此饑饉之年，衰亂之國，所由多媮薄之風也。

第五節　養心

仁義禮智之性，具之吾心而自足，信無人而不然也。惟是天下從無現成之聖賢，徒恃天賦之能，終不足以盡其本性之量，則養心尚已，孟子言養心之道有二：(一)曰存養，(二)曰擴充。

先言存養。

> 孟子盡心下。孟子曰，養心莫善於寡欲，其為人也寡欲，雖有不存焉者寡矣，其為人也多欲，雖有存焉者寡矣。

欲不必害心，而多欲則爲心之害，以心之所安者在簡約之義理，而不在應接不暇之聲色貨利也。

> 孟子盡心上。孟子曰，飢者甘食，渴者甘飲，是未得飲食之正也。飢渴害之也，豈惟口腹有飢渴之害，人心亦皆有害，人能無以飢渴之害為心害，則不及人不為憂矣。

不以利害動其心，固吾性中自有之功用，然非養之有素，則此功用亦隱而不彰。

右所舉二例，皆孟子言存養之最精警者。然而養氣一章，答公孫丑之問，則尤透闢，其言曰：

> 敢問夫子之不動心，與告子之不動心，可得聞與。告子曰，不得於言，勿求於心。不得於心，勿求於氣。不得於心勿求於氣可，不得於言勿求於心不可。夫志，氣之帥也。氣，體之充也。夫志至焉，氣次焉，故曰持其志無暴其氣。既曰志至焉氣次焉，又曰持其志無暴其氣者。何也，曰，志壹則動氣，氣壹則動志也，今夫蹶者趨者，是氣也，而反動其心。

志者心之所安，氣者情之所見，志微乎知，氣表乎行，志言乎體，氣言乎用，志存乎微而達乎著，氣由乎費而通乎隱，視聽言動者氣也。所以視聽言動者志也。志曰氣之帥，則氣者志之卒徒也。氣曰體之充，則志者心之精神也。氣者志之氣，志者氣之志，舍志無以見氣，舍氣亦無以見志。二者雖有主從，而亦交相爲用，誠於中者固必形於外，貌不莊敬者亦必有動於心。告子不知此義，於心與言之不可二者而二之。於內與外之不可二者而二之，此其所以爲硬把捉也。孟子示人以志氣交修之法，先之以持其志，而繼之以無暴其氣，以持其志者養心，而卽以之養氣。以無暴其氣者養氣，而亦卽以之養心。存養如此，可以無憾矣。然而孟子猶慮人之未達也，故下文尤恣言之曰：

敢問夫子惡乎長。曰，我知言，我善養吾浩然之氣。敢問何謂浩然之氣，曰，難言也。其爲氣也，至大至剛，以直養而無害，則塞於天地之閒。其爲氣也，配義與道，無是餒也，是集義所生者，非義襲而取之也。行有不慊於心則餒矣，我故曰告子未嘗知義，以其外之也。必有事焉而勿正，心勿忘，勿助長也。無若宋人然，宋人有閔其苗之不長而揠之者，芒芒然歸。謂其人曰：今日病矣，予助苗長矣。其子趨而往視之，苗則槁矣。天下之不助苗長者寡矣。以爲無益而舍之者，不耘苗者也，助之長者，揠苗者也，非徒無益，而又害之。

此節言養氣工夫。至爲詳盡，約之得三言焉。(一)曰以直，(二)曰勿忘，(三)曰勿助長。直者，心之性也，以直養氣，猶言氣聽命於心耳。所謂必有事焉也，氣聽命於心則通，通故慊，心聽命於氣則壅，壅故餒。忘者，欲於性中有所損，而不知性之無餘也。助長者，欲於性外有所加，而不知性之無闕也，雖然，忘者無益，未若助長之有害也。善學者於此三言而細察之，則雖不中不遠矣。

或曰，是心也，人皆有之，非獨賢者也。非獨大人也，而孟子謂賢者能勿喪，大人不失其赤子之心，心果有喪失耶。不爾，何須存養爲曰。人之情隨物轉其本心爲習心用，大學所謂有所忿懥則不得其正，有所恐懼則不得其正，有所好樂則不得其正，有所憂患則不得其正是也。心不得其正，則雖有而如失，雖存而如喪，如失如喪，人之至可悲者，安得而不濟之以存養之道乎。程明道識仁篇云：

識得此理，以誠敬存之而已，不須防檢，不須窮索，若心懈則有防，心苟不懈，何防之有。理有未得，故須窮索，存久自明，安待窮索。此道與物無對，大不足以名之，天地之用，皆我之用，孟子言萬物皆備於我，須反身而誠，乃為大樂。若反身未誠，則猶是二物有對，以己合彼，終未有之，又安得樂，必有事焉而勿正。心勿忘，勿助長，未嘗致纖毫之力。此其存之之道，若存得，便合有得。蓋良知良能元不喪失，以昔日習心未除，却須存習此心。久則可奪舊習，此理至約，惟患不能守，旣能體之而樂，亦不患不能守也。

心性聖凡所同，存養君子所獨，同者受之於天，獨者修之於己。良知良能元不喪失，又奚足以自多，存養之事已略具矣，請更進而言擴充。

孟子盡心下。孟子曰，人皆有所不忍，達之於其所忍，仁也。人皆有所不為，達之於其所為，義也。人能充無欲害人之心，而仁不可勝用也。人能充無穿窬之心，而義不可勝用也。人能充無受爾汝之實，無所往而不為義也。

吾之善，吾之性中有之，吾之不善，吾之性中無之，吾性無不善，故不善爲吾心之所不安，吾性一於善，故吾可以擴充以盡吾之才。故性也者，本乎天而成乎人，性本乎天，故不知其所始，不知其所終，性成乎人，故求則得之，舍則失之，得其養則長，失其養則消。充之，則窮不失義達不離道。不充之，則放僻邪侈無不爲，然而荀子則振振有辭矣。荀子性惡篇云，人之性惡，其善者僞也。今人之性，生而有好利焉，順是，故爭奪生而辭讓亡焉，生而有疾惡焉，順是，故殘賊生而忠信亡焉，生而有耳目之欲，有好聲色焉。順是，故淫亂生而禮義文理亡焉。然則從人之性，順人之情，必出於爭奪。合於犯分亂理而歸於暴，故必將有師法之化，禮義之道，然後出於辭讓，合於文理，而歸於治。察荀子所謂性，與孟子所言之性，截然不同，使性而信如荀子所皋，則孟子擴充之說良無謂矣。荀子所謂性，乃情欲之蔽於物者，蔽於物之情，由於接物而後有，而不由於先天，而荀子則徑以爲天性有然，使天性而果惡者。則師法之化，禮義之道，不將徒勞而無功也乎。烏也者，生而黑者也。日浴而使之白，荀子能乎否也。沙也者，不可食者也。蒸而使之成飯，荀子能乎否也。荀子謂性者天之就也，不可學，不可事，禮義者，聖人之所生也。人之所學而能，所事而成者也。夫人之性無不惡矣，聖人獨非人乎。何以獨能生禮義，禮義非善乎。人爲之善，乃生於不善之天性，荀子將何以解我之惑也。荀子任人而不任天，其學以化性起僞爲主，不知舍性則僞無自而起。舍天則人無自而然。離天而言人，誣人也。善僞而惡性，誣性也。若荀子者，蓋嘗聞孟子性善之說而未悟其旨者歟。

孟子離婁上。孟子曰，仁之實，事親是也。義之實，從兄是也。智之實，知斯二者弗去是也。禮之實，節文斯二者是也。樂之實，樂斯二者。樂則生矣，生則惡可已也，惡可已，則不知足之蹈之手之舞之。

仁義禮智之性，根於心。仁義禮智之實，流行而不息，生生而不已，曾有不根於心者乎。人而推其愛敬之心，以至於仁至義盡，和順積中，英華發外，所過者化，所存者神，上下與天地同流，亦祇是暢其不息之機，順其不已之術而已，未嘗於天命之性有毫髮之增益也。孟子曰：

孟子盡心下，可欲之謂善，有諸己之謂信，充實之謂美，充實而有光輝之謂大，大而化之之謂聖，聖而不可知之之謂神。孟子曰，堯舜性者也，湯武反之也，動容周旋中禮者，盛德之至也。哭死而哀，非為生者也。經德不回，非以干祿也。言語必信，非以正行也。君子行法以俟命而已矣。

天旣賦吾人以無上之本性，吾人不可不副之以無上之工夫。鳶飛魚躍，海闊天空。勗哉勉哉，愼毋自餒。

第三章 息邪說

第一節 聖賢之憂懼

夷夏何以分，分於人倫，人禽何以辨，辨於人倫，故舍正倫無善政，舍明倫無善敎。夏而變爲夷，中國之憂也。人而流於禽獸，聖人之所深懼也。憂而後設敎，懼而後立言，不得已而後講學，無可奈何而後著書以詔天下後世。孟子之閎識孤懷，孟子所欲痛哭而失聲者也。漢代儒者，數數以孔墨竝稱，洎乎唐代，以昌黎之賢，猶謂孔必用墨，墨必用孔，而近世汪中、曹耀湘諸人，盲於孟子息邪距詖之意，大噓墨學之燄，寖寖乎欲以淫辭詭辯，奪聖學而代之。而天下之暴行遂不可收拾，雖然，及今猶可圖也。升皎日之光。銷陰霾之氣，惟在中正義以收撻伐之功爾。

周之衰也，學校隳，官守失，天下多得一察焉以自好。譬如耳目鼻口不能相通，內聖外王之道，闇而不明，鬱而不發，天下之人，各爲其所欲焉，以自爲方，流而無歸，往而不反，爲我也，兼愛也，功利也。不志於仁而圖富強也，枉己以求富貴利達也，竝耕也，貉道也。以鄰國爲壑也，無親戚君臣上下之矯廉也，皆曲學也，而鄉原尤足以亂德，故孟子深惡而痛絕之。

第二節　為我兼愛

學說之善，可以救濟天下人心之陷溺。學說不善，可以陷溺天下之人心。若楊氏之爲我，墨氏之兼愛，其最著也。

孟子盡心上。孟子曰，楊子取為我，拔一毛而利天下，不為也。墨子兼愛，摩頂放踵，利天下，為之。子莫執中，執中為近之。執中無權，猶執一也。所惡執一者，為其賊道也，擧一而廢百也。

晚周羣言紛然殽亂，其弊正坐擧一廢百，擧一廢百之詞，非第以衡楊墨，亦卽以衡百家諸子。嗚呼，上天下地，吾輩生其間，其能別淄澠之味歟有幾。

孟子好辯章云：

孟子滕文公下。世衰道微。邪說暴行有作，臣弑其君者有之，子弑其父者有之，孔子懼，作春秋。春秋，天子之事也。是故孔子曰，知我者其惟春秋乎。罪我者其惟春秋乎。聖王不作，諸侯放恣，處士橫議，楊朱墨翟之言盈天下，天下之言，不歸楊，則歸墨。楊氏為我，是無君也，墨氏兼愛，是無父也。無父無君，是禽獸也。公明儀曰，庖有肥肉，廐有肥馬，民有飢色，野有餓莩。此率獸而食人也。楊墨之道不息，孔子之道不著，是邪說誣民，充塞仁義也，仁義充塞，則率獸食人，人將相食，吾為此懼。閑先聖之道，距楊墨，放淫辭，邪說者不得作，作於其心，害於其事，作於其事，害於其政。聖人復起，不易吾言矣，昔者禹抑洪水而天下平，周公兼夷狄驅猛獸而百姓寧。孔子成春秋而亂臣賊子懼。詩云：戎狄是膺，荊舒是懲。則莫我敢承，無父無君，是周公所膺也。我亦欲正人心，息邪說，距詖行，放淫辭，以承三聖者。豈好辯哉，予不得已也。能言距楊墨者，聖人之徒也。

夫一治一亂者事，所以治亂者心。心治則事無由亂，心亂則事無由治。欲事之治，當於心上求，不當於事上求。故孟子息邪距詖，以正人心，以上承孔子之祖述堯舜憲章文武。孔子不得大位，不能救民以政，而救民以言，而作春秋。春秋者，定亂之書，誅心之論。上以責暴君汙吏，下以討亂臣賊子，春秋之義行，則亂臣賊子暴君汙吏惕然知所警懼，然不能無所待於王者。孟子所由太息於聖王不作也，聖王不作，諸侯放恣，天下爭務於合從連衡，以攻伐爲賢，國無善政，人無善教，而楊墨於是崛起於其時。楊子有見於己，無見於人，故一於爲我，墨子有見於齊，無見於畸，故一於兼愛，爲我疑於義而非義，兼愛疑於仁而非仁，其流不至於無父無君，率獸食人不止。而或猶謂孟子之言過當，則我不敢知。

列子楊朱篇云。（列子雖偽書。而此篇必有所本。）楊子之言曰，古之人，損一毫利天下，不與也。悉天下奉一身，不取也。人人不損一毫，人人不利天下，天下治矣。又曰，物之所貴，存我爲貴。物之所賤，侵物爲賤。此其爲說，固持之有故，然而取與之道，嚴之可，絕之不可。如楊氏之行不侵物，亦不愛物。人人孤棲孑立，而患難相卹，出入相助，顚危相扶持之路窮矣。楊子又謂忠不足以安君，適足以危身。義不足以利物，適足以害生。夫忠以安君，義以利物，驗之於事，信而有徵。楊子乃以其危身害生，拒之而不信，絕之而不爲，則雖不忠以危君，不義以害物者，亦可自附於楊氏。以楊氏所重在於爲我爾，爲我可以恣耳之所欲聽，恣體之所欲安，恣目之所欲視，恣意之所欲存，則天下何事不可爲。無惑乎楊氏之說，深中於二千年之人心，而幸人之災，樂人之禍者，踵相接也。

墨子魯問篇云，國家昏亂，則語之尚賢尚同。國家貧則語之節用節葬，國家憙音沉湎，則語之非樂非命。國家淫僻無禮，則語之尊天事鬼。國家務奪侵陵，則語之兼愛非攻。墨之爲治，亦多術矣。然其根本，則在兼相愛，交相利。故墨子兼愛非命等篇，數數舉此六字，究其所謂愛者，亦曰利而已。墨書言利者以百數計，墨子情見乎辭矣。彼經上篇云，義，利也。孝，利親也。功，利民也。忠以爲利而強君也，墨子所謂愛者，亦曰利而已。

墨子憂天下之亂，哀天下之不孝不慈，而欲以兼愛救之，其意是也，其行則非。墨子欲泯人親疏遠近之事，其能泯人親疏遠近之心乎，墨子欲泯人親疏遠近之心，其能混一切親疏遠近之事，而強同之乎。君子親其親以及人之親，長其長以及人之長，幼其幼以及人之幼。由近及遠，由親及疏，善推其所爲，而天下以正，應其勢也，順其情也。墨子兼愛無差等，非人之所能安，充墨者之操，可以爲游俠，安能使人人有士君子之行，匹夫匹婦，無一不獲其所哉。然此猶善善從長云爾，若核其實，則其害有不可勝言者。今有同病二人於此，一爲吾之親，一爲齒與吾親相若之鄰老，而吾僅有藥一丸，顧此則失彼，顧彼則失此，墨者將任救其一歟，抑將先吾親也。先吾親，則非兼矣，任救其一，則非孝矣。又有二人於此，一爲吾父，一爲路人，而適逢意外之患，倉猝不及呼，將先免吾父歟，將兼愛歟。兼則力不及，先則有差等，準墨者之道，則於吾父與路人無所擇，無所擇而幸救吾父，則固藉以慰人子之心，無所擇而僅救路人，而吾父竟罹其災，墨子於心安乎否也。夫禮有厚薄，務有緩急，惡乎可兼惡乎能兼兼也者。奇而非庸，詭而非正，道在邇，而墨子求諸遠。事在易，而墨子求諸難。率獸食人，人將相食，惜乎墨子未之思也。

墨子患夫民之飢不得食，寒不得衣，勞不得息。（明鬼下）汲汲焉爲天下憂不足，而其道乃以短喪薄葬爲貴，夫送死爲人子之大事，故君子不以天下儉其親，非直爲觀美也。荀子禮論云，禮者，謹於治生死者也。生，人之始也。死，人之終也，終始俱善，人道畢矣。故君子敬始而愼終，終始如一，是君子之道，禮義之文也。夫厚其生而薄其死，是敬其有知而慢其無知也。是姦人之道而倍叛之心也，君子以倍叛之心接臧穀，猶且羞之，而況以事其所隆親乎。故死之爲道也，一而不可得再復也。臣之所以致重其君，子之所以致重其親，於是盡矣。故事生不忠厚，不敬文，謂之野。送死不忠厚、不敬文，謂之瘠。又云，三年之喪，何也。曰，稱情而立文，因以飾羣，別親疏貴賤之節，而不可益損也。故曰，無適不易之術也。創巨者其日久，痛甚者其愈遲。三年之喪，稱情而立文，所以爲至痛極也。齊衰苴杖，居廬食粥，席薪枕塊，所以爲至痛飾也。三年之喪，二十五月而畢，哀痛未盡，思慕未忘，然而禮以是斷之者，豈不以送死有已，復生有節也哉。凡生乎天地之間者，有血氣之屬，必有知。有知之屬，莫不愛其類。今夫大鳥獸，則失亡其羣匹，越月踰時，則必反鉛，過故鄉，則必徘徊焉，鳴號焉，躑躅焉，踟躕焉，然後能去之也。小者是燕爵，猶有啁噍之頃焉，然後能去之，故有血氣之屬，莫知於人，故人之於其親也，至死無窮，將由夫愚陋邪淫之人與，則彼朝死而夕忘之，然而縱之，則是曾鳥獸之不若也。彼安能相與羣居而無亂乎，將由夫脩飾之君子與。則三年之喪，二十五月而畢，若駟之過隙，然而遂之，則是無窮也，故先王聖人安爲之立中制節，一使足以成文理，則舍之矣。墨子不明古聖王制禮之精意，而短喪薄葬，夫獨非人子歟。奈之何，其忍以不仁不孝，率天下之人也。孟子滕文公篇云：

墨者夷之，因徐辟而求見孟子。孟子曰，吾固願見，今吾尚病，病愈我且往見，夷子不來，他日又求見孟子。孟子曰，吾今則可以見矣，不直則道不見。我且直之，吾聞夷子墨者，墨之治喪也，以薄為其道也，夷子思以易天下，豈以為非是而不貴也。然而夷子葬其親厚，則是以所賤事親也，徐子以告夷子，夷子曰，儒者之道，古之人若保赤子，此言何謂也。之則以為愛無差等。

施由親始，徐子以告孟子。孟子曰，夫夷子信以為人之親其兄之子，為若親其鄰之赤子乎。彼有取爾也，赤子匍匐將入井。非赤子之罪也，且天之生物也。使之一本，而夷子二本故也。蓋上世嘗有不葬其親者，其親死，則擧而委之於壑，他日過之，狐狸食之，蠅蚋姑嘬之，其顙有泚，睨而不視，夫泚也非為人泚，中心達於面目，蓋歸反虆梩而掩之。掩之，誠是也。則孝子仁人之掩其親，亦必有道矣。徐子以告夷子，夷子憮然為閒曰，命之矣。

孟子之言，若是其沈痛也，天下後世之孝子仁人，其尚忍信墨氏之敎，而謂孟子爲誣墨子也耶。天下貧，則從事乎富之。人民寡，則從事乎衆之。衆而亂，則從事乎治之。此墨子節葬篇語也。悲夫，悲夫，天下可哀之事，孰大於人子之喪其親，親喪而不悲，則人間世安有足悲者。悲之至，故仁人孝子，不忍死其親，而興喪祭之禮，以愼夫終而追夫遠，死者不足悲，則生者何有焉。亦任其或貧或富或衆或寡或治或亂，若蚊蝱之過乎前可爾，胡爲乎墨子乃鰓鰓焉爲天下慮也。墨子能舍其頂踵以利天下，而獨靳其用之於親之財，墨子之視其親，曾不若泛泛之人也。嘻其甚矣，尋墨子之力斥厚葬久喪者，以利言也。藉曰以利，則更進而不葬不喪，墨子其許之乎，更進而棄置垂死之人，墨子其又將許之乎，更進而殺垂死之人，而殺天下無罪無辜之鰥寡孤獨，而殺天下有用之壯者，有德之賢者，墨子其亦將許之乎。推墨子立說之偏，勢必至與其所期絕相反，然後已噫，學說之差，其流弊足以殺天下後世如此。

趨利附勢，人類之大患也。趨利附勢，人而不人矣。爲治而一於富強，何以異於是。

第三節 富 強

孟子告子下。孟子曰，今之事君者曰，我能為君辟土地，充府庫，今之所謂良臣，古之所謂民賊也。君不鄉道，不志於仁，而求富之，是富桀也。我能為君約與國，戰必克，今之所謂良臣，古之所謂民賊也。君不鄉道，不志於仁，而求為之強戰，是輔桀也。由今之道，無變今之俗，雖與之天下，不能一朝居也。

孟子離婁上。孟子曰，求也為季氏宰，無能改於其德，而賦粟倍他日。孔子曰，求非我徒也，小子鳴鼓而攻之可也。由是觀之，君不行仁政而富之，皆棄於孔子者也，況於為之強戰，爭地以戰，殺人盈野，爭城以戰，殺人盈城，此所謂率土地而食人肉，罪不容於死。故善戰者服上刑，連諸侯者次之，辟草萊任土地者次之。

孟子告子下。孟子曰，不教民而用之，謂之殃民。殃民者，不容於堯舜之世。徒取諸彼以與此，然且仁者不為，況於殺人以求之乎。君子之事君也，務引其君以當道，志於仁而已。

不知者，以孟子爲惡富強也。其知者，以爲針砭兵農縱橫諸家也。乃孟子之意，第欲救人存人而已，他非所計也。夫國之富者，貨財也。強者，兵革也。貨財也者，君子得之以蘇天下之困，非姦人所可得而據也。兵革也者，善人用之以禁天下之暴，定天下之危，非不仁者所可得而假也。

孟子盡心下。孟子曰，不信仁賢則國空虛，無禮義則上下亂，無政事則財用不足。孟子曰，有人曰，我善為陳，我善為戰，大罪也。國君好仁，天下無敵焉，南面而征，北狄怨。東面而征，西夷怨。曰，奚為後我。武王之伐殷也，革車三百兩，虎賁三千人。王曰，無畏，寧爾也。非敵百姓也，若崩厥角稽首，征之為言，正也。各欲正己也，焉用戰。

孟子公孫丑下。域民不以封疆之界，固國不以山谿之險，威天下不以兵革之利，得道者多助，失道者寡助。寡助之至，親戚畔之。多助之至，天下順之，以天下之所順，攻親戚之所畔，故君子有不戰，戰必勝矣。

夫惟仁者而後無敵，不仁不義，卽幸而富強，其勢不可以久，故奪人以爲利，不如貧之爲愈也。殺人以爲功，不如弱之爲愈也，古之人，行一不義，殺一不辜，而得天下，猶不爲，況以不道求富強乎。昔者子貢問政，子曰，足食足兵，民信之矣。子貢曰，必不得已而去，於斯三者何先。曰，去兵。子貢曰，必不得已而去，於斯二者何先。曰，去食。自古皆有死，民無信不立。孔孟之言，若合符節，先聖後聖，其揆一也。蓋不富不強，勢不過貧弱，貧弱非國之患也，充貧弱之量，不過亡國，亡國而有人，猶可以謀恢復。徒富強而不軌於正，行見衆掩寡，智欺愚，壯凌衰，勇威怯，父子爲仇敵，兄弟尋干戈，寇盜起於蕭牆，刀矛發於枕簟，老幼孤獨不得其所，生人之道蕩然無存。足於食者，適以充禽獸之糧，足於兵者，適以供寇盜之用，如始皇方以財賦甲兵蹙六國，不旋踵間，而十二公子僇死咸陽，十公主矺死於杜，骨肉相殘，秦亦隨之灰燼。後之六朝五季，不鑒其覆轍，而蔑棄聖賢禮教，以急功近利相夸，其成效果奚若。詩云，誰生厲階，至今爲梗。

第四節　並　耕

生民之初，饑而食，飽而嬉，無尊卑無上下，大害而莫之禦，大患而莫之防。有賢者出而圖之，爲之去其苦，安其居，解其懸，藥其疾，禮文其樸僿，澡雪其穢汙，而衆人奉其尤者而君之，舉其次爲之輔，而尊卑上下之名分以起。尊焉卑焉，上焉下焉，所以親仁，所以愛衆，所以嘉善，所以矜不能，出於勢之不得不然者也。

孟子滕文公上。有為神農之言者許行，自楚之滕，踵門而告文公曰，遠方之人，聞君行仁政，願受一廛而為氓。文公與之處，其徒數十人，皆衣褐，捆屨織席以為食，陳良之徒陳相，與其弟辛，負耒耜而自宋之滕。曰，聞君行聖人之政，是亦聖人也，願為聖人氓，陳相見許行而大悦，盡棄其學而學焉。陳相見孟子，道許行之言曰，滕君則誠賢君也。雖然，未聞道也，賢者與民竝耕而食，饔飧而治，今也滕有倉廩府庫，則是厲民而以自養也，惡得賢。孟子曰，許子必種粟而後食乎。曰，然，許子必織布而後衣乎？曰，否。許子衣褐，許子冠乎，曰，冠，曰，奚冠。曰，冠素。曰，自織之與。曰，否。以粟易之。曰，許子奚為不自織。曰，害於耕。曰，許子以釜甑爨，以鐵耕乎。曰，然。自為之與。曰，否。以粟易之，以粟易械器者，不為厲陶冶，陶冶亦以其械器易粟者，豈為厲農夫哉，且許子何不為陶冶，舍皆取諸其宮中而用之，何為紛紛然與百工交易，何許子之不憚煩。曰，百工之事，固不可耕且為也。然則治天下，獨可耕且為與。有大人之事，有小人之事，且一人之身，而百工之所為備，如必自為而後用之，是率天下而路也。故曰，或勞心，或勞力，勞心者治人，勞力者治於人。治於人者食人，治人者食於人，天下之通義也。當堯之時，天下猶未平，洪水橫流，氾濫於天下，草木暢茂，禽獸繁殖，五穀不登，禽獸偪人，獸蹄鳥跡之道，交於中國。堯獨憂之，舉舜而敷治焉，舜使益掌火，益烈山澤而焚之，禽獸逃匿。禹疏九河，瀹濟漯，而注諸海，決汝漢，排淮泗，而注之江。然後中國可得而食也。當是時也，禹八年於外，三過其門而不入。雖欲耕得乎，后稷教民稼穡，樹藝五穀，五穀熟而民人育，人之有道也，飽食煖衣，逸居而無教，則近於禽獸，聖人有憂之，使契為司徒，教以人倫，父子有親，君臣有義，夫婦有別，長幼有序，朋友有信。放勳曰，勞之來之，匡之直之，輔之翼之，使自得之，又從而振德之。聖人之憂民如此而暇耕乎，堯以不得舜為己憂，舜以不得禹皐陶為己憂，夫以百畝之不易為己憂者，農夫也。分人以財謂之惠，教人以善謂之忠，為天下得人者謂之仁，是故以天下與人易，為天下得人難。孔子曰，大哉，堯之為君，惟天為大，惟堯則之。蕩蕩乎民無能名焉，君哉舜也，巍巍乎有天下而不與焉。堯舜之治天下，豈無所用其心哉，亦不用於耕耳。從許子之道，則市價不貳，國中無僞，雖使五尺之童適市，莫之或欺。布帛長短同則賈相若，麻縷絲絮輕重同，則賈相若。五穀多寡同，則賈相若。屨大小同，則賈相若。曰，夫物之不齊，物之情也，或相倍蓰，或相什伯，或相千萬，子比而同之，是亂天下也。巨屨小屨同賈，人豈為之哉，從許子之道，相率而為偽者也，惡能治國家。

許行欲君臣竝耕，欲人人自食其力，欲齊物價，其說略與荷蓧丈人近，蓋所謂農家者流也。論語微子篇。子路從而後，遇丈人，以杖荷蓧。子路問曰，子見夫子乎。丈人曰，四體不勤，五穀不分，孰為夫子，植其杖而芸。子路拱而立，止子路宿，殺鷄為黍而食之，見其二子焉。明日子路行以告，子曰，隱者也，使子路反見之，至則行矣。子路曰，不仕無義，長幼之節，不可廢也，君臣之義，如之何其廢之。欲潔其身而亂大倫，君子之仕也。行其義也，道之不行，已知之矣。

荷蓧許行，識小而不識大，知同而不知別，重養而不重教。志乎均勞逸貧富貴賤，而未能察於人倫，遂廢君臣上下之序，故孔孟不許之。書曰，無偏無黨，王道蕩蕩，無黨無偏，王道平平，無反無側，王道正直，君子能勞，不得爲斯人勞心，不妨以勞力者自處，然不必以勞力一義責望於人人。責望於人人，則不能勞力者將無容身之地，而哀矜之惠，乃竟不被於顚連無告之窮民，是豈仁者之道哉。

第五節 矯廉

陳仲子以廉聞於世，而孟子斥之者，惡其矯也。

孟子盡心上。孟子曰。仲子不義與之齊國而弗受，人皆信之，是舍簞食豆羹之義也，人莫大焉。無親戚君臣上下，以其小者，信其大者，奚可哉。

孟子滕文公下。匡章曰，陳仲子豈不誠廉士哉。居於陵，三日不食，耳無聞，目無見也。井上，有李，螬食實者過半矣。匍匐往，將食之，三咽，然後耳有聞，目有見。孟子曰，於齊國之士，吾必以仲子為巨擘焉。雖然，仲子惡能廉。充仲子之操，則蚓而後可者也。夫蚓上食槁壤，下飲黃泉，仲子所居之室，伯夷之所築與，抑亦盜跖之所築與。所食之粟，伯夷之所樹與，抑亦盜跖之所樹與，是未可知也。曰，是何傷哉，彼身織屨，妻辟纑，以易之也。曰，仲子，齊之世家也，兄戴，蓋祿萬鍾，以兄之祿為不義之祿而不食也。以兄之室為不義之室而不居也。辟兄離母，處於於陵，他日歸，則有饋其兄生鵝者，己頻顣曰，惡用是鶃鶃者為哉。他日，其母殺是鵝也，與之食之，其兄自外至，曰，是鶃鶃之肉也。出而哇之，以母則不食，以妻則食之，以兄之室則弗居，以於陵則居之，是尚為能充其類也乎。若仲子者，蚓而後充其操者也。

廉，美德也，若必不恃人而食（韓非子外儲說左上言田仲不恃人而食。田仲卽陳仲）則已墮於偏激，而非依乎中庸。況不勞而獲，仲子不爲，骨肉至親，仲子竟忍於割棄，本末倒置，其所存者不亦僅乎。荀子不苟篇云，盜名不如盜貨，陳仲史鰌不如盜也。非十二子篇云，忍情性，綦谿利跂，苟以分異人爲高，不足以合大衆，明大分，是陳仲史鰌也。夫子曰，親者無失其爲親也，故者無失其爲故也，是謂至性，是謂至情。反乎性情，廉何爲者。

第六節　鄉　原

孔子取狂獧，惡鄉原。孟子亦取狂獧，惡鄉原。余讀孟子書久，不知其所斥鄉原爲何，近乃得之，葢其所謂鄉原，亦稷下先生之一派，惟孔子所指則莫知誰。

孟子盡心下。萬章問曰，孔子在陳曰，盍歸乎來，吾黨之士狂簡，進取不忘其初，孔子在陳，何思魯之狂士。孟子曰，孔子不得中道而與之，必也狂獧乎。狂者進取，獧者有所不為也。孔子豈不欲中道哉，不可必得，故思其次也。敢問何如斯可謂狂矣。曰，如琴張曾皙牧皮者，孔子之所謂狂矣。何以謂之狂也，曰，其志嘐嘐然。曰，古之人，古之人，夷考其行，而不掩焉者也。狂者又不可得，欲得不屑不絜之士。而與之，是獧也，是又其次也。孔子曰，過我門而不入我室，我不憾焉者，其惟鄉原乎，鄉原，德之賊也。曰，何如斯可謂之鄉原矣，曰，何以是嘐嘐也，言不顧行，行不顧言，則曰，古之人，古之人，行何為踽踽涼涼。生斯世也，為斯世也，善斯可矣，閹然媚於世也者，是鄉原也。萬子曰，一鄉皆稱原人焉，無所往而不為原人，孔子以為德之賊，何哉？曰，非之無擧也，刺之無刺也，同乎流俗，合乎汙世，居之似忠信，行之似廉潔，衆皆悅之，自以為是，而不可與入堯舜之道，故曰德之賊也。孔子曰，惡似而非者，惡莠恐其亂苗也，惡佞恐其亂義也，惡利口恐其亂信也，惡鄭聲恐其亂樂也，惡紫恐其亂朱也，惡鄉原恐其亂德也，君子反經而已矣，經正則庶民興，庶民興斯無邪慝矣。

按齊稷下之士，彭蒙田駢慎到，正孟子書中之鄉原。

莊子天下篇。慎到棄知去己而緣不得已，冷汰於物以為道理，曰知不知，將薄知，而後鄰傷之者也。謑髁無任，而笑天下之尚賢也，縱脫無行，而非天下之大聖。椎拍輐斷，與物宛轉，舍是與非，苟可以免，不師知慮，不知前後，魏然而已矣，推而後行，曳而後往，若飄風之還，若羽之旋，若磨石之隧，全而無非，動靜無過，未嘗有罪，是何故，夫無知之物，無建己之患，無用知之累，動靜不離於理，是以終身無譽，故曰至於若無知之物而已，無用賢聖，豪桀相與笑之曰，慎到之道，非生人之行，而至死人之理。適得怪焉，田駢亦然，學於彭蒙，得不敎焉。彭蒙之師曰，古之道人，至於莫之是，莫之非而已矣。其風窢然，惡可而言，常反人不見觀，而不免於鯇斷，其所謂道非道，而所言之韙不免於非。

荀子解蔽篇。慎子蔽於法而不知賢。天論篇。慎子有見於後，無見於先。非十二子篇。尚法而無法，下修而好作，上則取聽於上，下則取從於俗，終日言成文典，反紃察之，則倜然無所歸宿，不可以經國定分，是慎到田駢也。

莊荀所述愼田諸人，卑論隨俗，與世沈浮，確爲孟子所指之鄉原，彭蒙無書。漢書藝文志，道家，田子二十五篇，今不可見。呂覽不二篇，謂田駢貴齊，戰國策齊策，載田駢設爲不宦，資養千鍾，徒百人，則亦食客之類，孟子於齊，仕而不受祿，又不肯受弟子萬鍾之養，蓋羞如鄉原之壟斷富貴爾。愼子四十二篇，藝文志入法家，已殘闕，據所存及他書所引，略見一二。愼子因循篇，言天道因則大，化則細，人皆自爲，化而使人爲我，則莫可用，故用人之自爲，不用人之爲我。君人篇，言舍法而以身治，則怨之所由生，審其術，蓋介乎道法間者。韓非難勢，引愼子曰，堯爲匹夫，不能治三人，桀爲天子，能亂天下。吾以此知勢位之足恃，而賢知之不足慕也。其貪慕榮利之心，昭然若揭，與貧賤不移威武不屈者不同道，使其遇治平之時，則必馴謹以固位，使其遭重法之世，則亦沈鷙以弄權。衆好戰，則務兵戎，衆嗜利，則求富裕。衆尙工，則貴勞力。飾非而好，玩姦而澤，與物無忤，靡所不爲。史籍所記，如委蛇之叔孫通，折節要名之王莽，曲學阿世之公孫弘，歷事異姓之馮道，以及苟合當世之佞幸姦人，其作用雖不同，其爲與時變化順應潮流則一，鄉原誠人類之稊稗哉。

第四章 政教

第一節 人倫

道有二，一曰仁，一曰不仁。仁則祥，不仁則殃。仁則昌，不仁則亡。仁人道也，不仁非人道也，兩者劃然無中立之餘地。仁之術有二，一曰政，二曰教，教也者，政之所由興也。政也者，教之所由成也。教出於聖，政備於王，無王則人道不行，無聖則人道不著。政與教，其用二。其致一也，一者何也，人倫也，政何以大，以正人倫而大，教何以大，以明人倫而大，邪正之分，曲直之判，其皆以人倫爲準乎。

孟子滕文公上。孟子道性善，言必稱堯舜。告子下。人皆可以為堯舜，堯舜之道，孝弟而已矣。

離婁上。孟子曰，規矩，方員之至也。聖人，人倫之至也。欲為君，盡君道。欲為臣，盡臣道。二者皆法堯舜而已矣，不以舜之所以事堯事君，不敬其君者也。不以堯之所以治民治民，賊其民者也。

堯舜何以異於人哉，亦曰，盡人倫耳。虞書堯之命契曰：

虞書舜典。百姓不親。五品不遜，汝作司徒，敬敷五教，在寬。孟子滕文公上。許行章使契為司徒，教以人倫，父子有親，君臣有義，夫婦有別，長幼有序，朋友有信。左傳文十八年。舜舉八元，使布五教於四方，父義、母慈、兄友、弟恭、子孝。

孟子左氏二說不同，其以人倫爲鵠則均。我華夏政教之楷模，至唐虞之際而粲然大備。實以是爲之始基，所謂光被四表，格于上下，蕩蕩乎民無能名，巍巍乎其有成功，煥乎其有文章也。晚周百家，與近今俗學，或則善戰，或則權謀，或則爲我，或則與民竝耕，或則兼愛尚同，或則以鄰國爲壑，或則同流合汙，自以爲是。或則拜金，或則崇奉無政府，或則迷信唯物史觀，或則獎勵競爭，是皆外人倫而爲政，外人倫而爲教，外人倫而爲政，雖有政不如無政，外人倫而爲教，雖有教不如無教，昧者不察，乃欲立一標幟，以加於人之上，使人絕對服從，而不敢一擬議。稍一擬議，卽目之曰叛徒，而其號召黨類之方，則或以利誘，或以色媒，或以威逼，其所以鉤陷人羅織人者，無所不用其極。而無思想，無志氣之少年，遂紛紛魚貫而入其網中，至死猶不悟。吾爲受餌受籠者痛，吾爲餌人籠人者憐，何憐，憐其利有時而盡，色有時而衰，威亦有時而竭，更憐其蔑視人倫戕賊人性殺人而自殺也，人之爲人，非僅飽食煖衣逸居而已足，我先民其知之矣，舍飽煖與逸無他求。禽獸之志則然，禽獸之行則然，人不爾也，禽獸牝與牡，雌與雄，無地無時不可自由戀愛，未嘗有禮教以爲之防也。禽獸父不識其子，子不識其父，無所謂慈，無所謂孝，愛無差等，惡亦無差等，不知所謂親親之殺也，不知所謂尊賢之等也。禽獸弱肉彊食，爪牙堅利者稱雄，不聞其長長幼幼善善惡惡，更不聞其以欺孤淩寡，爾詐我虞為敗德也。人固不可與鳥獸同羣也，人亦不能離人羣而孑立也，人不能離人羣而孑立，故人有人之道，人之為道而遠人，不可以為道。人不能離人羣而孑立，故人有人之政，人之為政而遠人不可以為政，人不能離人羣而孑立，故人有人之教，人之為教而遠人，不可以為教。故凡有學以人為試驗之具者，皆曲學也。凡有路以導人入於荆棘，使其迷惘而不知歸者皆歧路也。凡有法以斲喪人之秉彝為務，而置孝慈忠信禮讓於無足重輕之地者，皆亂法也，是皆無人倫者也，是皆與人為仇者也。賊盜殺人以兵，而若輩殺人以政以學，虎狼食人之肉，而若輩竝人之心髓而食之，此其所以烈於洪水猛獸也。

孟子盡心上。孟子曰，無為其所不為，無欲其所不欲，如此而已矣。

人慎毋為人所不為，欲人所不欲哉。

第二節　正　身

政也者，所以使人正也。教也者，所以使人覺也。自正而後能正人，先覺而後能覺後，理也，亦勢也。

孟子盡心上。孟子曰，萬物皆備於我矣，反身而誠。離婁上，是故誠者天之道也，思誠者人之道也，至誠而不動者，未之有也，不誠，未有能動者也。

人必躬爲忠信篤敬，而後可以忠信篤敬勸人，而後可以忠信篤敬望人，所謂有諸己而後求諸人，無諸己而後非諸人也。身爲不道，必無以戢暴，身爲凶慝，必無以寧人。君子惟患誠身之功有未周，不患至誠之不能及物，惟患在我者之有所未盡，不徒以效驗期之於人。自反而誠矣，身無一息之遠乎道，道無須臾之離乎身，造次必於是，顛沛必於是，人雖欲不聽信，不可得已。

孟子盡心上。有大人者，正己而物正者也。

孟子離婁上。孟子曰，愛人不親反其仁，治人不治反其智，禮人不答反其敬，行有不得者皆反求諸己，其身正而天下歸之。

孟子告子上。孟子曰，羿之教人射必志於彀，學者亦必志於彀，大匠誨人必以規矩，學者亦必以規矩。

孟子盡心上。孟子曰，大匠不為拙工改廢繩墨，羿不為拙射變其彀率，君子引而不發，躍如也。中道而立，能者從之。

身正者政教之本也，規矩也，繩墨也，彀率也，不可踰者也。非然者，人自人，政教自政教，身外而有道，道外而有身，己不立矣，何以立人，己不達矣，何以達人。孟子曰：

孟子滕文公下。居天下之廣居，立天下之正位，行天下之大道，得志與民由之，不得志獨行其道，富貴不能淫，貧賤不能移，威武不能屈，此之謂大丈夫。

孟子盡心上。窮則獨善其身，達則兼善天下。

夫顏子，居貧食賤之人，而與己飢己溺之禹稷同道。伊尹、堯舜其君其民之德業，而其本乃在一介不苟與一介不苟取之行，柳下惠，爲聖之和，而不以三公易其介，仲尼之聖，爲生民所未有，而其自處不過進以禮，退以義。

孟子盡心上。孟子曰，天下有道，以道殉身，天下無道，以身殉道，未聞以道殉乎人者也。

孟子離婁上。守孰為大，守身為大。

孟子盡心下。君子之守，修其身而天下平，人病舍其田而芸人之田，所求於人者重，而所以自任者輕。

蓋一身者，家國天下之具體而微者也，而身尤親切，一身痛癢之不知，而謂其能知天下之痛癢，吾未之聞也。一身是非之不辨，而謂其能辨天下之是非，吾未之聞也。一身好惡之不平，憂樂之不當，而謂其能與天下同其好惡，共有憂樂。吾未之聞也，吾敢申孟子之意而言曰，於家人父子兄弟夫婦間不盡其道者，必不可望之以仁民愛物之施爲，於出處進退辭受取與間同流合汙者，必不可託之以錢穀兵刑之重任。

孟子離婁下。孟子曰，人有不為也，而後可以有為。

第三節　男女居室

天下之達道五，父子也，兄弟也，夫婦也，君臣也，朋友之交也，父子兄弟出於天然，君臣朋友建於人事。夫婦一倫，所以合二姓之好，上以祀宗廟，而下以繼後嗣，可謂以人合天，亦可謂以人統天，人類調性情修禮義之德，俱從此生，人類贊化育位天地之功，俱從此起，是以君子重之。

中庸。君子之道，造端乎夫婦。

孟子萬章上。孟子曰，男女居室，人之大倫也。

初民時代，無男女之別，未嘗確定夫婦制度，雜婚而已，無室家之義也。無夫婦，安有父子兄弟，無父子兄弟，安有君臣朋友，是男女居室者，王化之原，德教之本也。詩首關雎，書首釐降，易上經首乾坤，下經首咸恒，皆著夫婦之義，孟子尚論古人，數數以堯以二女妻舜爲言，其意可知。

易家人利女貞。彖曰，家人女正位乎內，男正位乎外，男女正，天地之大義也。家人有嚴君焉，父母之謂也，父父子子兄兄弟弟夫夫婦婦而家道正，正家而天下定矣。

禮記哀公問。孔子對曰，古之為政，愛人為大，所以治愛人。禮為大，所以治禮，敬為大，敬之至矣，大昏為大。大昏既至矣，冕而親迎，親之也，親之也者，親之也。是故君子興敬為親，舍敬是遺親也，弗愛不親，弗敬不正，愛與敬，其政之本與。昔三代明王之政，必敬其妻子也，有道。妻也者，親之主也。敢不敬與，子也者，親之後也，敢不敬與。

孟子滕文公下。男子生而願為之有室，女子生而願為之有家，父母之心，人皆有之，不待父母之命，媒妁之言。鑽穴隙相窺，踰牆相從，則父母國人皆賤之。丈夫之冠也，父命之。女子之嫁也，母命之。往送之門，戒之曰，往之女家，必敬必戒。

我先哲人之於夫婦之禮，如是其隆至也，何歟。曰，禮者，所以別嫌明微，著是非，判得失者也。人而無禮，無以別於禽獸，是故聖人作爲禮以教人，以夫婦有別爲之先，夫婦之道，不可以苟合，苟合必苟離，苟合苟離，則夫婦之道苦，而淫辟之罪多，古人於昏姻之禮，必致其敬，所以善男女居室之始也。夫婦之道，不可以不久，簡甚則不敬，莊甚則不親，不敬不親，均不可以久。古人於相親之中寓敬意焉，於相敬之中寓愛意焉。所以善男女居室之終也。孟子曰：

孟子離婁上。天下之本在國，國之本在家。

程子易傳。家人之道，利在女正，女正則家道正矣，夫夫婦婦而家道正，獨言利女貞者，夫正者身正也，女正者家正也，女正則男正可知。

男女正而家正，家正而天下以定，我先哲所由致愼於夫婦之禮歟。孟子曰：

孟子離婁上。家之本在身。盡心下。孟子曰，身不行道，不行於妻子，使人不以道，不能行於妻子。

家室之間，密邇之地，不容人之有所掩飾，有所蓋藏，故必身正而後夫婦和，夫婦和而後父子篤，兄弟睦。

第四節　親親長長

憂民之憂，樂民之樂，思天下有飢者由己飢之，思天下有溺者由己溺之，思天下有陷於罪戾者由己陷之，是之謂仁。富貴不淫，貧賤不移，威武不屈，其爲氣也塞天地而無餒，是之謂義。仁何自始，始於愛，義何自始，始於敬。愛何自始，始於親親，敬何自始，始於長長，孟子曰：

孟子盡心上。孩提之童，無不知愛其親者。及其長也，無不知敬其兄也，親親仁也，敬長義也，無他，達之天下也。

孟子離婁下。孟子曰，大人者，不失其赤子之心者也。

親親曰愛，長長曰敬，愛之心，發揚外拓者也。敬之心，警惕內歛者也。曰，如此不幾於仁內義外乎，曰，否。所謂外拓者，自擴充也，內歛者，自裁制也。擴充在我，裁制亦在我，不在外也。親親所以行吾愛，長長所以行吾敬，不在外也。擴充其所愛以及於其所不愛，則愛之用無窮，裁制其不正者使歸於正，則敬之用無窮。故親親者所以行吾愛也，長長者所以行吾敬也。愛和同，敬別異，吾行吾之愛，則萬物皆備於我，小德川流，大德敦化，吾行吾之敬，則萬物竝育而不相害，道竝行而不相悖，天不能有秋冬而無春夏。故立天之道曰陰與陽，地不能有潤澤而無堅确，故立地之道曰柔與剛。人不能有合一而無等差，故立人之道曰仁與義，仁義者人道之歸也。愛敬者人道之本也，仁愛外拓，猶之乎陽剛，義敬內斂，猶之乎陰柔。孟子曰：

> 孟子告子下。夫道若大路然，豈難知哉，人病不求耳。離婁上。孟子曰，道在邇而求諸遠，事在易而求諸難。人人親其親，長其長，而天下平。梁惠王上。古之人所以大過人者，無他焉，善推其所為而已矣。

親親長長，易知簡能，不待學也，不待慮也。其爲道也，本諸身，徵諸庶民，考之堯舜三代而不謬，建諸天地而不悖，質諸鬼神而無疑，百世以俟聖人而不惑，東海西海南海北海，人同此心，心同此理，未有能外者也。曰，人同此心，心同此理，又何俟於學與慮乎。曰，是又不然，不學不慮謂其先，學焉慮焉在其繼。學也者，學其不待學。慮也者，慮其不待慮。不待學，不待慮者，性也。學其不待學，慮其不待慮者，性之也。不待學，不待慮者，誠也。學其不待學，慮其不待慮者，誠之也。性也誠也，天之所以與我者也，性之誠之，人之所以自盡其才者也。自盡其才，故親親者不忍惡於人，長長者不敢慢於人，所謂推者，推此而已，所謂達者，達此而已。吾推吾之所愛以及於所不愛，而天下人從而化焉，則天下歸於仁矣，吾推吾之所敬以及於所不敬，而天下人從而化焉，則天下歸於義矣。以言乎政，政孰善於是，以言乎教，教孰善於是，天下歸於仁，則人人同德同心，相視如一體，天下歸於義，則人人以禮自限。守分而不渝，夫然後陽而不散，陰而不密，剛氣不怒，柔氣不懾，四暢交於中而發作於外，皆安其位而不相奪。然君子之自視其初，亦不過盡其親親長長之心而已，非於天性之中有所增損也。

且親親者所以行吾愛也，長長者所以行吾敬也，行吾愛之謂孝，行吾敬之謂弟。孝者，子承老。前後相續之義具焉，弟者友於兄弟，左右相扶助之義具焉。由前而推，自父而上之，至於祖禰，由後而推，自子而下之，至於孫曾百世。皆從相續之道而親，由左右而推，自一二人以至千萬人，自一家以至四海，舟車之所至，人力之所通，皆從相扶助之道而久。相續，則前人未竟之緒，而後人修之。前人未了之志，而後人述之。相扶助，則彼之德有未逮，而此匡之直之。此之智有所不及，而彼輔之翼之。以言乎政，政孰善於是，以言乎教，教孰善於是。

易。天地之大德曰生。生生之謂易。

論語學而篇。有子曰，君子務本，本立而道生，孝弟也者，其為仁之本與。

孟子離婁上。孟子曰，仁之實，事親是也。義之實，從兄是也。智之實，知斯二者弗去是也。禮之實，節文斯二者是也。樂之實，樂斯二者。樂則生矣，生則惡可已也，惡可已，則不知足之蹈之手之舞之。

孟子離婁下。徐子曰，仲尼亟稱於水曰，水哉水哉，何取於水也。孟子曰，源泉混混，不舍晝夜，盈科而後進，放乎四海，有本者如是。是之取爾，苟為無本，七八月之間，雨集，溝澮皆盈，其涸也，可立而待也。

親親長長者，人之天性也。民之秉彝也，造化生生不已之源泉也。人類肫肫然相與同勞逸共甘苦之精神，無不從此中流出。人類皇皇然相與釋憂虞解紛患之事業，無不從此中作出。古之君子，行一不義，殺一不辜，而得天下，不爲。古之王者，功成作樂以應天，治定制禮以配地，其淵源未有不根於此念者。故必能爲孝子而後能爲仁人，能爲悌弟而後能爲義人。能爲仁人，而後能作樂以體天地之和，能爲義人，而後能制禮以定天地之序。彼忍於家庭骨肉之際者，亂人而已，何足以言治。

孟子盡心上。孟子曰，於不可已而已者，無所不已，於所厚者薄，無所不薄也。

孟子離婁上。孟子曰，不仁者可與言哉，安其危而利其菑，樂其所以亡者。

人誰無天性，人誰無秉彝。君子以得盡其子弟之道，爲無上之榮光。故以父母俱存，兄弟無故，爲第一樂。夫獨非人之子弟歟，奈之何竟有不親其親，不長其長，而自絕於天地者。奈之何竟有率人子弟以攻其父兄者。

第五節　貴貴尊賢

人倫之道，自男女居室而始。自親親長長而正，至貴貴尊賢而尊。貴貴尊賢之義，模倣乎親親長長，而與親親長長不同，今次第釋之如左。

（一）貴貴　天下有生而貴者乎。曰，以人爵言。天下無生而貴者，以天爵言，天下皆生而貴者。孟子告子上。孟子曰，有天爵者，有人爵者，仁義忠信，樂善不倦，此天爵也。公卿大夫，此人爵也。孟子曰，欲貴者，人之同心也，人人有貴於己者，弗思耳。人之所貴者，非良貴也。人爵者，人之所貴也。天爵者，我所固有也。人之所貴者位，我所固有者德，位非能自貴，因德而貴，無德，雖有位不足貴。孟子曰：孟子梁惠王下。賊仁者謂之賊，賊義者謂之殘，殘賊之人謂之一夫，聞誅一夫紂矣，未聞弑君也。

天生民而立之君官，使司牧之，是君官者所以為人民也。位乎上者有德，則人民仰之如父母，無德則人民賤之為獨夫，父母人誰不欲戴之，獨夫人誰不欲去之。欲戴欲去，視其德，不視其位。然則位無與乎，曰，君子得位，德益尚，小人得位，罪益彰。位於君子為當，而於小人為不祥。故曰：孟子離婁上。惟仁者宜在高位，不仁而在高位，是播其惡於衆也。

使桀紂而不為人上，何至於天下之惡皆歸之，故人不患無位而患所以立。孟子曰：孟子盡心上。古之人，得志澤加於民，不得志修身見於世。

得志而其仁不足稱，位雖貴而可恥，不得志而俯仰無愧怍，人亦何從而賤之。孟子曰：

孟子離婁上。有孺子歌曰，滄浪之水清兮，可以濯我纓，滄浪之水濁兮，可以濯我足，孔子曰，小子聽之，清斯濯纓，濁斯濯足矣。自取之也。

然則位亦隨人而貴賤乎。曰，位自有貴賤，非隨人而貴賤也。原設位之初意，本以貴位待天下之賢才，而不虞後來之，有竊位以售其姦，據位以逞其欲者。然雖有竊據，而位之貴者自貴，不得以賤目之。位不得其人，人之過，非位之過，位自位，人自人，不相及也。惡可以寇盜居貴位，而貴寇盜乎。惡可以寇盜居貴位，竝位而賤之乎。孟子曰：

孟子公孫丑下。天下有達尊三，爵一齒一德一。朝廷莫如爵，鄉黨莫如齒，輔世長民莫如德。

爵之尊，固猶之乎齒德也。

(二) 尊賢　尊賢者，尊士也。士也者，民之俊秀也，民望之所歸也。

孟子盡心上。王子墊問曰，士何事。孟子曰，尚志曰，何謂尚志曰，仁義而已矣。殺一無罪，非仁也。非其有而取之，非義也。居惡在，仁是也。路惡在，義是也。居仁由義，大人之事備矣。

公孫丑曰。詩曰，不素餐兮。君子之不耕而食，何也。孟子曰，君子居是國也，其君用之，則安富尊榮。其子弟從之，則孝弟忠信。不素餐兮，孰大於是。

孟子滕文公下。彭更問曰，後車數十乘，從者數百人，以傳食於諸侯，不以泰乎。孟子曰，非其道，則一簞食不可受於人。如其道，則舜受堯之天下不以為泰。子以為泰乎。曰，否。士無事而食，不可也。曰，子不通功易事，以羨補不足，則農有餘粟，女有餘布，子如通之，則梓匠輪輿皆得食於子。於此有人焉，入則孝，出則弟，守先王之道，以待後之學者，而不得食於子，子何尊梓匠輪輿，而輕為仁義者哉。

夫必自耕而後食，自織而後衣，自爲而後用，是以農工概天下之人，而不知士之所以爲士，其責固重於農工，其任固大於農工也，以農工爲無上，是以飽食煖衣逸居無敎爲無上也。無敎，無人倫，父不父，子不子，兄不兄，弟不弟，夫不夫，婦不婦，上不上，下不下，師不師，友不友，殺不辜而不知痛。行不義而不知羞，骨肉化爲仇讐。哀怨彌於道路，雖有衣食居處，曾何足以相安。亦惟有速其分崩離析之災，增其肝膽風波之苦而已。孟子曰：

孟子萬章下。夫義路也，禮門也，惟君子能由是路，出入是門也。詩云，周道如底。其直如矢，君子所履，小人所視。

士不必自食其力，而能使天下之自食其力者盡其相親相愛相生相養之道。斯其所以爲賢，斯其所以可尊。

綜而論之，貴貴貴德，尊賢亦尊德也。孟子曰：

孟子萬章下。用下敬上，謂之貴貴。用上敬下，謂之尊賢。貴貴尊賢，其義一也。

貴貴尊賢，上下一德一心之形於外者也。如堯之於舜，湯之於伊尹，先致其敬。而後從而用之，是則孟子所謂尊賢也，舜之於堯，伊尹之於湯，以陳善閉邪者，盡其股肱心膂之責，是則孟子所謂貴貴也，貴貴尊賢其義一也。

第六節　朋　友

人倫之道，自男女居室而始。自親親長長而正，自貴貴尊賢而尊，至朋友有信而廣，夫婦者，人倫之耑。朋友者，人倫之結也。政敎之成，以朋友有信通其變，政敎之壞，以朋友無信爲之前。雖謂天下之治，治於有友道。天下之亂，亂於無友道可也。孟子曰：

> 孟子萬章下。友也者，友其德也。離婁下。責善，朋友之道也。

友必以德，友必以責善，是有二義焉。(一)則可以爲師，而後可以爲友。(二)則自處於受益之列者，而後可以爲友。引而申之，凡有一善行足爲人法，有一善言足爲人則，皆師之類也。凡受人善言，取人善行者，皆弟子之類也，天下無適而非師弟，卽無適而非朋友。孟子曰：

> 孟子滕文公上。敎人以善謂之忠。公孫丑上。樂取於人以為善。

敎人以善者，師之義也。敎人以善，是與人爲善也。取人爲善者，弟子之義也。取人爲善，是與人爲善也。敎人以善，取人爲善，是之謂朋友有信，是之謂責善。朋友相責以善，而夫婦之不和者可以卽於和，朋友相責以善，而父子之不親者可以卽於親。朋友相責以善，而兄弟長幼之不睦，君臣上下之不敬者，可以卽於睦卽於敬。此取友所由必以端人正士爲尙也。朋友其人道之樞紐乎，古之人，妻子好合，如鼓瑟琴，夫婦也，而朋友之道行乎其間矣。中也養不中，才也養不才，父子兄弟也，而朋友之道行乎其間矣。臣哉鄰哉，鄰哉臣哉，君臣上下也，而朋友之道行乎其間矣。朋友其人道之樞紐乎，朋友之道，見於夫婦者謂之別，見於父子者謂之親，見於長幼者謂之序，見於君臣者謂之義。其實皆有諸己之信也，人相處以信，則不期治而治從之，人不相處以信，則不期亂而亂從之，天下之治，果治於有友道，天下之亂，果亂於無友道也。

孟子萬章下。孟子謂萬章曰，一鄉之善士，斯友一鄉之善士。一國之善士，斯友一國之善士。天下之善士，斯友天下之善士。

積夫婦父子兄弟而成家，積家而成鄉，積鄉而成國，積國而成天下。天下者，家之大焉者也。一家之中以善相友而一家安，一鄉之士以善相友而一鄉安，一國之士以善相友而一國安，天下之士以善相友而天下安。故聖人能以天下爲一家，以中國爲一人，非意之也。契之敎民以人倫也，終於朋友有信，吾夫子之言志也。以朋友信之一言，爲老安少懷之貫，孟子之稱君子也。以得天下英才而敎育之，居三樂之終，天下好學深思之善士，必能心通而默識之。

第七節 教養

形而上者謂之道，形而下者謂之器，道者治天下之本，器者治天下之具，無道固不足以治天下，器不備，道安從而施。孟子曰：

> 孟子離婁上。徒善不足以為政，徒法不能以自行。

善者治天下之道，法者治天下之器，有諸心而不見之行事，是謂徒善，審度量而不本乎人情，是謂徒法。故曰：

> 孟子離婁上。聖人既竭心思焉，繼之以不忍人之政，而仁覆天下矣。

器也者，不忍人之政之所憑藉以爲治者也。孟子七篇，言治天下之大器三。一曰封建，二曰井田，三曰學校。封建政之所託，學校教之所依，而井田則使君子小人皆得有以養。周室封建班爵制祿之規模，孟子所聞與周禮王制不合，王制爲後儒斟酌於四代之間所擬，而周禮之爲書可疑，均不當據以譏孟子。今據孟子所云，其爵之通於天下者，有天子公侯伯子男五等，施於國中者，有君卿大夫上士中士下士六等。尊卑秩然，有序不紊。其祿，則大國百里之君十卿祿，卿祿四大夫。次國七十里之君十卿祿，卿祿三大夫。小國五十里之君十卿祿，卿祿二大夫。而大夫倍上士，上士倍中士，中士倍下士，下士與庶人在官者同祿，則大國次國小國靡不同爲以次遞差，尊卑秩然，有序不紊。然上下之祿雖各有殊，其用以代耕則一。蓋一人不能獨治，必求賢以共獨治，王者得羣賢爲輔弼，上下相維，而後教養之術可次第以舉，若於此處疏忽，則治法無從說起。

易。上天下澤履，君子以辨上下，定民志。

中庸。尊賢之等。

孟子盡心下。得乎丘民而爲天子，得乎天子為諸侯，得乎諸侯為大夫。

爵位之崇卑，由賢之高下而定。大小綱維，同條共貫，古人之所以安內攘外者，皆封建之爲功。封建實有深意存乎其間。何可以私逞胸臆，妄相測度，或者乃目爲貴族政治，是則無徵不信，非愚卽誣。

封建之旨，略如右陳，更進而言養與教。

孟子滕文公上。滕文公問為國。孟子曰，民事不可緩也，民之為道也，有恒產者有恒心，無恒產者無恒心。苟無恒心，放辟邪侈，無不為已，及陷乎罪，然後從而刑之，是罔民也。焉有仁人在位，罔民而可為也。是故賢君必恭儉禮下，取於民有制。

孟子梁惠王。（答齊宣王之問）是故明君制民之產，必使仰足以事父母，俯足以畜妻子，樂歲終身飽，凶年免於死亡。然後驅而之善，故民之從之也輕。今也，制民之產，仰不足以事父母，俯不足以畜妻子，樂歲終身苦，凶年不免於死亡。此惟救死而恐不贍，奚暇治禮義哉。

孟子之視養民，如此其重也。然與近世之視經濟爲無上之權威者截然不同，蓋所以爲民制產者，在驅而之善，在使民有恒心。故養也者，所以爲教也，如不爲教，彼禽獸不有養乎，彼禽獸曾有不解決之經濟乎。

孟子梁惠王上。不違農時，穀不可勝食也。數罟不入洿池，魚鼈不可勝食也。斧斤以時入山林，材木不可勝用也。穀與魚鼈不可勝食，材木不可勝用，是使民養生喪死無憾，王道之始也。五畝之宅，樹之以桑，五十者可以衣帛矣。雞豚狗彘之畜無失其時，七十者可以食肉矣。百畝之田勿奪其時，八口之家可以無饑矣。

人人皆足於衣，足於食，足於用。人人皆養生送死無憾，則人人皆知生之可樂，知死之可悲。知生可樂，死可悲，則大亂之媒已滅。然而聖人之初志固不止於是也。孟子曰：

孟子梁惠王上。謹庠序之教，申之以孝悌之義。壯者以暇日，修其孝弟忠信，入以事其父兄，出以事其長上。

孟子滕文公上。設爲庠序學校以教之，庠者養也，校者教也，序者射也。夏曰校，殷曰序，周曰庠，學則三代共之，皆所以明人倫也，人倫明於上，小民親於下。

教養之功既備，則人民之生息於其間者。

孟子滕文公上。死徙無出鄉，鄉田同井，出入相友，守望相助，疾病相扶持，則百姓親睦。

故曰：

孟子盡心上。王者之民，皞皞如也，殺之而不怨，利之而不庸，民日遷善而不知為之者。夫君子所過者化，所存者神，上下與天地同流，豈曰小補之哉。

唐虞三代，有治人之道，有治人之器，放雖爲亂而旋卽歸於治。戰國至秦，暴君汙吏，亂臣賊子，所以壞治人之道，毀治人之器者，無乎弗至。故治日少而亂日多，然則古制亦可復乎。曰，封建廢而郡縣起。井田廢而兼并起，學校廢而制科起，古人固嘗慨之，惟古制之不可復，古人亦嘗知之。今則郡縣兼并之弊已無以復加。雖有學校，亦迥異於唐虞三代之時。謂古制可復，萬無是事，然謂古制必不可師，又萬無是理，古之封建雖廢。而上下名分之施，未有能廢之者。古之井田雖廢，而休養生息之計，未有能廢之者。古之學校雖廢，而父子兄弟夫婦之親，未有能廢之者。是雖百世可知也，惟法不能自舉，待人而舉，法不能自行，待人而行，後人善師前人之意，以不忍人之心，行不忍人之政，亦何必遽讓於前人。孟子曰：

孟子離婁上。為高必因丘陵，為下必因川澤，為政不因先王之道，可謂智乎。

彼不知通變之迂儒，蔑視聖賢之曲士，曾何足以語此。

第五章　守先待後

第一節　知　言

不知言，無以知人。放孟子之知人論世，亦由知言而來者。

孟子公孫丑上。何謂知言，曰，詖辭知其所蔽，淫辭知其所陷，邪辭知其所離，遁辭知其所窮。

孟子知言，故其衡論無不犂然有當於人心。曰，天子不能以天下與人，則知天下非一人所得私也。曰，天與賢，則與賢，天與子，則與子。則知傳賢傳子，聖人皆無容心於其間也。曰，殺一無罪，非仁。非其有而取之，非義。則知賊仁賊義爲一夫，得乎丘民爲天子也。曰，不得乎親，不可以爲人。不順乎親，不可以爲子。則知瞽瞍殺人，舜惟有竊負而逃也。曰，孝子之至，莫大乎尊親。則知桀紂幽厲，爲禹湯文武之罪人也。曰，親喪固所自盡。曰，惟送死可以當大事，則知以短喪薄葬爲教之不近人情也。曰，不信仁賢，則國空虛。曰，爲天下得人者謂之仁，則知智者當務之爲急，仁者急親賢之爲務也。曰，君子不以其所以養人者害人，則知殃民者不容於堯舜之世，率土地而食人肉，罪不容於死也。曰，民之歸仁。猶水之就下，獸之走壙，則知違民好惡而嗜殺人，終不能得志於天下也。曰，周公弟也，管叔兄也，周公之過，不亦宜乎，則知李世民之殺太子建成爲大罪也。曰，匹夫而有天下者，德必若舜禹，而又有天子薦之者。則知劉邦朱元璋輩，不得濫混於天與人歸也。曰，上無禮，下無學，賊民興，喪無日，則知用夷變夏，棄人倫，無君子之爲邪說暴行也。曰，無父無君，是周公所膺，則知近於禽獸之爲聖人所憂懼也。曰，西伯善養老。曰，文王發政施仁，必先鰥寡孤獨四者。則知貴壯賤老之爲戎狄之道也。曰，生於其心，害於其政。發於其政，害於其事。曰，作於其心，害於其事。作於其事，害於其政。則知桀紂幽厲商君申不害之率天下以暴，楊墨許行鄉原宋牼陳仲子之納天下於邪，一殺人以政，一殺人以學，厥罪維均也。曰，伯夷隘，則知惡惡之心不可推，推之則傷於仁也。曰，柳下惠不恭，則知親賢仁民之道不可混，混之則傷於義也。曰，有伊尹之志則可，無伊尹之志則篡，則知一以迹象學聖人者之非也。曰，善說詩者，不以文害辭，不以辭害志，以意逆志，是爲得之。曰，小弁之怨親親也，親親仁也，固矣。夫高叟之爲詩，則知非曉然於聖賢之心事者，不可與言詩也。曰，盡信書則不如無書。曰，好事者爲之。則知汲冢書竹書紀年以及百家諸子所傳三五之事，大抵皆妄誕不經之說也，孟子立論於百世之上，而於百世之下，若燭照而數計之。非聰明睿知之聖人，其孰能與於此。

第二節　堯舜禹湯文武周公孔子

孟子七篇，數數尚論古人，非空議其是非長短也，上與千載而上之善士爲友也。孟子曰：

孟子萬章下。以友天下之善士為未足，又尚論古之人，頌其詩，讀其書，不知其人，可乎。是以論其世也，是尚友也。

孟子尚友古人，故言性善則樂道堯舜，言爲政則樂道文王，言弔伐則樂道湯武，言膺戎狄則樂道周公，凡言德言政言學言教，無不本之六藝。孟子之心，亦孔子祖述堯舜憲章文武之心也，孔門通六藝者七十人，而顏曾爲之最。孟子好稱頌仲尼之徒，而述曾子者尤多，其他若子路子思，孟子亦常舉其懿德。孟子曰：

孟子離婁下。予未得為孔子徒也，予私淑諸人也。

私淑諸人者，私淑孔門弟子之通六藝也。趙邠卿孟子題辭，言孟子通五經。五經，卽詩書易禮樂春秋六藝，樂本無經，故其數五。孔子曰：

禮記經解。入其國，其教可知也。其為人也溫柔敦厚，詩教也。疏通知遠，書教也。廣博易良，樂教也。潔靜精微，易教也。恭儉莊敬，禮教也。屬辭比事，春秋教也。

凡孟子所言唐虞三代揖讓征誅之事，則本之詩書，凡孟子所言唐虞三代修己治人化民成俗之度數文章，則本之禮樂，凡孟子所言人禽之分，夷夏之防，王伯義利之辨，則本之春秋。而其言天人之故，政教之原，吉凶禍福之幾，出處進退之節，變動不居，周流六虛，未嘗執一說以廢百，則息息與易相通。孟子之學無不本之六藝如此，夫六藝所傳，堯舜禹湯文武周公之道也。堯舜禹湯文武周公之道，即孔子之道也。即愚夫愚婦可共由之道也，即愚夫愚婦可共喻之道也，聖人豈能外人而有道哉。

第三節　清任和

聖人之行，依乎中庸，而伯夷、伊尹、柳下惠不同道。何歟。

孟子告子下。孟子曰，居下位，不以賢事不肖者，伯夷也。五就湯，五就桀者，伊尹也。不惡汙君，不辭小官者，柳下惠也。三子者，不同道，其趨一也。一者何也，曰仁也。君子亦仁而已矣，何必同。萬章下。孟子曰，伯夷，聖之清者也。伊尹，聖之任者也。柳下惠，聖之和者也。

伯夷憂天下之陷於惡也，故以不屑就者行其不忍之心。柳下惠憂天下之絕於善也，故以不屑去者廣其不忍之路。伊尹憂天下之匹夫匹婦不與被堯舜之澤也，故相湯伐夏救民，以行其不忍之政，是三子者，皆仁人也，同其心，不必同其迹。故曰：

孟子萬章上。聖人之行不同也，或遠或近，或去或不去，歸潔其身而已矣。

孟子之稱夷惠曰：

孟子盡心下。聖人百世之師也，伯夷柳下惠是也。故聞伯夷之風者，頑夫廉，懦夫有立志。聞柳下惠之風者，薄夫敦，鄙夫寬，奮乎百世之上，百世之下聞者莫不興起也。非聖人而能若是乎，而況於親炙之者乎。

孟子述伊尹之言曰：

孟子萬章上。天之生此民也，使先知覺後知，使先覺覺後覺也，予天民之先覺者也，予將以斯道覺斯民也，非予覺之而誰也。

知人論世者，惡可執一以衡前哲哉。

第四節　孟子所願學

以匹夫而操世運升降之權，自生民以來未有如吾夫子者也。前乎孔子而上，政教合一，作君卽以作師。能爲師，然後能爲長。能爲長，然後能爲君。故師也者，所以學爲君也。孔子一生，栖栖皇皇，逐於魯，圍於匡，伐木於宋，絕糧於陳蔡，垂老湽湽無所試，乃不得不講學以終。一若天之有意艱難其身，特留之以爲萬世之木鐸者。孟子曰：

孟子公孫丑上。乃所願則學孔子也。

孟子萬章下。孔子之謂集大成，集大成也者，金聲而玉振之也。金聲也者，始條理也，玉振之也者，終條理也。

天地中和之氣，得聖人而顯其全。聖人中和之德，至孔子而臻其極。春秋而上，百代君王之政教，由孔子而判其等差，春秋而下，千萬億兆之人心。由孔子而正其趨向，信乎，金聲而玉振之也。孟子曰：

孟子萬章下。孔子聖之時者也。

孟子公孫丑上。可以仕則仕，可以止則止，可以久則久，可以速則速，孔子也。

時也者，當其可之謂也。孔子一言一動，曲當其可，孟子所以形容之者至矣。戰國後春秋百餘年，知孔子者，孟子而已。孟子沒又二千年，其能知孔子之道者幾何。然孔子之道，施之於教，不過人倫，施之於政，不過禮樂，雖未大行，其道自在天壤，人類不絕，孔道必不可絕。子貢曰，仲尼，日月也。子思曰，仲尼，天地也。人雖欲自絕，其何傷於天地日月乎。孟子曰：

孟子盡心下。詩云，憂心悄悄，慍于羣小，孔子也。

孟子滕文公下。孔子成春秋而亂臣賊子懼。

孟子告子下。孔子為魯司寇，不用，從而祭，膰肉不至，不稅冕而行，不知者以為為肉也。其知者以為為無禮也，乃孔子則欲以微罪行，不欲為苟去，君子之所為，衆人固不識也。

孔子之行，羣小慍之。孔子之書，亂臣賊子懼之。孔子之心，衆人不識之。而吾夫子之文章，與其所言之性與天道，未嘗不與天下後世以共見共聞。是以聲名洋溢乎中國，施及蠻貊，舟車所至，人力所通，天之所覆，地之所載，日月所照，霜露所墜，凡有血氣者莫不尊親，此孔子之所以爲大也。

第五節　孟子所處之時世

太史公曰，余讀孟子書，至梁惠王問何以利吾國，未嘗不廢書而歎也。曰，嗟乎利誠亂之始也。夫子罕言利者，常防其原也。故曰放於利而行多怨，自天子至於庶人，好利之弊，何以異哉。當是之時，秦用商君，富國彊兵，楚魏用吳起，戰勝弱敵，齊威王宣王用孫子田忌之徒，而諸侯東面朝齊，天下務於合從連衡，以攻伐爲賢，夫上既懸此爲的，以取天下之才，下自揣摩一代之風尚，晝夜研攻，以期一遇，上上下下，狼狽爲奸，苟可以拓地開疆，則雖多行不義，多殺不辜，亦無所恤。噫，殺人以求功，奪人以求利，日率土地而食人肉，日以其所以養人者害人，以是爲盜則可爾，何當於國，以是召亂則可爾，何當於治。孟子曰：

　孟子告子下。今之諸侯，五霸之罪人也。今之大夫，今之諸侯之罪人也。

五霸假藉仁義以濟其力，而七雄則直以仁義爲迂遠而闊於事情。其欲望至奢，其目光至短，雖屬可惡，實屬可憐。當世之士，不能陳善閉邪，格其非心，而乃巧於逢迎，急於求用，是何異爲君者方欲屠宰其民，而侍其左右，乃爲之操刀而割也。

質而言之，戰國之君若臣，上若下，日夕所經營籌畫者，非殺人之道，卽自殺之道。故孟子所處之時，一天下大亂之時也。當時之君，汲汲於富強，其意固曰，吾將以求治也。不知治與富強自是兩事，治固有時而富強，而富強亦有時不必治。治所重在安人，而富強所在，未必卽能使人安。大亂誰不思治，大亂誰不求治，求治而不得其道，則愈求治而愈足以增其亂，何也。以未探其源也，夫世之亂，亂於人心風俗，人心風俗之亂，非一朝一夕而遽然者。日知錄云，自左傳之終，以至周顯王三十五年蘇秦爲從長之歲，凡一百三十三年，史文闕軼。考古者爲之茫昧，如春秋時猶尊禮重信，而七國則絕不言禮與信矣，春秋時猶宗周王，而七國則絕不言王矣。春秋時猶嚴祭祀，重聘享，而七國則無其事矣。春秋時猶論宗姓氏族，而七國則無一言及之矣。春秋時猶宴會賦詩，而七國則不聞矣。春秋時猶有赴告策書，而七國則無有矣。邦無定交，士無定主，此皆變於一百三十三年之間。史之闕文，而後人可以意推之者也。亭林之論如此，則當時所謂執政從政之人，舉不知治國爲何事，於舊制之不便於己者，無不拉雜摧燒之，以求其所大欲，日暮途遠，倒行逆施，其波及於人心風俗，更何待言。易曰，履霜堅冰至，非一朝一夕之故。其所由來者漸矣，宜孟子之所如不合也。

第六節　孟子不得已而立教

自周公而上，君師道合，自孔子而下，君師道分。君師道合，則道行於當時，君師道分，則道傳於後世，道不行，聖人之所深憂也。道不傳，尤聖人之所深憂也。然使時時而道大行於世，何用乎傳哉，聖人不於其身親見治平之業，而後有賴於傳，聖人以其所不得親見者俟之後代，而後屬意於傳，傳也者，聖人之大不得已也。孟子曰：

孟子公孫丑上。以齊王，猶反手也。王者之不作，未有疏於此時者也，民之憔悴於虐政，未有甚於此時者也，饑者易為食，渴者易為飲。孔子曰，德之流行，速於置郵而傳命，當今之時，萬乘之國行仁政，民之悅之，猶解倒懸也。故事半古之人，功必倍之，惟此時為然。

孟子而有天子薦之，則亦爲舜禹爾。孟子得百里之地而君之，則亦爲成湯文武爾，孟子而得大有爲之君，學焉而後臣之。則亦爲皋夔伊尹爾，豈欲以空言見哉。史記云，孟子道既通，游事齊宣王宣王不能用。適梁，梁惠王不果所言。則見以爲迂遠而闊於事情，所如不合，退而與萬章之徒。序詩書，述仲尼之意，作孟子七篇，夫孟子有聖人之德，無聖人之位，不得已而立教，託其意於天下之英才，欲知孟子者，不可不於是求之也。

又七篇之終曰：

孟子離婁下。孟子曰，人之所以異於禽獸者幾希，庶民去之，君子存之。

由堯舜至於湯，五百有餘歲。若禹皋陶則見而知之，若湯則聞而知之，由湯至於文王，五百有餘歲。若伊尹萊朱則見而知之，若文王則聞而知之，由文王至於孔子，五百有餘歲。若太公望散宜生則見而知之，若孔子則聞而知之，由孔子而來，至於今，百有餘歲。去聖人之世，若此其未遠也，近聖人之居，若此其甚也。然而無有乎爾，則亦無有乎爾。

宋程伯淳卒，文潞公題其墓曰明道先生。其弟正叔序之曰，周公歿，聖人之道不行。孟軻死，聖人之學不傳。道不行，百世無善治。學不傳，千載無眞儒。先生生乎千四百年之後，得不傳之學於遺經，蓋自孟子之後一人而已，斯言誠絕沈痛。雖然天地不生人與禽獸同，自必有人知其實有以異於禽獸，千載而上，有聞而知之，見而知之者。千載而下，自必有聞而知之，見而知之者。人心未死，此理長存，宇宙不曾限隔人，人亦何能自限。豈必問夫道之行不行，學之傳不傳哉。

孟子大義跋

彭　舉　雲生

右孟子大義一篇，爲吾友唐迪風君所著。迪風、宜賓人。清諸生。性剛介、不肯少阿俗。少年治音韻、及周秦諸子。民國十年病目後，始專讀宋明諸儒書。深有所契悟。聞宜黃歐陽師講學南京，乃攜家往從焉。所居距內學院二里許。日徒步往來。雖風雨嚴寒不輟。蔬食幾不能繼，意蔑如也。歐陽師雖講印度學，然亦不廢儒。迪風于習唯識外，仍肆力于儒。十六年返川，益以闡明孟子、及象山之學爲己任。任蜀中教育，先後十五年。諸生聞而興起者甚衆。今年六月因事返里。卒。年四十五。迪風于學，直截透闢近象山，艱苦實踐近二曲。此篇乃爲諸生所撰講稿。然於孟子之學，已竭盡無餘蘊。所著尚有諸子論釋、志學謏聞、文集、詩集若干種，皆擬絡續刊布。民國二十年十一月，崇慶彭舉識

附錄一：

李著「厚黑學」序（民國六年）

孔子曰：「諫有五，吾從其諷。」昔者漢武帝欲殺乳母，東方朔叱令就死；齊景公欲誅國人，晏子執而數其罪；二君聞言，惕然而止。富順李宗吾先生，著厚黑學一書，其言最詼詭，其意最沉痛，直不啻聚千古大奸詐于一堂，而一一讞定其罪。所謂誅奸諛于旣死者非歟？吾人熟讀此書，卽知厚黑中人，比比皆是，庶幾出而應世，不爲若輩所愚。彼爲鬼爲蜮者，知人之燭破其隱，亦將惶然思返，而不敢妄試其技。審如是也，則人與人相見，不得不出于赤心相見之一途。則宗吾此書之有益于世道人心，豈淺鮮哉。厚黑學之發佈，已有年矣；其名辭人多知之。今試執人而問之曰：汝固素習厚黑學者，無不色然怒。則此書之收效何如，固不俟辯也。

（上文爲　先父初爲李先生書序。其後李先生益由憤世疾俗而歸于滑稽玩世。故　先父旣歿，于其民廿四年之厚黑叢話，旣稱　先父之言其著書之旨在定讞大奸詐之罪，仍以滑稽之言道及　先父曰：「廸風披覽莊子不釋手，而于厚黑學，猶一間未達，惜哉。廸風晚年從歐陽竟無講唯識學，回成都，貧病而死。夏斧私輓以聯有云『有錢買書，無錢買米』。假令廸風只買厚黑學一部，而以餘錢買米，雖今生存可也。然而廸風不悟也。悲夫！悲夫！」甲寅君毅誌）

「仁學」序

（民國十二年蒙公甫（裁成）先生輯孔孟至宋明儒者言「仁」「敬」者爲一書，命曰仁學，囑先父爲序。及今已五十年，吾尚略能憶及，當不大誤爾。）

記曰：天無私覆，地無私載。易曰：天地之道，恒久不已也。天地而有私，天地不成其爲天地矣；天地而有已，則乾坤其毀裂矣。天地之無私，天地之仁也；天地之不已，天地之敬也。聖人之學，道在一貫，持其樞者，忠恕也。聖人之恕，聖人之仁也；聖人之忠，聖人之敬也。子思著中庸，承孔子之教。其言曰：喜怒哀樂之未發謂之中，發而皆中節謂之和。非和何以成仁？非中何以主敬？非中則仁之用不見，非和則敬之功不彰。仁用見，敬功彰，而博厚，而高明，而悠久不息，以著其載物、覆物、成物之德。聖人之道，不其大哉。

公甫老伯好學誨人不倦，謂先儒之教，唯仁敬二字，足以括之無遺；爰裒之名編，命曰仁學。欲知學之所以爲學，教之所以爲教，胥必于是有取焉。淺薄如余，何足以序此書？然長者之命，不敢辭也。蓋仁之與敬，如乾坤之二卦，似相反而實相成。乾至健而動也順，大人之行，先天而天弗違，後天而奉天時；是君子之仁，而敬在其中矣。坤至柔而動也剛，君子之德，美在于中，而暢于四支，發爲事業；是君子之敬，而仁在其中矣。不識仁，而自謂能主敬者誣也；不能主敬，而自謂能識仁者，亦誣也。能識仁，則謂仁爲本體，敬爲工夫可也；能主敬，則謂敬爲本體，仁爲工夫亦可也。非是者，說仁說敬，尚無是處，況遠于仁敬乎。

非戰同盟宣言

（民國十二年重慶教育界人士，有非戰同盟之組織，嘗推　先父起草宣言，其中若干句，今尚憶及者如下）

披閱五千年之歷史，時有斑斑之血，點染其中。戰有始，誰始？戰有終，誰終？老弱填溝壑，誰爲誰填？丁壯擲頭顱，誰爲誰擲？死者可作，寧無怨尤。而好戰者，以神聖文武名之，以正義人道飾之……百年之功，隳于一旦；億萬之命，殞于數人。誰無兄弟？如足如手。誰無夫婦？如賓如友。膏液何辜，乃潤荆棘？今之存者當哀之，哀死者之死于鋒刃也，哀死者之死于奔竄流離也，哀死者之遺憾無窮，不得以其所苦，告來者也。以是翻然悔悟，亡羊補牢，禍其可以少已否。人之樂生，誰不如我；悅以犯難，夫豈恒情？凡我同盟，既盟之後，有本此不忍之心，以行其意者，有如揚子江。

痛言

倚奪之中人甚矣哉。怯者中於倚，悍者中於奪。狡者，忽倚忽奪。貪戾者無往而非倚，無往而非奪。非倚奪能傷人也，與倚奪爲緣也。顧亭林云、有亡國，有亡天下。易姓改號，謂之亡國；仁義充塞，而至於率獸食人，人將相食，謂之亡天下。又云、知保天下，然後知保其國。保國者、其君其臣肉食者謀之。保天下者，匹夫之賤與有責焉耳矣。竟無師云、國可亡、天下不可亡。明不可失其所以爲人耳。吾出川八月，所見所聞，十九棘心之事。吾受激刺乃倍蓰於往時。吾蘊吾意於胸，欲言復止者數數矣。悲夫。人生實難，禍至無日。吾寧犯天下之所不韙，而不爲吾心之所不安。吾寧開罪於材力出衆之名流，而不忍坐視良民之入於罔罟。謂之痛言，紀實云爾。

賈梟西曰、吾好利，吾自生之；不奪竊。奪竊，盜也。吾好勢，吾自使人；不仗人。仗人，犬也。申而言之，自毀曰倚，毀人曰奪。自誣曰倚，誣人曰奪。自侮曰倚，侮人曰奪。自危曰倚，危人曰奪。容於人曰倚，不能容人曰奪。屈於非理曰倚，以非理屈人曰奪。倚者無以自立，奪者無以立人。倚者無所不爲，奪者無所不取。人而至於無所不爲、無所不取，則其人可知。國人而相率以無所不爲、無所不取爲日常生活，則國之前途可知。

蜀有學政治者，實行戀愛自由，誘其友之女爲室，棄其十餘年與居生子之故妻，而誣之曰不孝。某文士與其父不相能，著家庭苦趣一書，暴其骨肉之醜，自詡爲家庭革命。世人亦以推倒孔家店之老英雄目之。北京大學某教授，以新文化宣傳得大名。所講中國哲學史，紕繆百出，經識者指正，猶復文過不悛。凡若是者皆倚奪人類也。然此猶屬箇人也。舉措出於己黨，不是亦是；行爲出於敵黨，不非亦非。昔日肝膽，而今日胡越；今日同器，而明日薰蕕。事苟有濟，手段不必擇；身苟有利，人格不必顧。政治生涯，如是如是。忽而護法，忽而靖國；忽北忽南，舉棋不定；忽彼忽此，如環無端。爲內訌則力有餘，禦外侮則謝不敏。軍人作用，如是如是。詩曰：嗟我兄弟，邦人諸友，莫肯念亂，誰無父母。又曰：哀我人斯，于何從祿，瞻烏爰止，于誰之屋。正若豫爲民國詠者。雖然，此猶一部分人之倚奪也。學界年來，好爲羣衆運動。其最著之成績，則聚而毆人耳，驅商人遊市而榜之以賣國賊耳，焚報館耳，毀所惡者之家宅耳，箝弱者之口，剝奪其言論自由權耳，鬧學校風潮耳，隨地開聯合會，盡黨同伐異之能事耳，自視爲神聖不可侵犯耳。不寧惟是。寶誨盜誨淫之水滸紅樓，而輕江河萬古之史漢韓柳。高談死活文學，漫雜而無友紀。此一族也。奉浮薄之士爲偶像，而曰禮教殺人。貿蟹行之文如鼎彝，而曰漢字可廢。醉心歐化，視昔之人爲無聞知。此又一族也。其甚焉者，於人則權利在所必爭；於己則責任可以不負。於養育之恩，可以置諸腦後；於睚眦之怨，或歷久而不忘。隨俗浮沈，以爲服從多數；混淆黑白，以爲順應潮流。詬政客卑汙，而其卑汙不讓於政客；責武夫橫暴，而其橫暴亦不亞於武夫。惡老輩媮惰腐朽，而其媮惰腐朽之習心，且駕老輩而上。教者以是爲教，學者以是爲學。國將亡，本必先顚，而後枝葉從之，其斯之謂歟。雖然猶未至明目張膽，引外人以覆宗邦也。孫中山在時。民黨已有共產非共產之別。廖仲愷氏被刺，適有讒人交媾其間，以求一朝之利。非共產派幾難見容於粵中。夫棄兄弟而不親，天下其誰親之。尤可痛者，既假黃埔軍官學校上海大學等爲宣傳蘇俄主義之憑藉，猶嫌不足；更於各通都大邑，脅誘我血氣未定智識未周之男女青年；而灌之以痲醉神經之藥劑。悲夫悲夫。盜賊徧於國中，人民無所得衣食。國命且斬，何待於革？國產且破，何有於共？不辨內外情勢之若何，而視階級鬬爭爲無上寶筏，不智孰甚。不愛四萬萬人之生命，而利用之以作一黨試驗之工具，不仁孰甚。而況受蘇俄嗾使代爲宣傳乎？然共產黨人固不承認赤俄有帝國主義之色彩也。噫公等休矣。俄人百年來挾其南下之政策以臨我，蠶食我邊疆，蹂躪我老幼，無時不思逞其所欲以去。公等寧盡忘諸今之俄人，猶是昔之俄人。豈其民族好侵略之天性，以政體變更之故，遽一旦化爲禮讓。觀彼之所以待我者，放棄權利之言，甫脫諸口；而呑併我蒙古，著著進行；賄買我人心，頭頭是道。經濟侵略，政治侵略，文化侵略，苟利於彼，無不兼而用之。吾求其所以愛我者，邈不可得。公等不憚抹殺一切事實而爲之辯護，其無乃飲酖而甘，落水求伴耶？公等之爲俄也則忠矣。如吾國何，如吾民何。夫彼自共產主義施行後，生產銳減，財政奇窮，較之大戰以前，十裁一二。自顧之不暇，竟毅然出無限之運動費宣傳費以供給我。明明視吾猶外府，而謂其他絕無所圖，非我所敢知也。彼於同種同俗之人，且以黨之不同而加抑壓；而謂其於異種異俗者，獨以誠意助其成功，更非我所敢知也。明之季世，滿淸藉吳三桂之力以驅除漢人，漢人朝不反抗，則三桂夕就誅。不問其反不反也。公等縱不爲國人計，寧不爲一身計乎。狡兎死，走狗烹，吾正爲公等慮也。卽讓步言，蘇俄無所求於我矣。試問改造社會之事業，而依賴鄰國爲指揮；具昂藏七尺之軀，而白受無因而至之餽贈；則國之所以爲國，人之所以爲人者，安在哉。憶自甲午以還，國勢已如漏舟，飄搖風雨，出沒波濤，刻刻有陸沈之患。愚不肖者，恆舞酣歌，流連忘返，曾無異於三十年前。不意智勇之士，今竟倒行逆施，作此日暮途窮之計。耗矣哀哉。契丹之滅晉也，耶律德光問馮道曰：天下百姓如何救得？馮道對曰：此時佛出救不得，惟皇帝救得。今之仰仗蘇俄者，卽惟皇帝救得之意也。以如是之人，而作國人之嚮導，是將使五千年之神明胄胤，謂他人父，謂他人母，宛轉呻吟於鮮卑馬蹄之下，而萬劫不復爾。

我聞在昔，非我族，必有異心。民到於今，微管仲吾其左衽。準春秋大復仇之義，則俄固世仇；依孟軻不嗜殺之言，則俄乃好殺。盜名、盜貨，同一貪饕；求繫求援，終爲魚肉。詩曰、無信人之言，人實迋汝。傳曰、戎狄豺狼不可厭也；諸夏親昵，不可棄也。親俄乎，親英美日法乎，其爲乞憐，則一也。

吾聞醫者之爲醫也，病不同則治療之術異。病同而體魄不同，時令不同，習尙不同，則治療之術亦異。中俄之社會，不惟病不同，他亦絕不相似。卽以蘇俄試而有驗之方，施之吾國，已屬不適。而況乎蘇俄亦未嘗成效卓著哉。吾國際此危急存亡之秋，六脈皆虛，奄奄一息。斷不可再用大瀉大吐之藥，以斷送其如線之生機。惟有耐心調護，以待其徐徐平復，斯可耳。調護之道奈何？曰知恥。知恥者，四無四有是也。無輕率以增益國人之飢寒，無暴亂以斵喪國家之元氣，無屈於非理，無以非理屈人。有以自立，有以立人，有所不爲，有所不取。是雖平平數語，在今日實爲續命之靈丹。一人可服，人人可服；一日可服，萬年可服。我父老昆弟乎，我諸姑伯姊乎。一國人才，祇有此數。合力扞患，猶虞不濟。安可自分其勢，令謀我者竊喜於旁。夫迷途知返，往哲是與；不遠而復，先典攸高。共產黨中。倘有明理達變之材，幡然悔悟，一反前日之轍迹。我先民之精爽，實式憑之矣。有志之士，盍歸乎來。(甲寅周刊第一卷第三十三號、民國十五年。先父此文所述有未合事實者，私易數字。君毅誌)

祭葉子端文

嗚呼子端！運有升降，時有暑寒，日月有盈蝕，形體有虧全，默察乎一氣之流行而不息，因天地萬物而齊觀。而卓卓乎其特異者，獨能靈秀於瀛寰。

嗚呼子端！子雖蟬蛻而去，子之生平風概，猶漾漾於吾人心目之間，其英多磊砢，霞舉軒軒，如有萬古，入其肺肝。具飛騰之龍性，宜其伏處於窮僻之境、清冷之淵。豈知乾坤幽閟之際，實不容人力之轉圜。千秋萬歲如一轍兮，又何兮而不然！魂而知此理兮，亦可以瞑月於深泉。從此穿精神於雷霆兮，散氣質爲風烟。震撼乎陰霾之抑鬱兮，化斯民之梗頑，雖死而未死兮，胡悲慨之足言。

嗚呼子端！原始反終之道，固知其爾爾，而生死離別之情，迴盪於胸膜者，終不免夫涕泗之漣漣。

書札

甲寅復生，國人重得循誦先生之偉論，以端正其趨向，不可謂非混亂之時局中一大幸事也。前於民立報、獨立周刊、甲寅雜誌、數數覩先生之文辭，而想望君子之丰采。甲寅輟版，良用悵然。繼聞有再起之說，心焉喜之，久之而闃寂，以爲先生之誑我也。不意甫履南京，而甲寅重光之消息以至。知先生之未忘乎斯民也。自一至七，已獲莊誦一通。觀其於培養民德，挽救時風，釐正文體之意，時流露於字裏行間。誠有慨乎其言之也。近日雜志，多於牛毛，閱者懨懨欲睡。如學衡、華國之詞氣雅馴者，實爲星鳳。甲寅之痛絕白話，亦固其宜。然從前琢磨過甚之文，不適於時，必歸沙汰。不過改弦而更張者，立言略有揚抑，而附之者變本加厲，一若游談無根。卽曰辭達，慮亦非倡白話者之初衷所及料也。先生掌教育之權，以修辭立誠師天下。揆之仲尼欲善而民善之義，決無不可潛移默化者，亦何用鰓鰓過慮哉。京中女師大事，先生所爲，大不理於衆口。竊以挽今日之頹風，宜化之以漸，不宜施之以驟。法家嚴肅整齊之力，不如儒者至誠惻怛之爲之收效弘而遠也。先生以爲然乎。鐵風西蜀之鄙人也。名不出乎里閭，足不及乎域外，雖醉心於前哲，亦景仰於時賢。察國家三十年來，能於學術方面，具有開天闢地之手腕者，惟有四人。一吾川之廖季平、一浙中之太炎先生、一梁漱溟、一歐陽大師而已。廖曾與之接談，而未暇讀其書。太炎先生之著述，則讀之垂二十年，而未識其人。漱溟亦然。於竟師，則不惟讀其書，知其人，且不時承其訓誨。師之精光耿耿，如皓日當空，一見輒令人不忘。天之於我，誠可謂厚。私心猶以未見章梁兩先生爲憾也。月前讀甲寅三期，稔先生於東西文化及其哲學，有所評騭，下注云容載本刊。今已讀第七期，尚未登布，望先生之有以豁天下士之耳目也。（南京鼓樓保泰街四十二號九月九日）（甲寅周刊第一卷第十號，民國十四年）

十二期原化，讀之竟，慰甚。前者十期辨答之詞，出自先生，固不失爲正議。若愚以此貢諛，非惟心有未忍，於事亦未可也。自問行能雖無似；中正之官，取決於膽，從不屑以怯懦二字，自誤以誤人，況於先生。當今之世，國事倉皇，無所託足。得一眞正之法家，固遠勝於小儒萬萬倍。愚讀書數十載，唐勞其智力精神，而無所歸宿。卒於孔佛二老，得聞勝義。自矢求向上一著，以終吾年。不免於尊意，微有出入。實則平情而論，先生所爲，亦大不易。天下人皆愛護之不暇，愚何敢過相苛求耶。孟子曰。齊人莫如我敬王，區區之心，固有在也。書不盡言。……（南京毗盧寺法相大學十二月二十號）

（甲寅周刊第一卷第十九號，民國十五年）

民氣不用則銷沈，濫用則衰竭，年來國內民氣，濫用過度。對外幾無可言。共產黨徒雖叫囂，其中情實餒。曾子曰：自反而不縮，雖褐寬博，吾不惴焉；自反而縮，雖千萬人，吾往矣。古今來掀天揭地之事功，無不由從善服義，植其基本。故民氣來路，不必向外馳求。篤疏濬其泉源，自可取之不盡。近人梁漱溟氏，頗心知其意；其他鮮有見及者。至若馬克斯學說當如何研究，吾國現狀是否適於共產，改革事業是否可以倚賴他人，皆必窮勘到底，一步不可鬆懈。前者人類生死存亡大問題，後者國家治亂絕續大問題，斷不容艸艸忽過。甲寅於此二點，似猶含意未申。先生服膺孔氏，邃於馬學，其能罄出所得，以引導羣衆之視線乎。想有心有目者，無不具同情也。又周刊間羼西籍名詞，鄙意以為不妨譯出，以一文體而便讀者。高明其許之歟。……（南京法相大學夏曆元夜）（甲寅周刊第一卷第三十三號，民國十五年）

遺詩　附聯語

（先父遺詩詞約二三百首。今除與　先母唱和之十餘首，已載于　先母之思復堂遺詩外，吾年十五六時，尚能誦數十首。及今已五十載，苦憶亦唯得數首，蓋皆民國十二年，先父三十七歲時之作也。）

歌行一首

劍閣巍峨巫峽牢，三三五五天狗墮地聲囂囂。千山萬山杜鵑啼不息，魂寃直上干雲霄。死別長苦悲，生別長相思。幾人洞胸脅，幾人爛肝脾。四野無風雲墨墨，憂心如焚肌膚慄。爲誰辛苦尋干戈，不殺仇讎殺同室。戰士歸來不值錢，將軍囊橐總難塡。曲如鈎有封侯命，直如弦死通衢邊。

七律四首

人間花草太匆匆，春未殘時花已空。死有餘辜秦呂政，罪何可贖漢曹公。陰圖數載兒孫業，鑿破千秋混沌風。酒後漁樵傷往事，可憐豎子亦英雄。

月圓月缺任西東，雲卷雲舒今古同。鳳去巢傾愁卵毀，冬寒龍蟄待春融。民心厭剣機將復，國步雖窮路轉通。劉項雌雄渾莫辨，楚人拾得楚人弓。

永命誰云未可幾，回天有術賴人祈。今年且把稻粱種，來歲不愁禾黍稀。南北東西春自在，蔦蘿松柏夢相依。淋漓元氣充瀛海，我亦澄觀獨契機。

義農去矣事堪追，手闢榛蕪郎九逵。肯信斯民終渙散，豈無豪傑濟艱危。天垂日月羣魔伏，風動旌旗五色揮。珍重此身猶有待，井蛙徒作管中窺。

五絕一首

桓桓曹孟德，霸氣壓羣英。萬歲千秋後，星稀月自明。

自題像四言四句

虛堂琴聲，空山月色。汝是何人，我亦不識。

壬春日用張老除夕詩永蕭史元旦

詩志謝龐公兼呈大彭陽虞李子

低昂蒼翠在松枝，不識春光有早遲。夔奏簫韶儀鳳至，鷄鳴風雨故人思。衆星北向依辰列，萬水東流與海期。孤負逮親三釜意，忍言新曆舊年詞。

挽葉子端聯

黯然別者銷魂上，有重闈思子念孫勞悵望。
悲哉秋之爲氣劇，憐孤寡登山臨水送將歸。

家鄉大門聯

東去江聲流汨汨，
南來山色莽蒼蒼。

論墨學源流與儒墨滙合

蒙文通

墨子書備三墨之學

韓非子言「自墨子之死也，有相里氏之墨，相夫氏之墨（孫仲頌據元和姓纂作伯夫氏），有鄧陵氏之墨」。故墨離爲三。三墨之說，世莫能明。故友唐廸風氏，以爲耕柱篇「縣子碩問於墨子曰：『爲義孰爲大務？』墨子曰：『譬若築牆然；能築者築，能實壤者實壤，能欣者欣，然後牆成也。爲義猶是也：能談辯者談辯，能說書者說書，能從事者從事，然後義事成也。』」談辯說書從事三者是三墨也。以墨書證墨派，唐氏之說，最爲得之。以余之懵瞀，請伸其旨。（中略）則三墨者，卽南方之墨、東方之墨、秦之墨。秦之墨爲從事一派，東方之墨爲說書一派，南方之墨爲談辯一派，此墨離爲三也。請再就墨子書七十一篇論之。（中略）

……赤狄合長狄以居於宋、魯、曹、衞諸國之間，墨翟之爲魯人抑宋人，正以長狄山戎之居，而孤竹之裔與同處也。（別詳周秦民族史）則墨學爲代與山戎孤竹東夷貉族之敎。鮮虞建國亦奉之。故墨學之根據在代中山。其被於中國也，以地域之殊，而有東方之墨、南方之墨、秦之墨。而三者又未必爲原始之墨學也。余旣伸唐氏之說，論墨學之流，以辨俞孫之未諦。憶唐氏昔於墨學大行之際，恆厭其說。曰「是殆出夷狄之教也」。惜良友云歿，安得以此論起而質之。更有進者，柳宗元辨晏子春秋，謂「疑其墨子之徒有齊人者爲之。墨好儉，晏子以儉名於世。故墨子之徒尊著其事，以增高爲己術者。且其旨多尚同、兼愛、非樂、節用、非厚葬久喪者，是皆出墨子。又非孔子，好言鬼事，非儒明鬼，又出墨子。又往往言墨子聞其道而稱之，此甚顯白者。非墨子之徒，則其言不若是。非晏子之爲墨也,爲是書者，墨之道也。」按柳氏疑晏子書作於墨氏之徒，然今以墨子書衡之,墨誠近於儒，而大遠於道德法家者。墨之非儒，恆以晏子爲說，見於非儒篇者如是，見於孔叢詰墨篇者亦焉，是不可謂墨之非祖於晏也。……史記管晏列傳言「晏平仲嬰者，萊之夷維人也。」劉向別錄曰「萊者，今東萊地也。」東萊地於春秋爲萊夷，而齊滅之。是晏嬰者，誠萊之裔，而東夷之族，固與山戎孤竹之屬，同出一系，則晏子爲墨學之前驅，誠非誣歟?是所以盡唐氏之義，願質於世之爲墨學者。（下略）

（錄自一九四四年成都路明書店蒙文通著「儒學五論」。）

附錄二：

龐石帚（俊）贈詩一首

犖犖唐居士，高材孰見收。孟疏勤削稿，墨辯慨横流。
漸白衝冠髮，恒搔仰屋頭，嘉陵春水綠，浩蕩羨閒鷗。

彭雲生（舉）「辛未旅燕雜詩第六十八首」

昔哭故人宅，今勘故人書。故人在何所，開書與之俱。
蘉齋志可傷，葴山言非迂。夫天未欲治，太息失眞儒。

林思進山腴「挽唐鐵風」一首

苦語成生別，塵衷竟不然。奇窮嗟至此，天道竟誰憐。婦有黔婁節，人悲扈載年。七篇仁義旨，
強聒若爲傳。君近來極推尊孟子之學

周紹賢「讀唐迪風先生孟子大義感賦」

焚香恭坐讀遺編，大道從來一脈傳。智水仁山通聖境，孔門義路隱唐賢。至言讜論春秋筆，魯雨鄒風金玉篇。泰斗光輝空慕想，邈然默契是前緣。

魏時珍「民國卅三年重航日記」（由成都至法國）

熊君東明來此，爲僧衆講攝大乘論，東明信佛極篤，人見輒與談，能解不能解皆不考，亡友唐君迪風者，信儒學亦深，遇後生小子，輒亦口講指畫，勸尊孔氏，其情之切，直欲負之而趨，至其侘傺感時，則往往悲歌慷慨，至於流涕。迪風之於儒，東明之于釋，雖好當各殊，而篤信則一。予平生師友不少，所推服者亦多，而能忠於所學，不少苟且，信道篤而自知明者殆未有如此二人者也。

思復堂遺詩

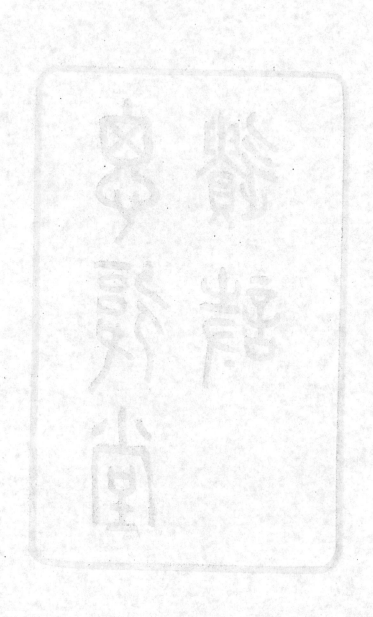

思復堂主唐母陳太夫人卓僊遺像

歐陽竟無先生題字

讀雜賦七首哀音促節至性動人各常能詩少年調見長者異之也其境背夫人之德古所難能況花木世由風流衆佳嗣如君毅能學聖哲學是直接孟母之賢豈陶母歐母之所可同日語耶世人造業受報雖佛孔亦莫可如何憤悱不可悲悲憫雖可而有分際此亦是中節之和悲天憫人而不礙其樂天知命也一切有為法如夢幻泡影如露亦如電應作如是觀民國二十六年十月歐陽漸識

李證剛先生題字

諸章皆以肫摯之情寄於真樸之筆
一片性靈奚假雕飾詩之言志實際在
斯由此進而游心物初頤神道腴直入
三百篇之室矣章法整飭氣韻醇茂
蓋其餘事

丙戌元月李翊灼敬識

卷一

野草

野草猗萎露未晞，阿誰江上擣寒衣。中秋才過重陽近，蘆葦初齊一鷺飛。望裡波澐歸棹迴，天涯兄弟尺書稀。年來領得鄉居趣，世事人情已願違。

牧豎

牧豎群嬉晚放牛，長歌短笛自悠悠。溪泉碧助江流色，蓼岸紅添澤國秋。落葉疏林穿曲徑，夕陽古渡望行舟。櫓聲搖碎還鄉思，羨殺飛雲任去留。

九秋

九秋倏云盡，鄉路一何賒。皎月分江色，寒風戰荻花。年年愁作客，夜夜夢歸家。正是傷離別，江天雁影斜。

九月十四夜望月感懷

地吐初更月，光窺灌莽中。稜稜霜衣屋，曖曖露浮空。群籟仍秋夜，新愁類轉蓬。家人懷遠思，當與此時同。

明月碧天空，蒼茫萬里同。倚闌何處笛，吹斷別離衷。露滴修篁韻，風來亂草叢。遙將今夜夢，直送錦城東。

蘆花

夾岸白漫漫，萋生九月寒。夕陽楓葉渡，短笛蓼花灘。深處藏魚艇，飛時礙釣竿。長飆無所事，送汝入雲端。

气爽江天合，蒼然一抹平。碎瓊微有影，迴雪寂無聲。沙磧秋容澹，汀洲夜月明。南來數行鴈，趁此莫長征。

憶亡姊

冉冉年華感逝波，長空萬里墨雲羅。姊歸泉下英靈在，我滯他鄉涕淚多。日月盈虧時有序，死生離別未如何。蛩鳴階砌燈光澹，乍檢遺編不忍哦。

天道無知夭壽爻，追思遺事總難拋。書凭強記深宵讀，詩愛新詞竟日鈔。常以婉容安老父，恐因寢疾累同胞。此情歷歷今如昨，腸斷秋風蔓草茅。

五月十七夜川黔軍交鬨成都

一宵風雨兩池連，紅日初升霽色鮮。草與人爭隄上路，煙和雲戰水中天。樓臺幾處餘焦土，庭樹千家泣杜鵑。最是纍纍東郭墓，孤魂嗚咽伴流泉。

尚有

尚有榴花映碧扉，中庭妝點錦屏帷。南風不解人憔悴，紅已無多綠正肥。

偕廸風小步中庭

燕脂花發滿籬紅，時有幽香趁好風。遠磬一聲初落葉，奕棋人在竹堂中。

中宵新霽月來遲，城裡秋光總不知。記得去年當此際，涪江同賦荻花詩。
一天濃霧已難開，又値西風送雨來。小立閒庭秋色淺，有何情緒酌新醅。

述　懷

久病昏昏記得無，十年拋卻故鄉廬。已知世味如紗薄，獨羨漁人共水居。兩岸白鷗舟一葉，半篙明月履雙鳧。酒酣長嘯江天外，群鳥相驚入野蒲。
月明千里澹秋心，閒對闌干學苦吟。病到久時思藥誤，道臨高處覺魔深。散材畢竟全天性，瓦缶由來混好音。一任浮雲幻今古，太空群籟自沉沉。
生平最愛是山居，茅屋三椽滿架書。笑掩雙扉由我懶，寧親鹿豕與人疏。

哭三女德兒

不復憶兒容，望兒來夢裡。夢裡不逢兒，兒今在那裏？睹物如見人，頻翻故衣履。中有青紗裙，是兒心所喜。親手爲兒縫，前日縫初起。兒持向母言：新裙一何美？明日姑媽去，應許我穿此。明日兒遽病，半日長已矣。彼蒼者天乎，何弄人乃爾。兒靈果有知，當再爲我子。

汝母萬念灰，一息爲兒留。凡兒心愛物，韞匵以藏收。冀待他日來，兒還認識不？

哥姊住學堂，回家日甚少。每計星期日，獨往門前眺。雙雙挾筴歸，遠迎相親笑。

欣然奔告母，哥姊回來了。

末期汝姊回，兒病已顚倒。汝母喂兒湯，中心暗傷悼。汝父爲煎藥，倉忙才下灶。

兒見姊姊來，回頭祇微瞟。問兒刻如何？猶言心中好。汝兄未及歸，兒去何太早。

友人約赴江樓因用珠仙秋感原韻有作

十年未到此間遊，今日登臨倍感秋。寂寂長江如舊日，往來卻少渡人舟。

樓臺高聳接青霄，人哭人歌未寂寥。幾度凭闌心欲碎，隔江蘆葦正蕭蕭。

前宵惡夢破空來，累日秋陰撥不開。但使掌珠緣未了，阿爺相待去仍回。

秋光雲影透珠簾，哀樂相尋病更添。死死生生勘不破，人間何處是鶼鶼。

一聲鐘起佛陀龕，煩惱菩提一樣參。無那秋濤和淚湧，滔滔直入大江南。

女伴相邀共遣愁，才加擬議思悠悠。李家坡似天涯路，（德兒葬李家坡）秋雨秋風滿一樓。

年來慵病太零星，醫藥無靈鬼有靈。那怕塵埃蔽天地，有人林下尚惺惺。

聞道前方戰事多，屍橫遍野有誰駄。血花紅染淸江水，流入平沙一任他。

結伴商船一一歸，夕陽送客影依依。寒礁聲動西風急，溪上鴉雛傍母飛。

季弟視學平武歸為我言所見因記之

視學至平武，所過何淒涼，十室四五空，焉有讀書郎？路逢一村人，爲我道其詳：旣遭兵役苦，復罹瘟疫殃。烏鵲相爭處，殘骨滿陂塘。饑寒而死者，屍腐猶在牀。君是異鄉人，聞之應惋傷。

復行三四里，肩輿憩路旁。隨至一人家，屋宇勝尋常。蛛絲徧庭隅，蔓草欲升堂。門戶皆扃鎖，室內暗無光。廚門坐一童，二犬臥回廊。乃向童兒問，父母在何方？數問不一答，癡癡引領望。良久始回言，父母已雙亡。舉目無親族，尙有穀幾倉。欲語復呑聲，雙淚濕衣裳。

恂兒遊戲紀實

嬌女甫四齡，未分日與月。匍匐月光下，問光何不熱。
跳躍至窗前，歡言捉月亮。掬之不盈手，才知在天上。
嬉遊少侶伴，嘗弄水爲樂。泡皺指頭皮，驚呼手在哭。

客渝州追念德兒

靜夜山舂響比鄰，月華如練客愁頻。死生異路經年別，涕淚他鄉置此身。若使魂兮能解意，如何夢也不相親。阿爺偶市糖和果，歸散諸兒少一人。

月夜寄廸風

明月照高樓，漫漫露氣浮。雕闌人獨倚，昨夜夢同遊。咫尺天涯遠，禪居萬念休。何時超象外，無去亦無留。

蛙

夜夜池中蛙，朝朝廊下水。故鳴得意聲，飛入愁人耳。

日夜小池中，聒聒究因何？居墟不識海，樂趣比人多。
蛙鼓助人思，苦吟蛙不知。蛙如解人意，應也笑人癡。
蛙自無心鳴，人卻有心聽。有心對無心，咫尺不相應。

偕廸風遊懋園

盛夏渾無賴，乘涼至懋園。苔階無履迹，相對已忘言。
掃石坐幽徑，觀書趁夕涼。微風過林表，一葉下池塘。
梧葉交相蔽，悠然翠蓋張。風來開一隙，時漏太陽光。

寄季弟綦江

綦江地僻遠塵埃，鷗鳥忘機莫浪猜。若有暇時通問訊，寄將風景信中來。
幽居等是碧雲間，莫爲鄉心便欲還。方寸果教如朗月，天涯何處不家山。
骨肉分離幾度秋，長江日夜繞城流。依依魂夢如流水，忽在成都忽敘州。
鄉書欲寄路漫漫，意思千重下筆難。復恐阿爺問消息，附聞兒女尚平安。

縱橫極目霧瀰天，客思鄉情幾處懸。寄語哲擎諸侄輩，市中糖果少新鮮。

小溪狂吼學新潮，雨助泉聲暮復朝。爲歎烟雲太多事，天風吹日霽寒霄。

曉　起

微雲薄似紗，殘月彎如玦。月色不妨雲，雲影何妨月。

途中所見

掃墓歸來日已斜，肩挑祭品手携花。人人都愛好春色，渠也攀來誘小娃。

東風吹雨過山腰，小麥翻青色最饒。不是耕人長見慣，合將莠草當新苗。

思鄉並寄廸

桃杏爭妍二月天，異鄉風景有誰憐。歸期原約淸明後，去種家山半頃田。

窗前修竹隔蔬畦，連袂歸來未有期。憶否碧桃花樹下，輕風微雨看扶犁。

春　曉

早起步回廊，遙山靄烟霧。曉風如有心，吹見花明樹。山徑少行蹤，狂奔群犬鬥。紅樓酣夢人，忘卻夜與晝。

登　樓

暮登五層樓，一覽全城低。始識立身處，無地相與齊。凭闌試俯瞰，曲徑使人迷。群众行如素，歌聲何悽悽。兒童作盲戲，楊柳小橋西。獨對興長歎，徘徊念舊谿。團團東嶺月，蕩蕩碧琉璃。自覺入其境，披光履素霓。此際心無念，微聞杜宇啼。

書室獨坐

好風次第送清涼，寂寂幽窗面草場。獨有小鴉偏愛靜，時時飛近硯池旁。

閒　步

一庭芳草半含烟，幾處青苔色更鮮。稚子故來相攪擾，綠陰中去聽鳴蟬。

漁　者

微雨絲絲濕釣竿，篷中兒女話團圞。似嫌此地臨城下，轉棹移舟過別灣。

雲　影

雲影悠然壑底生，無端侵入後園亭。疏篁隱隱北窗下，時有幽人誦讀聲。

拾石過江至賓壩望見舊宅

玲瓏花小石，誑我過江來。舊路依稀識，門墻次第摧。欲行還卻曲，翹首更低回。

廿載思鄉結，層層解不開。兩姊長相別，慈親早我違。傷心生死際，回首夢魂飛。泣別牽衣處，潸然立夕暉。

幾番驚隔世，空有菜花肥。

再過賓壩

少小嬉遊處，長江空復情。竹林餘菜圃，茅屋聽雞聲。呼渡無人應，孤舟隔岸橫。

徘徊沙磧上，頓覺一身輕。

天外

天外任昂頭，青山四望幽。十年塵世氣，捲入大江流。皓首相期隱，春風結伴遊。雲烟過目散，兒女共歸休。

浪翻沙有跡，月過水無痕。勝事閒中見，詩書信口溫。彎腰爲佳石，談笑沁淸魂。犬吠斜陽外，人歸遠樹村。

淸晨

淸晨到北岸，趁此好春風。可惜花時節，輸將俯仰中。潮泥深履迹，旭日倦兒童。極目空明外，飄來一短篷。

輕寒

輕寒乍暖養花天，孤負鄉關十六年。獨有晴江猶念舊，戲將短槳學搖船。水花點點沾衣袖，風日融融破曉烟。長此寄身雲壑外，不知桃杏已鮮妍。

附和卓僊輕寒詩　　　　　　廸風

群卉舒榮二月天，風光明豔自年年。鄉間地僻時尋勝，江上波平好放船。偕樂兒歸石盈握，倦遊人過灶生烟。林泉生活君期我，一任鄰家鬥醜姸。

沙　灘

沙灘三五里，信步任東西。白日青天下，歧途未便迷。菜花黃欲老，胡豆嫩還低。水落流聲細，潺湲若小溪。

中春日遊流杯池及涪翁樓有作步廸風原韻

老樹橫怒枝，盤根石山嘴。幽蔭小谷中，曲池呈綠水。
村女三四人，浮杯亂相渡。圍坐小池邊，愛此幽絕處。
雨餘天氣好，風定水尤明。石壁觀遺跡，渾忘世俗情。
瞻罷涪翁像，小憩涪翁樓。谿山無限好，靜守寸心秋。

石縫纔通人，紆若羊腸瘦。緩陟百仭岡，環視春山秀。
深谷涵冷氣，清風透衣裳。凭闌看耕犢，陣陣野花香。
人生如旅客，天地作吾廬。瞬卽爲塵土，無時可讀書。
東風無所事，妝點滿園花。祇恐春陰去，空留月影斜。

附遊流杯池及涪翁樓

昔來方幼年，今來鬚滿嘴。不見涪溪翁，祇見涪溪水。
雙鴨浴涪溪，人從溪上渡。石阜數百尋，中有通幽處。
溪頭草柔綠，池曲水空明。不必流杯飲，山川故有情。
勝日尋芳躅，來登江上樓。風流成往事，寂寂似千秋。
春山雲不流，春水波痕瘦。春風溫然來，春色何娟秀。
掃空石畔竹，蒼翠侵衣裳。未及春三月，思聞苦筍香。
逸妻欣賞此，擬結一茅廬。爲與塵囂遠，良時好讀書。
嬌兒笑相指，欲摘道旁花。風景勾人住，歸時夕照斜。

浪淘沙

啼鳥醒新愁，往事悠悠。暮春猶自著重裘。祇爲俗塵供舊病，羨彼沙鷗。兒女步高邱，笑語優柔。幾回誤指父歸舟，菜麥青黃相間處，惹我凝眸。

賣花聲 和迪風韻

雙柏識門墻，青蔭回廊。風枝裊裊漾晴光。小雀庭除爭米屑，了不思量。素月去洋洋，雲水蒼蒼。泛槎欲上叩東皇，底事不將清影繫，長照花香。

獨立背斜暉，自織藩圍。連宵雨助豆苗肥。一任枝頭紅影瘦，帀地香飛。林際有鶯啼，半啓窗扉。深深院落讀書幃，閒課兒童還學穡，倦也方歸。

附賣花聲 迪風

日影度東牆，移上長廊。等閒拋擲好時光。燕子不知人意倦，輭語商量。江水去洋洋，山色蒼蒼。遊蜂往復太皇皇。隱几曲肱思舊事，何處花香。

桃杏鬥芳暉，短短牆圍。園蔬得雨嫩苗肥。春色著人如中酒，管甚花飛。窗外午雞啼，虛掩柴扉。五年如夢別慈幃。手澤猶存人不在，空想還歸。

清平樂　詠小孩遊戲

輕輕悄悄，眯眼微含笑。尾捉花前嬌鳥小，扈爾一聲飛了。晴空雁字橫斜，舉頭拍手喧嘩。追向碧溪橋畔，水邊去看游蝦。

客江寧初見雪

初作江南客，江南景未知。仲冬才四日，已是雪來時。飛屑淩空弱，隨風墮地遲。倚窗看不足，回首漫凝思。

捲簾庭院白，喜極不知寒。一撮和風嚼，三更共月看。明輝流積素，霽色入雕闌。遊子衣裳薄，思之心欲酸。

客江南偕迪玩雪

捲簾庭院白，喜極不知寒。一撮和風嚼，三更共月看。明輝流積素，霽色入雕闌。
遊子衣裳薄，思之心欲酸。

憶丹鳳街舊寓

半方天井逼鄰墻，反映全憑粉堊光。習篆靈蝸夜書壁，窺人飢鼠晝尋糧。苔痕樞紐
閒門綠，瓦縫飛塵日色黃。最好圍爐風雪裡，小窗相對讀蒙莊。

和迪風雪詩次原韻

昨夜圍爐火不驕，今朝開戶雪飄搖。荷樵人自街頭去，瓊蕊晶瑩載滿挑。枯樹著花
生勃勃，廣庭積素晚蕭蕭。老驢負重蹄猶健，得得衝寒過小橋。

附雪詩　迪風

捲地風來勢正驕，吹將翔雪影飄搖。持筐女去花雙鬢，賣菜人歸玉一挑。萬里谿山
閑漠漠，幾家門巷靜蕭蕭。兒童最愛天然好，不爲尋詩過小橋。

雪

柳絮先春逗夕霏，乘風片片入書幃。薰爐烘硯冰開凍，斗室吟詩夜有輝。天地寂寥情思永，家山遙遠夢魂飛。傷心阿父當時事，病榻纏綿望我歸。

擬陶淵明癸卯始春懷古田舍

穆穆山含翠，娟娟水澄綠。枯條茁新芽，衆卉復初蓐。秉來事田疇，鄰近時相勖。童稚懽肆勞，緬焉情惟竺。昭昭禹稷功，殫心利民俗。瞻望旣弗及，遺迹蘊心曲。養眞遂所懷，有酒便云足。

樊遲學稼圃，諸葛耕隆中。遙念古先民，恬然安固窮。及春理常業，眷有良歲功。時鳥試新聲，好音聞蒼穹。餐勝悅我性，戮力勤我躬。四體雖云勞，心逸神自充。南山治蕪穢，良苗欲蘢葱。歸來日已夕，舒嘯臨清風。

除夕戲作

今年更比去年窮，零米升升過一冬。搜篋已無衣可典，禦寒尚有酒盈盅。布衾如鐵知宵永，窗牖來風待曉融。又是一回逢歲暮，依然羈旅客江東。

縫紉窗下望雪

傾耳無聲灑碧苔，安排詩句共衣裁。八齡幼女朝行汲，滿面飛花帶笑回。

雪後

雪後松梅應愈健，好風莫再撼柔枝。碧窗乍覺寒來重，恰是呱呱涕泣時。

楊柳

與迪風率三子從江南返蜀留滯途中欲歸不得

楊柳依依二月春，自金陵過漢江濱。家山遙隔三千里，荒亂羈留半路人。大麥已登梅子熟，歸期難定客愁頻。無端辟地來鄉野，隊隊雞雛共主賓。

夜深

迪風為其舅事誤繫余及兒輩待至夜分猶未歸也

夜深庭院月明多，久立階前意若何。想得此時應未睡，遙知兒女正思他。

幽　居

亂世幽居遠市場，生涯日拙日匆忙。自磨麥麵和麩食，淸煮鮮蔬入碗香。兒女苦饑甘飮粥，舟航望斷夢還鄉。松扉靜掩天寥廓，時有書聲出院牆。

過　三　峽

群山夾束水瀠洄，汽笛傳聲萬壑雷。前面幾番疑絕路，一灣才合一灣開。峭壁千尋礙日光，飽看山水出瞿塘。歸當花下攜雙稚，細話巫山險且長。水險山高蜀道危，三年三度過巫夔。行行祇愛江南好，處處垂楊處處池。

宿明月沱

夜宿明月沱，果然明月多。一人一鄉思，一月一金波。

到南京探望毅兒

萬里迢迢出蜀都，爲兒何暇計征途。世間祇識窮通理，毋怪時人笑我迂。

四月十九日晨同毅寧二兒泛玄武湖

曉月已無光，明霞何耿耿。緩步出城西，漸漸佈陽景。數里及玄湖，一望碧千頃。畫橋垂柳畔，紛紛停小艇。地以絕人閒，心因臨水靜。空明涵太虛，下有三人影。船婦出茅檐，勞勞固相請。子母共登舟，舟小不容竝。拂拂攢葭叢，中闢通幽徑。搖搖向前津，泛泛越菱荇。時鳥弄佳音，荷風散淸冷。數啓鷺鷥疑，此足當自警。

前詩意有未盡再賦

祇覺離家三五年，算來二月少三天。重來始識人情厚，客久無聞車馬喧。古樹低昂風作態，嫩荷舒展露乘船。露珠圓轉荷葉上如乘船然平湖遠接雞鳴寺，回首當時益惘然。

湖上空張賣酒壚，停舟向店家買食物至則云無有湖邊桃杏正如如。主人一味不招客，整日歸來意未舒。

秋　夜

皎皎月當窗，清影搖東壁。蛩鳴一何哀，萬籟此俱寂。病軀累長夜，反覆不暖席。起視夜如何，陰陽正改易。挑燈思舊夢，夢忽無遺迹。沉吟獨彷徨，展轉情懷惡。短袖識風寒，此心爲形役。日夕兒女情，廿載異鄉客。怡怡不須臾，歲月幾離隔。江南風雪多，游子衣裳薄。迢遞阻千山，久已疎刀尺。遲遲三年歸，憂心如煎迫。

出東門

駕言出東門，何處尋幽壑。此身一何微，玉宇一何闊。仰愧高鳶翔，俯羡池魚躍。涼颸西南來，浮雲焉所託。寸心羅萬象，客行誰云樂。

擬　古

薄暮懷苦飢，烟霧漫浩浩。與君爲新婚，釆苦江南道。江水多風波，自覺容顏好。

鴻鵠翔海濱，不食人間稻。寒蟲夜哀鳴，志乏營一飽。物各適自性，勞人獨憂老。喬喬山上松，離離松下草。上承雨露恩，下澤惟行潦。爲感庇蔭深，萎黃日枯槁。枯槁不足惜，結根自蘊奧。冉冉被平原，日夕牛羊蹈。睹此傷我心，幽思可誰告。

源泉 自喻

源泉何涓涓，不舍晝夜流。紆徐歷荆榛，危石據上游。豈復憚艱險，志在東海頭。數遇回飇舉，吹我忽漂浮。咽咽轉悲聲，行路增其憂。二月春風來，沛澤膏神州。浸淫復滙聚，瀰瀰緣道陬。朝映桃花紅，暮涵雲景幽。盈科漸次進，何乃命多尤。農人利稼耕，堵壅溉田疇。濆薄興躍波，吸引一何遒。吁嗟此泉流，終阻絕荒丘。遙瞻長江水，萬里自悠悠。

憶諸兄弟

皓皓日初沉，秋氣悽以愴。翩翩南游雁，三五正彷徨。曠野馳霜風，振翮凌虛翔。寒聲隔重霧，暖翼猶輝光。豈知離群者，孤號天蒼蒼。徘徊失故路，延頸望八荒。

巖棲有一士，感結發清商。歌聲壯激烈，切切悲未央。顧我亦孤煢，嬰累增憂傷。俯仰多所懷，何以報泉壤。兄弟緣枝葉，何以各殊方。重陰平地起，痛絕山之陽。

臥　病

臥病怯長夜，時鐘獨可聽。青燈移就枕，追夢到天明。

隔樹看明月，陰濃夏枕寒。不知書墮手，夢入好家山。

病　起

疲病交侵步履難，晚雲斂盡月光寒。繁花歇迹春長在，玉笛誰家夜倚闌。散木百圍天下棄，碧霄萬里夢中看。此情無計相排遣，閒聽松風自往還。

風林一蕭瑟，涼意滿堂前。逸興輸嬌女，歡呼放籜船。掃庭憐皓月，汲井見青天。仰彼千竿竹，盤根自有年。

幽居初夏

卜廬稚愛半城鄉，僻地由來日月長。松徑草深妨過客，竹齋風定有餘涼。哺雛烏帶慈和色，對奕兒爭勝負場。飲露寒蟬無一事，日將哀怨訴穹蒼。

稚子

稚子花陰下，笑顏凝目想。青蟲垂長絲，左右援絲上。

重九偕迪率諸兒及其諸生遊望江樓

君門二三子，邂逅得同遊。樂此重陽節，來登江上樓。緬焉凌絕頂，一覽四郊秋。萬木盡衰黃，雙輪豈暫休。人生何勞勞，憶此佳節不。層階倦履步，逸興固淹留。覓座臨江水，江水清淺流。班坐論陶詩，棹歌相和酬。何必盈觴酒，清茗良悠悠。凭闌忽已久，沉疴一以輕。回視列席間，豪興正縱橫。稚子無所事，言笑縱歡聲。微風來叢菊，陶然起深情。兒女共登樓，遙見舟行處。幼兒向余言：阿兄從此去。

對　雪

茫茫平野接遙天，穆穆荒村景色鮮。誰種瓊田千萬頃，我來舒嘯慶豐年。
天心總爲恤農家，特恐良田茁早芽。積素當衣衣地表，獨留春色在梅花。
俯仰寰區一色中，詩心搖曳雪花風。清游盡日歸來晚，兒女燒冰試火紅。
一夜江山改，連朝興趣賒。循城騁遊目，玉宇淨無瑕。啼鳥皆春意，枯枝著好花。閉門閒綴句，客至竟忘茶。
修竹逢寒雪，青青色自如。祇緣生意足，不與草同枯。

人日遊草堂

人日寒初解，年年趁此時。草堂參勝跡，士女效趨馳。祇識春光好，難遊杜老祠。文章忌軒冕，懷古欲何期。

縫　衣

一年空悔一年非，壯思無如日益頽。輕擲乾坤無個事，一絲一縷綻春衣。剪刀聲裡炊初熟，春服成時句亦新。笑問燈前墨與硯，不知磨出幾多人。

青玉案　自述用稼軒元夕韻

兒時競繞池邊樹，驚飛落，紅如雨。月下迷藏穿小路，輕身援木，鳥巢探卵，滿地霓裳舞。春蠶到死成絲縷，如許閒情縛將去。水盡山窮無可度，笑拈華髮，問君知否？柳暗花明處。

望江南

新雨後，弱袂怯春寒。飛絮滿庭如雪亂，試將愁思比看看，無那見眉端。

烏夜啼　腳病

永日成枯坐，流鶯忽報春深。米鹽針線催華髮，無語對清陰。　垂柳只知縈恨，好花未肯關心。自慚筋力偷安久，幾度發狂吟。

踏莎行

病鎖愁城，塵封筆硯，窗前垂柳深深見。瓶花也自惜幽香，低頭怕觸春風面。日色新融，陰霾乍捲，霎時又被雲迷眩。拚將閒意屬兒曹，紙鳶高縱長天遠。

最高樓　月夜

年過往，無計可追攀，陳迹引愁還。竹松庭宇清陰合，風枝藻荇月波寒。漫相思，人世事，幾悲歡。　誰擊破、渾淪兒太極。誰擊破、小窗兒曙色。天地外，覓身安。床頭兒女情無那，重來認取舊家山。到他時，應笑我，變紅顏。

浣溪沙　韓愼中李靜（與至兒同學）二人移入校中感賦

久別無如暫別難，多情嬌小淚偷彈，問他明日可來還？梧葉密遮窗戶暗，書聲夜和素琴間，斯人去後不堪看。

上西樓　代某作寄妹

人生無定飄蓬，去匆匆。回首膝前歡聚幾時重。凭闌望，多惆悵，落花風。最是滿城烟雨盼歸鴻。

隔戶聽迪風為諸生講學偶成二絕博迪一笑

藹然和氣耀朝晴，桃李忻忻相向榮。行客也知春色好，綠陰深處聽啼鶯。

牆高不礙管絃聲，歸客長程復短程。欲借門童問消息，寒風吹雨一時生。

卷二

辛未夏，四月。迪風以其堂弟迭電來詧，促歸宜賓。經旬，噩耗遽至。余驚惶失措，率諸兒奔回，竟未及一面。嗚呼！昊天不弔，何忍獨生。顧念諸孤，肝腸敗裂，從死無由，聊以託命。忽忽踰年日，不知所以。時當期月，往事乃漸清晰。寸衷感傷，彌痛居恒。即事多悲，無以自遣，雜賦若干首，略識哀悼。惟余早年失學，未諳文藝，辭意兼拙，非敢云詩。倘蒙大雅哀矜，加以斧正，則尤所感盼焉。壬申陳大任自序於成都。

壬申夏四月二十七日回憶一首

服制期欲除，往跡不我遺。歷歷情如昨，哀心靡自持。成都臨別言，一月以爲期。痛彼僰道電，肝腑爲爛糜。僰道疫方熾，奈何苦相催。人皆謀引避，而反促君歸。視弟若同生，憂喜恒隨之。函電急星火，豈忍故乖違。宅心素已廣，渾忘險與夷。持志廉以正，不識人我欺。友朋狂催走，順路遊峩眉。倉卒卽就道，那復與之辭。向晚綻行衣，惴惴心驚疑。幼女憚遠別，不寢索父啼。凌晨獨興早，步步共追隨。却顧摩兒頂，此去不多時。好好勤讀書，當買新書回。含涕向母懷，車輪行復遲。遲遲幾顧盼，隱隱盡通逵。三五悽以立，見此懷多悲。彌月卽回還，何用傷別爲。攜幼入君室，悵然搴君帷。案墨研猶濃，書册疊纍纍。纍纍展以閱，一一君鈔批。不覺淚已灑，強與兒遊嬉。遊嬉愈依依，數問父歸期。牽衣復出房，引領獨欷歔。回心反初念，怦跳忽如癡。沿途寧非吉，風露苦淒其。著書初脫稿，精神固不支。更値行旅勞，何禁百感摧。鄉居多暑濕，地僻無良醫。藥物儲行囊，恐君未知之。本圖相與偕，計議各參差。慮我疾病多，慮我風波危。優裕欲我共，勞苦不我施。我愁君不樂，君憂我不知。臨行何倉卒，事事措非宜。悔恨心如搗，反覆想容輝。容輝不復憶，操心增惶惑。惶惑將如何，恨無雙飛翼。起坐失其序，日望日西匿。忽忽甫經旬，佳音那易得。兒女爭來集，喃喃問消息。層霾一旦開，夜月添顏色。來日倚虛幌，相將布胸臆。明日方午寢，見君坐案側。驚喜速問訊，君歸何乃亟。如何不我應，何事沉默默。須臾不見君，愁雲漫天黑。輾轉久尋思，道遠何可測。悲哉此何時，蒼天曷有極。

五月十日週年致祭三首

中夏已云至，怵惕心震驚。奈何有此日，奚用存此生。庭鳥獨相知，對我長哀鳴。門前話別時，詎意杳歸程。寢興疑是夢，入夢恐非眞。眞假皆空幻，哀悼何日寧。靈右泣所嬌，撫慰神若存。啼飢依余懷，恍惚睹君形。形神知安否?音信杳冥冥。冥冥可奈何，忽忽期年盈。眷言臨君祭，何以爲祭牲。念君嗜苦笋，黽勉爲君烹。淸香憶食性，淸苦想生平。君魂兮何所，其鑒余中誠。至誠兮格天，胡言之靡靈。悽悽對靈座，湛湛奠空觥。不見君顏色，髣髴嘗斯羹。悲風起竟夕，窗月何光明。永懷今昔痛，何以答深情。

結褵廿七載，道義相與之。雖曰爲夫婦，實乃吾良師。而今誰相勉，有過誰箴規。眷念勖我殷，無以報心期。眷念遇我厚，百贖莫能追。搦翰驚隔世，凝想渺容儀。遺編希晤言，兒輩韞藏之。啓篋增惆悵，省書肝腸摧。墨跡尋平素，意義誰析疑。循循談在昔，邈邈曠今茲。春風不再盛，桃李無復姿。已矣自暴棄，心共紙錢灰。紙烟隨長風，燭淚亦成堆。掩卷枕以泣，今夕是何時。祭君君不食，哭君君不知。賦詩徒自慰，神魂忽飛馳。悠悠共明月，千里越山陂。攜稚來故鄉，望門思悽洏。踟躕不忍入，遙見容光輝。相趨迎以近，手撫摩嬌兒。驚呼哭向父，如何久不歸？驟憶往昔情，頓感中心悲。恐非平生人，握持君裳衣。衣裳誌在握，分明往昔非。瞿然剩空握，淚下不可揮。息息兒酣枕，慘慘燈映帷。之子在何許，顧瞻靡所依。竊冀年月降，悲懷或可衰。太上云忘情，此生安可期。

誰云天地寬，觸處斷人腸。景物感人情，動靜含悽愴。況乃屆當年，私心益恐惶。魂一日數遷，夢哀其不常。孤女泣旦暮，遺著充篋箱。流塵封筆硯，淚滿舊時裳。月下無髣髴，出入思同行。每飯陳處座，相對心怛傷。舉箸撤所嗜，非徵先祭嘗。恍惚共筵席，天壤空悵望。天地有時毀，五月不可忘。

炎飆二首

炎颸胡太酷，吹折連理樹。矧伊同心人，中道遽異處。沉痛可奈何，私懷從此路。此路良自安，詎忍不復顧。

傷哉無父兒，相依怯離去。哀哀相背泣，切切相寬語。聊以託性命，含悲終年暮。悠悠者蒼天，奪我平生故。

遣悲懷

天地生萬物，各遂其常理。雨露滋芳華，風雷厲柔靡。仁人贊化育，立德修文紀。而曰仁者壽，胡不保之子。豈伊鳳不至，於何傷麟死。世方逐横流，滔滔者皆是。懸景自孤光，天風無定止。躬欲使其淳，人斯誰與已。惟感平生言，懼同草木毀。朝獲聞大道，夕死斯可矣。泰山竟爾頹，吾其奚仰止。同穴知何年，永痛無窮已。正聲久不聞，悲歌猶在耳。既命救人間，夫何充天使。世誠不可爲，寧滅先聖軌。聖軌固昭彰，子去誰率履。形骸雖幻化，精誠實相契。待當休明世，吾子復興起。至人値嘉會，駕言心轉喜。全家歡重聚，情鍾良足恃。吾子居何方?安得以語此。哀思如循環，天應成人美。

雜感 二首

惟君多苦心，生而即孤惸。孝慈特秉常，視人皆弟兄。持道正人倫，卓犖窮六經。仁以爲己任，學希集大成。行年踰不惑，萬里求師正。風雲豈不險，洙泗承其清。竟師大嘉許，解顏歡相迎。謂爲聖人徒，不圖遇於今。雖乏膏火資，長歌金石聲。學幻三年歸，仍載壁書賡。與文斥異端，人禽肆力爭。終賴固窮節，義利辨益精。捲之藏於密，放之六合盈。宣尼厄陳蔡，而君誰重輕。子路猶慍見，道高終難明。君其何自苦，敦道豈忘形。曲肱固已樂，舉世少復誠。幸有二三子，曷若共隱淪。言之不我鄙，摯意加溫存。素心兩相愜，完質剛堅貞。拳拳漆投膠，馥馥蘭揚馨。感結忽傷悲，我悲君淚零。收淚顧言他，故故怡我情。祇今一回首，不見君影形。神魂長相依，恐君爲不寧。禮佛強自寬，以此酬生平。天乎胡此酷，追念獨怦怦。卜葬期何日，泥土應無傾。恨我不得力，莫安君之靈。夙昔委窮達，遑計身枯榮。憂樂以天下，遑顧身後名。理也可奈何，天地終無情。矯矯比翼鳥，巢居泰華顚。飢食瓊樹漿，渴飲清冷淵。早出晚來歸，雙飛影翩翩。量力事頡頏，守轍終餘年。嚴霜雖切膚，體意自便便。諧聲天宇闊，麗羽日輝宣。何物輿妖氛，一翼罹其愆。感此崩五內，魂魄共遐遷。彷徨三五雛，哀號聞我前。我心固匪石，行者立悽然。何惜手拮据，所生難保全。何惜口卒瘏，室家忍棄捐。顧獨恥委食，所悲非飢寒。哀彼之人兮，傷余之涕漣。感君子之誠兮，繼道緒之綿綿。磨涅不緇磷兮，原無損於白堅。念國之無人兮，痛匏瓜之空懸。求仁而得仁兮，余又何怨乎天。

憶　昔

憶昔傷時語，分明現此時。仁心無隔絕，世亂已先知。天遺斯文喪，每遺君子悲。同情成獨慨，何用此生爲。

昔　同　遊

迪常與余談論，多屬性理。惜余未細心領悟。兩年後，觸處發現其意，警然契於心，因益傷迪不復起矣。曩既無以告慰，今將奚以為？終成孤陋，而增自哀。用昔同遊以寄意。

明月照清淵，濯乎淵之上。放歌兩忘言，悠然天界敞。聲挾松風回，宛轉應山響。同心極娛樂，事倏成已往。何忍重登臨，中心悽以愴。相彼水更清，月亦比前朗。澄澄涵空明，渺不分天壤。神魂若左右，儼然共欣賞。趨從忽莫由，余其將安放。思切憂轉深，涕泣不可仰。來世終有期，葵藿永相向。

秋夜　二首

道義相期人，去我一何速。月明千里心，耿耿抱幽獨。

手置衣與衾，一着一心酸。嬌兒解我意。母暖父心安。

三月十五夜　二首

永日悲難遣，心期會夢中。神靈何處是，髣髴可能逢。立盡階前影，靡親月下容。杜鵑啼復息，碧落終無窮。

誓共長相守，忍何獨自歸。夢中不數見，泉下幾時偕。昔每心相印，今偏意獨乖。爲憐兒女幼，殘命付寒灰。

記夢

人天雖乖隔，至誠能感通。魂兮歸乎來，窗月光玲瓏。忽睹坐觀書，故衣故時容。驚疑旋復喜，喜極淚霑胸。何期三秋別，於今一旦逢。兒女沉哀疚，遑論獨我躬。子今果在此，原非昨夢同。明明非昨比，曉日升已東。顧我但微笑，何必形影從。死誠得所歸，生乃實懵懵。死生與離合，執此皆愚庸。聞之心斷絕，欲呼聲轉窮。欲聽耳無聰，欲視眼無瞳。隱約君顏色，遽爾乘晨風。

人日遊草堂　二首

微命寄所嬀，何忍拂其意。牽衣赴草堂，沿途隨所憩。不見舊遊人，塵埃蔽天地。

清影度寒塘，低徊有深淚。三年曠遊跡，今來夫誰使。望中千萬人，獨不見之子。

幼女　三首

夕陽斜射池塘裡，挾策歸途獨延佇。夜夢呼爺淚濕衣，朝來竊向阿兄語。
偶市櫻桃不忍食，趨庭供奉父靈側。蕭蕭風過幕幃開，背立中堂頻掩泣。
兒哭父兮母淚收，父思兒兮誰解愁。愵如擣兮我心憂，宛在望兮天盡頭。

附　錄

祭廸風文

維孔子二千四百八十二年七月十六日。陳大任謹以香楮燭帛、羊一、豕一之儀，致祭於

唐君廸風之靈位，而泣曰：嗚呼！痛哉！成都相別，不數日，而子竟至此耶！寧兒哭送君時，君撫兒曰：爸爸去，不久卽歸來。言猶在耳，吾君遽忍至此耶！自送君去後，携兒入室，見君所鈔書，叠叠滿案。披閱之，不禁淚涔涔下。至夜，兒輩圍坐讀書，獨無君在座，亦不覺潸然者。久之，猶以君暫別，聊可自慰。有時回想平日儀容，茫如隔世。有時臆度沿途及回鄉情況，心必震驚。念吾君此去，寧有他虞。因謂至兒曰：汝父被敍電催去，他日該不至再促我也。懸懸之心，忽起忽伏，未嘗一日去諸懷也。

原約至嘉定當與我信，眼欲穿而音仍杳。然五月九日始得來書，知君安抵叙矣。書中云：連日天陰，船中數日，絲毫未病。奉讀之下，釋然自解曰：我前日實疑慮，所生幻想，方待歸來，將此中情思縷述於君也。

明日午寢，則見君坐窗前，我卽起謂君曰：子已歸來，盍不一語，而再，而三，君終不答。比醒，復大疑之。吾君殆病矣乎！追省信中云云，豈君之慰我者耶！越日而凶電果至，時如天地崩裂，神魂飛逝。旋因電碼未詳，意君急病，或尚猶以可治也。尅日捷道奔回，未至門而心膽俱碎。天乎！痛哉！吾君果長此已乎！號痛欲與俱。又爲諸兒是痛，撫棺幾絕，而君仍偃然不起。

嗚呼迪君！彼時君之精誠來感通我耶！欲我卽歸耶！恨我究未深信其事之果驗也。計夢君來蓉之日，卽君棄我之日也。痛哉！此益使我抱無窮之憾，而不能頃刻忘已。彼時，吾君孤懷欲語，而誰可語也！嗚呼！迪君！我之痛何可言，我之悔尤亦終無已時也。君本不欲回鄉，而竟回鄉。其誰使之耶？神耶？鬼耶？而莫或止之耶！天耶？命耶？夫何使我至此極耶！

大嫂臨危，屬家事於兩弟。兩弟急於星火，不惜千里迭電促君歸。君不忍負兩弟意，兩弟之兩電，則不啻爲君之催命符也。君一生不怨、不尤，視死如歸，自無遺恨。惟我與兒輩，自今以往，終不能一刻忘此兩電也。兩弟拍電時，敘城流行症正烈，行人皆縮足，而兩弟未之知耶？抑兩弟不勝家事之勞，急欲待卸而未之思耶？嗚呼！兩弟今後，受託之責，其將誰卸？其將望誰分憂分勞？向誰相催、相迫？嗚呼迪君！吾固知兩弟未慮及君，竟至於斯也。然兩弟今後之痛心疾首，不知爲何如也！

嗚呼迪君！前日數阻君歸。君曰：恐無以對兩弟。不去，心反不安，且難得與崔盧先生同船，藉可順遊峩眉。我復請君：我與至兒分一人隨君。君言：我二人易病，不如君一人去爲愈。不得已，聽君逕去。旣而，聞君因護送馮胡二女生，直至敍，故未與諸人同遊。抵敍後，又特爲二生待輪船，留城中四日。復親送二生上船後，乃於端午前一日回鄉。當送二生時，君痔疾大作，步行甚苦，且往返數四於炎日之下云。嗚呼！我何忍卒聞。彼時我與至兒或隨君，當不使君如此忍艱耐勞，中途則脫然共諸人遊矣。孰知君爲保我等之安全，置己身於不顧，而致罹斯疾也。嗚呼痛哉！吾君此次之行也，無往而非我之咎。每一念及，慟極椎胸，悔之莫及矣！

憶君自　先姑見背，居常寡歡。逢　先姑忌日、生辰，益感傷不已。時雖設計排遣，然終難得君歡娛。惟兒輩怡怡一室，君每顧而樂之。嘗謂我曰：諸兒皆比我強，我生而未見父，阿母如得見諸孫逐漸長大，不知如何喜愛也。言時輒泣下，若不自勝。因此，知君非兒女在側不歡。每有行，必令一兒相從。此次君竟一人回鄉，加之三伯母、七叔母、二兄之靈位均設在堂。三伯母。君自幼呼之爲母，事之如母。其視君也，一若所生。君與相別，五六年來，尤時時在念者也。聞姪輩言君憊甚，甫抵家，即頂禮跪伏靈前，涕泣不可以起。端午日，又親購食品以饗二老人及二兄之靈。迨病已猶，復強扶樓取曬藏書，其間又在在皆 先姑手澤遺痕。君煢煢相對，不知若何悲戚。聞姑母言，曾見君曬書廊下，在書叢中反覆周尋，又數數太息，似有無限隱情。然詢君則 先舅之文稿也。嗚呼傷已！君之孝思，哀且苦矣！如此等等，毋乃重君之病歟！其誰體君之心而慰之以言？審確病情而愼之以藥？是皆我與至兒未追隨左右之罪，夫復何尤？嗚呼哀哉！

憶我年十八來歸，彼時與君渾然孩童也。君長我一歲，頗能好學。我乃不知所從，居則惟女紅是務，出則聯袂以嬉以遊。 先姑愛子媳若命，略不責所以。人有譏笑言於 先姑者， 先姑弗顧焉。我恃而無憚，益恣其憨狀逾年。初別君，隨父並諸姊妹赴蓉，夜宿船中。夢與君嬉戲，競擲石江邊，君忽失足溺水，我大哭呼君，聲聞吾父，父喚醒我，問以故？我寂然無以應，旋聞父作歎惋聲，蓋慈父實已體察兒女之情已。此二十五年前事，猶宛在心目也。

曾與君約：設君誠有不幸，必與君俱。且喜君體質較康強，要不至在我之先，則我之所慮又未以爲憂也。然又恐我固多病，旦夕且死，自計則善而於君之情境，則必不堪遺此諸幼。君將奈何思之，復泫然相依以泣。君撫慰我曰：毋庸神經之過敏也。嗚呼痛哉！孰知昔爲君悲者，而適成其自悲矣！今我生意盡矣，每聞寧兒哀呼阿父，毅至等背吾啜泣，此心已寸寸斷，惟竭力忍淚託殘喘於諸兒。恍惚間，又疑此身仍在夢也。其眞夢也耶！不情之棺，胡爲而在堂也？信然耶，世間竟有無父之兒耶？世間之父，亦如君之愛兒耶！依依子母，更相爲命，更相爲慰，又胡爲而然也。天道果如斯耶！嗚呼悲已！

嗚呼廸君！與君雖夫婦，而實師友也。一旦不見，如嬰兒之失母，又如左右手之失援。顧瞻俯仰，誰可與語？如有不善，誰爲告誡？我有不學，誰爲勉勵？我事理不明，誰爲析疑破惑？佳節良辰，誰與尋幽探勝？觸處陳跡，倍增悽愴。凡昔同遊玩之地，從此均成絕訣。同放紙鳶之石阜畔，更何忍見黃土一坏？我之哀思日日繫於堂中，今將移向於此，吾足何忍臨其境？吾身何日同其穴？同其穴矣，又不知彼此能相見否也。此身一日不死，則一日不能忘也。

夜或兀坐燈前，彷彿與君展書共讀。竹窗風過，彷彿君激昂慷慨聲。臨飯卽欲奉君所嗜菜，彷彿來嘗。寧兒啼饑，彷彿仁慈愷悌坐兒膝上，食之糖餌。嗚呼廸君！是精誠無乎不在也。我思君之誠，無時不然也！其或能相感而一見君之顏色乎！前於清夜，特步庭中，誠虔敬祝君歸來。滿庭月色仍如舊日，四顧回還，獨不見君影形。惟慘澹靈燈，愈助人悽絕，更進而伏棺靜聽，頻頻呼君，仍不聞君動息。嗚呼痛已！廸君乎！其有知歟？抑無知也歟？

　　嗚呼迪君！素與君心心相印，玆獨無感應乎？嗚呼廸君！旣不能形影相接，希常於魂夢相通。夢中偶見君，忽非可親之容，豈以我平日好持己見，與君爭論，故以此不屑之敎誨以敎誨我乎！嗚呼吾君！平日啓發我者，無所不用其極也。恨我役役終年，不知何者爲學，更不知君之所以敎憶，君語我有云：學非求功利也，盡其在己而已。我習焉不察，凡所爲，莫不與君背馳。及其弊端百出，君反引爲己咎，自責其過，而我仍長惡不悛。君又以涵泳篇等置我側，更親磨墨裁紙，令我鈔書，意我游心於此以紓積弊。嗚呼廸君！我始終不悟，吾君在天，其不瞑目矣！君嘗言我父爲讀書人，而我從未讀書，恒以爲深惜。每以至言激動我。我生性不知，與俗浮沉。君時隱其孤衷，殷殷開導我云：良書卽無友之人之良友也。嘗思之我年四十，而壯心未死。昔旣不體父之志，以略盡其孝。今且無以副君之望，而勵其行。撫躬內怍，不覺汗之浹背。年來方奮志爲補牢之計，早晚從君學問。嗚呼痛已！往日君諄諄誨我，我偏悠忽，旋聽旋卽置之殊，未味乎其言也。今而知欲學而君不留。思聆君之教，而不復得矣。嗚呼！雖天之絕我，命實爲之。嗚呼廸君！我不肖之罪極矣！負君實深矣！今將何以自勉，以報君之愛我乎。諸兒賴有父風，能使率其性，以繼承父志。差可塞己之過，而慰君之靈已。

君一生學不厭、敎不倦。守先待後，其志可齊先聖。自與君相處，惟見君朝夕廢寢忘餐，深研群書。時有所得，便忻然繞室；或中夜起，援筆記錄；或呼予以告，廿餘年如一日。平居則恬然自適其適，躬行所學，勇猛精進。自奉菲薄，而酷好置書。君曾擬售藏書若干，以償債務之急，及濟然眉之需。我卽竭力贊成，但以君素所寶愛，終未割愛。我愚而不學，每好反對君置書。君以此，往往忍情抑性而從我。嗚呼痛已！君且謂我曰：學與食。食猶可絕，而學不可一日間斷也。又曰：如不賴先哲之書，則日淪於禽獸，亦不自知。嗚呼廸君！惟君之書史等，當命兒等檢收韞藏。我縱斷炊餓且死，亦不忍拂君之心，而賣君所愛。廸君乎！君如可作，卽傾家供君所好，乞食而得偕君亦所甘而不辭。嗚呼已矣！夫復何言？

吾君每言及孔孟學術垂絕，輒感慨歔欷。毅然以振起斯文自任，並以此教學子。授課時常常披肝裂肺，大聲疾呼，痛哭流涕。其苦心孤詣，我常爲君抆淚。因以：「徒勞精力，於人何補」之言勸君，君曰：倘能喚醒一人，算一人。智者不失人，亦不失言。吾非智者，惟恐失人。吾不得已也。憶民十一年，君代蒙公甫老伯作挽某生聯云：「嗟予衰病餘生，癡心望後進人才，挽回氣運，顧爾英靈有感，高興補此番遺憾，再到娑婆。」此雖小品，亦略見君所以期望後學之苦心，非一朝一夕也。

近年中，乃兢兢於著述之事。已成之書外，人學史蘊蓄已久，開始草創，而未終篇。其他欲作者，正復不少。嗚呼吾君！已知人心風俗不可挽回矣！君之大願未償，吾君之心苦矣！昔孔子以道不行，欲乘桴浮於海，而欲子路從之。今君獨舍我而逍遙天外，而不令從。噫！殆我之命矣夫！雖然吾君實不得已，而暫以身殉道，待他日再來中國也。果爾，則後會可期也。吾君稟性與貌，迥殊凡俗，想無異今生。我自能識君，君亦必識我也。廸君乎！然歟否歟？其來明示我也。往日，君上課時，感精神不濟，曾語君勿爲家計而勉任其難。君曰：寧有是哉！若圖一身、一家自肥、自逸，計天下何事不可爲？嗚呼廸君！實因竭思勞神，而益羸其軀乎！吾君一生所爲，無非急公忘私。視己之病，漠如也。且恐我與兒輩以君病爲憂，又屢諱疾不言，從前我錯認君身體康強，故日疏慵，致君或竟虧於微漸，而我猶不知未盡心之罪，容可逭耶！

鄉日，民十五年。偕君客金陵。我臥病，吾君時陪坐牀頭，持書談詠。凡君一言一笑，藉減輕病中苦痛不少。其他延醫調藥炊爨，以及小孩瑣屑等事，吾君莫不躬自爲之，寒夜深宵猶勞勞未寢，日初曙卽起，然燈載讀載炊，飯畢挾策，徒步二三里雪地，就竟師講學。迨歸來，衣履間堅冰白雪，耀然奪目。君亦弗之顧。惟殷殷余病是問。天乎！痛哉！我不學無德，多愁善病，累君實多多矣！我之罪，更萬死何贖！嗚呼！痛哉！吾君盛德，胡先我以去，我之不肖，可死久矣。彼蒼聵聵，一何至此！

念君最崇孔聖，雅好論孟諸書。特於君靈前早晚虔誦，並令兒輩輪流奉讀。恨我平日未能如君之事我以事君。玆欲補前愆於萬一，顧可得哉！當我讀至君所愛之章句，忽覺君音容如出其上，如在其左右，輒伏案痛哭，不可卒讀矣！

嗚呼廸君！過去之事，諸多茫然。憶及一二，靡不使此心如割。猶憶君往日，凡出入兒輩，莫不爭相迎送。君如歸稍晚，寧兒必不食不寢以待。聞履聲至，皆大喜擁出，扶將君入室，寧兒依依膝下，惟恐君又去。然君尤親愛備至，撫摩不輟。顧謂我曰：兒等如此情篤，何忍遠離。如有行，必偕一家去。嗚呼痛哉！所謂神耶！鬼耶！何弄人至此極耶！天耶！天耶！此恨有終期耶！

惟吾君服膺孔孟，並著書闡明其理。其理長存，則吾君精神亦長在也。吾又何用其悲。為顧君子之道，而今闇然君之形體與之俱隱。他日此道光大，吾君之形體與之俱顯，道其寄於君之身歟！二十年後，國運將回，吾君眞當出矣。我慟極輒引此自慰，吾君其何日來也。哭泣陳辭，吾君聞乎不聞？哀哉！

卷三

曉發嘉定

曉帆風趁白雲生，日照江流鏡面平。何事客心轉悽切，雍雍穆穆棹歌聲。

隱几

群稚環趨笑語和，中庭隐几慨偏多。月明滿院人何在，言念門前不忍過。

青玉案

無端幾霎絲絲雨，怎不帶，人愁去。卻悄和蒼苔細語，請承花落，倩邀紅住，點綴天心處。綠肥穩隔春歸路，底事啼鵑獨聲苦。逝者如斯延久住。四年前夢，幾曾回顧，腸斷江村暮。

青門引

雨潤春光冷，行趾江邊初定。搴裳相率上輕舟，一篙離岸，歸客漸無影。沙鷗點點誰驚醒，灘過波平靜。群山迭易，移後望中城闕看看近。

正落帆時候，雨浥輕塵新透。東風吹渡弔黃樓，飄然衣履，宛爾絕塵走。逶迤崖徑羊腸瘦，傴僂登高阜。獨來樓上，尋覓那年遊跡還存否。

往事成千古，風景依然如故。懸崖峭壁瀉飛泉，似猶認取杯在曲池處。兒童歡愛清如許，濯足酣歌舞。楝花無語，相向替人脈脈懷酸楚。

一片冰心冷，觸處驚魂難定。此番游興屬嬌痴，循池深涉擾亂古柏影。楊花舞困風吹醒，旋逐微波靜。杖藜重促，行履入城燈火黃昏近。

代朱宗肅作憶母詩 二首

更盡星殘欲曙天，思親半夜未成眠。霜風蕭瑟鳴窗外，魂夢依稀繞膝前。錦里歲華看逝水，巴山城闕隔浮煙。此身珍重將何待，寶劍摩挲已有年。

缺月挂林隈，兒心愴以摧。宗肅父早喪母被叔父等退出外家風停知樹靜，草長怕春回。
覊旅愁千里，關心獨古梅。蕭疏松竹影，疑母送衣來。

雨餘赴慎中約遊公園久待不至　三首

朝霞紅潤雨聲殘，遙想清游興未闌。繞徧蓮塘搔首立，美人猶隔碧雲端。
濛濛烟靄隐朝暾，卻怪幽人靜掩門。壠斷晴光作詩料，思君不見滿園昏。
荷風縷縷掠輕寒，霽日輝臨露未乾。偏有鷓鴣能解意，聲聲歸去勸人還。

和其烱姪孫原韻兼示之　三首

長松何忍獨居高，時引風光映畫橋。遊客幾曾知駐腳，滿園馳騁逞英豪。
烟雲多處天愈高，人也何須文繡袍。暴虎憑河寧謂勇，當仁不讓乃英豪。
古松老柏自孤高，其葉青青似錦袍。怪得歲寒不知冷，吟風弄雪自逍遙。

率幼子寧兒登城閒眺　五首

徙倚憑城堞，新苗滿阡陌。農人方灌畦，心閒萬事適。回看城垣下，紛紛馳逐客。覆轍更相尋，感歎向誰白。

理義悅我心，芻豢悅我腹。瞻烏爰復止，終於吾之屋。草木競繁花，結實乃娛目。良苗雖懷新，所貴穫嘉穀。理義自森著，奈何苦追逐。

天地一洪爐，沸浪無與焉。策我千里驥，馳騁泰華巔。濯足東西洋，狂歌天外天。應醉便須醉，毋復多挂牽。

行近舊居處，悽惶弗忍顧。弱女牽我裙，道勿從此去。脈脈兩無言，欲留不得住。太上云忘情，所願體純素。

席地坐城頭，展卷共兒讀。好風爲翻書，晚霞代明燭。餐勝悅我心，努力果我腹。事往詎能追，且極今時樂。

和吳伯慧見寄原韻

年來心境似窮秋，苦恨時光不倒流。道義相期人既遠，殘生此外我焉求。翩翩林翮煙中鳥，渺渺予懷水上鷗。自古文章忌軒冕，錦江何日得同遊。

程行敬青城山訪程芝軒老居士書此寄之　三首

菩提無樹鏡非臺，心上靈根不待栽。日月貞明長在望，風雲變幻久相猜。知君參透無生理，恨我頹然若死灰。爲擬一言須記取，虛懷而往實而回。

六籍韜光賢達隱，萬方多難道途賒。孔顏樂處堪尋味，佛道禪通未敢誇。靈氣所鍾二程子，悲懷豈眷一中華。天心未忍斯文喪，宇宙原來是一家。

此行非比等閒遊，爲訪青城雲外叟。細雨談禪魚出聽，深林長嘯鳥驚秋。層巒疊水環三面，明月琴聲共一樓。莫訝尺書冰皎潔，朝朝漱石枕清流。

諸兒讀書小屋為風雨所破歌

霖雨十日不出戶，滿街泥濘艱於步。倉皇女僕報信來，小屋墻傾震如雷。我聞急足去如飛，室中瓦礫竟成堆。柱折牀摧衾陷沒，隔院蔓花紅滿屋。更憐黃土最多情，不使諸兒受一驚。不使諸兒受一驚，心中猶自獨怦怦。幼兒跳躍歡來迎，小貓悄悄目瞠瞠。歸來相向慶重生。

率諸兒同行敔等擬游康莊阻水因漫遊郊外感懷

盈盈一水隔康莊，夜雨漲波斷舟航。空令稚子興如狂，遵道群趨闢大荒。緣澗曲直拂垂楊，所過危石與高岡。歷歷翻新雲錦張，小鳥窺人漫行藏。青鞋蹴踏露草香，緬焉深契清溪長。傍叢竹兮班坐羨，鳳鳥兮翱翔。惟卽時之可娛兮，斯嘉會之靡常。審夫人生若夢兮，何歡聚而哀亡。憶昔之偕游兮，一步一趨何可忘。魂旣逝而焉往兮，恍若相依以同行。心惻惻而增痛兮，幽室獨閉於故鄉。伊能長享極樂兮，予雖永痛而何傷。繄予懷之耿耿兮，仰穹隆而蒼蒼。流水兮淒淒，曠野兮茫茫。感時兮邁往，遣愁兮無方。聆長幼之高歌兮，少開懷以相將。兄蘭發兮弟瓊芳。歌聲宛轉兮，悲且涼。衣袖翩翻兮，舞霓裳。蒹葭風起兮，素波揚，明霞絢爛兮，五彩光。上下一色兮，水中央。歌竟兮天欲暮，興未闌兮莫敢遑。紛投葉兮逐清漩。勝載酒兮，泛玉觴。獨對此而破涕兮，且徘徊。以彷徨復駕言兮，詠而歸。屢回首兮，何所望。

丙子除夕靜坐偶成　五　首

一年將盡夜偏賒，五十無聞敢自嗟。書籍盈橱琴挂壁，一爐紅火一壺茶。
佈新除舊見生機，物理循環未足奇。但覺寸衷如槁木，也無相契也無疑。
誰信吾心帥天地，巍巍舜禹何與焉。一燈如豆渾無焰，照徧閻浮三大千。
煩惱無根詎可尋，祇求不愧影和衾。光風霽月來天地，魚躍鳶飛寄此心。
兒時如渴盼新年，長佩高冠耀日鮮。撫念而今營底物，爐香閒裊一絲煙。

丁丑元旦出遊　二首

乘輿何須載酒行，麥苗風暖掠衣輕。悠然洽意成枯立，活活源頭春草生。
無論喬木與深谿，春意平沾未有私。謦欬一聲城郭應，餘音回薄使人迷。

步心孚四兄秋江晚眺原韻

筆墨荒疏鬢髮蒼，苦吟江畔意茫茫。破天浩刼糜中土，接地層陰澹夕陽。漢族子孫半臣妾，百年世事叩羲黃。勸君狂飲尊前酒，醉裡雲山即故鄉。
時事何須叩彼蒼，長空過雁影微茫。衣冠文物思千古，敵國飛鳶噪夕陽。渡口無人舟自渡，黃花得雨色逾黃。精誠端信磨難滅，且聽漁歌出水鄉。

山含落日水蒼蒼，極目江天益渺茫。白露淒其催短景，中秋才過又重陽。翻疑是夢紓懷抱，詎爲思兒變瘦黃。但願鍾平三島後，一家團聚樂仙鄉。

短杖扶携適莽蒼，江流浩浩野茫茫。一腔熱血澆雲液，萬里秋風正夕陽。稚子不知家國恨，東籬笑插滿頭黃。連宵夢作江南客，猶認他鄉是故鄉。

瑶台聚八仙　用心孚四兄原韻

雨浥輕塵，悲故國山河，半壁無存。兒童笑指漁樵論古談今。且說新醪堪痛飲。陶然一醉盡黃昏。契上乘高歌起舞，影瀉升平。

爲問區區諸老，垂千秋事業，繼者何曾？豺狼塞路，寒鴉紛比烟雲。宛轉哀聲震地。千般恨，怎奈上蒼心傷情。候顧揮觴已罷，深入夷庚。

誰　將

誰將國賊決籬藩，海外來潮勢若呑。大厦傾連梁上燕，新巢破飽室中猿。扶危端仗書生淚，卻敵還須戰士魂。無數少年安佚樂，紛紛北轍復南轅。

聞渝關被炸有懷毅慈二子

雨隔鐘聲曉不知，渝關風急意俱馳。趁墟可得平安信，催喚眞兒早治炊。

晴明風日天地寬，警報聲中心膽寒。寧願蕭蕭竟日雨，此心猶得暫時安。

地濕

余每戒兒輩，勿憤世疾俗，然往往躬自蹈，且有甚焉。末之奈何也已。

地濕多蛇蝎，張牙可怕人。隔窗投餅餌，得食不傷身。

示恂兒

恂兒肄業峩眉四川大學，與同學某齟齬，余因綴數句以警之。

舉世少復眞，淵明先我告。汲汲魯中叟，彌縫乏其道。硜硜擊磬聲，荷蕢猶譏笑。

果哉末之難，淪胥以自悼。而汝抱區區，志欲酬宿好。章甫自足貴，越人非所寶。矧伊若狂瀾，云胡挽既倒。螳螂臂當車，祇未量力小。擺脫爾迷癡，展舒爾懷抱。鵬飛萬里天，綠滿窗前草。開卷友古人，揮翰奮文藻。溫泉漱寒齒，叢眉奪天造。俯仰廓悠悠，風光足笑傲。涵虛契冥會，稱心固爲好。

恭寬信敏惠，蠻貊亦能行。願爾志斯志，胸中自坦平。

久望毅兒不至書以示之

函函報佳信，日日倚門閭。悵望空歸棹，翻疑易軌途。辭根懷舊壤，弔影愧枯株。顧眄何生趣，行車取道無。

聞恂兒途中被匪刼大驚有作以寄

俾爾從茲役，行囊刼一空。傳聞驚破膽，見信笑生風。與匪相爭奪，絨衣得勝紅。

恂從賊手中奪回紅絨衣。再兼仁智術，何事不成功。

復示慈兒

得信如見汝，肫肫立膝前。陳辭憐拙句，寓意解愁顏。報國須當紀，私親非所先。名慈思稱職，慈幼服務振濟委員會妙語可延年。

待姊江干　二首

方駿才，廣安人。性險詐貪婪。民卅一年長校宜賓。所聘訓育主任某洞悉其奸，方忌之。設計陷害，藉以革其職。事后為高中女生所悉，方懼。旋欲滅衆口，因驟嚴其教育法。令召集學生曰：敢有犯規者，飭令默退。適國文教師課正氣歌，繼淵兒及數同學問：何謂正氣？吾校有正氣乎？於是加罪，不患無辭矣。乃正其名為侮辱學校，擬默退淵兒與吳生。然三日未決，故請至兒到校，欲當家長以定罪。至兒據理一一問之，方辭窮，撤回原令。初淵兒尚不知其得罪也。中山先生誕辰放假告歸，方勿許。淵曰：「將歸取衣。」方曰：「止待汝姊來？然後歸。」淵兒知姊將詣校，待於江干但不識姊來究何為也，心微知有故。天暮矣，仍不見姊來。方通知次日方到。悵然歸校。淵兒後為余述待姊事，余悽然動于中，感而代作二律：

一家骨肉分三處，何日團圞未有期。望遠心隨南雁去，趁墟人過午鷄啼。槐公長醉緣何渡，寒日無光景以悽。沙磧已非留足地，恐將鞋襪浸潮泥。

霜風拂面雨淒淒，挾策彷徨路幾迷。礪吻蒼鷹掣電下，決雲勁翮掠村西。雛雞搶地驚飛急，鈎瓜憑空着野低。去去不堪回望眼，慈親相待在高堤。

返校道中待渡

翻飛黃葉報深秋，暑假時光若水流。碪杵聲中天已暮，隔江人息待歸舟。指方校長不善導學生

沉沉暮靄隱山岡，宿鳥何如學子忙。三五趨巢棲欲定，舟人閒話在滄浪。方校長不以學校及學生學業為重，日與妻鬥毆與友人竹牌為戲。

行敬三十一初度與法雨合影詩見示玆將南去昆明和韻戲作

匏繫江陽既有年，何如餉客早烹煎。頻勞宴飲傾金罍，嘗恨浮瓜乏此緣。南徙欲求千祀秘，何當法遍九州天。微塵似解無爲化，閒泛坳堂一芥船。

贈程行敬

癸未春二月。程君行敬將應友人約，赴昆明任某職。晚過我談，次述其悲憫之懷，往往不容自已。鄉人多求請。理其事者，或白冤、或紓困、或急難種種紛至沓來。以故，心力交疲，而終於人無益纖毫。甚且怨尤叢集，而內疚日增。若此將奈何？余曰：無已！俾自作者自受之。而自弭之可乎！行敬，並屬請贈以言：卓學識淺狹，焉敢班門弄斧。迫不得已，敢陳固陋，程君以為狂妄，鄙俗一笑置之可也。

平時摩得熟，臨時用得着。首在明明德，新民居其末。思誠泣鬼神，行健撼山岳。如奇花初胎，如源泉活活。顧諟天明命，致知在格物。汲汲魯中叟，彌縫乏其術。我佛大慈悲，慈航空寂寞。道德五千言，世人尚咄咄。感君飢溺懷，展轉傷跼躅。際曉南其轍，彈冠俟心腹。春風入庭戶，明月照華屋。几淨無纖塵，勤攜大學讀。竭誠奉贈君，未遑計辭俗。

題程積儀紀念冊

積儀以紀念冊屬書。余曰：積儀何如集義行敬。曰善，因書以應之。

君名曰積儀，敢字以集義。儀端見於外，義正實乎裡。直養而無害，美哉浩然氣。

卷之藏于密，放則彌天地。以此贈之子，及時當勉勵。

臨江仙　同劉仲英梁某及至兒遊江津公園

落日涵江水射紅，遠山煙靄重重。布帆安穩去雍容。小樓朱檻，人倚碧天空。獨立長亭凝望久，蛾眉月挂孤松。相將都入畫圖中。丹青誰使，爲道是東風。

汽　船

破浪乘風逐下流，萬人同載去悠悠。一聲汽笛如雷震，那管波翻小小舟。

柏樹村病中

四體不能勤，四壁尚可看。稚子識婆心，夢中來相見。

乙酉秋客渝柏樹村感時　八韻

百川源自出崑崙，枝葉仍須返本根。穆穆雍雍緣孝弟，親親長長始人倫。寰區靈性皆心腹，物與民胞盡弟昆。天賴立心民立命，獸能知愛鳥知恩。老萊衣毀干戈後，棠棣花凋柏樹村。海外奔潮趁風勢，國中名士半沉淪。蛟龍怒觸穿穹碧，槍彈橫衝裂厚坤。祇爲鬩墻開萬惡，鶺鴒原上賦招魂。

農家二首

縣府嚴令急索租，舉家惶懼哭窮途。仰瞻但愧爲人子，俯畜維艱委路隅。憶昔慣隨爺學種，搶懷時共弟爭哺。饔飧只望餘升合，來歲徵捐作預儲。

農家兒女從來賤，那抵權門愛犬鼣。鬻市不完三月稅，荒年難保一雙雛。慈烏伏翼空巢冷，征鴈離群月影孤。歸路忽傳新戰訊，前方長子死溝渠。

所見

健婦炎天血汗鋤，瓜田炊粳集翁姑。牽衣稚子憑婆問，前線阿兄食飽無。

大學教授

課罷閒烹手種蔬，淸香騰沸小鍋爐。杯盤不恥陳空底，味道眞醇體自腴。

徵兵

重慶南開中學學生作文紀實，因譯爲五言

西村陳二姥，爲人頗謹厚。且能識大義，出身亦富有。曾作我家傭，時年逾七九。日昨扶杖來，見余輒拜手。云有第三郎，守分勤隴畝。徵兵令甫下，人跡絕廣袤。縣吏威足畏，農事敢疏漏。賦稅迫人命，刑法在官守。衆計難顧全，乃乘月夜耨。忽來三五吏，林木風颼颼。一吏逕入室，搜索盡筐簍。婦孺競奔藏，惶惶比鼠伏。衆農屏息立，餘吏肆怒嗾。鏘鏘攬長鍊，一一如絡獸。少有不合意，鞭血迸林藪。每餐一瓢粥，夜宿養馬廐。嗟此無父兒，孱弱何禁受。若以幹國難，適足見羞醜。我公常仁惻，縣府且故舊。恩義兼屬公，特來求相救。言已伏不起，涕泣再泥首。我聞長太息，竊疑事不就。因問大二男，曾有信回否。答言五年來，消息竟無有。念之心欲摧，恐已死倭寇。憶昔狂催去，三男時尚幼。母子命相依，含悽守破陋。軋軋夜機畔，迢迢坐膝右。兒飢母飲泣，兒肥母容瘦。生涯日以促，一手糊雙口。既恨能力薄，復歎衰老朽。今兒剛得力，橫逆何巧湊。請公早發駕，明午敬候復。縣官志覬覦，人情不恕宥。怏怏回報姥，姥噤無一語。目瞠無所視，脣震無所剖。少焉忽大笑，狂揚何趄趄。從此竟瘋狂，日月忽已久。時或若祈禱，破指血書奏。時或大呼兒，回響應山吼。紡機與農器，隨意毀擊掊。秋風倏已厲，霜華被戶牖。孤坐茅簷下，骨形靠衰柳。低頭綻寒衣，針針復縷縷。有客推門入，驚喜語急驟。吾兒一以歸，神靈果我佑。倭奴一以滅，旋歌酌醇酒。客乃微笑應，我爲令郎友。彼此皆農民，中男格不彀。同往弗同歸，能無增隱疚。贖身蕩家業，無復爲母壽。誰實無國家，安辭雪恥詬。誰實非人子，寧忍甘踐蹂。玆爲令郎謀，八萬可贖取。請速備其數，遲則恐莫救。抗戰多所需，剝削曾不厚。上峯耳目少，兵士遜雞狗。或被赦出伍，反加逋逃咎。逋緩雖違令，聚斂無所負。人皆惜性命，厥跡誰追究。姥聞鵠爾立，獨生抑何趣，椎胸但痛號，我命絕旦晝。兒歸終有期，歸來莫予覯。努力事戎行，勿復憶阿母。兒衣挂牀頭，記取歸來後。絮絮更嗚咽，彷徨繞室走。垢面多慘愴，弊襟紐不扣。夜靜啓荆扉，曠野垂星宿。瑟瑟竹溪風，聲聲山杵臼。慈烏挾雛棲，游魚爲餌誘。林月挂長梢，明照湖心透。蒼然露髮頂，旋見寒波瀏。嗟嗟彼蒼天，誰言無私覆。釣而不用綱，弋不射宿鷇。未聞斯語矣，天道誠悠謬。

柏樹村乙酉除夕　四首

爆竹驚除夕，圍爐坐夜闌。鄰童群賭博，舊歲已輸完。

呼兒細煎茶，以飲明朝客。撥火待微溫，莫教香味洩。

燈火滿城郊，歌聲徹碧霄。全村人共樂，無那夜迢迢。

時人安習俗，狂作魚龍舞。志士感年除，悽然心獨苦。

卷四

丙戌秋初至灌縣靈巖山

爲愛幽窗對翠微，好看紅葉映斜暉。江城下指棋盤佈，嶺樹高擎鳥跡稀。曉起最憐雲幻海，漫游何惜露沾衣。此來酬答山林志，藥物無情已願違。

靈巖山居卽景

門對靈岩靜欲禪，無邊紅葉滿秋山。亂鴉聲裡斜陽晚，樵採人歸古木寒。俯瞰江城若棋局，遙連天際出塵寰。峯巒起伏波濤狀，淹忽如飛隔靄看。

雪山肝膽俱瑩澈，遠望悠然會此心。但覺風飄涼透骨，始知身正立高岑。彩霞橫抹層層錦，紅日揚輝縷縷金。俯矚遙瞻渾入畫，杖藜閒倚數飛禽。

靈岩寺書示毅兒

日日山頭望信歸，蔭孫枝下想依稀。出門到處愁荆棘，入眼風波有是非。欲探靈岩眞面目，可堪草露濕裳衣。待當雲歛天淸日，共爾遙看誠庶幾。

曉起

霧裡看紅葉，山容自不同。何如登絕頂，平看峩眉峯。

靈巖書院學生折大枝紅葉插庭中

開門驚絕呼兒看，小樹何時葉盡紅。爲道書生無箇事，一枝新插小庭中。

雛燕

翩翩弱翅上庭柯，才墮泥中又觸蘿。更恐低飛入鄰舍，殷勤爲囑莫張羅。

老燕

掠地低徊未肯歸，斜陽籠照影依依。頹基顧盼巢初破，黃口成音體盡肥。先業舊規今既沒，空梁回首意多非。阿雛來歲將雛日，戶牖綢繆計莫違。

蝶

迷花混葉懶遲遲，恰是莊周入夢時。曉起蘧蘧然周也，墻陰栩栩屬阿誰。

風箏

一回放縱一低昂，緩緩飛騰達上蒼。倘遇天風渾不定，可憐顛沛在池塘。

示毅慈二兒

濠上知魚樂，空中任鳥飛。爾能知此意，何用侍庭闈。

秋夜

爲愛乘涼戶半開，流螢飄入小書台。牀頭稚子頻相問，何事飛機裡面來。
月亮月亮正照在我牀上，心神舒暢，同稚子低聲淺唱。

安孫紀實　三首

采摘動盈筐，蓬蓬傾滿案。剪蕉持作羹，撮土壘成飯。
競競舞空觴，殷殷勸客饌。牽簾阿母來，一笑筵席散。
晨起展書讀，喃喃未肯休。盤飧屢催促，不見一回頭。
阿婆病怕累，不共阿婆睡。傍晚輒相依，阿婆病好未？

江海歌

浩浩長江水，思與東海會。中流起風波，激盪聲澎湃。風波何足懼，澎湃何足怪。但恐逆流中，舟人無主宰。風波互相因，造因又誰誰？賴得非蛟龍，興無乃天地。罪嗟彼蒼兮實自餒。胡空虛縹渺兮，不爲其統帥。溯元始何渾沌兮，忽沉澱爲磈磊。冥頑已不靈兮，索然而與道悖。芸芸繁兮孽債，顧無假兮旁貸。敢有所忮求兮，惟躬自悼悔。淒其以風露兮，弗使並育而無害也。彷徨復太息兮，終有愧於覆載也。遺此憾兮，誰補屬？參贊兮，莫怠。四時秩合兮，天和群。黎感霑兮德愛。錯大塊於靈台兮，萬物粲呈光彩。風澐不波兮，舟搖搖樂自在。山水綠兮，棹歌欸乃。泱泱暢流兮，直到海。斯豈蜃樓兮空企仰。誠如蟾兎兮，圓可待。

寄示毅慈二兒

人事譬耕種，善種穫嘉禾。理也日月明，掩助空婆娑。想見懷孤詣，骨肉情無那。緬思蘊心曲，紆回慨已多。而或遏其慨，毋乃君子過。君子愛以德，云復如之何。用舍忘其道，時光亦蹉跎。繄予何怫鬱，紛亂浪翻波。藉慰隔靴搔，驚鳥疑張羅。回顧耿耿在，強抑如養痾。一旦申其方，黽勉共琢磨。功疏憐小器，力盡得明珂。溫潤發光華，把玩漫摩挲。誰道貫力間，粘液如懸螺。及玆好三月，融融一氣和。花葉競繽紛，一笑醉顏酡。吁嗟隔岸人，觀景得無訛。春風一夜來，飛度秦淮河。憶昔徒勞勞，爲賦江海歌。遙示毅慈輩，知予輕負荷。

江南歲暮大風歌

午夜風聲肆怒吼，蓬蓬來去挾雨走。排門撻戶力何雄，其身彷彿大於牛。旋作猛虎之長嘯，忽如駭浪之奔湊。樓宇颯颯幾動搖，飛沙狂舞相馳驟。凛冽入窗戰齒牙，重衾那抵堅冰厚。活動洋樓實若虛，此身溫潤蜀風久。昔嘗客此不知寒，昔時年壯今衰朽。於今冷暖特關情，風物依稀非故舊。當時春草遍江南，風枝迎客垂新柳。祇今兀兀壓城郭，西式崇樓盡華富。居人方寸屹山水，烈日不融風不透。騰騰焰起翳雙眸，茫然自詡江南秀。天寒地凍道塗中，凍屍纍纍知見否。自是小民不足惜，是亦人子或父母。毛羽族尚悲同類，衣冠詎不若禽獸。誰道天地爲不仁，風化斯人實其咎。天地好生固其德，摧殘萬物風爲首。環山若彼光濯濯，豈伊牧作牛羊藪。歌台舞榭暖溶溶，豈伊才出斧斤口。大半因風拔其材，捲入海漩如芻狗。興感無端曉未眠，壁影搖搖整衣紐。耳畔呼呼不少停，獨坐窗前惟袖手。

人　窮

衰疾連年，起伏無端。老而彌感，未盡人子道之痛。靜夜迢迢，悲來填膺，援筆櫽詩句法六章：

人窮兮，反本，呼天兮，不應，呼我父母兮，不醒。

樹欲靜兮，悽矣其風。父兮！母兮！髣髴其容。色思，其和婉矣，其容。父兮！母兮！追念何從。人少不慕少艾則慕妻子大孝終身慕父母。

事孰爲大事？親爲大。不得於親，則惶惶然，其惟舜帝。

墻壁毀矣，尚可爲也。根基頹矣，不可爲也。

戊子春二月十二日六十一歲初度同兒輩攝影於無錫梅園有懷幼子寧

感逝傷離獨悄然，九原負約十餘年。生前所愛憐嬌小，卻使偏留滯蜀川。伯仲行中如斷鴈，風雲影裡覓聯翩。依依此日知誰似，寂寂書齋望母還。

攝影他鄉感慨多，人情反覆事蹉跎。免勞市脯酬嘉客，歡聚家筵學醉歌。明月將圓春欲暮，思親此際意如何。顧身已復同枯樹，榮悴無關養泰和。

示毅至二兒

思而不學，無源易涸。心若違理，暴慢斯作。把穩天樞，物莫我奪。何以淑身，是爲禮樂。所惡執一，是爲害道。其直如矢，其言若躁。偏計固乖，守中微妙。盍不爾思，天鈞是竅。學而不思，忽恍如遺。萬理森著，得之也稀。稜稜秋霜，肅以殺氣。熙熙暖日，護以生機。奇花放矣，孕育以時。相彼君子，兮仁爲裡，兮義爲衣。

遊東大池

一片荒寒滿目間，映階苔蘚碧珊珊。蝕碑但賸龍蛇跡，敗瓦堆成狐兎闗。曲徑遙連古墳墓，此中猶有舊衣冠。池塘風皺如魚甲，稚子歡嬉不欲還。

兒輩再度遊東大池余以力不足憩待於路旁

東大池程半里餘，杖藜猶恐費工夫。年來持護多忠力，暫假同伊歇路隅。

有感而作

彼葛藤兮，依附松枝。共承雨露，生息相資。隨順託根，節節攀躋。蓊蔽周帀，花葉參差。或斷其梗，立顯其危。枯藤倒挂，隨風紛披。綿綿其葛，進漸於幾。灼灼其華，日美豐姿。松獨減翠，兼養益虧。彼居之人，云胡能夷。

戊子暮秋與兒輩及其友諸人擬遊太湖旋以病作止於梅園

太湖遊興蘊多時，纔欲登程力不支。止向梅園門彩戲，兩兒贏得兩泥兒。五彩泥人羅列滿地以為博擲者

諸子相將駕小舟，曲溪取次太湖遊。遙看一抹承雲際，湖水湖風天地秋。

無錫野坐

環山濯濯了無材，樵婦擔頭盡草萊。見說前朝嘗美矣，而今贏得舞歌臺。

老樹

老樹空心景以悽，百年挺榦復奚疑。衹緣婦孺貪樵采，未許濃陰護嫩枝。

梅園啜茗

望裡雲山帶鄉思，滿園幽勝屬人家。風枝度影侵茶座，閒聽兒曹細品茶。
四面青山作院墻，太湖遠看若坳堂。穹廬帳下人如蟻，各自營私各自忙。

臥病示諸兒

臥病彌月思前想後百感交集雜賦十三首用示毅至諸兒並光蕙二媳聊當遺囑耳

芳草無言庭院靜，老來心事只天知。象憂象喜何關舜，人溺人飢詎犯伊。一息尚存通宇宙，百年有役警愚癡。閒談親戚之情話，稚子嗤婆不識時。
久病知醫獨我迂，單方雜藥棄無餘。新篁解籜醇香味，坐我叢中讀我書。
偶然四大合成身，世事何須苦認眞。誰碎鮮花抛滿地，拾來點點未黏塵。
駢贅天生自任天，庖丁游刃意閒閒。余今識得新生計，一盞清茶一卷煙。
理無大小何由達，仁者須當斬亂麻。後果前因同一轍，春花秋月在千家。莫將好醜評昆仲，恐謂婆心有等差。午夢覺來情默默，可堪打草更驚蛇。
病榻摩挲一卷經，梁間乳燕話情親。風幡未動心先動，仁者爭論亦可人。
未愁白日行將晚，爲道淸陰尚可賒。蕙砌蘭堦風細細，半鈎殘月正西斜。

六十餘年成一夢，五千里外去三回。而今猶醉江南月，醉夢醒時歸未歸。
筆硯有心空伴我，鏡臺何處惹塵埃。感時憤世思兒淚，一一都從個裡來。
記得當年嫁小姑，小姑九妹係七叔母之女畫堂同繡翠羅襦。私家奩品存婆處，乞合婆心贈與渠。
宇內般般已分事，北堂溫凊沒些差。月明蒼莽來天地，無臭無聲潤物華。
供奉纔完兒睡穩，布衣澣濯燦明霞。閒來展讀象山集，默默無言解得耶。
吾形之影遍天涯，宇宙之心屬自家。風波肝膽兮，我悲傷。鴻溝楚漢兮，國瀕亡。
吁嗟余兮！思欲狂。

孟夏同兒輩暨鄭君學弢游藝圃遠眺太湖景

身着高堤萬象低，樹陰移徹小樓西。湖拖遠景兼天淨，煙織平林一斬齊。
拼將眼力試誰強，額手遙看極渺茫。天色湖光渾莫辨，依微中有數帆檣。
毅至二兒同鄭君躋及小山頂余坐以待

少年氣盛好登臨，山徑崎嶇積翠深。坐待樹根頻引領，飄然見立最高岑。時風作態弄晴陰，破寂蟬聲斷續吟。蒼翠滿園人獨坐，湖山一曲一鄉心。

遊藝圃主人以未熟之桃相贈有感

不時不食可存誠，惟聽林間剝落聲。皮色足徵仁未熟，數枚見贈作和羹。

巴山老縫工為友人作寒衣寄其兒女詩

寒碪夜度壁山岑，刀尺生涯老更深。布剪殘雲秋瑟瑟，棉鋪白雪夜沉沉。卻嫌巧樣趨時俗，且訝奇裝變古今。服制漫云徒保暖，昔賢誌別獸和禽。

寒衣催寄錦官城，我獨無家訪弟兄。與子同袍緣不淺，視君兒女若親生。眼花漠漠穿針苦，意恐遲遲負友情。黽勉此心縫密密，一庭風露正三更。

寒衣催寄幾時成，我已無家訪弟兄。深夜不辭刀尺冷，異鄉難負友生情。眼花但覺穿針苦，心碎居然轉目明。熨貼殷勤縫密密，君家兒女當親生。

附第二首原稿

寒衣催寄幾時成，我已無家訪弟兄。深夜不辭刀尺冷，異鄉難負友生情。眼花但覺穿針苦，心碎居然轉目明。熨貼殷勤縫密密，君家兒女當親生。

附本詩初稿　亂離間老衣工自歎

人家兒女隔山州，限作寒衣刻日完。老眼昏花心獨苦，一針針要倩人穿。
亂離時更體人情，我已無家訪弟兄。熨貼殷勤關冷暖，君家兒女當親生。
密縫穩綻針復針，素線長牽萬里心。布剪殘雲秋瑟瑟，棉鋪白雪夜沉沉。

孤憤行

落日照空庭，無限鄉心。長郊嫩草碧油油，映我書楹。澤之以雨露，煦之以陽春。蓬勃兮逆睹，軟如茵兮可親。嗟彼人之剪伐，如許殷勤。參差而正美兮，務一律而斬平。新本出於故兮，偏厭故而喜新。圖博游人之贊賞耶，曷不思天然之美與眞。不顧生機戕賊耶，而列入機械之途程。

環繞花枝簇簇兮，方燦爛以繁盛。紅紫正肥而滋潤兮，又灌漑以經營。趨炎而附勢兮，蜂蝶紛紛恃寵。益嬌態兮，媚彼游人。

道旁有孤松兮，睨而視之，猶覺礙情，直榦挺然，骨立兮巍巍。然以崢嶸。洞然復殘朽兮，叩之而金石聲，撫之而溫文。狂飈撼而屹然不動兮，矧雨露於彼何恩。披星而指日兮，夫豈蒙蔽於煙雲。歷盡世間冷暖兮，飽經人事衰興。惡可與皮相兮，惡可與凡卉並論。又何惹好惡之相較兮，美惡之相形。匪伊大椿不友，匪伊古柏不鄰。誠以孕育於山川兮，而獨得山川之精。雖目接而枯槁兮，心會而存其神。

忳予懷之邈邈兮，仰春暉而涕零。寸草無以爲報兮，惟徒自敷榮。希華滋以自涵濡兮，俾自顧其本根。

亂曰：宣尼務本，陶子貴眞。而望天下一歸於仁。繄予既得爲人，幸稟氣而獨靈，稟神智而獨明。而知人之教始於人倫，別於獸禽孝爲仁之本，本立而道生。夫人偏舍本而逐末兮，先後之不分。苟不悖其德而志於仁兮，則與道而並行。道並行而不悖兮，則天地之心安且寧。天地之心安且寧，予又何感激嗟嘆而霑巾。

病臥化龍橋斗室中　己丑暮春

萬木欣欣兮，病樹當頭。千帆漾漾兮，旁有沉舟。衰疾纏綿兮，乃曜靈之久留。隨化之可樂兮，恨泉路之悠悠。側兮反兮廱瞻廱臨。強扶老以勉步兮，骨髓乾而不勝。爰居爰處兮，載扶載傾。食旨不甘兮，枵腹雷鳴。側耳遠聽兮，寂然希音。斷兮續兮，風送兒童歡笑聲。追厥疾之來源兮，不禁感昔而傷今。眄庭柯之小鳥兮，毛羽光潤以晶瑩。顧予尾之翛翛兮，無與溫存。顧予音之嘵嘵兮，無與叮嚀。竊意予魂之渺渺兮，願終護阿雛之身。屬彼草木之團團兮，願長蔚荒野之塋。

感懷示至恂慈三兒

爰有超世心，深知入世理。入世情如何？澹然對秋水。虛想滋煩憂，實際貴踐履。身在塵網中，心迷事物裡。何者爲損益，何者分彼此。遍計泥所執，萬緣爲心累。何如一撒手，緣滅心可死。一番能死去，一番方能起。起放大光明，春風發華蕊。一花一世界，一一皆歡喜。

卷五

己丑歲暮再度來無錫庚寅元旦感賦五首示至兒兼用自勵

自笑居然作客家，小鍋小灶寄生涯。問君何物營心曲，柴米油鹽醬醋茶。
孔顏樂處此中求，鵬鳥何嘗止小丘。見說須彌納芥子，炊煙一縷自悠悠。
物來順應得先儒，爲學何勞萬卷書。鏡不留痕通萬變，月惟無我映千渠。
春風吹雨助寒流，積雪揚威意氣遒。飲水曲肱思舊事，有人相憶在巴州。
無花無酒過新年，自買鮮蔬帶雪煎。飽食不知家國事，一爐紅火夜深眠。

一池春水

一池春水風吹皺，皺到池邊無去縫。安得并州快剪刀，剪斷風情劈開縫。
風波蕩漾弄天光，星斗搖翻錯列行。回首月斜溪柳畔，漁翁相對話滄桑。

示寧兒

虛室已無人共話，迪句閒倚門閭，果然接得家書，雙眸炯炯，尋遍行間一字無。開函何所見？盡在無言美。疑是警告余，含默胡能已。不見風雷震，萬物暢生理。正墻面而立，尼父所不喜。

復示寧兒

萬里家書只半行，母親兒與捉迷藏。東西南北無方向，迷目迷心且莫慌。海外飄來一紙書，寧時客香港翻來翻去意何如？平安字外無他字，抵得黃金萬兩歟。

浪淘沙　出夔門代至兒作

三度出夔門，江水雄渾。源頭溯自出崑崙，家國而今何處是，萍梗無根。　桃李燦雲屯，枉殺春暾。落英遍野浸潮痕。汽笛聲中登彼岸，小憩梅村。

浪淘沙　梅村季夏偶成代至兒作

雨過兩三番，月黑星繁。南箕北斗共江昏。俯視忽忘身在岸，恁的天翻。童鼓徹宵喧，似訴煩冤。清風拂面半涼溫。恰是白雲留我住所居門額有白雲留住四大字喚起詩魂。

寄復靈婿

遲遲尺素書，累我倚門待。開函見性情，親切無文彩。活躍字行間，赤子心尚在。此中人欲出，呼之隔滄海。破浪駕長風，靈任海員職歷險氣不餒。好勇當取裁，愼行斯寡悔。

同寧兒遊荔枝角海灣

辛卯年，暮秋。余客香洲九龍，同寧兒遊荔枝角海灣。遊船無數，泊岸船婦嘮嘮招雇。遂雇一小舟，寧自蕩槳，清風拂拂，飄飄然疑入仙境。蒼茫萬頃煙波，雙槳輕搖船身欹側。余大懼，因思寧兒幼時自稱唐孔子，今日從之遊，自居門下子路可也。然有愧子路多矣！俯首蜷伏，不敢仰視，大聲急呼靠岸！靠岸！寧遂不得不自敗其興，旋卽渡到彼岸。乃相携登陸，掃石坐其間，頓覺此心輕鬆愉快。回首間，忽又悲從中來，而作歌曰：

天蒼蒼，海茫茫，乘興呼兒試淺航。扁舟搖蕩碧波光，漫游原也無方向。登彼岸兮，情內傷。環山疊嶂，大陸在何方？人情涼薄兮，海水樣。世道變幻兮，滄桑。草木搖落兮，露爲霜。群鴈南歸兮，弟與兄矯首西望，地遠天長。父兮！母兮！塋墓荒涼。緬焉神往，何年何月得見我家鄉？那山頭挂一縷斜陽，影射躍波煇煌。噫吁兮，大陸在何方？

對月憶故園松柏

皎潔一輪滿，舒光遍大千。感此煎百慮，冰霜迫暮年。家鄉盡荆棘，大陸久烽烟。老柏色愈蒼，壽松質愈堅。沐浴流光中，體榦當參天。參天抑何爲？相憶忽忘言。忘言且冥冥，圓景契心弦。無聲合成調，持以對君彈。豈無絲與竹，何用歌曲宣。脈脈隔滄海，悠悠兩空懸。惟君耿耿在，長此照無眠。

客香港同寧兒浮於海

四海爲家自古然，偶來香島學逃禪。沙鷗到處留芳跡，不計東西南北天。
彼岸遙遙隔淺灣，小舟衝破海風寒。呼兒競渡乘潮歇，莫讓前頭歷險灘。

華商客居九龍

無才拙生計，飢驅至海涯。喧天歌舞急，蔽日酒旗斜。木屋低於甕，躬身類伏蛇。
傷哉殖民地，人賤如泥沙。
市廛一隙地，華客不能賒。被驅若鷄犬，群集噪寒鴉。袖中有日月，分外發光華。
如許盜鈴事，人民可欺耶。

蜀中

蜀中四度出瞿塘，作客江南鬢已蒼。誰使香洲來更遠，江南回望是家鄉。

點絳脣 客香港回憶家鄉

樂敍天倫，畫堂歡聚傾家釀。月明頭上，和氣親堪望。　廿載於今，魂夢常孤往。空惆悵，不堪重想，一體原皆妄。

點絳脣　客香港

爲問東皇，怎生不作繁華主。港灣處處，無復尋生趣。　大陸春回，誰又留他住。桃源渡，武陵人去，何必尋歸路。

南歌子　自香港別毅兒夫妻並安孫

異族人情薄，僑居天地昏。聲聲汽笛漫催行，稚子背婆悽立見啼痕。　去住尋常事，思量欲斷魂。應知惜帶更憐裙，回顧雙雙兒媳立歸程。

西江月　與弢至二子遊滄浪亭

曩日遊蹤何在，重來又隔三年。滄浪清濁尚依然，濯足濯纓隨便。　憶昔常依膝下，而今海角天邊。恍如憨笑立花前，共看魚游水面。

杜宇聲聲催客，桃花處處浮煙。曠觀風物也無邊，那管鶯鶯燕燕。二子相隨伴我，三番促坐談天。高山隱隱響流泉，只是伊人不見。

西江月 甲午夏同喦婿至兒遊滄浪亭時正苦雨

小憩亭中閒話，壁間字舞龍蛇。怪來作霧雨滂沱，曾似晴空觸破。臺榭尚留敗土，洪流冲沒嘉禾。漫言人事巧張羅，造物忌才較可。

題安孫見寄畫片

此去仙源不是遙，輕帆次第上雲霄。水光一色兼天盡，獨自携琴過小橋。

西江月 題安孫見寄畫片

家在茂林深處，門前流水潺湲。行行繞過碧溪灣，一路花枝拂面。彼岸茅亭高跨，抱琴翹首無言。知音痛絕伯牙絃，心與雲天共鑑。

安孫以所畫山水索我題詩

門鎖春光花欲燃，數椽短屋亂紅間。風雲卷翠浮浮動，擁護層堦直上天。柴門深鎖靜如禪，應是春遊興未闌。紅紫滿山人不見，回頭卻在碧山巔。

甲午歲暮

舊歲垂垂盡，羈愁年復年。兩儀隨轉軸，日月走彈丸。人事更變化，天心殊自閒。獨憐盤石穩，舒展自便便。無眠夜氣清，愁聽遠鷄聲。破夢疑天曉，凌霜誤月明。半窗孤影裡，萬里異鄉情。尙想無家別，空令歎永生。

同至兒育仁孫觀人駕舟剷冰磚

明河一道結堅冰，光澤長拖五里瑩。偏是商人殺風景，劈將滿載入餐廳。

題二女釣魚圖　寄喻某姊妹之設計

姊妹江頭理釣絲，雙雙垂釣夕陽時。巧心設計調香餌，鷗鳥忘機也費疑。

滿江煙霧趁風波，釣者貪心竟若何。卻向樹陰籠罩下，石磯西畔再張羅。

雪

是芳魂片片，預報美年華。苗根漱瓊液，穩結太平花。

春雪

庭際玉蘭初破蕚，東風何事發狂癡。雪花競與春花放，暖日和風卻護誰。

乙未除夕

夜靜萬緣空，如遊縹緲中。飛鴻翔海外，留跡遍江東。七十心猶壯，孤行道未窮。舊年今夜盡，明日又春風。

寄示安孫

安安去後，忽忽如有所失。於枕上成詩一首。

天道斯難問，人情可奈何？別離在今夕，惟囑愼風波。

觀群童搏鬥為戲

丙申年從穗返蘇州某夜於枕上得詩四章

群童酣搏鬥，對立分兩行。或持小手杖，或握短木鎗。或據要路津，或者守嚴防。山頭敵擁出，旌旗耀日光。喊聲震天地，沙石走琳琅。群童望風靡，敵燄肆囂張。觀者長歎息，作劇何荒唐。

中有三五童，稱爲大隊長。旣不識時務，又恐死埸疆。臨陣反怯敵，甘爲虎作倀。事急末如何？倒戈競奔藏。自謂得其所，適足取敗亡。

一童年紀小，天性頗純良。見狀大悲憤，形勢反倉皇。熱淚迸以出，鵠立在路旁。寧願被所棄，何恥相扶將。觀者膽欲裂，恐池魚及殃。大聲更疾呼，無復應聲響。

依韻贊曰：智者識時務，無隅乃大方。仁者固不憂，鳶飛戾穹蒼。欽哉小兒郎，前途悠且長。堅定爾志向，當仁不讓，祖國建設正輝煌。歡迎遊子歸故鄉，姊姊妹妹弟弟兄兄一齊携手向前往。美哉小兒郎！嘉爾景福，祝爾永康，駐看他日增國之光。

西江月　丙申夏秋至兒養病家中有作

背街院落似鄉村，十數人家共一園。卜宅居中通僻徑，攀條架作小圓門。
籬落疏疏挂夕暉，蔦蘿紅繞蓽門關。新畦畫作蒲團式，又買秋花幾缽回。
何當新霽便分秧，日運盆花樹下藏。稚子也知愛秋色，三三兩兩競奔忙。
病軀無那學栽花，又種番茄又種瓜。最是頑童偏好事，偷偷摘卻嫩根芽。
力不能勝一把鋤，小鐮掘土氣吁吁。可堪滿目皆生意，病樹前頭萬木舒。
敢辭粉筆事栽培，且喜枝頭朵朵蕾。人力天工同樣巧，向陽花木已先開。
潛師老圃壯精神，闢卻荒蕪滿地新。日涉有情皆好伴，柴門開着少來人。

書寄靈婿

飽經艱險膽猶雄，飄泊生涯思未窮。城市山林留不住，滄波萬頃一艨艟。

丁酉年春二月七十初度喜雪並懷毅恂慈寧諸兒

七十童心不稱老，時與兒孫作計較。階前堆作雪人兒，笑婆比他年還少。

自嘆癡愚且庸俗，駸駸身世日以促。春風夜放大同花，明年同宴天倫樂。
二月春風偏使性，融化雪花無本領。全靠日出助威風，光力才施忽成餅。
開窗明月照積雪，想見川原皓無極。一夜愁懷五處家，雪花有信傳消息。

墊脚歌

勸君嵯峨踹碣石，滄海燦爛觀日出。勸君深隱碧山西，源泉混混浣春衣。君不見圓顱方趾頂天立，大地平坦無階級。籠葢四野邈無極，樂山樂水各自由，何曾斯須滯行跡。君不聞猿啼鶴唳也清爽，車馬霹靂千崖響。勞塵鼎沸蒸汽騰，勢如戰艦排巨浪。又不聞，講壇振鐸聲琳瑯，春風滿座春花香。中華花結大同實，中華花實永芬芳。君以爲，崇樓大厦無比數，莫非基於敗泥土。故君遍體嶙嶙骨欲灰，猶然堅若四維擎天柱。君竟如此頑強不識憂，病伏駑馬戀槽頭。戀槽頭，幾時休？盍觀天地曠悠悠，君或疑彼兮，彼兮何人斯？豈因濫醉發狂辭。發狂辭，不自知，替君歌哭不爲癡。

臨江仙　丁酉仲多偶書以寄毅兒

遊子無家歸未得，十年憩息香洲。老身差健可無憂，放懷家國事，開展皺眉頭。宇內忘形能有幾，委心隨運歡遊。淵明味道恰相投。蝶周同一夢，栩栩欲何求。

臨　江　仙　返蘇州後憶安孫

泣別牽衣才幾日，天涯七度春秋。惜裙連帶思悠悠，眼前諸稚子，渾似小毛牛。但願大同歸故國，其餘無個些愁。披書且與古人遊，胸中雲夢絕，息息繞天流。

西　江　月　回憶在港同安仁小孫出遊

老景偏憐嬌小，當年携往香洲。身長未及我肩頭，還得扶婆遊走。親戚嘗相贊美，嬌憨未解離憂。笑婆一似白沙鷗，鬢險些兒白透。

天末曉星未落，海邊風景清幽。漁樵問答任胡謅，情景還能憶否。海日紅翻霞浪，歌聲驚起浮鷗。相依閒坐石橋頭，魚鳥親如故舊。

投筆

投筆務農業，無家一身輕。田間除野草，霧裡聽鷄聲。體倦精神爽，山高流水清。神農傳千古，大舜亦躬耕。

讀雲生先生文史館詩會應徵詩後雜賦

驅遣日月如鞭馬，上蒼誰爲主之者。工程輻輳爭喧嘩，衮衮勞模風雲瀉。
霽色宜人何熙熙，平疇電掣拖拉機。朝播金黃麥穗風，暮成麪粉助新炊。
足食足兵且足信，兵食爲末本在信。車無輗軏安可行，夫子諄諄有明訓。
百鳥爭鳴春意鬧，推陳出新天孫巧，城鄉到處管絃聲，夫子在也莞然笑。
天花亂墜趁斜暉，辭根舊壤不思歸。童稚捉花繞庭戶，腳帶汙泥入錦幃。
中原日出紅光滿，光而不曜長溫暖。林池樹鳥演法音，川流敦化無遺憾。
從容中道聖人也，栖栖皇皇胡爲者。聞道老聃不尙賢，江海能爲百谷下。
仙樂風飄入夢來，來不須臾卻復回。明月滿窗人獨坐，是耶非耶頗費猜。

胡馬

胡馬長嘶天地小，思過中原而大嚼。溫暖地區春日長，楊柳春風天漠漠。
朔方河氷堅可蹈，宜其生性寒且燥。饕腸結疾水土殊，五花埋沒荒山道。

為長子毅五旬生日作

融融冬日，暖如春晝。漠漠大地，孕育靈秀。吾兒降生，一元初透。東君與立，舊歲告休。恭元春喜，賀粥米酒。
煌煌華堂，宴集親友。敬獻鮮花，旋奉佛手。燭燃龍鳳，香噴金獸。爆竹於庭，鼛鼓三奏。肅肅威儀，依次薦羞。童稚歡騰，玩獅舞虬。兒生逢辰，因緣巧遘。紛其內美，得天獨厚。名兒曰毅，堅爾信受。浴兒芳香，衣兒文繡。重以修能，人天共祐。勤斯敏斯，匪伊邂逅。三歲免懷，忘其美醜。喜弄文墨，凡百好求。趨庭問字，意義必究。憨態孜孜，恐落人後。阿舅笑曰，此兒似猴。
爰及於今，五十春秋。際此初度，莫負良由。歡携稚子，偕同佳偶。幸得英才，便邀朋儔。相與挈壺，載越層邱。太平山頂，碧草油油。海灣環抱，跨海東頭。席地閒談，絃管悠悠。生生之意，綠通平疇。勉哉吾兒，厥德允攸。兒雖五十，面容尙幼。再遇五十，母爲兒壽。

代至恂慈寧諸兒祝長兄壽

一樹五枝，一枝獨秀。花葉紛披，掩映長流。長流伊始，發源亞洲。洲次伊何，五洲之首。我有長兄，同胞足手。浴德仁考，高蹈前修。薰然仁慈，物我无咎。上蒼之德，無聲無臭。平地之德，曰寬曰厚。巍巍五嶽，漠漠五洲。世界大同，責在華胄。溫溫君子，惟道是求。敎化流行，充實宇宙。敬斯良辰，祝兄萬壽。

示慈兒

魚躍淵中，鳶戾天空。泰山之石，南山之松。居則謹愼，行則從容。名汝慈幼，偃草德風。以此示汝，君實斯從。

汝等連枝骨肉，更無外力可入。姪輩盡心敎養，天經地義一着。

漁樵問答

靠水生涯人笑癡，入山樵者鼻嗤之。問君滿腹裝何物，爲道便便是釣絲。

浪淘沙　不暇自哀

不暇自傷悲，往事皆非。聲聲杜宇送春歸。花外綠肥遮不住，掩映斜暉。白髮滿頭栽，衝倒冠哉。愁雲斂盡月華開，誰甃陰臯在草地，待我來埋。

浪淘沙　老農自述

種豆後園中，老邁龍鍾。荷鋤雖苦酒盈盅。見說勞工是神聖，與我相同。　稚子慣追蹤，笑臉霞紅。腰間銅鼓響叮咚，耀武揚威人道是，小小英雄。

浪淘沙　幽居

搖擺出鄰墻，瀟灑新篁。猶聞解籜散清香。松柏兩廊排翠幛，一若禪堂。乳燕也匆忙，掠過蓮塘。幷州快剪掛身旁，剪斷春魂成縷縷，比柳絲長。

有會而作

物候循環秘若神，年年歲歲去來今。深山夕照樵斤響，古渡漁舟欵乃音。迎刄花枝齊解脫，濯足江湖不染塵。海天盡處知何物，爲道那邊還有人。

不可一日悶縮縮

熊子真先生「示至兒書」以「不可一日悶縮縮」為題，囑為詩，因就書中「寧可」二語續成。

寧可一日不食肉，不可一日悶縮縮。悶縮縮兮傾家釀，莫教懷抱恥塵爵。朝來醉眼不逢人，但見海漚浮浮搖空碧。萬里乾坤如是觀，茂叔窗前草自綠。閒來問訊桃源洞，云是五柳先生宅。願借南村一畝地，長事先生半耕讀。

附錄　聯　語

題成都奎星樓寓

三五間小屋卽安居，直道上城頭，好共兒童數星斗。
八九樹梅花作良友，疎枝邀朗月，自疑身世到羲皇。

柏溪故居春聯

舊歲云除，世短意恒，多讀書尚友古人，閒看煙雲幻空相。
長江環繞，水流心不，競學種時師老圃，偶栽桃李蔭吾廬。

先母喜作聯語及集聯，所擬諸聯，皆情真意切，對仗工穩。惜大多已散失，今僅存二楹聯，附於詩後，留作紀念。

至中謹誌

編後記

思復堂遺詩，先母諱大任、字卓僊所作也。先母生于清光緒丁亥二月十二日四川宜賓，歿于民國甲辰正月十四日蘇州旅寓，享壽七十七歲。初外祖陳勉之公于清季任教成都第一女子師範前身之淑行女校，因率　先母及諸姨就學。大任亦　先母在校之學名也。　先母生日，俗謂百花生日，故外祖更以卓僊字之。思復堂則　先父廸風公爲　先母詩稿嘗題之名也。　先母一生，除嘗于簡陽及重慶之女子師範任教職二年外，皆盡勞瘁于養育吾及妹弟五人，至于成立。吾家素貧，　先父一生不入仕途，家務皆　先母躬自操作，初罕餘閒治學。所爲詩，多隨手散失。今遺稿五卷，乃　先母棄養後，吾妹至中、恂季、寧孺、及吾弟慈幼所存。其第一卷乃　先父尚未逝世先母四十四歲前，與　先父客居成都以及川北、江南各地、並一度還鄉之所作。其詩除于異鄉景物興感之外，　則懷念諸姨舅及吾亡妹德叔之作。第二卷則爲　先父逝世周年後哀悼　先父之作。先母嘗自編爲一集寄呈　歐陽竟無先生。

後吾妹至中又以之請教　李證剛先生。故二先生咸有題字。今並影印卷前，以資紀念。第三卷則　先母悲懷漸減，與諸弟妹共居成都時，及抗日戰起感懷時事之作。第四卷則戰火既熄，與吾妹至中居靈巖山，旋同去江南之所作。此時吾與諸妹弟，皆漸有家室，故先母爲詩，尤多諄諄誨勉之辭。今　先母逝世，瞬逾九載，吾與諸妹弟及其子女，雖塞北天南，各處一方，而骨肉之情，一體無間，皆　先母之遺教也。第五卷則爲己丑以來吾與諸妹弟既散居各地，而　先母或往來其間之所作。故更多懷念兒孫之句。其最後之一詩，則爲癸卯十月，應熊子眞十力先生之囑而作，足見先母逝世前三月之佳興猶存。不意三月之後，竟棄吾等而去。悠悠蒼天，曷其有極。吾妹至中既編遺詩爲五卷，更加恭錄，輾轉寄港。吾奉而讀之，既痛不獲再得　吾母之訓誨；更念　吾母一生勞瘁，奔波道途，其事雖只爲一家，吾亦日久漸忘；然其情之所及，志之所存，則不限一家，並見于此五卷詩，而德音如聞，慈暉宛在。大率在第一卷　吾母與吾　父時有唱和之樂，兼多懷念諸姨舅之作，見　吾母之篤于兄弟之倫。第二卷皆哀悼吾　父之詩，則見與吾　父雖情爲夫婦，而義兼師友。　歐李二先生之題辭，蓋非溢美。第三卷至第五卷，則備見吾母之慈祥愷悌之懷，更遍及壻媳兒孫；而　吾母卽事而有之閒情佳趣，及山川風物之思，家國世道之感，亦多于此中見之。憶吾　母常稱溫柔敦厚爲詩教，于古人之詩，喜道及陶之意境與杜之性情，未嘗以摹擬彫飾爲詩也。吾稍知學問，初皆由吾　父母之教。顧吾爲學，偏尙知解。及今年已垂老，方漸知詩禮樂之教，爲教之至極；亦不敢于慈親之作，妄作評論。唯當今之世，人倫道喪，本溫柔敦厚之旨以爲詩者，蓋不多見。則吾　母之遺詩，亦當爲關心世教之大雅君子所不廢。故今就吾妹至中手抄稿，影印若干册，寄贈吾家親故之尙存者，亦留俟來者之觀覽焉。

癸丑五月端午　唐君毅記于南海香洲

國家圖書館出版品預行編目資料

年譜・著述年表・先人著述
唐君毅全集編委會編. – 校訂版. – 臺北市：臺灣學生，民 79
面；公分 –(唐君毅全集；卷 29)

ISBN 978-957-15-0108-6 (平裝)

1. 唐君毅 – 年表

782.986　　79000584

唐君毅全集 卷二十九
年譜・著述年表・先人著述

編著者：唐君毅全集編委會
出版者：臺灣學生書局有限公司
發行人：楊雲龍
發行所：臺灣學生書局有限公司
臺北市和平東路一段七五巷一一號
郵政劃撥戶：〇〇〇二四六六八號
電話：（〇二）二三九二八一八五
傳真：（〇二）二三九二八一〇五
E-mail : student.book@msa.hinet.net
http : //www.studentbook.com.tw

本書局登記證字號：行政院新聞局局版北市業字第玖捌壹號

定價：新臺幣四五〇元

一九九〇年七月全集校訂版
二〇一八年六月全集校訂版二刷

ISBN 978-957-15-0108-6 (平裝)